EL FILOSOFO AMIGO

EL FILOSOFO AMIGO

ROBERT CROSBIE

(1849-1919)

Cartas y Conferencias
sobre Teosofía
y la
Vida Teosófica

THE THEOSOPHY COMPANY

Los Angeles

2016

Derechos de Autor 1934

THE THEOSOPHY COMPANY

IMPRESO EN LOS ESTADOS UNIDOS DE AMERICA

ISBN: 978-0-9898541-3-9

PREFACIO

Robert Crosbie no ha dejado un nombre que evocar ante el pueblo, sin embargo vivió una existencia que todos podrían emular. Fue uno de los soldados desconocidos en el ejército de quienes viven para beneficiar a la humanidad, esforzándose en redimir cualquier criatura de los grilletes de la existencia condicionada.

Hay innumerables biografías y autobiografías de hombres y mujeres cuyas vidas pasaron bajo el fulgor implacable de la publicidad, para su propio bien, el de su partido o para el bien de la humanidad; con frecuencia es una combinación de los tres. Es muy raro encontrar, en la historia y la tradición, un anal similar de aquellos cuyas obras se realizaron y cuyas existencias se vivieron sin pensar en el ego personal. Cada sala del saber rebosa de detalles concernientes a los grandes hombres del mundo: gobernantes, estadistas, reformadores, poetas, sacerdotes, políticos, soldados del bien o del mal. Sin embargo: ¿quién sabe algo de la vida personal de Lao-tse, Buddha, Jesús, Pitágoras, Platón o quienquiera dotado de gran Alma? Si esto fuera verdadero para todos los grandes Capitanes en el Ejército de la Voz, cuán escasos serían los trofeos humanos erigidos para conmemorar las batallas y las victorias del soldado común? Pues, sin él, el Capitán más grande hubiera transcurrido su vida en vano: un general en el campo no es un ejército.

Este libro, entonces, no es una biografía ni una autobiografía escrita y pronunciada para ensalzar la gloria de un mortal, es simplemente una introducción a la única vida que valga la pena vivir, ya sea que se refleje en lo pequeño o lo grande: la vida del Alma. Sus palabras se expresan en el lenguaje del Alma; su declaración es la de la Doctrina del Corazón; su propósito es el adelanto de esa Causa en la cual se ocultó la existencia mortal de Robert Crosbie y también las vidas terrenas de esos grandes Capitanes que tanto reverenciaba y a los cuales dio su servicio: H.P. Blavatsky y William Q. Judge.

"El poder que el discípulo debería ansiar es aquel que lo hace aparecer como nada ante los ojos humanos." Este fue el poder ganado por Robert Crosbie, permitiéndole mantener un contacto con los grandes Maestros después de haberse desembarazado de la envoltura mortal; aquellos que guiaron sus pasos a lo largo de la Senda que ellos mostraron, tras la cual están los MAESTROS. Ellos lo sostuvieron durante los largos años en los cuales todo lo que era factible consistía en "trabajar, estar alerta y esperar", hasta la llegada de la hora propicia cuando, bajo el Karma, de entre la generación se podrán reunir los reclutas para seguir la gran Misión y el gran Mensaje de sus maestros.

El mundo se encuentra en el fondo de un ciclo y, evidentemente, en un estado de transición. El viejo Orden ha cambiado y uno nuevo está por empezar, mejor aún, ya ha comenzado. La era del desencanto está llegando al final, muchas mentes en muchas tierras están buscando los materiales para volver a construir una fundación en la cual volver a erigir la estructura de una civilización mejor y más duradera. Las grandes ideas e ideales de la Teosofía en su aspecto original deberán influenciar estas mentes, cuyos números en constante aumento se sentirá atraído en la área activa de la pura vida teosófica.

En los quince años desde la muerte de Robert Crosbie, la existencia vivida, el ejemplo dado, las verdades proferidas, han inspirado a miles que nunca lo conocieron. La mente sencilla y el corazón hambriento encontrarán en este volumen una Presencia que les habla en tonos reconocibles, por estar en armonía con sus aspiraciones y en palabras inteligibles, siendo el lenguaje de su experiencia. Es la voz de un soldado que acaba de regresar del campo de batalla, dirigiéndose a quienes quieren enrolarse en la causa de los MAESTROS: el servicio a la humanidad, la Hermandad Universal sin distinción de raza, credo, casta, color o condición.

Las palabras usadas son comunes; las ideas transmitidas son las de las Verdades Eternas. No se ostenta algún saber, sin embargo la lámpara del conocimiento ilumina cada declaración. No hay intrusión por parte de lo personal, sino el brillo omni-abarcante de quien amó a sus compañeros, los seres humanos: el Espíritu en el Cuerpo, el filósofo amigo que habla en la sección Vivir la Vida, los Consejos Sencillos que dirigen la meditación del lector hacia lo interno y lo externo hasta las Verdades Eternas, para que la voluntad del Ego Divino interno pueda realizarse ahora, en la tierra, como ocurrió en El Comienzo.

La vida de Robert Crosbie fue una encarnación del evangelio de la Esperanza y la Responsabilidad que es la Teosofía, la Religión-Sabiduría de cada edad. En este libro se han sembrado algunas de estas semillas. Que logren encontrar un terreno fértil en el cual germinar y crecer abundantemente.

25 de Junio, 1934.

INDICE

EL FILOSOFO AMIGO

"El Espíritu, al revestirse de materia o *prakriti*, experimenta las cualidades procedentes de ella siendo, las conexiones con estas cualidades, la causa de su renacimiento en matrices buenas y malas. Al Espíritu en el cuerpo se le llama *Maheswara*, el Gran Señor, el espectador, el consejero, el sostenedor, el que goza y también *Paramatma*, el alma suprema."

Bhagavad Gita, Capítulo XIII

EL ESPIRITU EN EL CUERPO

Carta Uno

Has dado un paso impulsado por tu determinación interna, a fin de conocer la verdad por la verdad. Mediante tu manera de pensar, tu verdadero yo está encontrando un canal para expresarse y éste crecerá. Como sabrás, el pensamiento correcto debe preceder a la palabra y a la acción correcta. Lo antedicho se ha declarado de muchas formas, quizá la más familiar sea: "Busca primero el reino de Dios (que está dentro de ti) y todo el resto se te dará por añadidura."

No permitas que las condiciones circundantes, comparadas con lo que ves, te afecten. Por supuesto, sabes que, si cualquier condición existente té afecta, ésta fue creada por ti, mientras las condiciones futuras estarán en armonía con tu determinación. Lo necesario es que todo individuo cumpla con su deber, ejecutándolo cada uno de ellos. Ningún deber es pequeño o insignificante.

Es cierto que estás consciente de que el apego a las cosas o a los resultados se desarrolla pensando en ellos. No puedes sentir afección ni antipatía alguna por algo en lo que no piensas. Mientras haces lo mejor que sabes en cada acto y deber presente, no te apegues a alguna forma particular de resultado: déjalo a la ley; ya que se deslizará en armonía con *ella*. Al haber cumplido con tu deber, como lo entiendes, abandona todo interés personal en los resultados y, cualquiera que sea su manifestación, considéralos como eso que tu verdadero yo realmente deseaba.

Es cierto que para el individuo el motivo es lo único que determina la línea de demarcación entre lo blanco y lo negro. Lo que se necesita en el mundo es *conocimiento*. El buen motivo puede salvar el carácter moral; pero no asegura esos pensamientos y actos que constituyen el bien más elevado de la humanidad. El buen motivo, sin el conocimiento, a veces produce resultados desagradables. La buena intención, sin el conocimiento, a veces produce obras nocivas. A lo largo de las eras existe un archivo de buenas intenciones; sin embargo, el poder y el celo se han usado mal por carencia de conocimiento. La Teosofía es el sendero del saber y se promulgó para que, entre otras cosas, el buen motivo y la sabiduría marcharan paralelos.

Si tenemos presente que el propósito de la vida es aprender y que todo está constituido por el aprendizaje, constataremos que los deberes ordinarios de cada día son los medios mediante los cuales aprendemos muchas cosas. "Cumple tu deber, realizando todo deber dejando los resultados a la ley." En un tiempo, a la Teosofía se le denominaba, felizmente, "sentido común santificado" y me agrada que tú lo percibas.

El Movimiento Teosófico es más grande que cualquier sociedad u organización, siendo, éstas, simplemente provisionales y cambiantes con la naturaleza y el entendimiento de sus constituyentes, los cuales influencian sus cursos, planes e ideales. Las sociedades y las organizaciones corresponden a nuestros cuerpos físicos, mientras el Movimiento, al Alma. Existen muchas clases de grupos y el trabajo debe hacerse, en cada uno, en armonía con las posibilidades que su naturaleza ofrece. Los que depositan su fe en *algún* grupo, escogen un guía transitorio, una base frágil; ya que la mayoría de ellos busca una "autoridad." Con el tiempo, la debilidad humana que hace posible el dominio eclesiástico, conduce al oscurantismo espiritual.

Los Maestros fundaron la Sociedad Teosófica como una organización para promulgar la Religión-Sabiduría. Tal organización se ha escindido en fragmentos. Por supuesto, en todas las sociedades teosóficas la base de su existencia es el mensaje que H.P.B. llevó a Occidente. La persona ordinaria pone mucho énfasis en la organización, la forma, el método, la autoridad y así sucesivamente; mientras la cristalización de las ideas impide la comprensión. Por eso la historia del Movimiento en esta generación está plagada por ataques, divisiones, controversias y otras insensateces. Debes haber notado que todas las dificultades que surgieron en la Sociedad Teosófica tenían como eje las personalidades, más bien que las diferencias doctrinales. Esto es significativo.

La Sociedad Teosófica representa al mundo, por lo tanto, en ella se libran las luchas del mundo en estado embrionario. Ahí se encuentran la ignorancia, la superstición, el egoísmo y la ambición. A un grupo como la Sociedad Teosófica le amenazan otros peligros, además de los concernientes al "séquito personal." A veces surgen conservadores auto-electos que promueven conclusiones inflexibles referentes a los seres humanos, las cosas y los métodos. Ellos tratan de imponer sus ideas como las únicas verdaderas, mientras, en realidad, buscan desarrollar un séquito personal disfrazado por un plan de acción, olvidándose que ningún método es el verdadero; pues, el verdadero método debe ser una combinación de todo método. Estas cosas son lecciones, iniciaciones en ocultismo, si las interpretamos correctamente. La Sociedad Teosófica proporciona múltiples lecciones que son inaccesibles en cualquier otra parte del mundo humano.

Muchos han entrado en cada fragmento de la Sociedad Teosófica original, atraídos por la *filosofía*. Lo justo o lo injusto de la división no los afecta. En cada fragmento debe haber quienes son discípulos buenos y verdaderos de los Maestros. Según mi saber, diría que el trabajo de los verdaderos es polifacético y obran mediante numerosas organizaciones e individuos. Su asistencia no conoce barreras, excepto las que la personalidad se auto-impone. Su trabajo es universal, por lo tanto: que nuestra visión siga esa dirección, mejorando, así, nuestro servicio y conocimiento.

H.P.Blavatsky era la Mensajera de la Gran Logia para el mundo occidental. Desde el principio, William Q. Judge fue el co-fundador y colaborador de H.P.B. Vale la pena recordar que ninguna autoridad otorgó a H.P.B. ni a W.Q.J. las posiciones que cubrieron; ya que éstas dependieron del *reconocimiento* de Su saber y poder. Ellos eran seres *atípicos*, todos los demás son estudiantes. Los que menosprecian a Judge, menosprecian a H.P.B. Según un dicho antiguo: "Aquél que escupe en la cara del Maestro, será maldecido por la acción kármica." Quizá para nuestras ideas no sea un lema elegante, sin embargo, transmite un hecho muy trascendental en ocultismo. "Por sus frutos los conoceréis". Para los que conocen a H.P.B. y a W.Q.J., los ataques son dignos de consideración sólo desde un punto de vista: distraen la atención de muchos que, de otra forma, hubieran aprendido las grandes verdades del Hombre y de la Naturaleza. A los Teósofos no les resta más que tomar la posición expresada en las palabras: "Padre, perdónalos, porque no saben lo que hacen."

Como siempre, R. C.

Carta Dos

Tenías razón en decir que nuestras relaciones son como son, debido a lo que, indudablemente, ha habido; sin embargo, no permitiré que me consideres como un Gurú espiritual. Piensa en mí de manera tan gentil como quieras; pero no me coloques en un pedestal, déjame ser un timonero, al cual le agrada mucho ayudar con cualquier mapa y orientación. En realidad, durante la meditación, deberíamos dirigir nuestros pensamientos hacia los Maestros. Ellos son el "puente", según afirma W.Q.J. en una de sus "Cartas."

Con esto no quiero decir que pienso que me estás poniendo en una posición donde deberían situarse sólo los Maestros benditos. El motivo por el cual expongo lo anterior es para mostrarte que no es lo mejor confiar en algún *ser vivo*, es decir, al punto de idealizarlo; ya que: si por un lapso fuera arrastrado hacia una aparente oscuridad, el efecto no sería bueno e incluso desalentador.

Me agrada saber que la idea de trabajar para la humanidad te anima mucho. Por lo general, los que son realmente "tocados" por el fuego interno, se sienten así impulsados y es una buena señal. El deseo de ser y de hacer irrumpe, abriéndose camino para el crecimiento verdadero y permanente, con sus estaciones de expansión y contracción, es decir: crecimiento y solidificación, que son los procesos necesarios reflejados en la naturaleza, cuyas ulteriores variantes se manifiestan en dos clases de árboles: los primeros pierden sus hojas y se quedan sin expresión durante un amplio arco de su ciclo; los segundos se renuevan, lenta y constantemente, en toda parte y, a menudo, exponen la hoja vieja, la nueva, el retoño y el fruto. Ambos son los procesos de la naturaleza.

Si hablamos de los que se han caído en los márgenes, la expresión: "más grande es la altura y más intenso es el esfuerzo para mantener el equilibrio", es muy verdadera. Sin embargo, esto se aplica cuando la altura es intelectual, más que espiritual y donde el motivo está empañado por un deseo de adelanto personal, a pesar del sumo deber hacia otros seres. A menudo, la intención ostensible no es la verdadera y en esto es donde nos engañamos. También la ambición entra en juego, y el deseo por recibir la aprobación de nuestros compañeros puede oscurecer la vista en la tentativa de conservar tal posición. Existen muchas tentaciones, algunas de las cuales pueden disfrazarse como ángeles luminosos. Nuestra mejor defensa es un deseo altruista de beneficiar a los demás, sin preocuparnos de nuestro progreso, mientras, en cada instante, nos esmeramos por hacernos más capaces de ayudar y enseñar a los otros seres.

La Religión Sabiduría habla de dos doctrinas: del Ojo (o la Cabeza) y del Corazón. La primera es intelectual, la segunda, espiritual, donde el conocimiento aflora espontáneamente desde lo interior. La doctrina del Corazón es esa a la cual anhelas y puedo asegurarte que la Teosofía te llevará a ella. No hay por que tantear, vacilar y extraviarse; estando en tus manos el mapa que ha llevado a muchos a la meta: la filosofía de la Teosofía. Déjame decirte: no seas excesivamente ansioso, espera el momento en que tus súplicas internas abrirán las puertas; ya que estos Grandes Seres, de cuya existencia estoy cierto, ven a todo discípulo serio con un corazón puro y están preparados para dar un giro a la llave del conocimiento, cuando el tiempo, en el progreso del discípulo, haya llegado a maduración.

A nadie, que se esfuerza en caminar a lo largo del sendero, se le deja sin ayuda. Los Grandes ven su "luz", entregándole lo que necesita para su mejor desarrollo. Esa luz no es una simple imagen poética; si no que es real y su carácter denota la condición espiritual de uno. En ese plano, la vista está exenta de velos. La ayuda debe ser de esa índole: capaz de dejar perfecta libertad de pensamiento y acción, de otra manera, no aprenderíamos las lecciones. Se cometerán errores y quizá muchos, sin embargo, según se dice: "20 fracasos no son irremediables, si a estos les siguen otras tantas luchas indómitas hacia arriba." Generalmente, la ayuda llegará de manera ordinaria y desde uno que otro compañero con quien tenías una posible relación en otras vidas y que tu alma reconocerá.

La Gran Logia Blanca existe para servir a la humanidad. Ellos necesitan y dan la bienvenida a los trabajadores en el mundo. ¿Es quizá extraño que los Maestros perciban la luz de las almas atraídas hacia el sendero del altruismo y que, cuando un individuo lo merece y es necesario, lo auxilian en lo que el Karma les permite? Ellos mismos escribieron: "la ingratitud no es uno de nuestros vicios". Por lo tanto: aunque no podemos pretender su gratitud, podemos estar seguros que la compasión absoluta está allí y con esa, la comprensión de la naturaleza y las necesidades de cada aspirante. A menudo puede llegar el momento en que uno se siente como tú: "con la sensación de estar parado en la nada y muy cerca del precipicio." El centro de conciencia ha cambiado, las viejas señales están desdibujándose y, a veces, la oscura duda aflora. La duda y el miedo pertenecen sólo a la conciencia personal; el verdadero Percibidor, el Ego Superior, no las experimenta. El "Gita" dice: "arrincona toda duda y sigue luchando." Quizá recuerdes lo que Judge escribió en una de las "Cartas", en la cual dice que esta condición es análoga al caso de quien recorre un sendero no familiar y de repente se encuentra sumergido en la neblina. El camino está oscuro y en toda dirección puede acechar el peligro. Lo que hay que hacer es quedarse inmóvil y esperar; siendo simplemente una neblina, ésta *siempre se disipa*. Jamás, ni por un instante, pienses que no estás adelantando en tu "viaje". Nos beneficiaría si en las partes más recónditas de nuestro corazón estuviéramos conscientes de la *proximidad* de los Maestros Gracias a Su verdadera naturaleza deben estar cerca de cada aspirante genuino.

Quiero agregar una palabra, como amigo y hermano: limpia y esclarece, primero, las concepciones, las percepciones mentales y las ideas preconcebidas; el resto *seguirá naturalmente*. No habrá destrucción alguna, lo indeseado fallecerá naturalmente. "Crece, como crecen las flores", desde lo interno hacia lo externo.

Como siempre, R. C.

Carta Tres

Los libros de devoción están pletóricos de material y ayuda para que se realice la *doctrina del corazón*; se elaboraron a fin de despertar la facultad Búddhica: la Intuición, el único medio mediante el cual la *luz* puede llegar a ti o a algún ser. Las palabras impresas y la información que indican, son simples "escaleras" a lo largo de las cuales el discípulo puede subir hacia la Sabiduría. Cada uno de nosotros debe desarrollar su propia conexión con los planos superiores y sus Habitantes. A menudo se dice que: "cuando el material está listo, el Arquitecto aparece." Entonces, nuestro trabajo consiste en preparar el material, lo cual implica liberarse de la tendencia puramente personal, convirtiendo la Teosofía en un poder viviente en nuestras vidas. Mientras trabajemos por alguna recompensa, oscilaremos entre un estado de desánimo o de impaciencia, obstruyendo nuestro camino.

Lee "La Voz del Silencio" y estudia las claves de los diferentes "portales". *Dana*, la clave de la caridad; la consideración para los demás pese a su estado. *Shila*, la clave de la armonía en palabra y en acción, cuyo sentido es, también, la sinceridad; no sea que nuestras acciones traicionen nuestras palabras o viceversa. *Kshanti*, dulce paciencia que nada puede desestabilizar. La práctica de estas tres creará una atmósfera más armoniosa y diáfana. *Shila*, contrabalancea la causa y el efecto, eliminando todo espacio para la acción kármica. El "Bhagavad Gita" expresa la misma idea donde dice: "La libertad es el fruto de la *renuncia al interés personal* en los resultados de nuestras acciones."

La pregunta sigue siendo: "¿Cómo deberíamos sobrellevar la presión?" En cada condición se necesitan paciencia y fortaleza. La fructificación del propio Karma presenta la oportunidad para desarrollar estas cualidades y estaría bien que aprendiéramos la lección. El efecto principal del Karma es mental y físico. El Karma familiar no es nuestro y a la larga aflorará. Lo mismo con las condiciones financieras difíciles o cualquier otra circunstancia ardua; todos las experimentarán. Así, deberíamos tender hacia la calma, la paciencia y la fortaleza, con plena confianza que la marea cambiará, aun en el último minuto de la última hora. "Si el candidato tiene fe, paciencia y confianza, en realidad no deberá esperar mucho." En medio de las dificultades ten siempre presente que: "Una vez aprendida la lección, la necesidad cesa."

Deberíamos saber que el Karma no castiga; si no que simplemente proporciona la oportunidad para equilibrar el asunto. Nadie puede ser responsable de nuestro Karma, ni a nadie le gustaría serlo; por lo tanto, vale la pena recordar que nosotros fuimos los causantes y los responsables de lo que nos pasa y sólo nosotros podemos encararlo. Entonces, debemos estar ciertos que nada puede abrumarnos. Es mejor asumir una actitud alegre, cultivar en nosotros un sentimiento de confianza y esforzarnos por impartirlo a los seres más cercanos. Nuestra ansiedad, miedos internos y su exteriorización, pueden deprimir, profundamente, a los que nos aman y que nosotros amamos.

Todos experimentamos ese estado temporáneo de soledad, sin embargo, deberíamos sentirnos animados al saber que, en realidad, no estamos solos; tenemos compañía, aunque no estemos conscientes de ella en nuestro estado momentáneo de incomunicación personal. En nuestro adelanto existe un punto que involucra el pasaje desde un estado de pensamiento y acción a otro y, sabiendo esto, ninguna eventualidad de la vida debería desanimarnos ni molestarnos. A tu juicio, ahora te sientes inútil y ves tus circunstancias futuras lóbregas y tristes. Estas son simplemente sombras del pasado proyectadas en la pantalla del presente. Como sombras pasarán, si las reconoces por lo que son.

¿Estás pensando, excesivamente, en ti mismo, tus condiciones presentes y tus esperanzas? Tal actitud no es una confianza firme en la Ley de tu ser, la cual te brinda las oportunidades que el adelanto de tu alma necesita. ¿Y qué si el futuro no es claro; si tus deseos no se hacen realidad y si tu progreso no es evidente? ¿Por qué preocuparse por esto? No puedes cambiarlo. Todo lo que puedes hacer es realizarlo lo mejor posible bajo tales circunstancias y esto *es lo que deberías efectuar*, sin dejar que tu mente piense en lo que no es como te gustaría que fuera.

Tus estudios y tus esfuerzos son inútiles si dentro de ti estás molesto. Entonces, lo primero es calmarse, lo cual es posible asumiendo la firme posición que nada puede, en verdad, dañarte y que eres suficientemente intrépido y fuerte para sobrellevar cualquier cosa; además, piensa que todo es parte necesaria de tu entrenamiento. El señor Judge una vez dijo: "Puede ser una escuela de niños, sin embargo, sólo un adulto puede pasarla." ¿Entonces, por qué no tomar la determinación de pasar por ella, pese a las circunstancias o las condiciones? Otros lo hicieron y tú también puedes. ¿Acaso eres de un calibre más débil que ellos?

Estas palabras resumen la posición del sincero estudiante: "Persevera tenazmente; ten confianza y fe; pues la fe en el Maestro resultará, seguramente, en la victoria." Debemos: "tener *paciencia*, como aquél que siempre persiste", *olvidándonos de nosotros* en el trabajo para los demás.

Como siempre, R. C.

Carta Cuatro

La reunión de unos pocos desarrollará una relación más íntima, suscitando una devoción más fuerte. Indudablemente habrá algunas reacciones, sin embargo pasarán y todos se beneficiarán si permanecen firmes. Los cambios seguirán. No te sorprendas si el alma entra en un lugar o condición donde parece estar inmóvil, inerte. Se acostumbrará a las nuevas condiciones y seguirá adelante. Que nuestra máxima sea: "Continuemos trabajando."

Cuidado con las críticas y las sospechas mutuas; habrá muchas ocasiones para que se manifiesten o *parece* que haya. Entonces, debemos reconocer que cada estudiante sincero está intentando y cada uno tiene su sendero del cual procede. Nuestro camino es esencialmente el nuestro; y el del otro, es el suyo, igualmente correcto e importante. Necesitamos sólo Lealtad, lealtad al trabajo, a nuestras convicciones y una lealtad recíproca con plena fe y confianza que cada uno es parte de otro y de todos. Así nos uniremos en un pensamiento, una voluntad y un sentimiento.

Esto no quiere decir una aceptación sin discernimiento de todo y de todos. La actitud de "santurrón" es sólo una pseudo tolerancia. Esta falsa idea de "hermandad", si la lleváramos a su conclusión legítima, significaría que el pecado, el dolor, el sufrimiento, el error, todas las religiones y todas las filosofías estarían bien; que cada individuo está haciendo lo posible, lo mejor que sabe hacer y no puede hacer nada diferente y que todos son peldaños del aprendizaje.

¿Por qué la humanidad peca, se aflige, sufre y muere mil muertes? Por la Ignorancia. La Teosofía es la VERDAD y, como tal, no puede aliarse con *alguna* forma de error y permanecer como Verdad. Si las filosofías parciales salvaran al mundo, no se necesitarían los sacrificios de los Maestros.

Para los que jamás conocieron la Teosofía y para las personas cuyas mentes están tan identificadas con la acción que no la pueden recibir, deberíamos sentir misericordia y compasión. Sin embargo, sentir misericordia y tener consideración por sus posiciones erróneas, no implica abandonar nuestro discernimiento; ya que sería un abandono de lo que sabemos y lo que es nuestro *propósito* para vivir y conocer.

No creo en la Teosofía diluida. Los Maestros no la diluyeron. O continuamos Su Trabajo o no; la hipocresía o el autoengaño no son necesarios. En el mundo hay otros que, no pudiendo percibir la Unidad de la Teosofía, ni su influencia ahora, pueden usar y usan sus porciones, que, en el caso de algunos, tememos que los llevarán a su condena y a una ulterior obcecación de la humanidad. ¿Están en lo correcto? ¿Deberíamos alabarlos o "tolerarlos"? ¿Acaso no es el verdadero deber de los que saben, elevar el Blanco Estandarte de la Verdad? Así debe ser; ¿si no cómo podría un investigador percibirla? La Teosofía debe ser elevada de manera tal que pueda indicar los errores de toda clase, acompañados por la mojigatería y la hipocresía.

Como siempre, R. C.

Carta Cinco

Acerca del sendero del verdadero Ocultismo, se dice: "El primer paso es el sacrificio", lo cual se refiere al sacrificio desde el punto de vista mundano, nuestro punto de partida. El hecho de que empezamos a desembarazarnos de lo indeseado, muestra la obra del verdadero Ser. No tengas miedo al océano de la Vida; te sostendrá. A menudo pienso en el pasaje: "Todo trabaja por el bien, para quien ama el Señor." Tu apreciación por este refrán superará el entendimiento común.

Me hablas de un sentido más cierto de la verdad del que puede proporcionar cualquier tipo de razonamiento. Esta es la acción de *Buddhi*, cognición directa, la meta hacia la cual conduce toda filosofía correcta y el justo vivir. A veces, gracias a nuestros esfuerzos sinceros, recibimos destellos procedentes de este asiento de la conciencia. El gran resultado sería tener la cooperación continua de *Manas* y *Buddhi*, la mente superior y el conocimiento espiritual, para trabajar como un ser divino, perfecto en todas sus partes, en lugar de la actual operación parcial.

Recordarás que en "La Voz del Silencio" se mencionan dos doctrinas: la del Ojo, la conciencia cerebral, compuesta, ampliamente, por impresiones externas y la del Corazón, la conciencia espiritual del Ego, desapercibida por la conciencia cerebral, hasta que el justo pensamiento y la recta acción, que a la larga sigue al primero, armonicen ciertos centros cerebrales en sintonía con la vibración espiritual. Valdría la pena leer, constantemente, "La Voz del Silencio", meditando sobre lo que dice. Te has embebido mucho con la parte intelectual, deberías compensarla con la parte devocional; ya que lo deseable es despertar la conciencia espiritual, la intuición, *Buddhi*, lo cual no es factible si no diriges allí los pensamientos con poder y propósito. Si quieres, puedes dedicar media hora, antes de acostarte, inmediatamente después de levantarte y antes de comer. Concentra la mente en los Maestros como ideales y *realidades*; Seres vivos, activos y benévolos que trabajan en el plano de las *causas*. Medita, exclusivamente, sobre esto y trata de alcanzarlos en el pensamiento. Si te das cuenta que la mente vaga, llévala de nuevo al tema de la meditación. Al principio y quizá durante un amplio lapso futuro, la mente tenderá, más o menos, a distraerse; sin embargo, no te desalientes si, a tu juicio, los resultados son, aparentemente, insatisfactorios. Los verdaderos resultados pueden no ser, inmediatamente, evidentes; pero el trabajo no se ha perdido, a pesar de que no se vea. Es muy probable que tus compañeros, más que tú, se percaten de la obra en esa dirección. No te preocupes del pasado; ya que, como persona, te encuentras en la entrada de un nuevo mundo. Has puesto los pies en el camino que conduce al verdadero conocimiento.

No trates de entablar una comunicación consciente con los seres en otros planos. No es el momento y tal sendero es peligroso, debido a que tenemos el poder de crear imágenes y porque las fuerzas oscuras pueden y están dispuestas a imitar los seres de Luz, haciendo inútiles tus esfuerzos para alcanzar la meta. Cuando el material esté listo, el Arquitecto aparecerá; pero no lo busques; *busca sólo estar listo*. Haz lo mejor que puedas día a día, sin temer nada, ni dudar nada y depositando tu confianza completa en la Gran Ley, todo marchará bien. El conocimiento llegará asumiendo la actitud justa.

Lamento si al principio muchas cosas desagradables nos asaltan. Puedo entenderlo todo muy bien: calor, polvo, fricción, en comparación con lo que dejaste. Se necesita valor y perseverancia, cualidades deseables, como las que un Kshatriya (guerrero) debería tener, sin embargo, esto no atenúa el sentirse distinto y no desaparecerá *todo a la vez*. Pero, como todos anhelamos esta lucha, siendo lo que mejor nos prepara, podemos sonreír interiormente, mientras contemplamos los esfuerzos de la naturaleza para inhibir lo que nos proponemos. Todos tenemos nuestras batallas y si somos parte del ejército, podemos estar seguros de que el Ser proporciona las pruebas que la naturaleza particular necesita. Pienso que las cosas mejorarán después de algún tiempo, como siempre sucede. A la personalidad no le gusta sentirse incómoda; pero, después de cierto lapso, esta compañera se acostumbra a las cosas. Por lo tanto, a pesar de lo que resulte en el futuro, será sabio luchar en las mismas líneas que determinaste para tu trabajo en la vida. *Ganada la batalla, la necesidad cesa*; porque el Ser no desperdicia los esfuerzos. Es fácil aconsejar, más difícil es ejecutar, sin embargo esto es lo que hace falta. Todas estas cosas deben ser, necesariamente, pruebas o al menos entrenamiento. A mi juicio, tal es la manera de considerarlas.

La analogía de "La Doctrina Secreta" muestra que, a cada cambio le antecede una rápida repetición de los procesos evolutivos previos. Me parece que podemos usar esto en nuestros procesos mentales y, posiblemente, logremos discernir nuestra posición en el ciclo. Podemos ser capaces de dejar que la *mente* se expanda *sólo* en los preliminares, interviniendo cuando se haya alcanzado el punto adecuado, usando el *flujo ascendente* como motivo motriz. Deberíamos siempre ascender, desde nuevos niveles. "¿Acaso no es así que se escalan las montañas?" De vez en cuando, columbramos el sitio del cual partimos, mientras subimos las pendientes y, una vez que volvemos a descender, nos damos cuenta de la elevación media. Entonces, esperando estas cosas, aprovechamos toda oportunidad para incrementar el ascenso y evitar los precipicios; ya que las regiones montañosas abundan de tales cosas.

También ten presente la existencia de muchos residuos no agotados de Karma pasado, los que Patanjali llama: "depósitos mentales" y que tú pediste para equilibrar tu cuenta. Han llegado y *seguirán* viniendo. Cuídate de no incurrir en nuevas deudas, demorando la solvencia final. Conoces las dificultades y deberías fortificarte para superarlas. Como bien sabes, nadie puede hacerlo por ti.

También es bueno sentir que, en tu aparente aislamiento, no estás solo. Este "sentimiento" debería ayudarte y creo que lo hará. Sigue tratando.

Como siempre, R. C.

Carta Seis

El espíritu que tus cartas muestran es fuente de felicidad para todos nosotros. Bueno, has dado el primer paso y además, me parece que hacia la dirección correcta. No eres responsable si tu audiencia es pequeña. Estas cosas se juzgan por el esfuerzo ejercido y no por los resultados aparentes, los cuales pertenecen a la Ley y su influencia se sentirá con el tiempo, así como es cierto que los efectos siguen las causas. Deberíamos tener presente que es más difícil empezar en una ciudad grande que en una pequeña; pues es menester "gritar" con más fuerza y énfasis para alcanzar los elementos desparramados en una numerosa población, sin embargo, con el tiempo, los resultados deberían ser más amplios. Además, no importa quien vino, es cierto que cada uno hablará con los que jamás vendrán, recibiendo alguna impresión que resonó en el participante. Según se dice, cada persona que oye algo lo repetirá a otros mil. Tal afirmación puede ser arbitraria, pero no cabe duda que es muy amplio el número de gente que se puede tocar así. Entonces, el radio no puede determinarse completamente por el número de los presentes, aun en este plano de acción. Lo anterior lo digo para animarte, no porque lo necesites, pero es bueno tener presente el campo de actividad más amplio de este trabajo, recordando que no estamos solos. Un iconoclasta de algún sistema muy conocido puede llenar sus reuniones; pero el "constructor" atrae unos pocos, siendo, éste, un comentario sobre la constitución actual de la mente humana. También me recuerda lo que decía Judge: "La Teosofía es para los que la quieren *y para nadie más.*"

La siguiente frase de tu opúsculo: "La Búsqueda de lo Esencial", debería dar una nota clave y aliento. Esto lo cito basándome en mi memoria: "Existen aquellos que, externamente, no han renunciado, sin embargo lo han hecho internamente, acogiendo con felicidad el momento en que lo no esencial desaparece, dando lugar a lo esencial." El hecho de que hay personas dispuestas a disipar lo no esencial, muestra *su renuncia interna.*

A veces sucede que un estudiante pasa por un "portal" sin darse cuenta de que está pasando o ya pasó por él, hasta encontrarse "en el otro lado." Entonces, él sabe que lo esperan otros portales más grandes, por los cuales pasará de manera análoga, creciendo, creciendo y creciendo, sin pensar en nada que no sea el servicio de la forma mejor y más elevada que conoce.

Me agrada saber que la "semana fatal" ha entrado en el limbo de estas cosas; ya que provoca otra abertura y un ciclo ascendente es el momento propicio para un esfuerzo ulterior. Todos los "humanos" pasan por tales experiencias; sin embargo, sabemos que *terminan* y en esto somos más afortunados que el mundo en general. *Saber* que la naturaleza de *todas las experiencias, mientras las vivimos, es transitoria*, nos permite no identificarnos con ellas. "He establecido este universo con una sola porción de mí mismo y permanezco separado." La verdad macrocósmica debe ser, también, la real posición que el microcosmo debe asumir en su campo de creación.

A veces, como tú dices, nos acostumbramos a hacer las cosas de modo mecánico, porque la mente piensa en *otros* asuntos que no son el trabajo a la mano. Es obvio que el remedio consiste en redirigir la mente, concentrándola en lo que se ha hecho. Nuestras vidas diarias nos ofrecen las mejores oportunidades para practicar la concentración y para incrementar el conocimiento: volviendo la Teosofía un poder viviente en nuestras vidas.

Hablas de control. El control es el poder de dirigir y cuando se ejerce en un aspecto, conduce a su ejercicio en otros aspectos, hasta cubrir todo el campo de operación. Una manera de controlar el lenguaje es pensar en los probables efectos de lo que estamos por decir; lo cual asegura la deliberación y las palabras transmiten *la fuerza de la intención*. La deliberación no requiere un tiempo apreciable en práctica: un pensamiento hacia ella, una mirada a los efectos; en realidad es asumir la actitud de *expresarse con un propósito*, donde los procesos son, prácticamente, simultáneos. Si es difícil ejercer el control en cualquier cosa, empieza manteniéndolo presente y *detente* tan pronto como te das cuenta de que lo has perdido. Todo debería subordinarse a la idea del control, si éste es el propósito.

"La gran renuncia consta de pequeñas abnegaciones." ¿Quién puede negar, al señor, el acceso a su casa; quién puede entrar en la casa de un hombre *fuerte* y arruinar sus mercancías, si antes no se le ha amarrado; quién puede atarlo, si no sus legítimos vasallos que moran en su casa y quién puede frenar a estos últimos, si no el señor de la casa?

Para ser un maestro (señor) debemos tener el control sobre todo lo que pertenece a nuestro reino o casa. Si las palabras y las acciones ajenas provocan impaciencia e irritación debido al impulso, al hábito mental o corporal, no estamos en control. A menudo nos inmutamos, aun cuando sabemos que no deberíamos, lo cual indica que no hemos trabajado con esmero para obtener el control o quizá hemos operado de forma equivocada. Al aplicar la analogía pareciera que ésta consiste en el método moderno de proceder de lo particular a lo universal, mientras el proceso debería ser invertido. Entonces, empezaríamos con la idea, la actitud y el propósito de controlar todas las cosas relativas a los vasallos de nuestra casa. Así, el adelanto será armonioso, una vez establecido el hábito del control, uno *se mantiene en equilibrio*. Todo lo anterior se resume, en mi mente, como el *establecimiento del control mismo*, prescindiendo de lo controlado. La "táctica de los detalles" es la otra manera que, a mi juicio, tiene la desventaja de estar sujeta a la perturbación por parte del resto de los "detalles", mientras se asalta algún otro punto. El General Control puede perder su grado e incluso su nombre en esta mezcla. Sin embargo, cada "guerrero", teniendo presente las fuerzas y la disposición del enemigo, debe librar su lucha en la manera que le parezca mejor.

Como siempre, R. C.

Carta Siete

Debemos encarar todas las pruebas: tanto el elogio como la crítica de la misma manera. A menudo el elogio es el más difícil, por adherirse muy fácilmente a la "idea personal", mientras la crítica se puede hacer a un lado con más facilidad. En el caso del elogio, la dificultad no se atenúa por el hecho de que lo expresado es verdadero. El elogio o el éxito no deberían producir júbilo; la crítica y el fracaso no deberían ser fuente de desaliento; siendo ambos una aplicación de la "idea personal", una identificación con el evento.

El éxito en esto no es inmediato. Primero hay que reconocer la justa actitud y luego, hay que repetirla en la práctica durante *todo* evento. Dado que tu carta muestra que estás familiarizado con tal actitud y que la pones en práctica, el resto debe ser, simplemente, una cuestión de tiempo y un incentivo para "seguir adelante."

Dices que las cosas no se hacen con "fe suprema". Quizá no, sin embargo la "fe" está allí y siempre tiende "hacia lo supremo". Nuestro ideal es invariablemente más elevado que nuestro alcance, de otra manera no habría adelanto. Obtener nuestro ideal es la cesación del progreso; a pesar de lo elevado que tal ideal pueda ser. Esto debe ser cierto para todos los seres en un universo de posibilidades infinitas. Es una constante expansión del ideal. Tu ideal ha cambiado, aunque es posible que no lo hayas percibido. *Estando en la misma dirección*, el cambio no es perceptible. Si confiamos en lo Supremo, *ningún* esfuerzo es perdido, porque todo "pensamiento creativo" está en la dirección justa. Uno no quiere preservar lo "indeseable"; sino lo "deseable". Hay que proponerse mantener el pensamiento deseable y cesar lo indeseable.

Además, vale la pena recordar que nuestro verdadero adelanto se graba en el "ser interno". El simple intento de avasallar lo inferior a lo superior es un esfuerzo "para vivir la vida", creando y tensando las "cuerdas de plata", las cuales sustituirán las de "tripa".

Lo anterior es lo que está aconteciendo. ¿Por qué? ¿Acaso por *nuestros* alcances, *nuestra* bondad e impecabilidad? Es cierto que no. Debe ser por el "Servicio en favor del Hombre", con todo lo que el término implica en Teosofía. Especialmente en esta era, quiere decir *sacrificio* desde el primer paso, que es, como H.P.B. dijo, el medio mejor para conducir a nuestro prójimo al sendero correcto, beneficiando, así, a todos los compañeros *posibles*. Esto es lo que constituye a un Teósofo genuino. "La primera prueba del verdadero aprendizaje es la devoción a los intereses ajenos." La Teosofía se nos dio para "sanar las naciones" y debe difundirse en forma tal que facilite su práctica en la vida diaria.

En cuanto a W.Q.J., sabes que fue un gran ser; sin embargo, muchos, mientras lo admiraban como hombre, jamás estuvieron en la presencia interna de su grandeza. Los que tuvieron esta buena suerte, a menudo se sintieron, incluso el escritor, como Arjuna en el capítulo undécimo de "El Bhagavad Gita", el cual, mientras trata de expresarlo, nunca se olvida que es simplemente un discípulo de un gran Maestro amado y reverenciado. Siguiendo sus pasos, lo mejor que puede, se esfuerza en conducir a otros a lo largo del camino que conoce, para que, a su vez, ellos se conciencien y beneficien del inestimable privilegio, convirtiéndose en maestros para otros; *todos* eslabones en la gran cadena de "salvadores de la humanidad." Así, la "unidad" existe hasta donde pueda expresarse, mientras tanto, cada uno para todos y todos para uno: la no separatividad.

W.Q.J. conocía el sendero que todos, un día, deberán recorrer y en sus escritos se encuentra el bálsamo, el consejo, la advertencia y el aliento para cada circunstancia de la vida. Mientras más nos acercamos a la corriente que fluye de Él –el más grande de los desterrados—más rápidamente desaparecerá lo que nos aflige y perturba, anulándose. El hecho de que hayas entrado en la corriente, es el mejor Karma para ti. En tu caso, el trabajo ha sido, para ti, una ayuda; y una bendición para muchos que, de otra manera, jamás hubieran recibido este auxilio.

Mientras más trabajas y efectúas una obra similar para los demás que no conoces, los cuales la están esperando, menos espacio habrá para los pensamientos o los sentimientos que no apoyan, de alguna manera, la obra. Esta es una forma deseable de "enfoque en un punto."

Consideramos que los escritos de W.Q.J. han sido particularmente ideados para las necesidades de los occidentales. Nosotros *conocemos* su valor. Además estamos conscientes de que el mundo y los teósofos en general, no saben de su existencia y es nuestro deseo y propósito que ellos se *familiaricen* con estos escritos, hasta donde nuestro poder y oportunidad nos lo permitan. Así, nos atenemos a nuestro propósito, no porque es nuestro, sino porque, a nuestro juicio, es el bien más elevado y lo mejor que podemos hacer. También ellos, algún día, verán lo que nosotros vemos.

Como siempre, R. C.

Carta Ocho

Estoy seguro de que mucho de lo que experimentarás en (***) serán sacudidas. Por eso, en realidad, fuiste allí. Estos no son "eventos fortuitos", sino verdaderos peldaños mediante los cuales las pruebas necesarias pueden llegar y "tú *mismo* lo deseaste." Este pensamiento encierra felicidad; pues, cualquier cosa que hagas ahora es parte de tu aprendizaje y, el estar consciente de esto, como necesidad vital y *como* algo deseado, mantiene el *verdadero ser* sereno en toda circunstancia. Él es feliz porque las cosas ahora se mueven, hay algo que está ocurriendo, como dice el refrán. Entonces, si observas todo con atención, notarás la manera insidiosa con que la personalidad es cautivada por esto, aquello y así sucesivamente.

Asume el punto de vista de que el guía es el Uno; y mántente firme en esto. Recordarás una frase del Padre Nuestro, una oración verdaderamente oculta: "No nos dejes caer en tentación y líbranos del mal, porque Tuyos son el poder y la gloria"; sólo sustituye: "haz que no *caigamos* en tentación." Incluso Jesús el Cristo fue tentado, pero no cayó, confiando en el poder del "Padre" interno. Aquí está la verdadera "prueba" y, si mientras la vives, puedes pronunciar una palabra oportuna, es mejor para los oyentes y para ti. Sin embargo, no tires tus perlas ante quienes, aun teniendo los oídos para oír, no oyen ni entienden. Que tus *palabras y actos* expresen el poder y el conocimiento que son verdaderamente tuyos. Entonces, serás un centro de luz radiante que hace el bien inconscientemente a donde vayas y cualquier cosa que hagas.

En lo referente a la meditación, *no asumas una actitud pasiva*, este método es peligroso. Sé activo en todo. La euforia se disipará en el tiempo. El cambio, con sus disturbios mentales y de otra índole ha influenciado, innegablemente, las corrientes nerviosas y el sistema circulatorio. Por supuesto, la manera de superar la perturbación es la calma mental y física que debería ser conservada. A veces, se debería acudir a la asistencia médica para el cuerpo, porque la "actitud mental" causa cambios, que son, en su mayor parte, paulatinos; sin embargo, a veces necesitan una ayuda material para coordinarse. Entonces, no desprecies el auxilio médico si tal necesidad debiera presentarse. Judge lo buscó cuando lo precisaba, dejando al médico el cuidado de la desarmonía física.

Lo que dices acerca de los ciclos pienso que está bien. La reencarnación es, ciertamente, una de las operaciones de la ley cíclica y los seres están en oposición o en conjunción, mientras el ciclo determina la tendencia o mejor dicho, alimenta y facilita las relaciones de una clase u otra.

Los ciclos gobiernan siempre y en todas partes, incluyendo al Movimiento Teosófico y a eso que lo sigue. Los ciclos rigen el contacto con este o aquel individuo, a solas o en pareja, con el Movimiento. Algunos oyen y se van; algunos se quedan. Siempre hay libertad de escoger. En este caso, la elección no es una simple determinación, estando constituida por todos los momentos en que elegimos en las vidas pasadas; un conjunto que algunos son suficientemente sabios para percibir y, abandonando todas las demás elecciones, se "adhieren a ésta", mientras giran alrededor del ciclo de las existencias. Sin embargo, aun dicha sabiduría es adquirida y procede de la experiencia, y, teniéndolo presente, deberíamos sentir confianza en nosotros.

Elegimos anteriormente, pero no nos "adherimos"; sin embargo, la Gran Ley nos devuelve lo que en un tiempo escogimos. La Gran Ley es la ley de los ciclos, el proceso de la acción kármica.

Un buen lema para tener en mente es: "Nuestro karma se nos presenta en nuestros deberes diarios", cuya realización es nuestra prueba. Entonces, deberíamos hacer lo que debemos, simplemente como deber, prescindiendo si tal ejecución es fuente de elogio o de crítica. Así, toda la energía se consumiría en la realización de los deberes, dejando que nada permitiera a la idea personal subsistir.

Aprecio plenamente tu propósito generoso y bien intencionado que consiste en transformar, a quien ha aprendido algo, en un mejor vehículo para ayudar y enseñar a los demás. Si estás incluido con ellos, es tu karma, así como es mi buen karma recibir tu ayuda.

Bueno, te deseo mucha suerte en tu tentativa para el "trabajo". No desconfíes de ti mismo, confía en los poderes que posees; busca sólo hacer tu deber; si te mantienes fiel a esto, tendrás acceso a todo el poder necesario.

Sé firme, calmo e intrépido, como aquel que persiste para siempre.

Como siempre, R. C.

Carta Nueve

Me alegra mucho saber que has descubierto en tu mente o mejor dicho, en el mecanismo mental, el "diablillo de la botella" de las *cosas*. Sé como pica, se esconde y, constantemente, produce nubes de ideas materiales que oscurecen nuestra visión. Nadie puede despejar la visión ajena. La profusión de palabras que contienen las ideas correctas no las trasmitirá sin una orientación paulatina y un esfuerzo determinado por comprender. Desde un punto de vista esto es tan simple que se pasa por alto a favor de una dificultad; desde otro ángulo, nuestra manera de pensar se basa en la separatividad. El poder del intelecto cultivado, mediante su habilidad de discernir entre los claroscuros de las diferencias, entra en un laberinto de diversidad, olvidando que "el Uno *lo ve Todo*"; que la explicación de los innumerables efectos no es la Causa misma, la cual produce, ve y reproduce. "¿Dónde está el mar, clamaron los peces, mientras nadaban en la cresta de la ola."

Tratamos de liberar*nos* de *algo*. ¿Quizá no es ésta una actitud separatista? W.Q.J habla de "la gran ilusión que la naturaleza produce, induciéndonos a ver los objetos como algo distinto del Espíritu." El "Gita" dice: "Como un único sol ilumina todo el mundo, lo mismo ocurre con el Espíritu uno, que ilumina a todos." Si lo antedicho tiene algún sentido, quiere decir que en cada ser reside el Espíritu Uno, el Percibidor, el Conocedor, el Experimentador; lo cual indica que hay unidad por todas partes.

Tampoco es fácil desarrollar una concepción verdadera, porque usamos, eternamente, términos separatistas, basándonos en estos conceptos que surgen de ellos. Sin embargo, son los peldaños mediante los cuales nos elevamos hacia cumbres de percepción más y más altas. "La realización procede del meditar en eso a realizar." Grados de realización son grados de logro. Entonces, ¿no estamos, quizá, lenta pero seguramente, saliendo de las neblinas, para entrar en el aire claro?

A mi juicio, "abandonar la Esperanza" equivale a cesar de buscar los resultados personales, "evitando el dolor que aún no ha llegado." Si sólo pudiéramos aceptar las condiciones como son, haciendo lo mejor posible mientras las vivimos, tendremos otras oportunidades para implementar lo "mejor" que acabamos de mencionar y toda preocupación, miedo, duda y ansiedad se disiparán. La Ley opera justa y verdaderamente. "Lo que fue, *es* y será." El único poder que tenemos es sobre el "*ahora.*" Sólo trabajando con las condiciones presentes se cambia la naturaleza del futuro. Esto es confiar en la Ley y trabajar bajo ella. Las varias condiciones que nos confrontan son oportunidades y medios que se nos proveen para afinar nuestro discernimiento e incrementar nuestra fuerza y conocimiento. Al haber creado estas condiciones y dándonos cuenta de lo que es indeseable en ellas, trabajamos para cambiar nuestra dirección de pensamiento creativo y nuestra relación con lo indeseado. El antiguo lema: "La necesidad es la madre de los inventos", señala el proceso de crecimiento, no empezamos a inventar hasta que vemos la necesidad. En la gran economía de la Ley y de la Naturaleza, cada ser se encuentra, exactamente, donde tiene que estar para desarraigar los defectos. Todas las condiciones necesarias están presentes para que crezca. La cuestión yace en él: ¿las tomará como algo "doloroso" o como oportunidades? Si como oportunidades, todo va bien; porque está destinado a conquistar; ya sea que tarde mucho o poco tiempo. "El propósito de la vida es aprender y todo es aprendizaje." Aun los que cometen errores vida tras vida, están en el proceso de aprender, porque la evolución induce al bien, siendo un desarrollo desde lo interno.

"Nosotros" somos los creadores de la fantasmagoría ante nuestros ojos, luchando por encontrar la solución a sus efectos perturbadores, en lugar de crear, para nosotros, un mundo de efectos más en armonía con nuestra verdadera naturaleza: un mundo en que podemos vivir inmunes a los efectos que molestan a los demás, aunque estemos trabajando para su bienestar.

"Nosotros" somos el Ser, sin embargo, como vivimos, ordinariamente, en la conciencia física, "nos" convertimos, más o menos, en conciencia física. En otras palabras, somos lo que pensamos o percibimos, identificándonos, continuamente, con las percepciones y los sentidos. El "sentido" es simplemente un canal para el deseo a lo largo del cual fluye, para atormentarnos y a los demás. "Sólo existe el Ser."

Dado que cada ley es espiritual, así deben serlo todas las formas, las cosas las fuerzas y los aspectos. Cada error nace de un esfuerzo para encauzar hacia propósitos pequeños, los flujos diversificados de la fuerza espiritual. Si como individuos pudiéramos tomar la posición de *Kamaduk*, la vaca de la abundancia, y, con caridad universal, usáramos nuestros poderes, sin pensar en nuestro yo personal, la vida sería otra historia.

"Para establecer una nueva religión", dice el recorte adjunto. La humanidad siempre ha hecho esto con la clara luz de la Verdad. Ha creado y se ha postrado, constantemente, ante los ídolos, adorándolos. ¿Qué clase de verdad es la que sustituye un tipo de ídolo con otro? La Teosofía no es una religión y ninguna religión puede ser Teosofía, aunque todas las formas de religión existen gracias a la Teosofía y contienen expresiones de ella.

Es una realidad que los "religiosos de una clase se vuelven, fácilmente, religiosos de otra." El hecho muestra que los americanos no piensan, sólo "lucubran". Todo esto W.Q.J lo presentó muchas veces como precaución, al ver el resultado del advenimiento de Swamis y otros personajes en este país. Sin embargo, tenemos maestros auto-electos que dicen que el Cristianismo es Teosofía y el Budismo es Teosofía, en una especie de catolicismo remilgado. Ellos tienen la culpa por la gran confusión resultante. Si los llamados Teósofos hubiesen permanecido fieles al Mensaje y a las líneas presentadas y seguidas por los Mensajeros, no habría espacio para dos opiniones en el tema.

Basamos nuestra devoción y esfuerzos en la naturaleza de los que propagaron el Mensaje, aceptando como seguras, buenas, verdaderas y necesarias, las líneas expresadas en Sus escritos. Los que piensan de esta manera, trabajarán así. Dicha posición ofrece una base sólida para un esfuerzo unido; cualquier otra posición puede sólo desembocar en diferencias, suposiciones y autoridades. El Movimiento necesita Unidad entre todos los que se sienten atraídos por el Mensaje y lo que podrá realizarla mejor es la verdadera manera, a pesar de lo que cualquier persona diga. Ni Jesús ni H.P.B. vivieron y murieron para que creyéramos ciegamente en un libro o en una gran cantidad de ellos, ni para que los seres humanos se convirtieran en discípulos; sino para que todos los hombres se volvieran hermanos. Debemos atenernos a lo que elimina las diferencias sin gratificar alguna forma de religión cercana o lejana.

Recuerdo que una vez H.P.B. usó la siguiente frase: "un Teósofo que entiende la Teosofía a su manera: de forma sectaria y fanática." Me preguntaba si nuestros compañeros tan identificados con la organización, no nos apoden así, dado que ponemos en tela de juicio sus métodos y prácticas. No cuestionamos método alguno para promulgar la Teosofía, sino sólo los que tienden a tergiversarla. También llamamos la atención sobre la naturaleza anti-teosófica de las pretensiones exclusivas de las personas o de las organizaciones. Indudablemente, en algún momento, nosotros seremos el blanco de tal acusación por parte de alguien. Pero tenemos una respuesta coherente y eficaz. Estamos en simpatía con todo movimiento para la promulgación del mensaje teosófico, como tal y con el esfuerzo para aplicar esa filosofía. Mientras que es verdadero que los principios de la Teosofía son tan buenos y eficaces, bajo cualquier otro nombre, sin embargo, el nombre indica la fuente y la verdadera encarnación de estos principios y no pueden tergiversarse ni cambiarse, sin que alguna persona o sistema de pensamiento se interponga en el camino del buscador de la verdad. ¿Cuáles pueden ser los motivos por eso? Muchos, quizá. Por lo general, alguna persona desea ser un exponente por excelencia, consciente del hecho de que encontrará los que compartirán sus declaraciones.

Algunas organizaciones pretenden ser el órgano espiritual de la Teosofía. Estas encarnan el separatismo y no pueden facilitar la unidad, siendo ajenas al espíritu y a la esencia de la Teosofía. La Teosofía es un Mensaje que debería hacerse accesible a todos, sin intermediarios o pseudo-intérpretes. Debería presentarse como se expresó, poniendo siempre de relieve su existencia como una filosofía omniabarcante. Las Sociedades que no hacen esto deberían asumir un nombre que especificara su particular esfuerzo, para ser justos con la Teosofía y con quienes tratan de conocerla. ¿A qué nos oponemos? A los títulos que presentan interpretaciones como si fuesen la auténtica y que, por lo tanto, son extraviantes. Nadie se opone al uso de los principios Teosóficos como parte integrante en algún sistema de pensamiento; no los lastimará; puede derrumbarlos; sin embargo, mientras podría ser cortés llamarlo Teosófico, no enseña lo que *es* la Teosofía.

Evidentemente, "el mundo no está listo para la Teosofía pura y simple", juzgando lo que se ha hecho, pues, quienes pretenden ser sus exponentes están ofreciendo algo más apropiado a la ocasión. ¿Acaso dichos exponentes dan al mundo una posibilidad? Están ocultando la luz debajo del celemín; están dando la piedra por pan y el mundo ciego no se percata de la diferencia. Pero nosotros sí y mantendremos el eslabón sin interrupción.

Como siempre, R. C.

Carta Diez

La reunión de Teósofos de diferentes grados y cualidades –sí, de entrenamiento— casi seguramente fomentará las personalidades latentes, las ideas preconcebidas y los prejuicios. La atmósfera mental y psíquica que su cooperación engendrará, debe funcionar interna y externamente; además, despertará fuerzas negativas; siendo una ley oculta muy conocida que todo adelanto a lo largo del sendero que conduce a la impersonalidad altruista, activa las fuerzas que antagonizan tal objetivo y esto es verdadero tanto individual como colectivamente. En este inmenso trabajo que hemos emprendido, se debe confrontar todo tipo de experiencia y los que nos ponen a prueba son nuestros compañeros y parientes. Cada evento, aun el más pequeño, encierra una lección. Debemos hacer lo mejor posible, dejando los resultados a la Gran Ley.

Con respecto a las reuniones: tu idea es correcta. Sigue el camino que parece proporcionar la mejor oportunidad, usa tu mejor juicio y no dejes que algo te decepcione en lo referente a los resultados que pueden surgir; sino sigue buscando las maneras y los medios. Actúa según tu mejor criterio en las circunstancias que se te presentan. Algo saldrá de esto. Si este "algo" es distinto de lo que te hubiera gustado o planeado, no importa, sigue con tu trabajo. Es mejor no hacer plan alguno, sino el de trabajar a lo largo de la línea de menor resistencia. Un paso llevará a otro: "Lo que importa es el primer paso."

En lo referente a la opinión que la señora Besant tiene de Leadbeater, esto es relevante sólo para quienes así lo consideran y, en todo caso, es simplemente una opinión. Según se ha dicho, quien afirma haber visto y encontrado al Maestro, interrumpe el contacto. A mi juicio, si Leadbeater, según se dice, estuvo "cara a cara con el Gran Iniciador", no lo hubiera divulgado y nadie se hubiera enterado. Leadbeater trató de ser reconocido como un gran maestro y a fin de penetrar en otras esferas de la naturaleza usó los medios más detestables, en realidad, la magia negra. Podemos estar seguros que quien pretende ser un Adepto, no lo es; y ésta es la real naturaleza de las cosas. Aplica cuanto dicho a Leadbeater y a la señora Besant, que siempre hacen declaraciones públicas en esta dirección. La pregunta que surge es: "¿Cuánto de todo esto es real; cuánto se hace para impresionar y cuánto es auto-engaño?" La imaginación es el poder de producir imágenes y puede crear una imagen glorificada de uno mismo. Lamento que esto ocurrió; ya que en la mente pública la Teosofía está conectada con ello y, según la opinión general, muchas cosas extrañas son Teosofía.

Quizá debería expresarte mi punto de vista según el cual no es sabio exponer a las personas nuevas a un contacto mental con escritores quienes, a pesar de lo bueno que sea uno de sus particulares trabajos, no han logrado mostrar una real apreciación por la Teosofía. Digo esto para el beneficio de los principiantes en el estudio teosófico y a causa de la tendencia general a seguir las personalidades (particularmente de los vivos), y, arriesgando ser mal entendidos, te corresponde a ti aceptar o rechazar mi opinión, cuando la compares con la tuya.

Las experiencias más dolorosas que he tenido en mi vida Teosófica han sido el haber presenciado la negación de los principios teosóficos por quienes los profesan y nada hubiera dicho si no fuese mi deber ponerte al tanto de los hechos así como los conozco: hechos que representan los peligros que nos sitian en nuestra búsqueda. Pediste los hechos y debo comunicártelos así como los conozco. Además, debemos decir que condenamos el acto, pero nunca a su ejecutor. El Teósofo debe reconocer que los fracasos no son irremediables si después, libramos una lucha impertérrita hacia arriba. En lo referente a los que profesan ser Teósofos y que, según nosotros, se han alejado del Sendero, sabemos que llegará el momento en que el fracaso se reconocerá y la lucha para volver será dura. A estos seres debemos enviarle nuestra misericordia y simpatía, si es que queremos ser coherentes con el espíritu de las Enseñanzas.

De vez en cuando se notarán fracasos, sin embargo hay mucho que nos alienta. La percepción pública está mejorando distintamente y las religiones, las ciencias y los gobiernos están cambiando poco a poco. Los Grandes Seres no se quejan ni cesan de trabajar. Sigamos Su ejemplo. Quizá recuerdes que K.H. escribió: "Aquél que hace todo lo que sabe hacer y lo mejor que puede, hace lo suficiente para nosotros [...] La ingratitud no es uno de nuestros vicios."

Quizá se capte que nuestra Logia apoya los tres objetivos según los asentaron H.P.B. y los Maestros y sigue las líneas que Ellos trazaron: ningún dogmatismo, ningún séquito personal y ninguna "autoridad espiritual." Entonces, cada uno puede seguir su línea de desarrollo valiéndose de la asistencia, si así se requiere, que puede ser proporcionada por quienes han recorrido ulteriormente la Senda. De este modo se obtiene el verdadero discernimiento, evitando los peligros de todos los movimientos espirituales: la autoridad, el dogmatismo y su corolario, los séquitos personales.

Quizá hayas notado cuan solícito he sido para que empezaras correctamente: libre de las cadenas mentales y siempre alerta en el uso de tu juicio a fin de verificar tus intuiciones, hasta que, en el curso del tiempo, llegues a una percepción directa de la verdad. Además, te habrás dado cuenta del por qué temo cualquier violación del juicio individual o la cesación del esfuerzo para desarrollar la intuición individual. Percibo que puedes ser de mucha ayuda y será mi deber y placer prepararte para esto, hasta donde mi asistencia puede llegar. Sin embargo, siempre ten presente que tras el ayudante inmediato se encuentra la Gran Logia, cuyo auxilio se dispensa a todos los que sirven; sirve a Ellos.

Como siempre, R. C.

Carta Once

Me pediste que comentara sobre las preguntas de nuestro hermano inglés; particularmente en lo referente al "Karma, que es tan inclemente como el Dios bíblico." ¿Acaso considera él que la Misericordia no se opone a la Justicia y que la justicia plena es parecida a la misericordia plena? Según algunos, Misericordia significa la posibilidad de sustraerse a los resultados de lo indebido; pero esto no sería Justicia, ni Misericordia, hacia los que fueron dañados por acciones malévolas. El debería recordar la definición de Karma: una tendencia recta e infalible en el Universo para restablecer el equilibrio, la cual opera incesantemente. Karma es ley inherente, por ende, su operación debe ser impersonal. Algunos podrían considerar esto "inclemencia", lo cual derivaría sólo del deseo de escaparse de las consecuencias desagradables.

Hay dos maneras de mirar la cuestión: o la Ley gobierna el Universo y está sujeto a Ella o todo es Caos. Nuestra experiencia en cada departamento de la naturaleza indica el hecho de que la Ley rige por todas partes; nada se hace, de alguna forma o en algún lugar, que no se encuentre bajo la Ley. Nuestro control de los elementos y nuestro uso de los materiales en la Naturaleza es posible sólo porque: cuando las condiciones idénticas están presentes, se puede hacer siempre lo mismo. Por ejemplo, al haber descubierto algunas de las leyes de la electricidad, podemos dirigir dicho fluido o fuerza para múltiples propósitos.

Ahora bien, como la Ley reina en el mundo material, nos damos cuenta de que lo mismo vale para el mundo mental y moral. Karma quiere decir, simplemente, "acción" y su consiguiente "reacción." No hay Karma a menos que exista un *ser* que lo produzca o que sienta sus efectos. Los efectos desagradables indican causas productoras de desarmonía en el mundo, influenciando a los demás y encontrando la restauración del equilibrio en el punto de disturbio. Entonces, el asunto se puede considerar sólo desde un punto de vista: el de la Justicia. ¿Por qué deberíamos desear que se cumpla algo menos que la Justicia?

La Biblia dice: "Lo que el hombre siembre, *eso* cosechará" y: "no resistas el mal y éste te dejará". ¿Qué es el mal, sino la cosecha de los efectos de lo indebido? Si tratamos de evitar la restauración del equilibrio, el mal no nos dejará; sino volverá. Sin embargo, si aceptamos todo como lo justo y lo correcto, entonces, el "mal" se desvanece. No deberíamos aplicar el Karma sólo a lo que llamamos bien y mal en la vida física. La tierra sigue girando en su órbita mientras el sol la lleva más allá, a lo largo de su órbita más grande. A lo largo de los ciclos, la tierra envejece, altera su apariencia y entra en estados de materia que nosotros ni soñamos; éste es su Karma. A la larga, nuestro planeta, aun cuando gira en su órbita, moverá lentamente sus polos, transfiriendo la sábana de hielo a dónde ahora impera el verano; éste es el Karma de la tierra y de sus habitantes. Entonces, ¿cómo podemos circunscribir el Karma a los detalles de una vida o juzgarlo desde este punto de vista? Diría que el Karma es *Misericordia misma,* porque: ¿acaso no sé que nada puede impedir que yo o algún otro, obtengamos lo que nos pertenece por ley, la cual es exacta e infalible?

"Desconoce la ira y el perdón; pronuncia la verdad suma
   Su barra nos mide; su balanza perfecta pesa;
El tiempo le es insustancial, juzgará mañana,
   O después de muchos días.

Tal es la Ley que induce a la virtud,
   Que nadie puede propiciar o inmovilizar
Su corazón es Amor y el fin de ello
   Es Paz y Consumación dulce. ¡Obedece!"

El hermano inglés pregunta si hemos cambiado nuestra "Fe". La Teosofía no es una "Fe"; pues las "Fes" son volubles; pero siendo conocimiento que cada uno puede hacer suyo, no hay cuestión de cambio, miedo o duda. Estamos familiarizados con todo lo que afirman las sociedades y los individuos de cualquier tipo. ¿Cómo es posible, entonces, determinar sus valores respectivos, si algunos? He aquí un método: si se te pide que aceptes algo sólo porque otro lo ha dicho, sin proporcionarte los medios para que entiendas y conozcas por ti solo, antes de aceptar, será sabio rechazarlo, porque, en este caso, abandonarías tu juicio, asumiendo el de otro en fe ciega.

Ahora bien, lo que le dijo el Reverendo S., no estando contemplado en alguna ley espiritual, intelectual y física conocida, me indica una auto-ilusión; al mismo tiempo no le atribuyo a este Reverendo alguna *intención* de engañar, tampoco es el único que se encuentra en un estado de auto-ilusión, en lo referente a las mismas líneas o similares. Si él, al igual que yo, ha oído varias personas que se han expresado acerca de H.P.B. en términos contradictorios, sabrá que, en ciertos casos, se trataba de auto-ilusión y, en otros, de fraude y pretensiones intencionales. Decir que *ahora* (después de su muerte), H.P.B. cree o podría creer en un

Dios personal, es el disparate más grande proferido. Tal declaración es la prueba tajante de que uno está bajo el efecto de la ilusión. Ahora bien, en ausencia de conocimiento directo, ¿qué prueba tiene, cualquier persona, en lo referente a H.P.B.? Ciertamente nada que vaya más allá del contenido de sus copiosos escritos, los cuales refutan, directamente, tal aserción y, al mismo tiempo, indican las leyes que gobiernan la vida, el ser y la conciencia en todos los planos; de forma que la humanidad pueda liberarse de las exclamaciones de los falsos profetas: "helo aquí" y "helo allá".

El hecho de que cualquier individuo declare haber recibido directivas privadas para hacer lo que está haciendo, a prescindir de las líneas que los Maestros trazaron, no es mejor, ni más dilucidador, que la declaración de los seguidores de la señora Besant, según la cual la Logia no sabía lo suficiente para *prever* y por eso había cambiado Su plan y propósito. Ambas declaraciones vician todo lo que se ha dicho y hecho, dando la impresión que la Logia no trabaja según la Ley y los Ciclos en el esfuerzo público. Para los esfuerzos interinos de Sus seguidores y discípulos, todos los caminos están abiertos y en estos, uno debe valerse de las condiciones según surjan; las verdades eternas pueden usarse plena o parcialmente en conformidad con las mentes alcanzadas. Se espera todo esto, por la variedad de las condiciones mentales en el mundo; sin embargo, tal variedad no procede tanto de la fuerza ni del entendimiento, sino de la debilidad y la inhabilidad.

Quienes pueden percibir, comprender y usar lo que los Maestros difundieron, no tienen razón para desviarse o diluir algo, adaptándolo a las formas o a las ideas contemporáneas, tampoco tienen razón para apoyar una decadencia que contamina la atmósfera mental humana. Entre más pronto se desacredite el cristianismo *como religión* mejor será para la Hermandad Universal. Ahora, el cristianismo ortodoxo obstruye el camino, al igual que todas las otras *formas* edificadas alrededor de una base de Verdad. Todo lo que se puede hacer para la mayoría de las mentes, siendo algo bastante bueno, es reconstruir, cambiando paso a paso. Son miles los que quieren trabajar de esta forma para quien pueda entender lo que se necesita y la meta real hacia la cual todo el resto tiende. Sin embargo, este ser debe, aun más, tener siempre presente dicha meta, sin que neblina o nube alguna la obscurezca. Si esto no se hace, se pierde toda dirección. Los que debían haberlo hecho *no* lo hicieron; por eso la actual desorientación del mundo y los varios cultos y sistemas hacia los cuales la mayoría de las personas se siente atraída. Han pedido el pan y se les ha dado una piedra. ¿Acaso todo verdadero Teósofo debería considerar como su deber, persuadir a los hambrientos que la piedra contiene un nutrimento substancial? Sin embargo, a mi juicio, esto es lo que están haciendo tales esfuerzos pseudo-Teosóficos. Nuestro deber está claro: "daremos de comer a los hambrientos" con un alimento nutritivo y, al hacer esto, seguimos la Ley, el precepto y el ejemplo previo; reverenciando, entonces, nuestros Antecesores grandes e ilustres, continuando el trabajo que Ellos empezaron muy bien, dejándolo, luego, a nuestro cuidado.

Como siempre, R. C.

Carta Doce

Es necesario hacer un comentario sobre lo que un "Viejo Teósofo" te dijo: "*la* Sociedad Teosófica (es decir, la sociedad de la señora Besant en la opinión de este 'antiguo Teósofo') y la Masonería, son los dos canales en los cuales los Maestros están trabajando durante este siglo, y, como corolario: la 'Co-Masonería'".

La cuestión que surge naturalmente es: "¿Quién dice esto y por qué? Lo cual lleva, a quien hizo tal declaración y quienquiera que la considere, a examinar eso en lo cual él confía.

¿Acaso en los documentos dejados por los Mensajeros de los Maestros se encuentra algo que indique, claramente, que cuanto dijo el "viejo Teósofo" es un hecho? Si nada hallamos, implica que depositamos la confianza en las palabras de alguna persona, en este caso: la señora Besant. Por lo tanto se basa en la simple creencia y no en el conocimiento, motivo por el cual podemos catalogarla como una opinión. Existen numerosas opiniones que difieren ampliamente las unas de las otras. Las declaraciones de la señora Besant de "conocimiento" y opiniones, a menudo se contradicen, como muestran los escritos que ha publicado. En todo caso, o concuerdan o no concuerdan con los principios de la Teosofía y las declaraciones grabadas de los Mensajeros. Si estos últimos no hubiesen dejado principios y aplicaciones bien definidos, a fin de guiar a quienes quieren seguir el Sendero que Ellos mostraron, entonces, todos estaríamos a obscuras sin una señal visible, andando a tientas en el mar de las opiniones, y aferrándonos a todo lo que promete un apoyo.

Sin embargo: si es verdadero que H.P.B. fue el Agente Directo de la Logia, como lo declara explícitamente el Maestro K.H. y, a pesar de que Olcott, Besant u otros pueden tergiversar e interpretar a H.P.B. y Sus enseñanzas, debemos recurrir a los documentos que Ella y su Colega, W.Q.Judge, dejaron, en lo que concierne a todo asunto relativo al Movimiento Teosófico; no obstante las "opiniones" de un "viejo Teósofo" o de algún otro estudiante. Asumir una actitud distinta equivaldría a decir que estos Grandes Seres, los reales Fundadores del Movimiento, no habían dejado guía alguna para las generaciones futuras, abandonando a la humanidad bajo la égida de las declaraciones de quienquiera que pudiera surgir.

Pero no es cierto que la humanidad haya sido abandonada en las manos de personas equivocadas o propensas a tramar. Los documentos que los Mensajeros nos han dejado son una guía segura y constante y si los estudiamos y los aplicamos bien, mostrarán un Sendero recto e incluso evidente. La falta de estudio es lo que deja a muchos en la ignorancia y prontos a seguir todo fuego fatuo que ven. Además: constatarás que quienes confían en declaraciones y opiniones como las mencionadas anteriormente, son los más dogmáticos y ciertos en su seguridad. Aquellos que apuntan a los hechos y a los escritos, estribando en los principios básicos, no se preocupan de estas "opiniones", quienquiera que las exprese.

Hay otra cosa que los estudiantes sinceros de H.P.B. deberían tener en mente, aunque no hablen mucho al respecto. Tanto H.P.B., como W.Q.J y el maestro K.H. en sus cartas a Sinnett, han declarado que todo esfuerzo de la Logia Blanca abre una puerta a los Magos Negros, esos cuya existencia depende en mantener a la humanidad estancada, en un estado de ignorancia, aturdimiento y siempre proclive a seguir dioses falsos y a los que gritan: "está allí, no allá." En esta declaración deberíamos ver por qué la Logia Blanca no se atreve a divulgar más de lo que la humanidad puede usar.

El lado Oscuro se esmera, como puede, en perjudicar y desviar los esfuerzos de la Logia Blanca. ¿Dónde más pueden las Fuerzas Oscuras tener una influencia tan efectiva, si no sobre y mediante las debilidades personales de los Teósofos, especialmente los que se convierten en individuos prominentes, capaces de afectar, a su vez, a muchas personas? Todas las numerosas crisis en la antigua Sociedad Teosófica, todos los ataques contra H.P.B. y W.Q.J., mostraron una virulencia que no podía haber surgido de la simple opinión o interés personales.

Numerosas han sido las advertencias dadas, pero pocos les han prestado atención y, cuando lo hacían, los hechos declarados se usaban contra quienquiera que se opusiera; sin asegurarse de que los que los utilizaban estuviesen en lo cierto.

El hecho de que la señora Besant no permaneció fiel al Sendero mostrado, a H.P.B. ni a Judge, dependió de tales esfuerzos Oscuros. H.P.B., en su último mensaje a los estudiantes, dijo: "No existe peligro mayor que la ambición y el deseo de guiar, disfrazados en las plumas de pavo real del altruismo." Ella sabía y este último Mensaje contiene muchas profecías, algunas de las cuales ya se cumplieron. Dijo que los brahmines son los jesuitas de la India. La señora Besant cayó bajo la influencia de ellos y de las líneas brahmánicas, cuyo ascendiente es claramente visible en su evolución y en todos los desenvolvimientos de su sociedad. Los Seres Oscuros no pudieron destruir o pervertir todos los esfuerzos de la Logia Blanca; sin embargo pudieron minimizarlos y corromperlos con éxito. Al considerar lo antes dicho, se puede encontrar la explicación de muchas cosas que, de otra manera, serían un enigma. *Todos los que no siguen las líneas asentadas por los Mensajeros, seguramente se desviarán.*" Sin embargo, la senda está clara, lástima que personas, de otra manera sinceras y devotas, no prestarán atención alguna a los avisos dados, no estudiarán, no pensarán ni aplicarán lo que se transcribió para ellas y su guía.

Que yo sepa, los dos mensajeros nunca dijeron algo acerca de la Co-masonería. W.Q.J. es el único que ha hablado de manera específica acerca de la *Masonería* como "parte grande e importante del Movimiento Teosófico." Además, el contexto de su artículo: "El Movimiento Teosófico" y las circunstancias de su publicación, darán una idea verídica del rol que la Masonería desempeñó *en el pasado,* en el trabajo del Movimiento Teosófico.

El Movimiento Teosófico incluye todos los esfuerzos que conducen a la libertad humana y a la iluminación. La Masonería ha cubierto y aún cubre una parte importante en el mundo. Primero: su idea clave es la Hermandad Humana, aunque en sentido limitado y restringido; segundo: la Masonería veda, en sus logias, todas las consideraciones políticas o religiosas, reconociendo que éstos son los factores principales de disención; tercero: es la enemiga implacable de la intolerancia religiosa y, actualmente, está librando una lucha mortal contra la iglesia católica mexicana y sudamericana. Los Estados Unidos de América se hicieron realidad gracias a la Masonería y los Masones.

Entonces, la Masonería fue y sigue siendo una parte importante del Movimiento Teosófico; pero hay cosas más trascendentes que la Masonería. *Si hubiese sido suficiente a las necesidades humanas, la Teosofía no hubiera hecho falta.*

¿Mas que nexo tiene la Masonería o la Teosofía con la "Co"-masonería? Cada uno debe contestar a esto por sí solo.

Como siempre, R. C.

Carta Trece

Pienso que tu idea para reunir extractos de los escritos de los Maestros, como preparación al trabajo sucesivo, está bien, es lo adecuado. Dentro de ti encontrarás el incentivo en lo referente al tiempo y al lugar, "teniendo ojos, brazos y pies en todas las direcciones." Una mente abierta, un intelecto entusiasta, exento de la duda y el miedo, *es* la percepción espiritual develada. Hiciste un buen trabajo con los panfletos ya escritos. Se usan continuamente. La idea es presentar lo que es benéfico para la humanidad en la forma más aceptable, un simple legado de lo que se sabía antaño. Di a S. algunos panfletos para que los enviara a una persona interesada en el asunto a fin de que los lea y los devuelva. Deberán beneficiarle. La energía entregada en este trabajo, ya ha encontrado muchos canales útiles de la mejor especie y son buenos por mucho más; ningún esfuerzo en la dirección correcta es vano. Además, es una labor de amor y el sentimiento con el cual embebes a tu obra, le acompañará. Si su ejecución es justa, el resultado es seguro. Tu más reciente, titulado: "El Verdadero Significado", es una "belleza", W.Q.J diría una "exquisitez" y su estilo confirma su título de manera magnifica. Es el mejor hasta la fecha, tan pletórico de las verdades más vitales, cosas tan fácilmente comprensibles para el viajero y, aún, tan repletas de suma sabiduría. Esto me hace un gran bien.

La introducción está en armonía con la declaración que le sigue; en efecto, podríamos tomarla como parte de la declaración de nuestros propósitos: "El Curso y Plan de esta Logia es la devoción independiente a la causa de la Teosofía, sin profesar adherencia a organización teosófica alguna. La Logia es leal a los grandes fundadores del Movimiento Teosófico, pero no participa en desacuerdos o diferencias de opinión personal. La obra que tiene a mano y el fin que tiene en perspectiva son demasiado absorbentes y elevados para dejarle tiempo o inclinación de participar en cosas secundarias."

Esta es nuestra posición y debería ser la de todo Teósofo verdadero. Si la aclaramos a los Teósofos en general, muchos verán la rectitud de tal posición. La mayoría de nuestro trabajo futuro consistirá en presentar nuestra "plataforma". La hemos percibido, plasmándola y deberíamos facilitar, a un número más grande posible de personas el conocimiento de *que existe para ellas.* Después podemos tener algo más que decir. Buen trabajo, continúa así.

Sí, también ustedes deben encontrarse a *ustedes mismos.* Un cambio de condiciones proporcionará la ocasión y estas condiciones serán idóneas para el *gran propósito,* no tengo la menor duda de que "el corazón esté firme". Trasforma tu propósito en el Gran Propósito y el deseo para el crecimiento personal tendrá poco espacio para respirar. En el trasfondo de todo está la Gran Logia, siempre vigilando y trabajando; *jamás duden de esto.*

A menudo los teósofos hablan de: "desembarazarse de la personalidad" y, según lo observado, parecen no tener una idea clara de lo que quieren decir. Sin personalidades no habría campo de actividad ni evolución. No es la personalidad lo que estorba, sino la idea personal referente a ella. Este es un artículo particularmente cultivado por nuestra civilización que se basa en *Samvritti* (verdad relativa), "el origen de todas las ilusiones del mundo."

Una de las frases del último opúsculo es directamente adecuada: "En lugar de aniquilar la naturaleza animal, *debemos aprender a comprenderla plenamente,* subordinándola a lo espiritual." Mientras que estéis conscientes de los subterfugios y los anzuelos de la naturaleza elemental, no correréis el riesgo de engañaros, a pesar de lo mucho que podéis caer bajo su influencia momentánea. Estos o **ésta** puede compararse a un corcel perfectamente seguro cuando la mano tiene las riendas y la silla es firme, sin embargo, estará listo a tomar ventaja en cualquier momento para cogeros desprevenidos y desmontaros. Es natural que vigiles tal animal con cuidado hasta que se haga parte de ti. Si pudiéramos siempre tener presente que el cuerpo, los sentidos y la mente (cerebro) son el corcel, y el Ser, el jinete, el animal tendría menos oportunidades de tener el bocado del freno en sus dientes. Sin embargo, estamos *aprendiendo* a cabalgar y el éxito no llega de inmediato.

He aquí algo extraído del opúsculo: "El Verdadero Significado": "Vosotros, también, sois mensajeros, así no es bueno que pongáis demasiado énfasis en vuestras enfermedades. La Naturaleza y el Tiempo no respetan a las personalidades, ingiriendo todo, indistintamente. Sin embargo, la *Naturaleza*, el *Tiempo* y el *Destino* enseñan siempre la misma gran lección y quien quiere aprender de ellos, debe renunciar y olvidar las personalidades, tanto la suya como la de los demás. Las personalidades son simplemente olas fugaces en el río de la vida, causadas por la fricción de las olas de la fortuna; son tu debilidad y no *tu fuerza. Tu fuerza está en tu alma, cuyo poder reside en la calma* y no en la tempestad revelada."

La expresión: "renunciar y olvidar las personalidades" significa considerar sólo la *verdad* por quienquiera que la presente. Así, parece una actitud sabia no pensar mal de las personalidades, incluyendo la nuestra. Si la personalidad es nuestra debilidad, al cumplir con nuestro deber, que en nuestro caso es la promulgación de la verdad pura y prístina, nuestra debilidad se convertirá, al final, en nuestra fuerza. Los Maestros no se concentran en nuestros defectos; sino en nuestras intenciones y esfuerzos.

En tu carta has pedido mi opinión en lo referente a un tema específico acerca de cual conducta tomar. Tal pregunta es contestable recurriendo a principios generales, pero, en los casos particulares, sólo la persona involucrada puede contestar o tomar una determinación; siendo la única capaz de considerar todos los elementos en cuestión.

Al examinar un asunto que involucra cualquier tipo de ética, debemos, en primer lugar, estar seguros de que no tenemos alguna clase de prejuicio o idea preconcebida que pueda interferir con las conclusiones correctas. En otras palabras: deberíamos "ser impermeables a las conclusiones inflexibles con respecto a los seres humanos, las cosas y los métodos." Tal impermeabilidad nos impedirá que caigamos víctimas de las clasificaciones del bien y del mal, tan comunes en el mundo y el gran error de las iglesias. Entonces, se abre el camino hacia lo que es el verdadero punto en cuestión que, a mi juicio, *no* es tanto lo que se hace, como el *por qué* se hace: el motivo. Ahora bien: ¿quién puede contestar esto; sino el que actúa? Si opina que tal acción es un deber justo, sólo él tiene el poder supremo y nadie debería cuestionar un derecho para ejecutar el deber según se ve y se entiende. Es posible que las acciones ajenas puedan parecernos impropias, debido a nuestra actitud diferente; pero, al mismo tiempo, puede ser que nuestras acciones, aparentemente justas a nuestros ojos, parecieran impropias a los de los demás. Al considerar lo dicho, parece justo deducir que la única aprobación correcta y la única que buscamos, es la que procede del interior.

Es obvio que diferentes actitudes mentales producen acciones distintas en cualquier caso. Los que saben no actuarán impulsados por el mismo motivo que los que saben poco o nada. Quienes no saben, actúan bajo el impulso de la actitud o la manera común de hacer las cosas. Los sabios por naturaleza, antes de actuar, toman en consideración todos los resultados posibles desde su punto de vista más amplio. Para ellos es una cuestión de deber y son indiferentes a lo que los demás opinan, siempre que estos puntos de vista no interfieran con las influencias y los deberes más extensos en otros momentos. En realidad, hay tantas cosas que tomar en consideración, visibles y aplicables sólo por la persona involucrada, que no se puede dar una respuesta directa en algún caso particular. Es posible presentar los principios generales; pero cada individuo es libre de aplicarlos como mejor los percibe. No hay otra manera para que se avance. En rigor y en todo caso, debemos determinar si lo que nos influencia es nuestra inclinación más que el deber sencillo, así no nos engañaremos. Por lo tanto, cualquier decisión, tomada con toda honradez dentro de nosotros, es nuestro deber y ningún ser humano es nuestro juez.

Como siempre, R. C.

Carta Catorce

Siento mucho que las condiciones sean como las describes. Puedo entender muy bien por lo que estás pasando, pues tuve una suerte similar. Sin embargo, a pesar de que, desde un punto de vista, fue algo negativo, ha tenido también ventajas que templan el carácter y en todo esto discierno una buena experiencia.

Una vez que llegamos a considerar que el propósito de la vida es aprender y que todo consta de aprendizaje, las circunstancias mediante las cuales aprendemos adquieren menor importancia. Una vez, el señor Judge, encontrándose bajo circunstancias similares, me escribió: "El océano de la vida se estrella a nuestros pies para luego retirarse, llevándose consigo lo que no queremos perder y entregándonos lo que no queremos acoger; sin embargo pertenecen a la vida; todo procede del Gran Ser que es inconmovible. Por lo tanto, sumérgete en el Ser, sé como el gran fondo oceánico, siempre tranquilo, a pesar de que la superficie esté encrespada. Sé que entenderás esta actitud, lo cual no implica que deberíamos dejar de hacer todo lo posible en cada instante; pero sabemos que, a pesar de los eventos, todo es bueno. Los sucesos deberían interpretarse como una lección de la cual podemos crecer y aprender; si bien parece que estamos luchando por muchas cosas, nuestras mentes no se identifican con ellas, sino que se enfocan en el cumplimiento de nuestro deber según lo percibimos conforme a nuestro conocimiento en expansión. Así seremos como el océano, la superficie en acción, mientras la parte más grande de nosotros queda tranquila, firme.

Me agrada saber que confías en mí, ya que así puedes expresarte con franqueza, siempre. Esto no implica que alguna familiaridad personal de las mutuas experiencias pasadas sea necesaria, pero lo que cuenta es que haya armonía entre nosotros. Ambos sabemos que los eventos, a través de los cuales un ser humano ha pasado o parece *haber* pasado, no importan; lo que sí cuenta es lo que es ahora y lo que está tratando de hacer. Opino que, en cada instante, la actitud debería ser: no temer, no dudar y no arrepentirse; si no Seguir Adelante. A veces, parece que escribirte lo anterior es superfluo, porque estoy seguro de que ya lo sabes. En cambio, sé que a veces necesitamos un recordatorio en el remolino de los eventos. Una vez, cuando estaba hablando con Judge, mostrando mucha preocupación sobre una probable acción, me dijo: "no puedes impedir que la gente haga lo que puede." Una verdad común que sabía muy bien; pero sus palabras, en aquel momento y desde entonces, me han servido muchas veces. Lo que dijo vino del "corazón"; así como mis palabras y pensamientos van a ti. Quizá esto explique el por qué disciernes algo más en las palabras y las ideas que escribo. Si es verdadero que todo en la Naturaleza es septenario y opino que lo es, entonces, también las palabras y las ideas lo son, pero esto abre un tema muy amplio. Estoy escribiendo estas pocas palabras, con todo lo que pueden comunicarte, en la oficina, con un fondo de ruido, confusión e interrupción.

Hay un pasaje que puedes haber visto en uno de los libros: "Aquel poder que el discípulo debería codiciar es el que lo hará parecer como nada a los ojos humanos." Esto se refiere a liberarse de la idea personal, del deseo para que se noten nuestros alcances. El poder de la personalidad es grande e insidioso. A menudo sigue vigente aun cuando las aspiraciones y los esfuerzos son de índole noble. Es lo más difícil de superar en *nuestra* raza, en la cual nuestro entrenamiento la acentúa, especialmente cuando se asume un oficio público destacado. La adulación fomenta la ambición y si el más mínimo pensamiento personal permanece, el individuo acepta el liderazgo como algo que le es debido, sin embargo las fallas se quedan, aunque tomen otra dirección. La "personalidad" es el último enemigo a conquistar. Por lo tanto, ¿acaso te sorprende que fulano y mengano no cumplan con su deber, cuando es evidente que ni perciben lo personal que son? Han asumido (en sus yoes personales) prerrogativas de dirección espiritual y el resultado es una especie de papado: un sentido de infalibilidad que negarán, indudablemente, con sus intelectos, pero sus acciones los desmienten. La ambición por brillar y ser admirado es la maldición que ha plagado a ambos. Miembros menos prominentes no han sido supeditados a esta misma presión y quizá aprendieron de los errores de los dos en cuestión. Debe haber alguna compensación para ellos de alguna forma, en tanto que la gran rueda de la Ley recorre los ciclos. Hay que tenerles lástima a pesar de los fracasos que podamos percibir. Deberíamos ser sabios, si no queremos caer en el mismo error cuando Karma nos ponga a prueba. Pienso que el sentido de supremacía personal era tan fuerte en ambos, que no pudieron ser receptivos a ningún consejo al respecto. Se hicieron muchos esfuerzos para que abrieran los ojos. Un prejuicio mental no puede cambiarse, ni siquiera por un ser tan sabio y poderoso como un Maestro. Si quien se equivoca no puede ver su error, nada se puede hacer. Quizá en otra vida, en una posición más humilde, aprendan la lección.

¿Cómo es posible que los Maestros usen tales vehículos y, al mismo tiempo, a Judge? William Q. Judge era otra clase de ser de los que mencionaste. Era un adepto que usaba un cuerpo de la raza. Los otros habían merecido la oportunidad sirviendo en otras vidas. La posibilidad de que fracasaran estaba ahí y sin duda se sabía, así como la posibilidad de éxito. Nadie puede prever los resultados en tales casos. De todos modos, el hecho de que se les ofreció la oportunidad, demuestra que, bajo el Karma, tenían el derecho de probar. Ni H.P.B., ni W.Q.J., tuvieron que esforzarse por sí solos. El trabajo a realizar es para la raza y *debe ser cumplido por hombres y mujeres de la raza*; no hay otra manera. Así, al tener presente que fulano y mengano pertenecen a nuestra raza imperfecta, su falta de éxito no debería sorprendernos en estas circunstancias. Tenemos la oportunidad kármica de que su fracaso sea algo aleccionador. Quizá aprendamos la instrucción y estemos listos para ayudarles, cuando todos volvamos nuevamente a la vida para continuar el trabajo emprendido.

Según entiendo, los Maestros no pueden interferir con el Karma; trabajan en la estación propicia y con los instrumentos que el Karma proporciona. El hecho de que mejores instrumentos no estuvieran listos depende, indudablemente, de nuestro desarrollo racial, cuya tónica fundamental es la acentuación de la personalidad. Aquí se me ocurre el verso más breve de la Biblia, "Jesús sollozó" y luego se lee: "Cómo hubiera querido reuniros bajo mis alas, pero vosotros no quisisteis." La historia humana está salpicada con estos fracasos, sin embargo, a pesar de todo, han existido los que han alcanzado un grado tangible de éxito y raramente son personajes públicos.

Al mismo tiempo debemos tener presente, siempre, que existen fuerzas inteligentes y malas en constante actividad para derrotar la emancipación de la humanidad del egoísmo. Son seres cuya mera existencia depende del deseo egoísta, sus polifacéticas expresiones y su plano de existencia es la tierra y su atmósfera psíquica. Nuestro trabajo consiste en poblar nuestra corriente en el espacio con pensamientos que tiendan a disipar estas influencias y a asistir los pensamientos rectos en otros, despertándolos a las realidades que se han colocado dentro del alcance de nuestra comprensión.

Tras de todo se encuentran los Maestros, que no nos han abandonado y jamás lo harán mientras que permanezca una chispa de genuina devoción.

Como siempre, R. C.

Carta Quince

Estaba pensando en ti y en tu reunión; espero que haya sido buena y alentadora. ¿Acaso pasas por una situación difícil? Si es así, es el momento de empujar aun más, a lo largo del camino que conoces. Esto destruirá, inevitablemente, todos los obstáculos y, si persistes en él, *durante los momentos de tensión*, éste engendra y mantiene poderes de resistencia más grandes. Toda persona en el Sendero pasa por obstáculos semejantes; al tenerlos y al superarlos, llegas a ser maestro que sabe como ayudar. Sin estos obstáculos no sabrías cómo auxiliar. Agradécele al Karma por los "obstáculos."

"Aun esto pasará", es una buena máxima a tener presente, cuando las circunstancias son duras. Los momentos "fáciles" y felices son períodos de descanso; los momentos "difíciles" son los de entrenamiento: oportunidades para fortalecerse y adquirir el conocimiento. Si podemos considerar a ambos en esta luz, conservaremos nuestro equilibrio.

Patear las piedras daña sólo a quien lo hace; además: las piedras parecen regocijarse porque regresan a pesar de las patadas. "No resistas el mal y se alejará de ti", es un dicho verídico. Nosotros otorgamos poder a lo negativo pensando en él, de otra manera, no lo tendría. En efecto, muchas cosas negativas son creadas por nuestro estado mental y no tienen alguna existencia real; sin embargo, estando compuestas por el miedo y la duda, nos distraen más que las realidades. Entonces, debemos tomar una posición mental superior: lee y piensa en temas elevados, considera sólo lo bueno, el sentido y el propósito de la Vida en su totalidad. Si eres dedicado y sincero en esto, el mal se disipará como la neblina ante el sol del mediodía.

¿Qué es el Morador? Es la influencia malévola combinada, resultante de los pensamientos y los actos malvados de la era en que cada uno vive. "Cuando, finalmente, el estudiante se ha empapado con una verdadera aspiración, desarrollando la determinación de hacer y de ser, la tendencia de toda su naturaleza, día y noche, consiste en trascender las limitaciones que hasta la fecha han encadenado su alma. Tan pronto como empieza a dar un paso adelante, alcanza la zona que está más allá de las simples sensaciones mentales y corporales. Al principio se despiertan los *moradores menores* del umbral, quienes, fomentando la *tentación, la duda y la confusión*, lo asaltan. Entonces, el individuo siente sólo los efectos; por no manifestarse como formas. La persistencia en el trabajo lleva al ser interno más allá y, con tal progreso, *la mente externa toma conciencia* de las experiencias vividas; hasta que, finalmente, ha despertado la fuerza completa del poder maligno que, naturalmente, se opone a la buena meta que él se había fijado. Entonces, el Morador toma cualquier forma posible", que, en el caso de cada estudiante, está plasmada, de modo particular, por las tendencias y las combinaciones naturales físicas y psíquicas que pertenecen a su familia y nación.

"Ningún ser sincero que se siente llamado a trabajar con persistencia para el bienestar de la humanidad y no para el suyo, tiene que temer lo que el cielo o el infierno le deparen." Los moradores menores deben confrontarse y conquistarse; quedándose con nosotros mientras que permanezcamos en *su* plano, jugueteando con ellos. Debemos elevarnos por encima de ellos en pensamiento y esfuerzo, alcanzando *nuestro* plano adecuado, donde ellos son inermes. Cada estudiante tiene su clase particular de moradores menores y ningún tipo es mejor que otro; por eso debemos ser caritativos con las debilidades ajenas. No consideramos nuestras debilidades en la misma luz que las de los demás. La Compasión *entiende* y, buscando nada, deseando sólo ayudar, nos hace caritativos.

"La Voz Del Silencio" dice: "La Compasión no es un atributo. Es la Ley de las LEYES, la Armonía eterna, el SER de Alaya; una esencia universal ilimitada, la luz de la Rectitud perenne y la justicia de todas las cosas, la ley de Amor eterno. Mientras más te haces uno con ella, tu ser fundiéndose en su SER, mientras más tu Alma se une con eso que ES; más te volverás en COMPASION ABSOLUTA."

La "Bondad" resultante de la fuerza física, las amenazas o los sobornos físicos o "espirituales", es inútil. Debe ser un impulso propio que procede desde lo interno: *una real preferencia por algo superior* y no una abstención por temor a las consecuencias en esta o en alguna otra existencia. Si sentimos esta preferencia por algo superior, debemos admitir que también la sienten los demás que están con nosotros en el "sendero". Entonces podemos simpatizar con sus batallas, sabiendo que, tanto ellos como "nosotros" nos liberamos a través de una lucha constante. Este es el comienzo de la Compasión.

Las tentaciones de cualquier tipo tienen tendencia a repetirse y los estudiantes descubren que, lo que en un tiempo los hubiera descontrolado, se vuelve inocuo, debido a circunstancias aparentemente irrelevantes. Sabemos que ésta es la operación de la Ley cuya base estriba en la Unidad y nos beneficiamos de ella al grado que *sentimos* esa Unidad. Si los Maestros son el ideal y la meta hacia la cual anhelamos, deberíamos esforzarnos por imitarlos hasta donde podamos concebir su actitud hacia sus discípulos en prueba y la humanidad que está luchando.

He tomado nota del último folleto explícito. *Sabes* cuándo algo es Teosóficamente congruente y, sabiéndolo, "jamás volverás a caer en el error"; a menos que estés desprevenido o cierres tus ojos. ¡Es algo muy glorioso conocer dónde yace el justo camino! A pesar de que cualquier otra cosa puede ser dudosa, sabes que éste es cierto. Es algo glorioso sentir que puedes indicar el camino a los demás, gracias a tu seguridad. Este tipo de ayuda es más grande que todos las demás.

Me hace muy feliz saber que los asuntos tienen buena perspectiva. Lo que has hecho en un lapso tan breve, después de la fundación, es muy alentador y espero que resulte mejor de lo que tus esperanzas más elevadas puedan expresar. Todo debe resultar bien si hacemos lo mejor que podamos con lo que tenemos en cada instante; es decir: hacer nuestro deber cumpliendo con todo deber. En esto tu ayuda es tan esencial como la mía y es una ayuda mutua. Que así sea a través de los siglos.

Como siempre, R. C.

Carta Dieciséis

Hablas de paz y tranquilidad; sabe que éstas, como sus opuestos, son cíclicas. No hay condición estacionaria en este mundo de constante cambio, a través de las causas innumerables que las diferentes fuerzas en la operación evolutiva activan continuamente. Sí; no cabe duda de "que algo está sucediendo". La declaración anterior, si verdadera, lo sugiere, aun cuando no lo sabías. Es obvio que los cambios no son, invariablemente, sinónimos de dificultades. El conocimiento se extiende sobre muchas cosas que, de otra manera, serían sólo problemáticas.

Acerca del pequeño sueño conmigo: pienso en ti mucho y esto, de por sí, une a los yoes reales, donde hay un lazo tan evidente como en este caso. Es posible emprender tal excursión sin estar consciente de ella o mejor dicho: es posible no recordarla cerebralmente; ya que el cerebro no estaba allí. No por eso es menos real, como puedes bien comprender.

Estas cosas deben suceder naturalmente, porque somos más grandes de lo que nuestros cuerpos pueden expresar ahora y, cuando hablo en plural, incluyo a todas las almas. Cada uno tiene poderes y conocimiento que trascienden la capacidad cerebral. Nuestro trabajo consiste en coordinar; de manera que el conocimiento superior pueda manifestarse en la carne. Me agrada que hayas tenido la experiencia, especialmente cuando los resultados fueron buenos.

Con respecto a R., se puede decir que si un hombre está satisfecho de la vida sin querer algo más, entonces, nada hay más deseable. Para él, cualquier cosa que no es gratificante es superflua, no vale la pena considerarla. En este caso, nada puedes hacer. Al haber sembrado unas semillas, es posible determinar el carácter del terreno. El deber del sembrador es sembrar; la semilla pondrá a prueba el terreno.

Así: "Hubo guerra en el cielo por dos horas." Puedo comprenderlo. Afortunadamente, no es un caso de polémica. La observación de (…) acerca del señor Judge iba más allá de su conocimiento y, probablemente, repetía, como loro, lo que había oído decir, análogamente a los que reciben su Teosofía de la Señora Besant o de quienes no sean los verdaderos maestros. Alguna vez, puedes decir a (…) que estuve con Judge frecuentemente durante diez años, era una amistad mutua y sé que tal declaración es infundada y un simple denuesto; por lo cual, no puedo culpar a la persona en cuestión. Lo que digo es que un Teósofo debería tener más cordura, absteniéndose de declarar cosas que ha oído decir. Pregúntale si alguna vez ha oído la frase: no escuches calumnia dirigida a otro sin protestar y abstente de condenar a los demás. Él podría contestar: "tú también" y tú le harás entender que sí; entonces, las preguntas que ustedes dos tengan, se considerarán basándose en sus méritos, como los Teósofos deberían hacer. Judge era suficientemente sabio para saber que cuando las personas se enfocan en la comida, la forma o las ceremonias, es casi cierto que acabarán en el ritualismo, perdiendo la orientación, como ha sucedido en muchos casos.

En Teosofía, la actitud polémica sirve poco; equivale a que *cada uno se esfuerza por sostener su posición*. Con esta índole, toda declaración calculada a conminar la posición del adversario se considera, generalmente, apropiada, usándola a prescindir de la verdad que involucra.

En lo referente al control de la palabra, hay algo de valor en "Las Leyes De Manú". En Ocultismo, al lenguaje se le considera como una acción, la más difícil de controlar. A fin de vigilar sobre el habla, se necesitan esfuerzos persistentes y regulares. La regla sobre la palabra es:

Decir lo *verdadero*.

Decir lo útil.

Decir lo *agradable*.

No digas *verdad desagradable*.

No digas *falsedad agradable*.

El consejo de Judge sigue las mismas líneas: "Usemos con cuidado estos mensajeros *vivos* llamados palabras." Los anteriores son puntos importantes que debemos siempre tener presente; pero no a menoscabo de otras cosas igualmente capitales.

Si la aspiración es para todos y no sólo para la personalidad, alcanzará, finalmente, lo Universal. Si es para la personalidad, resultarán algunos grados de iluminación, pero sólo paulatinamente. La corriente del esfuerzo no puede elevarse sobre su fuente.

En lo que concierne a "nosotros", hay solo un "nosotros" o el perceptor; quien percibe sobre cualquier plano, a través de los vehículos que desarrolla en cada plano. Sus percepciones sobre algún plano dependerán de la *calidad* del vehículo. *Atma* (espíritu) o *conciencia*, es el único que queda después de haber sustraído las vestiduras. Es el Único testigo, una unidad sintetizadora. *En este plano*, es decir: durante la conciencia de vigilia o sus efectos durante los sueños, el perceptor sabe sólo *lo que sabe en este plano* (generalmente hablando) y, debido a que desconoce lo Real, se involucra en la causa y el efecto de la naturaleza física, identificándose con el cuerpo y las sensaciones, considerando a los demás seres humanos en la misma luz. Esta es una actitud mental errónea. El "nosotros", de este lado, es la identificación del perceptor con las percepciones de este plano, una idea equivocada del percibidor, un sueño, un juego en el que el percibidor se ha involucrado tanto, que ha perdido de vista su vida real, olvidándola.

La mente es "portadora" y "traductora" del ser inferior y superior. La actitud es la que determina la calidad y el tipo de acción; pues, uno actúa según la actitud mental a la cual se atiene firmemente. El valor grandioso e incalculable que reside en actuar para el Supremo y como Este, es que no hay actitud superior a ella y este esfuerzo, gracias a su verdadera naturaleza, *debe* producir los mejores resultados.

Lo que mueve a la "mente" aquí o allá es, por lo usual, el deseo por las atracciones de la materia y el interés personal que nosotros sentimos por ellas. Entonces, éstas mueven y controlan la mente mediante el cerebro. "Nosotros", el Perceptor, percibimos sólo las "ideas" que los sentidos y los órganos presentan. El *Perceptor no está completamente despierto en este plano*, a veces se despierta parcialmente; sin embargo vuelve a dormir, arrullado por los sonidos y las memorias de su sueño; a veces las "pesadillas" y a veces las voces de los despiertos, lo despiertan.

Lo "Real" y lo "irreal", lo "fugaz" y lo "eterno" son términos más comprensibles, si los consideramos desde el punto de vista del Perceptor. Esta es la actitud mental que deberíamos mantener.

Las apariencias de que hablas se disiparán en el tiempo y llegarás más allá de ese lugar donde aparecen, siempre que no les prestes atención. "Aquél que quiere oír la voz de Nada, el 'Sonido Insonoro' y comprenderla, debe aprender la naturaleza de '*Dharana*'", la concentración perfecta sobre un objeto interno, "habiéndose vuelto indiferente a otros objetos de percepción." Estas apariencias son objetos de percepción.

Como siempre, R. C.

Carta Diecisiete

Existe sólo un Perceptor; lo percibido está modificado por los canales mediante los cuales Este observa. Es la misma Alma en todas las modificaciones y en cada una de ellas. El poder de ver es el Alma; el poder del Alma penetra la visión, entonces, lo que "ve" es, para Ella, real, porque es visto y, como tal, es una realidad; sin embargo, la naturaleza del Alma es distinta de cada una y de todas sus "visiones."

Se debe comprender que la naturaleza del Alma es inmodificable; entonces, lo visto es percibido como una relatividad, disipando, así, la identificación; y cuando vemos una miríada de cosas diariamente, no nos afectan, a menos que nos enfoquemos en ellas. El hábito nos induce a concentrarnos en algo automáticamente. Esta costumbre maquinal debe ser cambiada, paulatinamente, sustituyéndola con el *control*. Es realizable tratando de hacerlo y perseverando en ello. La constitución Mental presente está sujeta a la *atracción* o a la repulsión ejercida por lo externo; mientras el poder del Alma fluye hacia la concentración, ya sea larga o breve. A través de la Mente el Alma determina lo bueno, lo malo y lo mejor, en este plano y en cualquier otro. La Mente debe ser adaptada por el conocimiento de la naturaleza esencial y de las causas, y por las analogías y correspondencias. Las opiniones acerca de la existencia constituyen la Mente y dirigen la energía del Alma en esa relación.

Hay sólo "Conciencia" y sus "estados", que son la conciencia condicionada, por lo tanto especulamos sobre las condiciones, pero no acerca de la Conciencia misma; ya que *somos* esa. No podemos encontrarnos en cualquier clase o número de condiciones que no sean, simplemente, imágenes en la mente. La expresión: "Eres el espejo y el fiel escalador de esta escala", puede significar encaramarnos más allá de las condiciones. ¿Acaso no es esto "el despertar del Ser" mencionado en los Upanishads? Un hombre en un cuarto oscuro está condicionado por la oscuridad, mientras al aire libre está sujeto a otros condicionamientos; sin embargo es el mismo individuo. Debemos tener el conocimiento para usar el poder correctamente; pero hay que ser consciente de que no somos el conocimiento ni el poder; sino que ellos son nuestros. Imaginarnos que somos algún conocimiento dado o poder, es una ilusión. Podríamos decir que hay dos clases de conocimiento: el de todas las condiciones y de cada una de ellas y el del Ser. El conocimiento del Ser trasciende la relatividad, la cual no puede ser conocida por la relatividad, sino sólo por lo que está más allá de ella. "Mezclar tu Mente y Alma" implica supeditar la Mente a los propósitos del Alma, un instrumento para el uso y no una jaula de relatividades en la cual encarcelarnos.

Es justa la expresión según la cual: "Ninguna acción que estriba en la verdad puede deslizarse muy distante en una dirección errónea." La brújula es la base justa; si el viento o la marea nos desorientan, la brújula nos acompaña para indicar el camino. Tenemos muchas ideas correctas en lo que concierne al particular, pero olvidamos sus aplicaciones universales. El hecho de que el Perceptor sea Uno e Impartible y que el "ver" es observar directamente las Ideas, es la base de consideración. Ninguna *idea* es real porque, al "observarla", se causa movimiento, lo cual implica "cambio", que no ocurre tanto en el objeto de la visión, sino en la manera de ver. Tenemos una tendencia tan marcada a imaginar que el cambio es externo, esforzándonos en adaptar lo externo con el cambio interno, que libramos una lucha eterna e inútil. Debido a nuestros deseos buscamos uno de los pares de opuestos en lugar de encontrar la base de su unidad.

Kama-loka significa el plano o el lugar del Deseo. Duda y Deseo parecen ir paralelos; ya que desear algo implica la duda de obtenerlo y la intensidad de la duda se expresa en el miedo. Entonces, Deseo, Duda y Miedo son las características del estado de Kama-loka. Pienso que podemos sentir estos acerca de cualquier cosa en la vida y, en armonía con nuestra intensidad, atraemos energías similares del estado Kama-lókico, ya sea que emanen de personalidades vivas o muertas. Largos lapsos de duda y miedo son más intensos que los más breves en lo que atañe al poder que atraen y a los efectos resultantes. Entramos en esa corriente y recibimos de este plano mientras que nos adherimos a él. Sin embargo está el anverso de la medalla, podemos no desear algo personal, determinados en aceptar lo que nos corresponde. Los eventos y las condiciones van y vienen y ninguna cantidad de deseo obstruirá su llegada o su partida. Al tomar esta actitud vivimos en lo Eterno y observamos la rueda del Progreso llamado cambio, sin que nos asalten el deseo, el miedo y la duda.

Al desear algo, no es la cosa en sí, lo que queremos, sino la sensación que ésta evoca en *nosotros*. Si la cosa no despertara en *nosotros* "sensación" alguna, no la desearíamos. Dar servicio es, también, "sensación", pero muy diferente en sus efectos, ya que produce reacciones benéficas en lugar de nocivas.

¿Qué haremos cuando oigamos y veamos lo que es Kama-loka? A mi juicio, cuando lleguemos a ese estado, sabremos que estamos mirando una condición, por lo tanto, no nos identificaremos con ella, a no ser que determinemos sumergirnos allí para "sentir" el estado. Sus habitantes nada saben, excepto los deseos y las pasiones que los animan. En nada más piensan y para ellos no existe otro estado.

He leído los artículos que me enviaste. Están bien, generalmente hablando; sin embargo carecen de "enfoque" en la dirección que nos interesa. El escritor presenta el hecho que la existencia de los Maestros no se dio a conocer, por primera vez, en el siglo XIX. Por supuesto que no. "El Océano de la Teosofía" y H.P.B. hablan de Ellos, aduciendo muchas pruebas de tal creencia. Sin embargo, la evidencia de las creencias pasadas tendría poco efecto sobre el presente, si, no sólo se mostrara, sino se indicara, que Ellos son Hombres vivos. Lo más importante que se mostró y que siempre hay que indicar, es el hecho de que estas creencias pasadas se remontaban a esfuerzos antiguos de la Logia y que las postrimerías del siglo XIX marcó Su último esfuerzo, mediante Su elegida Mensajera. Afirmar que el conocimiento acumulado de las edades no es nuevo, no dice nada. Desde este punto de vista los artículos extraviarían al lector ordinario y esto no es nuestro propósito.

Es obvio que siempre deberíamos esforzarnos por "abstenernos de condenar a los demás", esto es vital. No hay dos personas que actúen, realmente, desde la misma base de percepción, por lo tanto, ¿cómo puede alguien juzgar? Se debería aceptar que cada uno está tratando de hacer lo mejor que puede y que sabe. Su conocimiento puede ser pequeño, sin embargo, si se esmera en hacer lo mejor que sabe hacer, su conocimiento se ampliará. En mi caso, tengo un fin en perspectiva en lo que hago. No es mi fin, sino algo que incluye a muchos otros, a todos, si es posible. Al edificar un templo o una cantina, es menester ejecutar el mismo trabajo; así las *acciones* no son una base segura desde la cual juzgar. Cuando los estudiantes entiendan esto, referente a sus relaciones mutuas y cada uno en su grado, se podrán esperar, con confianza, mejores resultados. Atribuyámonos los mejores motivos y basta; ya que cualquier otra actitud conduce a la confusión y a los malentendidos, desembocando en el pensamiento y en la acción separatista.

¿Qué es lo que hace enojar a la gente? A mi juicio se alteran por algo que otro ha hecho o no ha hecho; o por alguna imaginada desatención. En realidad, son las circunstancias las que nos molestan y no la persona; aunque nosotros confundimos, insensatamente, las dos. Ahora bien, algo hecho, hecho está, no hay irritación que pueda cambiarlo; pero es menester tomar en consideración lo que condujo a tal evento, reflexionando sobre esto con equilibrio como en cualquier otra proposición. Si alguien te molesta o irrita por sus maneras o acciones, se debiera suponer que no lo hace intencionalmente. Trata de comprender su punto de vista, examina el mecanismo de esta persona, así como lo harías con una máquina. Hay personas que se encolerizan contra una máquina y quieren destruirla, pero ¿dónde está la falla? La máquina nada puede aprender, el ser humano sí y debe. A mi juicio, el problema principal es que la mayoría de las personas considera que es una actitud apropiada tener, como base de acción, nuestras simpatías y antipatías, juzgando todo desde esta posición. Por supuesto, esto es completamente erróneo, aunque muy común. *No es nuestro deber juzgar, sino actuar correctamente; actuar justamente nosotros y por precepto y ejemplo, inducir a los demás a hacer lo mismo.* Si tratamos de poner en práctica esta tarea, de pronto nos daremos cuenta de que no podemos actuar correctamente si no somos calmos. Debemos cultivar la Calma bajo todas las circunstancias, siendo ésta como una roca, las olas de la irritación pueden estrellarse allí, sin afectarla. Es alcanzable discerniendo su necesidad y mediante un esfuerzo constante. Es el resultado del "apoyarse en lo Real" que es inconmovible, sin embargo lo mueve y lo ve todo sin involucrarse.

Por lo tanto, si tomamos todas estas cosas como nuestras meras "pruebas", deberíamos poder desarrollar la perspectiva y la actitud justas. Estas cosas son, intrínsecamente, insustanciales, pero lo que importa es que permanezcamos inconmovibles.

Por supuesto me digo esto a mí mismo; pues tú lo sabes, aunque a veces lo olvidamos y volvemos a la costumbre. Sin embargo, siempre existe aquel lugar inmóvil sobre el cual y en el cual, basarnos. Así, confiando en Ellos, seguimos adelante y que la Paz esté siempre con nosotros.

Como siempre, R. C.

Carta Dieciocho

"Para ser el conocedor del Ser Universal (*tattva-jnanam,* un conocimiento de todas las tattwas o fuerzas), debes ser, primero, el conocedor del Ser." Esto es, exactamente, lo que queremos decir y lo que W.Q.J. presentó cuando dijo: "Actúa para y como el Ser, siendo, ésta, la primera lección en aprender" y la más difícil para nuestra constitución mental.

La mente o "principio pensante", es un término general que significa el poder de pensar; sin embargo si este poder se ejerce parcialmente o si se limita, constituye la llamada "mente" entre los seres humanos, es decir: "un conjunto de percepciones": mi mente y tu mente. Así Patanjali dice: "Asumir una posición firme, con la meta en perspectiva" es necesario, siendo, dicha posición, el Espíritu en el Hombre "intocado por los problemas, las obras, los frutos del trabajo o los deseos."

Vale la pena tener presente lo que W.Q.J. dijo: "La realización *llega si ponderamos* en la cosa a realizar." La "ponderación" debe hacerla quien desea "realizar." La Conciencia, el Espíritu y la Vida son, en realidad, sinónimos, que expresan la coexistencia; ninguna de estas ideas puede concebirse separada de las otras dos. La Conciencia lo ve todo, lo experimenta todo, hace todos los cambios, *es* todo. Es la Realidad Una y aunque es el factor más importante (para usar una palabra) en el mundo de la diferenciación, parece ser el menos Real porque es indefinible. Es como el poder de la Vista, el cual ve todo; pero no puede verse a Sí mismo, siendo universal, incambiable e inagotable. Divide el Kosmos en lo permanente y lo invisible y en lo visible y lo invisible impermanentes; así podemos esperar guiar, primero, lo inferior y terrenal y luego lo superior y cósmico. La historia completa se entraña en: *"Tú eres Aquello* que no es Luz ni Tinieblas, no es Espíritu ni Materia; sin embargo es, en verdad, la Raíz y el Contenedor de estos."

Si se tratara de escribir páginas sobre el asunto, serían simples repeticiones. ¿El propósito completo de la vida, no indica, acaso, *una plena toma de conciencia* de la Unidad en la Diversidad; viendo todas las cosas como Una, en vez que separadas y en detalles? En las consideraciones separatistas está siempre el "par de los opuestos" y estos son efectos. La Realidad Una ve ambos como reflejos: luz y oscuridad; si no se ven, no existen.

"El anciano caballero", según el cual la Teosofía es: "ampliamente, una cuestión de creencia", tiene una actitud parecida a muchos otros quienes se creen sabios, soslayando lo que trasciende su comprensión, tildándolo de simple asunto de creencia. Desde este punto de vista, el "mañana" es una cuestión de creencia; pero nadie lo pone en duda, debido al "hoy" y a los "días pasados", que son una cuestión de conocimiento. La Teosofía puede ser puesta a prueba por el saber presente y en cada examen demuestra su veracidad.

El sentido común de la Teosofía debe atraer a cualquier ser humano; la cuestión es si lo poseemos. W.Q.J. lo tenía por excelencia, su guía es segura y buena. Si uno posee este sentido común, resultará ser el depositario de un conocimiento que los demás considerarán deseable. Algunos tratarán de tenerlo, mientras otros estarán "demasiado ocupados" en sus asuntos triviales. ¿Quién sabe que semillas se siembran en las conversaciones ordinarias?

Un conocido, con las esperanzas, las metas y la vida general de los que queremos ayudar es deseable y esto se da sólo a través del contacto y el diálogo. Tal contacto con los demás enfatiza, también, el contraste, sacando a relucir el valor de nuestra filosofía en colores más brillantes: los pares de opuestos, las actitudes mentales, con una filosofía de la vida o sin ella.

He leído la carta de H, cuyo meollo parece ser que él y sus compañeros, que él nombra, saben lo que H.P.B. desea ahora. Esta es una gran pretensión que se otorga cierta autoridad. H.P.B. sabía muy bien y podemos decir que "sabe" que tales pretensiones hubieran surgido. Estamos al corriente de que se hacen en varios círculos. ¿Acaso algunos de estos pretensores desean seguir las huellas de H.P.B y W.Q.J. para saber lo que Ellos quieren? No cabe duda que la única guía se encuentra en Sus escritos, que dejaron con este propósito. Mentes e índoles distintas los interpretarán en varios modos, según su punto de vista; así como está ocurriendo ahora. La única guía es uno mismo, como ha dicho justamente H., sin embargo uno debe tener una mente abierta, un intelecto que anhela saber y una percepción espiritual sin velos para tener una dirección verdadera. Esta oración peculiar en la carta de H., me suena como "arrogancia": "Si estás seguro que nosotros nos equivocamos y tú tienes la razón; esto pone fin al asunto." Es la posición de ellos desde el principio, cuando prácticamente dicen: "Sabemos lo que H.P.B. desea que se haga día a día; hemos encontrado nuestro Gurú y le obedecemos. El mensaje de H.P.B. y de W.Q.J. fue que Ellos habían encontrado Sus almas y el mensaje era tal que también otros podían hacer lo mismo." A mi juicio, lo anterior no apunta al "mensaje" mismo, ni toma en consideración la naturaleza de los Dos que se disfrazaron en vestiduras mortales; lo anterior sólo dice: "Nosotros Sabemos." Si con esto no nos solicitan aprobar lo que dicen; la palabra asenso debería cambiar de nombre. Él dice que nosotros tomamos los escritos de H.P.B. y W.Q.J. como "autoritativos"; lo son en el sentido de que nos mostraron el camino, trazando las mejores líneas a seguir.

En lo que a mí me concierne, me postro ante Su sabiduría, acerca de la cual no tengo duda. En el mensaje y en las direcciones que impartieron pensaron en mí y en todos los demás. No debe cercenarse por las interpretaciones ni por los medios especiales. Es Su mensaje, como Ellos lo dejaron; y nadie tiene el derecho de cambiarlo. *Nosotros no lo haremos.* Que los demás hagan lo que quieran, asumiendo una actitud de autoridad si piensan que es lo adecuado; pero nosotros rechazamos toda autoridad excepto la de nuestras percepciones espirituales en expansión, reconocemos y otorgamos nuestra devoción a la causa de la Teosofía; somos leales hasta la muerte a los grandes Fundadores del Movimiento. "Los que subvalúan el *regalo* y la *creación* de H.P.B., no se han embebido de la Enseñanza y no pueden asimilar sus beneficios."

¿No es extraño que H. denuncie la "autoridad" aplicada a los escritos de H.P.B. y W.Q.J.; sin embargo, la sustenta *para sí y su confraternidad*? Es cierto que éste es el sendero hacia la confusión y la ilusión y el que sigue cada pretensor que conocemos. Es extraño que no puedan ver la incongruencia de su posición.

Es un mundo al revés, todo enredado con acciones falsas fruto de ideas erróneas de la vida. La generación presente tiene el derecho a una presentación de la verdad; unos pocos se beneficiarán grandemente y todos, hasta cierto grado. Sin embargo, llegará la hora en que la verdad prevalecerá de manera aun más convincente por haber superado los océanos del error y los escollos de la firme oposición. Al saber esto, podemos seguir adelante con confianza y paciencia; sí, incluso con alegría; pues, también los que ahora se mofan de la verdad, algún día la conocerán y nosotros los servimos y los esperamos.

Como siempre, R. C.

Carta Diecinueve

Se nos pregunta: "¿Qué es el Perceptor? No veo cómo se pueda definirlo. ¿Qué es la vista? La vista no puede verse a sí misma y, aún, ve todo. No puede definirse ni describirse, mas sin ella no es posible ver algo. No se altera, aunque recibe millones de impresiones, ni se le puede asignar un límite a su acción. Aplica esto a la Conciencia o al Perceptor y te darás cuenta del Espíritu incambiable, inagotable e incomprobable. La Realidad *es* y no puede probarse mediante las irrealidades volubles. Al espacio no se le prueba por el número de cosas que contiene en lo que atañe a su infinitud; sin embargo cabe tomar conciencia de la imposibilidad de que hay un principio o un final del espacio.

Pienso que estás en lo correcto cuando dices que el problema existe en los "principios pensantes" disonantes en cada plano. Nos esforzamos eternamente a ver el Perceptor como algo distinto, algo separado de nosotros, mientras: "Tú eres Aquello."

Nuestros métodos de análisis se ilustran en la antigua pregunta sin solución: "¿Qué vino primero, el huevo o la gallina?" ¿Acaso no es buscar algo separado, distinto de lo que concebimos ser nosotros? "La inmortalidad se encuentra en ambos lados de la muerte" o del cambio. Sabio es aquél que ve al Ser en todo y todo en el Ser. Llegará el momento en que un ser pueda conocer todo, sin embargo, se percatará, también, de que no es esto, ni una de sus partes. Hasta donde puedo comprender las palabras para transmitir una idea, diremos que él sabrá que es el "Ser Universal", ilimitado y, por lo tanto, más allá de algo que llamaríamos "conocimiento". Toda la manifestación es el resultado de la acción de la Conciencia, entonces: ¿no sería, la primera capa de substancia, el producto homogéneo de una manifestación anterior? Debe llegar el momento en que un ser conozca la naturaleza y las posibilidades de esta substancia homogénea; pero "Él", como poder consciente, trasciende toda percepción y concepción, es infinito, omnipenetrante, creador, preservador y destructor. El poder de ver no es visible; es la causa de la visibilidad. ¿De qué nos sirve preocuparnos de todo esto? La escalera de la sabiduría tiene muchos peldaños que subir y un escalón lleva a otro; no podemos subirlos mirando a la cumbre. Pienso que tu expresión: "encontrar que la Unidad en los pares de opuestos es, en sí, uno de los pares superiores" es buena y podría representar "los peldaños en la escalera de Jacob."

Está bien que me digas tus dificultades. Si la "mente" tiene poder y si hay la voluntad de entregar toda la ayuda posible, la acción será la resultante. Tu fe en esto debe actuar como una puerta abierta. La expresión: "ten confianza y fe en el Maestro", se aplica a todo en la vida y a todo lo que vive; nuestras dudas son el obstáculo. Debemos estar conscientes de no hacer preguntas fuera de lugar, inducidos por el motivo equivocado. No cabe duda que las cosas se arreglan donde hay un esfuerzo sincero y, en tal caso, también los errores aparentes sirven a un buen propósito. Los Maestros no son "custodios ausentes". Están presentes en el mundo y, en nuestros esfuerzos personales y colectivos, deberíamos atenernos siempre a este hecho. Debemos comportarnos como Ellos: aceptar las condiciones existentes, trabajando en ellas y a través de ellas. Si todos hacen lo posible, los Maestros pueden adaptar y hacer confluir todas las líneas para el mejor y más elevado bien. En el esfuerzo de cada uno, no todos pueden estar en el mismo lugar, ni pueden hacer lo mismo de idéntico modo; pero si la meta es una para todos, todos se benefician y también el mundo.

Voy a conservar tus notas relativas a la incapacidad del estudiante de percibir las advertencias cuando son para él. Pienso que la desesperación y el desaliento son el resultado por no haber seguido y no haber *puesto en práctica lo que sabemos*. Si nos esforzamos en aplicar lo que sabemos con un fin en perspectiva, su fracaso no nos desconcierta, porque aún tenemos el conocimiento activo y el fin sigue siendo en perspectiva; quiere simplemente decir una continuación del esfuerzo. "Sólo en el presente podemos adquirir la sabiduría."

Hay tanta mezquindad en la actitud hacia lo insignificante, una actitud que acentúa la personalidad en lugar de subyugarla. La lucha debe empezar allí, porque todas estas pequeñas irritaciones se basan en la arrogancia. He visto descuidar dichas cuestiones pequeñas por ser triviales, pero luego llegó la hora en que esta actitud arrogante tomó el aspecto de una declaración contra los Maestros mismos, describiéndolos como: "simples personas sujetas al error", etc. Obviamente, de aquí procede la ingratitud, la deslealtad y también la pérdida de todo beneficio obtenible de las enseñanzas. Es como dices: los Arjunas aplazan el compromiso, esperando la superación de algún gran evento; pero, si se encontraran en tal situación no tendrían el vigor necesario. Se caen o se fugan, culpando a todos excepto a sí mismos, arrogancia hasta el final, así se graba otro fracaso donde se hubiera podido obtener un éxito.

En lo que concierne al "hermano y a la hermana de la Orden de la Regeneración", podemos decir que en cada era los seres humanos se han esforzado por corregir las condiciones existentes con simples re-arreglos. Una reorganización de los errores no implica conocimiento; los errores surgen a causa de la ignorancia; se debe descubrir el por qué de las causas que producen las condiciones existentes. La Teosofía lo enseña mostrando lo que es el ser humano, su origen, naturaleza, historia y desarrollo, junto a su destino grandioso. Sin este conocimiento, toda tentativa por obtener condiciones mejores precipita a la humanidad más profundamente en el fango de la ignorancia y del error. Las obras sin conocimiento nos llevan sólo a más y más obras en la ignorancia, acumulando siempre un futuro peor, según nos ha mostrado y sigue mostrándonos la historia. Abstenerse de alguna clase de comida, hábito o práctica es inútil. El sabio no trata de regenerar al mundo por medio de algún camino; ya que, al haber obtenido el conocimiento, vive en conformidad con éste lo mejor posible bajo cualquier circunstancia, usando su energía y conocimiento en el mundo y para el mundo, presentando lo que él percibe ser verdadero.

Es bueno que esto salga y que se formulen las ideas y las aplicaciones correctas en nuestras mentes; pues, si las "sentimos", no quedan inertes; al dotarlas de nuestra vida y energía son nuestros mensajeros que llevan semillas de pensamiento para otras mentes. Existe un significado oculto para todo; y todo trabaja al unísono para el bien, en el caso de quienes aman al Señor (Ley). El hecho de que se nos ha puesto en comunicación directa con el error mientras lo llamábamos verdad, tiene su sentido; debe ser un paso en la gran causa. Deberíamos alegrarnos de que somos capaces y *somos* capaces, de corregir las ideas y las aplicaciones erróneas. Nuestra fuerza radica en esto; nuestras debilidades y problemas personales son simples burbujas en la corriente del tiempo que nuestra "fuerza" nos permitirá superar sin peligro. Este pensamiento, que procede del conocimiento interno, debería fortalecernos, hacernos más capaces y seguros de la victoria.

Según algunos lo antedicho podría parecer una crítica a los métodos ajenos, ésta no es nuestra intención. Nos proponemos mostrar la existencia de una filosofía definida de la Teosofía; cuya base es científica y que la misión de las distintas sociedades Teosóficas de estudiar, aplicar y promulgar la Teosofía no se logra si nos atenemos a tales ideas erróneas; finalmente, queremos probar que éstas últimas no se basan en la filosofía de la Teosofía, cualquiera que sea su cimiento.

Como siempre, R. C.

Carta Veinte

¿Acaso, no todos los sentidos se resuelven en lo que puede llamarse "sentimiento", el residuo de todas las percepciones, la resolución en la percepción sensoria única? Si no *siento* percepción alguna, ninguna hay para mí. También existen grados de sentimientos: profundos o superficiales, cuyos efectos son más o menos transitorios. A menudo decimos: "Ya veo", cuando en realidad no nos estamos refiriendo a lo que llamamos vista; sino a la comprensión que, a mi juicio, significa un sentimiento relativo al asunto. A este ver lo podríamos llamar, justamente, "un sentido", si implica el entendimiento de todas las características del sujeto.

Me parece que el verdadero cuerpo humano se podría considerar como un conjunto de "espejos" entrenados, los cuales, como vidas conscientes, tienen su propia "vista" y "memoria"; sin embargo, la vista, la memoria y el sentimiento humanos no pertenecen a dichos espejos. "Los ojos de lo Supremo ven a través de los ojos de lo inferior", el cual no puede ver lo que lo "Supremo" divisa. En cada caso, el ver se relaciona con el área de la visión. El Perceptor puede ser universalmente perceptivo sin relación o puede estar relacionado particularmente mediante el enfoque, lo cual implicaría neutralizar todas las percepciones, excepto en las que se concentra el sentimiento. En tal caso, los varios "espejos", aislados de la contemplación, tendrán su propia vista que el Perceptor puede o no puede almacenar y recobrar en conformidad con el entrenamiento al cual el ser individualizado los ha sometido. "*Kutastha*, aquél que está en lo alto, sin ser afectado. Pero existe otro espíritu, designado como el Espíritu Supremo, *Paramatma*, que penetra y sostiene los tres mundos." Kutastha puede considerarse como el Perceptor y Paramatma, como la Conciencia en sí.

Jiv-Atma es la *Vida Una,* de y en la cual surgen el *ser* y la Divinidad: la autoconciencia plena. Luz, Vida, Ser y Divinidad, son el crecimiento y la individualización dentro del Uno, tendiendo siempre hacia una universalidad mayor: esto parece contar la historia, sin embargo, las palabras no siempre transmiten el sentido del orador o del escritor. Aún, a veces, la yuxtaposición de las ideas, según se expresan en las palabras, da otro sentido. La tendencia común es de considerar la diferenciación en general y en particular, olvidando que Eso que ve la diferenciación no es alguna de las cosas vistas; además: se propende a atribuir a "lo visto", las cualidades visibles y conocibles sólo por Eso que ve.

Sí, los problemas deben encararse ahora, en esta existencia porque se presentan; y nuestra filosofía de vida nos ofrece las maneras y los medios para "superarlos." ¿Acaso la orden: "hacerse a un lado" no quiere decir observar y mirar el juego de fuerzas?" No podemos hacer esto si nos convertimos en el luchador. La expresión: "no seas el guerrero; sino que él luche por ti", se refiere a renunciar al interés personal por el resultado de nuestras acciones.

¿Acaso no crees que gran parte del sentimiento de "tensión", procede de querer lo que deseamos y rechazar lo que no nos gusta? Antipatía y simpatía. El camino ecuánime consiste en no deleitarse por el éxito y ni abatirse por el fracaso. Lo sabemos y seguiremos tratando de alcanzarlo. El mero esfuerzo y deseo por llegar a la meta permitirá su realización mediante todas las circunstancias que son nuestras instructoras.

Pienso que es bueno empezar por las cosas pequeñas. No permitas que éstas te perturben: pedimos ciertos servicios como si fuera nuestro derecho en muchas formas y nos molesta cuando no los recibimos como queremos que se nos den. Por lo menos esto es lo que he descubierto. Al adoptar dicha actitud en las cosas pequeñas, ésta perdura en las más grandes y de forma mucho más fácil. A fin de ayudarnos, existe, también, una multitud de pequeñas molestias que acompañan a cada gran problema.

Si la sensibilidad no penetra más allá de la personalidad, ésta perturbará, siempre, la base de tal falsa entidad, siendo, así, una fuente de irritación para la persona y, como reacción, para los demás. En el caso de índoles muy fuertes esto es difícil de controlar, sin embargo se puede adoptar una simple regla que nos ayudaría mucho si la pusiéramos en práctica: "No hables, ni escribas, si permanece la más leve traza de irritación"; espera o, si es necesario hablar o escribir, escoge algún tema que permita llegar a un acuerdo. Es muy significativo ver con cuanta rapidez un estado puede aquietarse, induciendo otro distinto, sólo reconociendo tal hecho y usando el conocimiento. Otra ayuda consiste en tomar todo lo que sucede como algo inevitable, como si fuera realmente la ley. Es inútil gastar energías pensando en lo que hubiera podido ser o culpar a cualquier otro por las condiciones. Cuando determinamos solucionar la situación con calma y desapego, las causas que nos llevaron allí pueden considerarse con cordura, almacenándolas para un uso futuro. De esta forma el poder crece, es "almacenado". La otra táctica gasta energía, dispersándola, también, en los demás.

Si estamos en busca de la luz, quiere decir que encontramos tinieblas donde en un tiempo pensábamos que había luz: ésta es también experiencia y de un género muy verdadero. La experiencia personal es una faceta mediante la cual es posible experimentar; para que tenga un valor real debe relacionarse y convertirse en parte de todas las experiencias. Como dices, "depender de los principios y tener fe en ellos" nos conduce fuera de la oscuridad que el conjunto de percepciones ha arrojado y que nosotros dignificamos llamándolas "mente." Esto significa una interrupción de la base común de la acción, es decir: el uso de la mente (inferior) y una creación de la fuente interna, que es, en una relación auténtica, una creación que procede de la base de las verdades eternas. "Aquellos que ven la verdad y miran en los principios de las cosas, *ven la característica última de ambos.*"

Para ciertas personas es innegablemente desconcertante pensar que, quizá, algunos de los Maestros han estado trabajando directamente entre, con y para nosotros y que los juzgamos como si los indujeran a la acción nuestras intenciones pequeñas y egoístas. Esto puede no ser verdadero para nosotros, sin embargo lo es para muchos que ahora están en el ojo público como exponentes Teosóficos y que, aún, parecen no darse cuenta del hecho. Es fácilmente perceptible que dicha falta de discernimiento puede llevar a toda clase de errores y de pasos equivocados; y es otro tanto fácil captar que muchos que llegaron después, fueron ofuscados por los que pretendían saber. Quien haya leído y estudiado mucho la literatura teosófica de H.P.B y de W.Q.J., debe tener muy claro que el fracaso de la S.T. yace, principalmente, en no reconocer la presencia de los Maestros entre nosotros; lo cual implica una falta de compresión y poder para aplicar la filosofía que se nos ha presentado. "Ellos pueden aprender ¿y qué?"

Sería bueno, para nosotros y para el mundo, si todos se hubiesen mantenido leales a los Maestros y a las Enseñanzas; sabemos que esto no es así. La creencia en quienquiera o en cualquier cosa no es necesaria; mientras sí lo *es* la devoción hacia las líneas trazadas, la cual, seguramente, conllevará a la comprensión y a la relación correcta.

He aquí lo que H.P.B. escribió en uno de los Cinco Mensajes a los Teósofos Americanos: "Aunque las ideas Teosóficas han entrado en todo desarrollo o forma que la espiritualidad despertante ha asumido, la Teosofía pura y simple debe aún librar una batalla severa *para ser reconocida* [...] hay algunos, entre nosotros, quienes se dan cuenta, intuitivamente, que el reconocimiento de la Teosofía pura o la filosofía de la explicación racional de las cosas y no sus doctrinas, es de importancia vital; siendo la única capaz de proporcionar el faro de luz necesario para guiar a la humanidad a lo largo de su verdadero sendero. Esto jamás se debería olvidar."

En el pasaje anterior se nos declara, de forma nítida e inequívoca, el deber de quienes deseen continuar con el trabajo que Ella ha hecho y no hay cuestión alguna a Quién y a qué se refirió. Es *esto* lo que nos estamos esforzando por hacer, valiéndonos de todos los medios a nuestro alcance. Hemos dedicado nuestras vidas a eso y no hay energía para cualquier otro asunto.

Como siempre, R. C.

Carta Veintiuno

Me agrada mucho saber que los alrededores son bonitos y las perspectivas hermosas. Mientras que puedes estar viviendo mentalmente con nosotros, como dices, también nosotros vivimos contigo. Es como si tuviéramos una experiencia múltiple, un estudio de los corazones humanos. Pienso que sacaremos algunas cosas positivas de todo esto y será de amplio alcance.

Sí, en realidad existe un Pensador que piensa; que percibe en el lado fenoménico de cada plano. En el estado de vigilia, los que identifican el Pensador con las percepciones fenoménicas de la existencia física, son tan sabios como quien se identifica con las escenas de una película. Tal individuo no será creativo en pensamiento activo, llenando, voluntariamente, su corriente en el espacio con formas de pensamientos que surgen de un conocimiento de lo que considero verdadero; será un simple reflector de las impresiones, un simple ping pong y el reino de los cielos *no* es de él.

Estos pensadores han incursionado en el campo de las "sombras pasajeras" que bloquean la luz y puede compararse al hijo pródigo que dejó la casa de su padre, alimentándose de cáscaras en compañía de los puercos. Mas un día, tales pensadores, al igual que él, recordarán y dirán: "me levantaré e iré a la casa de mi padre." Al hacer esto, esforzándose por encontrar el camino de regreso, recibirán la ayuda de los pensamientos voluntarios de aquellos que han prendido los fuegos para guiarlos. Todos nosotros podemos ayudar de esta forma y de otras. Tal pensamiento debería darnos aliento. ¿Has visto el artículo de Judge en la revista "Path", titulado: "Cada Miembro Un Centro"?

"Como es arriba, así es abajo", analogía y correspondencia por todos lados. Mas la correspondencia no implica *semejanza* de proceso. El pensador es un creador y dota sus pensamientos de un poder auto-reproductivo en armonía con la naturaleza de estos y la clase de materia con la cual se relacionan. Las clases de materia y los estados de conciencia están íntimamente ligados. En efecto, según la enseñanza: la conciencia *Manásica* tiene su ambiente en el quinto estado de materia, así como *Buddhi* lo tiene en el sexto. La permanencia de las creaciones del pensamiento será naturalmente más grande en la materia sutil que en la burda. Las creaciones del pensamiento en la materia burda se extinguirían rápidamente, si el aspecto inferior de Manas no recibiera el primer impacto y, debido a la atención entregada, recargara las baterías a un grado más o menos elevado. Tal atención es el identificarse con el impacto. Aquí tenemos el sentido del interés personal. La destrucción de estos obstáculos consiste en renunciar al interés personal en el resultado de las acciones, confiando en el poder de la Verdad, el Ser, lo Supremo.

Exclamas: "Me extraña notar la poca fe depositada en el *poder de la verdad*", yo diría: "en el poder de la verdad percibida." Hay poder en esta percepción, cuando se deposita en ella la confianza. *Confía en el poder de la verdad percibida*, al hacerlo, no hay mucho espacio para alguna otra presunción de poder. Lo mismo con el habla; es una adquisición, un talento que te ganaste y que sirve para el uso, no del hombre físico transitorio; si no del Hombre Divino. Hablar de Teosofía en el espíritu Teosófico no puede ser erróneo; así, lo que debemos aprender es vigilar y "usar con cuidado estos mensajeros vivos llamados palabras." Que todas nuestras facultades sirvan al fin único.

El hecho de que la acción y la reacción se dan más rápidamente contigo, no es una señal negativa. Muestra un estado de fluidez en que el sedimento puede precipitarse y sucederá si confías en el *poder de la verdad*. La Verdad *es* la naturaleza del hombre interno y la percepción de la verdad es de la misma índole. La acción y la reacción deben ser mutuas y complementarias.

La reunión "teosófica" acerca de la cual me escribes es como me la imaginaba, han perdido la clave, como muchos otros; se han involucrado en los procesos de la vida. ¿Me pregunto si estos desafortunados piensan, alguna vez, en lo que era eso que H.P.B. había fundado? ¿Era alguna *rama* o las personas pertenecientes a las ramas? "Que quede claro: H.P.B. nada tiene que ver con la sociedad exotérica." Lo que H.P.B.

fundó no era la agregación diversificada ahora existente; *sino algo distinto que llevaba ese nombre*. También podrían considerar el dicho que deberían conocer bien: "Si me amas, te atendrás a mis preceptos."

Sería bueno si (...) quisiese, voluntariamente, venir con nosotros; sin embargo no considero una actitud sabia apresurar a alguien o tratar de convencerlo. Si quieres, haz declaraciones intrépidas a fin de provocar preguntas y estimular la investigación, sin agregar algo más. No trates de explicar todo muy exhaustivamente, sin dejar espacio para que el pensamiento germine en los investigadores.

Como siempre, R. C.

Carta Veintidós

¿Por qué es necesario dormir? En primer lugar, porque la naturaleza del cuerpo es tal, que puede soportar el impacto de la corriente vital necesaria para permitir la manifestación de la conciencia de vigilia, sólo por cierto lapso. La resistencia de la conciencia de vigilia debe cesar, de manera que la "corriente" fluya a través del cuerpo sin ser obstruida, renovando, entonces, la habilidad de sobrellevar el impacto, el cual, durante la pérdida de sueño, tiende a desbastar las células del cuerpo y de los órganos, más velozmente de lo que se necesita para formarlas. La muerte del cuerpo por falta de sueño es más rápida que por falta de alimento.

El cuerpo es el que duerme, el Ego, no. Cuando el impacto de la vida se vuelve muy intenso para el cuerpo, el poder de funcionar mediante él cesa y, por lo tanto, el Ego funciona en otras vestiduras hasta que el cuerpo recobra el equilibrio.

Durante el sueño del cuerpo físico, el Ego se libera de las cadenas de la materia y vive su existencia separada. Sus pensamientos no son imágenes subjetivas en el cerebro, como sucede cuando el cuerpo está activo, sino acciones vivas, realidades; ya que se realizan instantáneamente en la acción mediante el poder de *Kriyasakti,* ese poder que convierte, de inmediato, las ideas en formas visibles. A veces, estas *acciones-pensamientos* se reflejan en el cerebro y la persona dice: "he soñado esto y lo otro." Siente que ha vivido a través de algo como persona (es decir, su conciencia cerebral), mientras, *como tal*, no lo ha vivido. Lo que ha percibido a través del cerebro eran impresiones parciales, usualmente distorsionadas, porque el poder de asociación las mezcla con otras ideas. Entonces, podemos percatarnos por qué el pensamiento Recto y la acción Recta deben prevalecer, a fin de poder usar el conocimiento superior en este plano. El pensamiento Recto prepara el "principio pensante" y la acción Recta prepara el cerebro físico para que ninguna distorsión surja de él. El "verdadero ser" *conoce,* mientras, en la raza en general, la personalidad transitoria no, pero puede conocer. Este es el gran trabajo al cual conducen nuestros esfuerzos actuales, si persistimos.

Dado que estamos "despiertos" durante el día y "dormidos" durante la noche, se puede concluir que los rayos directos e indirectos del Sol (el Sol y la Luna), tienen un nexo causal con estos estados. Como regla, la humanidad no se levanta ni se acuesta con el Sol, especialmente en las razas donde se denota un crecimiento intelectual, mientras esto ocurre con las razas inferiores, mentes más simples, lo cual podría indicar que *Manas*, siendo de un plano superior y parcialmente activo en el físico, tiene el poder de atraer, de los rayos directos o indirectos del Sol, eso que mantiene al cuerpo. En ambos casos, el cuerpo permanecerá en la condición de la conciencia de vigilia sólo por un cierto período. Siendo terrenal, está sujeto a las leyes generales de las fuerzas que pertenecen a la tierra de la cual es parte.

Las leyes generales de fuerzas pertenecientes a la tierra, son los resultados subsidiarios de las leyes superiores bajo las cuales están desenvolviéndose seres adelantados. Entonces, podemos recapitular que el cuerpo duerme porque necesita descansar (al Ego no le hace falta siempre) y dado que el cuerpo, los Egos, todos los seres y el *Manvantara,* son posibles sólo bajo la ley de periodicidad, a la actividad le sucede el descanso. El reposo representa lo "no manifestado" y la actividad lo manifestado. Lo "no manifestado" es un *estado* limitado *aunque general,* como el "sueño" en el cual y del cual, según hemos oído decir, es posible acceder a otros estados superiores. Entonces, aquí estamos, eslabón sobre eslabón, todos conectados y todos bajo una gran ley.

Tengo tu último folleto entresacado de la revista "Path" IV. Es alimento en forma libresca y proporcionará la base para muchas charlas. Te lo agradezco en mi nombre y de los demás que se beneficiarán. Sin duda que tu sincero deseo por ese beneficio será captado por quienes son receptivos. Sí, en verdad, toda nuestra gratitud debería dirigirse a H.P.B. y a su "alter ego": W.Q.J., particularmente por esos esfuerzos edificantes que los Teósofos egoístamente ambiciosos han ignorado. El hecho que tenemos la suerte de haber entrado en contacto y de entender el esfuerzo de Judge, es el mejor Karma; y el hecho de que queremos sacar a relucir este beneficio para los demás, indica discernimiento y una prueba del verdadero discipulado. "Lo que hiciste a favor de los seres menores entre ellos, me lo hiciste a mí."

No importa si las reuniones son poco concurridas; estos pocos pueden ser los medios que llevarán a los muchos; además: el esfuerzo y el sacrificio son lo que causan *el resultado último*. "Unas pocas gotas de lluvia no son un huracán, pero lo presagian."

En nuestra era es bueno considerar lo que los Grandes han hecho y hacen. Era tras era, año tras año, conservan el conocimiento y *esperan*, haciendo lo que pueden y como pueden, en armonía con la ley cíclica. Sabiendo esto y comportándose así, no hay espacio para la duda o el desaliento. "La Teosofía es para los que la quieren y para nadie más." Estamos persistiendo, esperando y trabajando a favor de estas pocas almas sinceras que captarán el plan y adelantarán el trabajo; "ya que la cosecha está lista y los labradores son pocos." A quienes les correspondía la primera invitación al banquete la recibieron; y es triste decir que, entre muchos de ellos, el oído se ha atrofiado y la atención se ha distraído tanto, que no importa cuantas veces repitas las cosas, no les llegarán. Sin embargo, debe hacerse accesible, *continuamente, a todos*. Este es nuestro trabajo, el que hemos asumido. W.Q.J. nos ejemplifica los medios, los métodos y el espíritu y nosotros, haciendo así, servimos a la Gran Logia de la cual Judge era y es una parte grandiosa y devota.

Como siempre, R. C.

Carta Veintitrés

Las reacciones vendrán; un período de pensamiento elevado y de esfuerzo no es, aún, la culminación y, estando encima del nivel normal, debe, necesariamente, provocar una condición que está por debajo de éste. Sabiendo que tal es la ley de acción y reacción, el impulso hacia lo alto, resultante de dicho conocimiento, debería llevarnos, rápidamente, desde abajo, a un nivel más elevado del anterior: a un entendimiento mejor.

Los barcos, los marineros y los seres humanos de todo tipo, a veces entran en "zonas de calma". Los marineros saben que no pueden ir a algún lado sin el barco, que se queda inmóvil sin el viento, entonces, esperan. Según he oído, algunos silban para levantar una brisa; pero no supongo que estos esfuerzos estimulen el viento y los silbadores se quedan irritados porque sus esperanzas no se realizaron. Los más sabios toman la oportunidad para reparar sus equipos, revisándolos generalmente, para que, cuando sople el viento, todo esté listo. No cabe duda que su actitud usual es que la vida del marinero es "trabajo constante" y las circunstancias son las únicas que determinan la *clase de trabajo*.

A mi juicio, un verdadero estudiante de Teosofía se asemeja mucho al marinero, especialmente al darse cuenta de que, cualquier circunstancia implica trabajo de una forma u otra. Al tomar conciencia de lo que hay que hacer, esto da la justa dirección al esfuerzo. Nosotros, al saber que el universo existe para los propósitos del Alma, no podemos dejar que las circunstancias nos perturben, sino sólo momentáneamente. Tienes dicha actitud y, con el tiempo, ajustar los efectos de los eventos a ésta debe convertirse en algo más fácil y rápido y bastantes "mónadas" han sido examinadas para obtener la clasificación general. Llámala una clase de estudio que ilustra los obstáculos.

Desde mi punto de vista tienes mucha razón cuando dices que nos equivocamos, al pensar que obtenemos algo desde afuera. Tal es la tendencia de la era: análisis en lugar de síntesis. No sólo debemos luchar contra esto en nuestro interior, sino que encarar sus efectos por todos lados. Es una batalla dura, pero fortalece las almas; y aceptamos estas dos proposiciones.

No empezamos esperando "un viaje de lujo" hacia el cielo. Sabíamos que debía ser una lucha constante y no sólo debemos luchar, sino encarar y superar los obstáculos que el enemigo, esta civilización, nos interpone. Sin embargo, manteniendo en perspectiva el gran premio: la elevación de la humanidad, estos obstáculos ofrecen la oportunidad para prepararnos a librar el combate y, como tales, deberíamos darles la bienvenida en lugar de lamentarse y renegar. Sabemos todo esto y aún debemos siempre repetirlo los unos a los otros para alentarnos mutuamente. Es justo que así sea. Los compañeros que están bien, apoyan a los que sufren por la enfermedad o por ser minusválidos y esto los hace felices porque nuestro ejército es tal por virtud del apoyo mutuo. Piensa lo que es nuestro Ejército y desespérate, si todavía puedes.

Estoy leyendo con interés todas tus declaraciones, las cuales muestran una consideración desde el punto de vista correcto: desde lo Universal a lo particular. Concuerdo contigo cuando dices que: "un pensamiento anticuado, rígido" es peor que inútil y que: "si se sigue reflexionando en la filosofía o en alguna de sus aplicaciones, las ideas surgen en la mente." Meditar en el Ser presente en todo y todo en el Ser, debe ser productivo, aun cuando el Ser es el productor.

No es tanto lo que podemos formular, sino lo que vivimos conscientemente. La formulación puede dar dirección y continuidad y así es útil para nosotros y los demás. Sin embargo, la aplicación del pensamiento correcto procede de la reflexión sobre el Ser. Tus cartas indican tal actitud. Eso de lo cual precaverse, es la tendencia a materializar las ideas; pero en ti no detecto señal alguna de esto. La conciencia del Ego, no estando limitada como la física y encontrándose en un estado de materia inconcebible para nosotros, es indescriptible, aunque, su aplicación universal puede ejercer una influencia en nuestro plano, estableciendo un nexo, que no se debe entender en el sentido común del término, sino como un punto de vista superior. Cada una de estas tentativas es un esfuerzo y, por todos lados en la Naturaleza nos damos cuenta de que el esfuerzo produce resultados. Judge dijo: "Todo, todo es el Ser." Lo dijo por ninguna otra razón posible que ésta: la idea debe ser *aferrada y tenida presente*. El "Bhagavad Guita" dice: "Soy invisible al mundo (a las formas de percepciones limitadas) porque mi ilusión mágica me envuelve; ya que este divino poder ilusorio mío, que actúa a través de las cualidades naturales, es difícil de superar y *sólo quienes recurren únicamente a Mí, pueden superarlo* [...] Soy la Causa invisible y el efecto visible [...] *Llevo la carga de la responsabilidad de la felicidad* de los que me consideran idéntico a todo, adorándome constantemente."

Conoces muy bien estas citaciones, sin embargo nunca me canso de repetirlas. Pienso que declaraste el meollo del asunto cuando dijiste que cualquier diferenciación es *Maya*, siendo impermanente. Nada hay, excepto la Conciencia en sí; el resto son percepciones *en* y *de* diferentes estados de materia en infinitas agregaciones.

Has tenido una semana difícil; busca la recompensa, no para ti mismo, sino bajo la Ley.

Como siempre, R. C.

Carta Veinticuatro

El desaliento de la era es una tendencia general, en parte personal y en parte perteneciente a la era. Se presenta cíclicamente, como habrás observado. Cuando llega, el ciclo ha alcanzado su punto inferior. Al saber esto, empezamos a elevar dicho ciclo levantándonos rápidamente de él y así contribuimos a reducir su influencia, no sólo para nosotros mismos; si no para la era. Cuando nos encontramos en un punto bajo, deberíamos tratar de tener presente a nuestros compañeros que sufren inconscientemente por eso, acerca del cual, no sólo conocemos la causa, sino el remedio.

"A menudo, el estudiante, debido a los cambios que se verifican en su interno, se siente menos idóneo para sobrellevar las condiciones existentes; sin embargo *Debe Trabajar*. Es su única salvación. Lo que es menester es una entrega profunda y completa del trabajador a la Causa." No existen palabras más verdaderas y todo lo que sigue se encuentra en línea directa. Mantén dicho estado de ánimo y todo irá bien.

Me pediste un resumen de lo que se dijo durante la última reunión. Se me dificulta hacerlo; ya que olvidé las palabras que usé. El folleto se empleó como base para la charla, cuyo tema era: "El Dios Desconocido." Un participante preguntó: "¿Cómo puede existir una filosofía del Infinito?" Se contestó que no puede haber una filosofía del Infinito; sino que *podía* existir una filosofía de toda la Existencia. Que haya existencia o no, el Infinito *ES* y debe trascender toda especulación. La filosofía considera el origen, la naturaleza, la historia, el desarrollo y el destino del Hombre y sus mundos; ya que estos y la humanidad se desarrollan unidos. Luego introduje la idea de Espacio como representante del Infinito; de la Conciencia por sí, el Poder de percibir sin algo que percibir; el deseo de conocerse a sí mismo podía realizarse sólo viéndose reflejado. Entonces, la primera diferenciación tuvo lugar en armonía con el deseo; ya que las posibilidades de todos los grados de densidad de materia se encontraban en la materia primordial y el Poder de Creación, Preservación y Destrucción presente en la Conciencia, la cual, funcionando en este estado más denso, obtuvo una forma; entonces se produjo una diferenciación ulterior, más densa y así sucesivamente hasta el estado presente. En la charla se indicó que el *deseo* de vivir fue el que nos mantuvo vivos; el *deseo* de la vida sensorial nos trajo nuevamente a la encarnación. Al paso que nos elevamos a planos más altos del ser, el deseo se hace menos individual y más general para el bienestar de la humanidad y de todas las criaturas. De lo antedicho podemos percibir que el Deseo, siendo general en el principio de la manifestación, se hizo más y más individual tan pronto como se desenvolvió una materia más densa, hasta donde, en el caso de nosotros, alcanzó el punto de deseo personal separado. El camino de regreso debe encontrarse en el continuo acercarse a esa Unidad de la cual todo procedió. La filosofía existe para que el Hombre pueda volver a ser un Dios como lo era y lo Es en realidad.

Tu último folleto es, a mi juicio, muy bueno; indica muchas cosas claramente. Por ejemplo: cuando habla del "análisis" como la "forma-pensamiento" de la era, me sugiere que nuestra conciencia general es analítica, tiende a las clasificaciones y carece de síntesis. Al señalar esto a los demás, cogemos una gran oportunidad para mostrar cuán estrecho es el radio de pensamiento de nuestra civilización muy ufanada. Entonces, se saca a relucir nítidamente la declaración: "Puede haber sólo *una filosofía* que es una síntesis del entero, la cual se *prueba a sí misma* por su coherencia y lógica."

¿Qué tenemos del otro lado? Religiones dogmáticas belicosas; una ciencia que se aferra a una base materialista y una psicología que está peor parada que las otras dos porque trata de considerar la metafísica desde una base material de conciencia. Finalmente, enumeramos el llamado Nuevo Pensamiento que entrega sus energías a una vida física. ¡Qué contraste! Cómo puede la humanidad no darse cuenta de su ignorancia y de que ninguna de estas cosas lleva al conocimiento. Entonces, se levantaría en busca de luz. El estudiante de Teosofía sabe que la razón por la cual la humanidad está tan ciega a los hechos evidentes, es porque la rodean las impenetrables nubes de las vidas pasadas, además, sabe que todo lo factible consiste en dejar que la luz brille para que *todos puedan verla*, sembrando las semillas de las cosechas futuras. Sería una tarea sin esperanza si no fuese por la Reencarnación.

Me agrada saber que puedes *percibir y mantener* la justa actitud en lo referente a los eventos. En ambas cartas que me enviaste aflora una acción interna, quizá de forma indefinible, sin embargo claramente perceptible; además: hay una mayor unanimidad, un acuerdo, a pesar de que lo externo, a veces, parece negarla. Al paso que trabajamos, crecemos; crecemos especialmente cuando nuestro pensamiento está tan ocupado con el trabajo, que no pensamos en nosotros mismos, ni en los eventos, tampoco en su influencia y relación con nosotros. Al saber que en la vida debe haber luz y sombra; calor y frío; dolor y placer; podemos tomarlos como lo hacemos con cualquier clima en que vivimos, aceptando lo que venga como el clima metafísico del tiempo, el lugar y la condición en que vivimos, *continuando* con el trabajo que nos corresponde.

Lo que hemos aprendido nos da una visión más amplia del Karma, que el simple aspecto personal. Empezamos a percibir que más allá de lo personal, al trabajador en el campo de la Teosofía, el estudiante-discípulo, le llegan otras fases de Karma que surgen de la familia y la raza. Al paso que el estudiante adelanta, estas otras fases deben hacerse sentir más y más debido a la mera naturaleza del esfuerzo y de la posición en que esto se lleva a cabo. A su juicio puede parecerle *todo* personal y lo es, en el sentido que él es el foco de ello; sin embargo, si hemos asimilado cuáles deben ser los pasos que llevan al adeptado, debemos saber que la batalla en la cual estamos luchando no es la nuestra; sino la del mundo y que los pecados del mundo repercutirán sobre nosotros con creces, hasta que, al final, hayamos conquistado la meta. Si en cambio, consideramos estas cosas sólo personalmente, podemos conquistarlas como tales, pero acerca de nosotros se dirá: "Tanto como no lo hiciste hasta para los menores de ellos; no lo hiciste para mí."

Tu reunión del Domingo fue ciertamente pequeña y, en apariencia, inútil; ¿pero quién puede decirlo? Sabemos que es el esfuerzo lo que cuenta y, habiéndolo hecho, Karma lleva a cabo el resto. Hay muchos de estos pobres desdichados que se encuentran atrapados en los laberintos del mundo psíquico y mientras que busquen allí a su "gurú", no lo encontrarán. Los buenos pensamientos, las buenas ideas, pueden ser acompañados muy fácilmente por el autoengaño; ya que, si así no fuese, existiría menos ilusión. Todo esto es una buena práctica para ti y cada persona "malhumorada", presenta una nueva fase de la ilusión; se debe estudiar al momento, tratándola como mejor convenga, estudiándola más, sucesivamente. Es una suerte que te llegan en pequeñas dosis y no en grupo o con un montón de gente.

Mientras más grande es el obstáculo, más grande es el esfuerzo, así debemos ver que el buen trabajo continúe, con caridad hacia todos, malicia hacia ninguno y con todo nuestro poder que el ciclo permite.

"Duerme bien" y que puedas traer, del otro lado de la vida, todo el poder y la ayuda necesarios.

Como siempre, R. C.

Carta Veinticinco

"Nada dudes, nada temas y que nada te irrite", es lo que a menudo debemos decirnos cuando las condiciones parecen acorralarnos, impidiéndonos llevar a cabo alguna obra buena. Dichas condiciones no sólo son nuestro Karma; sino el de los que pensamos ayudar. Debemos esforzarnos por ellos lo mejor posible, elevando su Karma y el nuestro. A veces, puede parecer que todo confluye para burlarse de nuestros mejores esfuerzos, escarneciéndolos. Sabemos que esto es simplemente el peso muerto de las condiciones del mundo que los Maestros y los que se han entregado como voluntarios, se aplican para elevarlo. Además, sentimos la seguridad que procede del comprender que ninguna de estas luchas es vana. Los Maestros hacen todo lo que pueden; nosotros nos esforzamos por seguir su ejemplo, llevando a cabo su trabajo en este mundo de existencia condicionada, cada uno en su lugar. Saber que éste es su trabajo y es lo que se debe hacer, nos sostiene. ¿Qué importa, entonces, cuáles circunstancias se nos presentan? Hasta la fecha nada nos ha detenido, aunque, a veces, parecía que no podíamos dar un paso más, entonces, nos vemos obligados a entender que nada puede detenernos: ni la vida, ni la muerte ni alguna otra cosa. Así salimos adelante felizmente hasta la meta última, con nuestras vidas y todo lo que contienen, que Todos puedan Vivir siguiendo las huellas de estos Grandes Seres que han recorrido el Sendero antes de nosotros.

Es posible constituirse en discípulo si se desea internamente; sin embargo, esto no involucra a los Maestros hasta que él alcance ese grado de desarrollo donde se le acepta, en realidad, como chela. Los Maestros no pueden ser atraídos si no quieren; mas al mismo tiempo jamás rechazan ofrecer una ayuda merecida. Los Maestros encarnados asumen el Karma de lo que enseñan y, donde exista una relación mutuamente entablada, sienten, corporalmente, los errores de omisión y comisión de cada discípulo. No cabe duda que los Maestros que han estado aquí se hubieran quedado hasta la fecha y quizá más tiempo, si los que se profesaban sus discípulos hubieran cumplido con sus promesas.

Según se dice: los Maestros contienen el Karma terrible del mundo, a fin de proporcionar ulteriores oportunidades. No *sienten* el Karma, aunque lo *conozcan* y mitiguen las fuerzas malas engendradas por el Hombre. El poder de *sentirlo todo* implica el poder de *no sentir*. Deben ser capaces de hacer lo correcto, en la medida adecuada, en el momento propicio y en el lugar idóneo; así pueden aislarse de la curiosidad gratuita o del deseo de dirigirse a ellos, impulsados por motivos equivocados. De otra manera, su trabajo no podría llevarse a cabo.

Un deseo de saber no es una condición y la condición adecuada es el requisito necesario para invocarlos; la invocación está contenida en la condición. En su Mensaje al mundo occidental han mostrado cómo se les puede alcanzar, aun públicamente, en toda forma posible. Es poco probable que quienes admiten la existencia de los Maestros, negando o ignorando su mensaje, reciban su ayuda directa. Sin embargo, la ayuda se otorga a todos de manera general; mientras cada uno eleva el ser mediante el Ser espiritual, hasta que exista la condición necesaria para que se nos note. Nadie puede ser ignorado; el bienestar de todo es lo deseado.

Debe existir el sendero indirecto y directo. Si a ningún aspirante se le puede hacer percibir el camino directo, deberá tomar el sendero que ve. Su incapacidad de percibir denota su Karma, su condición. Al mismo tiempo, el hecho de que no ha recibido el Mensaje directamente, implica que las oportunidades anteriores han sido voluntariamente ignoradas o descuidadas; un Karma que a menudo se ha experimentado durante los últimos treinta años.

A pesar de que esta frase pueda parecer un dogma: existe *sólo una filosofía*; existen los Maestros y su Mensaje. No es un dogma, siendo una declaración de hecho, todos están invitados a comprobarla por sí mismos, mostrándoles como hacerlo. El mundo ha perdido el verdadero conocimiento; los Maestros lo restauran. Ayudan directamente a las personas que pueden; las cuales, a su vez, auxilian a otros de manera directa o indirecta. El ciclo tiene una tendencia ascendente y menos material; necesita la *dirección correcta*, proveída por la influencia directa e indirecta del Mensaje. Benditos son quienes pueden percibir el camino directo y lo toman.

A mi juicio tienes razón en tus deducciones referentes a las "repeticiones". En el caso de mis charlas, son *re*-peticiones; aunque muchos no perciben lo que encierran. "No hay nada nuevo bajo el sol"; sino simplemente una entrega de lo que se sabía anteriormente. Puesto que la síntesis de la filosofía puede darse en pocas palabras, proporcionalmente hablando, los que aplican los términos de una sola manera, ven un solo color del prisma, oyen un solo sonido de la escala y es natural que capten sólo la monotonía. Pienso que el obstáculo principal para algunos es una actitud crítica, ejemplificada en la siguiente expresión: "su interpretación no concuerda con la mía" o todo lo que toma en consideración el aspecto personal en lugar del sentido.

Nuestra última reunión fue buena. Un participante preguntó: "¿Por qué los Teósofos son tan pasivos en lo referente a las condiciones políticas y sociales?" Le contesté que ningún verdadero Teósofo es pasivo hacia *nada*; sin embargo, su conocimiento le muestra donde usar mejor su energía para el beneficio de la humanidad. No pierde su energía aplicando remedios paliativos al cuerpo del mundo corporativo, mas se dedica a señalar la fuente de la enfermedad y el remedio. Todos se percatan de que la causa de cualquier problema humano es el egoísmo y la ignorancia. Esta última, siendo la causa del egoísmo, yace en la manera de pensar del ser humano, sus ideas en lo referente a la vida. La idea prevaleciente es que tenemos una sola vida y cada uno debe luchar por sí mismo en contra de los demás. La idea misma encierra la "batalla", la "oposición", su mano contra todo hombre y la mano de todos los hombres contra él. Hasta que tales ideas prevalezcan en las mentes humanas, la humanidad actuará egoístamente y de manera antagónica, donde el interés personal esté involucrado. El Teósofo sabe cuál es el verdadero camino: el ser humano tiene muchas existencias y en cada una recoge lo que cosechó. Si cada persona supiera esto, se daría cuenta de que la verdadera felicidad colectiva es alcanzable sólo cuando cada ser humano usa todos sus poderes para el bien ajeno. Si esta manera de pensar prevaleciera, a ninguna persona se le dejaría sufriendo por un momento; porque muchas serían las manos inclinadas a ayudar por todos lados. Entonces, la necesidad más grande consiste en tener una filosofía de vida correcta y verdadera, cuya aplicación no sólo aliviaría los numerosos sufrimientos; sino que nos impartiría un conocimiento capaz de conducir la humanidad a alturas mayores. El Teósofo trabaja para aliviar la *causa* en la única forma posible. Es indudable que si fueran más numerosos podrían confortar toda aflicción lo mejor posible; pero, desafortunadamente para el mundo, son pocos y se ven obligados a encauzar toda su energía en llamar la atención acerca de la verdadera naturaleza del ser humano y de una filosofía de vida para que más y más mentes se dirijan allí, aproximando el día del alivio.

Esta no era, de ninguna forma, la respuesta ideal; pero parecía ser lo que el investigador estaba preparado para considerar.

En lo referente a la metafísica y a la física, la primera está más allá de la física y debe haberla antecedido. A mi juicio, la Metafísica se convierte en Física mediante la ideación en el plano de la densidad física. Para el perceptor en cualquier plano, las percepciones son objetivas. ¿En un plano más elevado que éste, dichas percepciones no serían, acaso, su "física", aunque para nosotros serían metafísica? Desde nuestro plano, eso que es metafísico se convierte en físico al encarnarse. Quizá no capté lo que quieres; si mis palabras son estériles, comunícate conmigo de nuevo.

Como siempre, R. C.

Carta Veintiséis

"Inténtalo; inténtalo y siempre sigue intentándolo". "La conciencia plena de algo se deriva del reflexionar en eso acerca del cual hay que estar consciente." Siguiendo estas reglas de Quienes saben, experimentaremos siempre una constante ganancia. Habrá altas y bajas, con arreglo a la oscilación del péndulo o, mejor dicho, de acuerdo con la vuelta de la espiral. Al conocer la ley de acción podemos seguir adelante, a pesar de que nos encontremos en el punto inferior o superior del ciclo. Al pasar del tiempo y al mantener la actitud correcta, nuestra sujeción al ascenso y al descenso irá disminuyendo.

En el principio, darse cuenta del necesario esfuerzo continuo será descorazonador; sin embargo, mientras más y más real se hace la *grandeza* de la tarea que nos hemos fijado, crecemos en la condición representada en las seis virtudes gloriosas, es decir: ser constitucionalmente incapaces de desviarnos de la recta senda.

En el pasado hemos engendrado o creado, mediante el pensamiento, numerosos seres elementales de la naturaleza de *Prakriti,* que nuestras acciones han reforzado. Mientras nuestro pensamiento coincide con sus naturalezas, no se observa fricción alguna; mas tan pronto como nuestros pensamientos cesen de alimentarlos, empezará la lucha por la vida, que continuará hasta que nuestras criaturas mueran o se trasformen a tal punto que ya no nos obstaculicen. Es un nuevo *Manvantara* en nuestro pequeño sistema solar; "el espíritu guía" gobierna, controla o elimina todas las entidades conectadas con la vieja evolución, en armonía con la nota clave de la nueva. Entonces, en el estado concreto de la vieja evolución y aquello nebuloso de la nueva, debemos pasar por las Rondas preparatorias. La Gran Naturaleza repite su acción de acuerdo con la Ley, ya sea en lo microcósmico o en lo macrocósmico.

En lo referente al "trabajo más duro de reconciliación" que te espera en esta cuestión de H.: recordarás que, en una reciente carta te dije que quería que te mantuvieras al tanto con los varios eventos para que esto te permitiera observar los desarrollos, viendo cómo las cosas se resuelven bajo ciertos métodos que estriban en principios; siendo, todas, lecciones objetivas.

En primer lugar, no hay espacio para juzgar erróneamente; la regla debería ser: no juzgues a *las personas. En lo referente a sus ideas,* su capacidad de entender una clase de éstas, implica la capacidad de entender otros tipos. Si tienen concepciones erróneas y sin embargo son personas razonables, sus concepciones equivocadas pueden considerarse acertadamente según sus méritos: en sí, primero, y luego, conforme a su relación con otras concepciones. En todo esto se debe empezar buscando los puntos de acuerdo; en realidad, mostrar una disposición a concordar. En ningún instante hay que asumir o sentir alguna actitud antagónica, ni hay que expresar o inferir superioridad de conocimiento. Si el antagonismo existe incluso en pensamiento, se establece una contraposición, lo cual impide el propósito de iluminar. Por supuesto, nada de todo esto obstaculiza a una persona a ver las cosas como son, dejando la puerta abierta para los demás a fin de que vean lo que hacemos.

Nuestro trabajo está entre aquellos cuyas ideas son netamente antitéticas con lo que sabemos que es la verdad. Debemos tratar con las ideas como las encontramos, extendiéndolas en la dirección que conocemos. Este es un caso distinto de una conferencia sobre la Teosofía, en la cual exponemos algo para que otros puedan saber *lo* que es.

Uno de los resultados de la sabiduría es la habilidad, por lo menos gradual, de hacer lo correcto en el momento oportuno y en el lugar adecuado. El objeto de toda recta acción consiste en ayudar a quienes vemos y sabemos que *no están* en lo correcto. El hecho de que nos damos cuenta de su condición actual y la conocemos, nos indica que tipo o clase de ayuda emplear. Si los consideráramos como seres incapaces de recibir ayuda, no se la proporcionaríamos. Por eso no juzgamos y, análogamente al Sol y a la Naturaleza, tratamos a todos igualmente, brillamos y trabajamos para todos, prescindiendo de las ideas que ahora tienen o sus cualidades presumibles. Esta ha sido la actitud de los grandes Maestros. Vienen para que "los pecadores y no los santos, se arrepientan." Todos han tenido a sus Judas, sin embargo, incluso ellos deben tener su oportunidad como el resto; son inherentemente perfectos, y, teniendo libre albedrío, *pueden* hacer lo que la oportunidad requiera. El himno evangélico que: "mientras la lámpara siga iluminando, el pecador más vil puede volver", expresa una verdad; entonces, ¿qué hay, en todo esto, que requiera el juicio mortal? Nada, creo que dirás, cuando consideres el asunto en su óptica más amplia y a la luz del Karma, que lleva la oportunidad de dar y de recibir.

No hay pretensión de virtud personal o conocimiento en divulgar, para el beneficio de los demás, lo que se percibe ser bueno para ellos. Una pretensión e incluso un pensamiento de virtud personal es nocivo, por ser *personal*. Esto limita las percepciones del Ego en nuestro plano.

"Tu cuerpo no es el ser; tu Ser es, en sí, sin cuerpo, impermeable al elogio y a la culpa."

"La liberación de la mente de la esclavitud mediante la cesación del pecado y de las fallas, no es para los 'Deva-Egos' (los Egos que reencarnan). Esto es lo que dice la 'Doctrina del Corazón.'"

"El Dharma del 'Corazón' es la encarnación de Bodhi (Sabiduría Verdadera y Divina), lo Permanente e Imperecedero."

"Vivir para beneficiar a la Humanidad es el primer paso. Practicar las seis virtudes gloriosas es el segundo."

Las seis virtudes gloriosas son:

UNO: "Sama". Consiste en obtener el dominio perfecto sobre la mente (el asiento de las emociones y los deseos), forzándola a actuar subordinándose al intelecto, que había sido fortificado, alcanzando:

(1) "El conocimiento correcto de lo real y lo irreal" (la Filosofía Correcta).

(2) "La Indiferencia perfecta hacia los frutos de *las propias acciones* aquí y en el más allá." (Renunciación a los frutos de las acciones).

DOS: "Danha". Dominio completo sobre las acciones corpóreas.

TRES: "Uparati". Renunciar a toda religión formal y adquirir la contemplación de los objetos *sin sentirse, en lo mínimo, perturbado en la ejecución de la gran tarea que uno se ha fijado.*

CUATRO: "Titiksha". Cesación del deseo y una constante disposición a separarse de todo en el mundo.

CINCO: "Samadana". Eso que hace al estudiante constitucionalmente incapaz de desviarse del recto sendero.

SEIS: "Shradda". La confianza implícita, por parte del estudiante, en el poder de su Maestro de enseñar y *en su poder de aprender.*

SIETE: Uno más y el último logro requerido, es un intenso deseo de liberarse de la *existencia condicionada* y transformarse en la Vida Una.

Aunque algunos de estos pasos puedan trascender nuestro alcance, podemos "practicar" en estas direcciones; en realidad, esto es lo que hemos venido haciendo y sabemos que la práctica hace al maestro.

Bueno, debo detenerme ahora y enviarte lo mejor que tengo con amor.

Como siempre, R. C.

Carta Veintisiete

Se dice que existe sólo un sentido; los órganos son simples modos de recepción. Desde el mismo punto de vista podríamos decir que hay un único "Ojo"; el resto son modos de ver, los cuales deben ser alineados a fin de tener una visión clara. Según mi entendimiento, las varias vestiduras del alma se forman de la primera sustancia etérea, la cual compone el cuerpo permanente. El ser humano es el microcosmo del macrocosmo; entonces, imagina a un individuo, en su cuerpo permanente, cuando un sistema solar está comenzando: este cuerpo contendrá, *en su interior,* todos los cambios posibles de densidad que serán los pasos necesarios bajo la ley general del sistema solar para alcanzar la expresión más concreta.

La expresión concreta debe alcanzarse a fin de que las inteligencias descendentes puedan ayudar o instar, a un nivel más elevado, las formas de conciencia aún no autoconsciente. Todas las formas se reúnen y se combinan en el ser humano. Cada cambio en densidad de la vestidura involucra una pérdida de percepción espiritual y el conocimiento de la materia más densa, obtenible de ninguna otra forma.

El poder de Creación, Preservación y Destrucción debe estar activo en todo plano y todo el tiempo; ya que el universo existe sólo para los propósitos del alma y la resistencia se experimenta gradualmente en todos los estados de materia por debajo del primero. La creación trabaja en el cambio de densidad y hacia la forma ideal para una expresión más completa en este plano. Esto involucra un continuo ajuste, implicando la preservación de lo que cumple con el propósito y la destrucción de lo que no cumple con esto, junto a una creación ulterior para remplazar eso que fue destruido. Entonces, el Creador, el Preservador y el Destructor, dentro de su esfera, debe ser el Ego permanente. La misma ley se aplica en todas partes. Por ejemplo: si en tu negocio se agrega un nuevo departamento, los demás siguen funcionando mientras el nuevo o se moldea para conformarse con el propósito general o es descartado.

"La Doctrina Secreta" dice que nos encontramos en el punto medio de las siete Rondas; esto significa que la colectividad de seres, llamados "Naturaleza", ha pasado por los cambios de densidad tres veces, cada vez reascendiendo al estado original, mientras cada descenso marca una densidad interior de cada cambio. Ahora ascendemos, perfeccionando y asimilando lo que hay durante tres Rondas y media más; entonces, cada plano sucesivo se hace menos denso hasta el término de la séptima Ronda, volviendo a lo que podría llamarse materia *real*. Relacionando esto con el alma, pareciera que las vestiduras todavía no son lo que serán, aunque el Perceptor es uno a través de todos los cambios. El Ser es la clave, el plan, el propósito y la realización, perder esto de vista es perderlo todo.

Parece que la calidad de tus exposiciones teosóficas no te satisface; sin embargo, la actitud que tienes hacia el asunto es infinitamente mejor que si te sintieras orgulloso de ella. Tu actitud hace cierta la probabilidad de mejorar. Según entiendo el asunto, tu exposición no es el objeto de crítica; sino la manera que usas para expresarte y si ahí hay una falla, la corrección necesaria no debería ser muy difícil. Todo progreso se efectúa reconociendo, primero, las deficiencias, después de que siguen los pasos para removerlas; pero esto es algo menor. El gran esfuerzo que se hace para promulgar los principios fundamentales de la Teosofía requiere un impulso difícil y perseverante, sin embargo, el progreso personal se olvida en el esfuerzo. Con la justa actitud no nos damos cuenta de nuestro adelanto; mientras sería perfectamente patente para los demás; esto porque estamos conscientes de defectos que, probablemente, parecen más importantes de lo que realmente son. Los defectos, no siendo relevantes, no tienen importancia; mientras su ausencia sí la tiene; por lo tanto, nuestro pensamiento debería dirigirse a estas cualidades que los desplazan. Si estuviéramos reamueblando una casa no pensaríamos en los muebles antiguos; sino en los nuevos que los deben sustituir.

Siendo de los *Kshatriyas* y entrenándonos para la batalla más grande, damos la bienvenida a todo evento, grande o pequeño, que nos hace idóneos para la contienda.

Como Siempre, R. C.

Carta Veintiocho

He recibido tu carta. Es cierto que: para quienes piensan de manera distinta, es difícil deber existir en un mundo y en un período en que el dios a quien generalmente se le adora, tiene exigencias severas, insensibles y despiadadas. Sin embargo, éste es nuestro Karma y el de la raza que queremos ayudar. No podemos auxiliarla sin compartirlo y con el término compartir incluyo todas las maneras de hacerlo. Tales cosas pertenecen a nuestras pruebas. Debemos reconocer que hasta la muerte celestial está en los planes y, si así es, ¿por qué no debería estarlo la vida, aun como la que nosotros conocemos?

Si no fuese por nuestras dudas y temores, *sabríamos* que la Ley reina para todos y en cada circunstancia. Es natural que surja el miedo; pues todo lo terrenal tiende a producirlo, sin embargo, "quienes saben" nos dicen que: "el ser humano que conoce el Espíritu Supremo, que no está sujeto a la ilusión y que se enfoca en éste, no se regocija al obtener lo placentero ni se desespera al experimentar lo desagradable." "Sé libre de los pares de opuestos y sé constante en la cualidad de Sattwa, libre de la agitación y del deseo mundano de preservar tus posesiones presentes."

Esto ya lo sabes, sin embargo, a veces repetirlo ayuda a uno a liberarse. Además, tu carta muestra que ves claramente lo justo; lo percibes de forma tan nítida y neta que temo que se te presentarán algunas dificultades descomunales. Mas por cada dificultad hay una manera de superarla, aunque no sea el modo que más nos guste. Debemos vencer toda clase de dificultades.

Puedo comprender bien que tienes un plan por cada una de las numerosas cosas en tu mente. En todos los asuntos hay siempre uno que hacer, es decir: realizarlo lo mejor posible. Luego, aguarda el evento, encara una cosa a la vez, según se presenta. Así evitamos apegarnos a los resultados sin interferir con la ley que trabaja para el bien de quienes la quieren.

Nuestro deseo de seguridad personal de que todo irá bien con la personalidad es tan profundo, que si no lo obtenemos, desconfiamos de nosotros y de los demás; aunque sepamos, en cada instante, que debemos confiar en la ley que trabaja a favor de la justicia. Entonces, lo que se necesita es una fe y una confianza mayores, una intrepidez más fuerte.

Solía tener una pequeña piedra en la que estaban esculpidas las siguientes palabras: "Aun esto pasará". Me ha servido muchas veces para recordarme la naturaleza transitoria de todas las pruebas y los problemas. Es un buen lema y puede servir a muchos, si se usa cuando sea necesario.

En lo mencionado no queremos decir que se haga caso omiso del justo cuidado; sino que se ignoren el miedo y la duda. "El miedo es análogo a la frialdad en la tierra y siempre procede del proceso de congelamiento." ¿Quién puede decir en cuántas maneras este "congelamiento" impide lo que, de otro modo, podría ser.

A una persona que vive una "situación difícil" la filosofía le parece inadecuada, especialmente cuando debe encarar la circunstancia y la filosofía procede de boca ajena. Sin embargo, en cada instante, debemos poner en práctica esto. No hay que esforzarse mucho por aplicar la filosofía cuando la tensión es leve; pero cuando es grande, el esfuerzo necesario es más intenso. Lo principal consiste en *aplicar la filosofía*, y, de hecho, *confiar en* ella. Toda especie de obstáculo imprevisto surgirá para poner a prueba esa confianza a fin de sentirnos aprobados y ser "constitucionalmente incapaces de extraviarnos del verdadero sendero."

No englobamos las seis virtudes gloriosas inmediatamente, ni una a la vez; sino que adelantamos en todas ellas. Los obstáculos surgirán en las circunstancias diarias y en nuestras relaciones mutuas.

Me ha servido mucho remontarme al período cuando la confianza plena abundaba si los obstáculos nos sitiaban de forma difícil e intensa. A menudo nos parece que las trabas que nos esperan son innecesarias, sin nexo alguno con la gran tarea que nos hemos fijado. Sin embargo, considerando debidamente lo aprendido, es claro que nada puede suceder que esté desligado de eso. A menudo decimos: "si sólo esto fuese diferente o si hubiese ocurrido de manera distinta, sería mejor", no logrando percibir que: *si* fuera diferente *sería* otra circunstancia. La clave de conducta parece ser: tomar las cosas como vienen, tratándolas una a una como se presenten. Encontramos que esto es difícil, sin embargo, la "dificultad" continuará paulatinamente; mientras que "se nos aprueba"; hasta cuando todo sea fácil. Mientras más intenso el esfuerzo, más grande es la fuerza adquirida.

Solía mirar tranquila e imparcialmente el peor escenario imaginable y me di cuenta de la utilidad de liberarme del "miedo a las consecuencias." Tomaba mentalmente en consideración lo peor, viéndome en eso con todo lo que implica, lo experimentaba en su integridad, dejándome *solo*, deshonrado y despojado de cualquier cosa. Esto me ha sucedido, pero, conociéndolo, pude sobrevivir, siguiendo imperturbado. Si no lo hubiese hecho, no me encontraría donde estoy hoy. Sabes todo esto y puede parecer un consuelo frío. Me gustaría poder darte más.

Vuelve la mirada a la serie de circunstancias desde que nos encontramos y percátate de que hay "un Destino que moldea nuestras metas por lo aproximativo que sean." ¿Podemos cuestionar a la mano del Maestro en todo lo que se hizo en su nombre? Las circunstancias pueden no ser favorables, sin embargo, no es esto lo que se busca. Ahora deberíamos *saber* que, a menudo y podríamos decir, siempre, el mal aparente se vuelve bien. Ya que es "ese Iniciado más Grande de todos, quien mantiene vivo este Movimiento en su totalidad."

Que puedas ser poderoso, saludable e intrépido externa, interna y eternamente. Buenas noches.

Como siempre R. C.

Carta Veintinueve

Acabo de recibir tu carta hoy. También estas "páginas prolíficas", que ciertamente merecen todo lo que escribes de ellos. Judge una vez dijo: "No es tanto el dinero lo que hace falta, sino los Corazones." No se requiere un gran número para salvar una ciudad o una nación. "Siempre que se encuentren tres hombres rectos, no destruiré la ciudad", dice una antigua escritura. No puede haber trabajo más grande que ese en el cual estamos involucrados. Cuando nuestras vidas terminen, ¿qué contará? ¿Nuestros defectos? Para nada; sino los esfuerzos que hemos hecho a fin de destruir las causas de todos los defectos entre nuestros compañeros, los seres humanos.

En una reunión reciente se entabló una discusión en torno a ser caritativos con las debilidades ajenas, estimulando una larga charla sobre por qué dicha actitud es absolutamente necesaria, desde el punto de vista del Ego espiritual, a fin de facilitar el recto desarrollo mental de la percepción y del conocimiento espiritual. Se señaló que todos los errores de cualquier vida son, en efecto, el resultado de una mentalidad enferma, si no demente o al menos no sana. Una imperfección es una imperfección, la diferencia en tipo no es algo de lo cual ufanarse. Nuestro deber no es liberar a nuestro prójimo de sus imperfecciones; sino despojarnos de las nuestras. Se ha hablado del orgullo resultante de una virtud imaginaria; un juicio emitido en un momento de cólera, la ira pasa; pero el juicio se queda como una tendencia en la mente y un obstáculo para quien juzgamos; el peligro de convertirnos en piedra de tropiezo de otro, por no decir nada del efecto que repercutirá sobre nosotros. Esta charla se desarrolló debido a la tendencia mental general de enorgullecerse por no tener los defectos ajenos; mientras estas personas exhiben defectos que, aun no siendo tan obvios, según la clasificación general del mundo, son todavía peores; estando profundamente arraigados, por lo tanto más difícil de erradicar y son más nocivos.

En lo que concierne a tu pregunta sobre la confianza (en uno mismo): tus palabras dan la impresión que ahora tienes más intrepidez real de la que jamás tuviste. Tal confianza no debería ser, simplemente, el poder de sobrellevar las pruebas y los sufrimientos; si no de *permanecer firme y con valentía en cualquier circunstancia.* No llenar este objetivo sería un sacrificio inútil para todos; ya que resbalarse hasta el fondo implica volver a empezar. *Ahora es el momento de mantenerse firme.* "Vive mientras puedes y muere *sólo cuando debes.*" Pues, es únicamente durante la vida y *ésta sola*, que puedes hacer lo más posible y lo mejor posible para tus compañeros en esta vida. Ninguna circunstancia surgirá que te despoje del poder de asistir, si éste es tu deseo más profundo. ¿Acaso no eres más grande que cualquier circunstancia? ¿No son todas las circunstancias tu campo de batalla? Por lo tanto, levántate, oh Arjuna, y decide combatir.

Si no se puede hacer lo que nos gustaría, podemos siempre hacer lo posible. Nadie puede hacer más que esto. Al realizarlo, se hace *todo.* Entiendes lo antes dicho claramente. Por lo tanto, encaremos cada instante y circunstancia como se presentan, encauzando nuestra energía por hacer lo debido según nuestro mejor juicio en el momento, *viviendo,* todo instante, libres de la duda, el miedo y la agitación, felices de estar vivos y de tener mucha vida dentro de nosotros. Toda posible circunstancia tiene su cualidad *Sáttvica, Rajásica y Tamásica* y puesto que cualquier experiencia repercute sólo según su aspecto metafísico, tomemos lo *Sáttvico* de cada circunstancia. Deberíamos vivir así y extraer el verdadero aprendizaje de la existencia.

No te preocupes por mí, por las reuniones, por B (...) ni por nada, deberíamos saber que *todo está en los planes.* Recuerda lo que dijo Jesús: "No te preocupes por el mañana: si tendrás que comer o que vestirte." Dijo esto a sus discípulos porque confiar en la Ley no obstruye su acción libre.

Nuevamente, buenas noches y buenos días, que recibas toda la ayuda.

Como siempre, R. C.

Carta Treinta

Tu carta y los libros que enviaste acaban de llegar. Lo agradezco mucho, también los buenos deseos y pensamientos que incluyes, son sinceros. Que todos fructifiquen.

Hay un "sentimiento" de adelanto que procede de esa firmeza que únicamente la prueba puede producir y, me atrevo afirmar, que tú la tienes, aunque no lo sepas. En el trabajo que hemos emprendido, no importa si esto fracasa o tiene éxito en lo que a nosotros nos concierne. Nuestro esfuerzo ha sido y será para el éxito; el resto se encuentra en "otras manos" más fuertes. Cada uno de nosotros ha lanzado *lo mejor que tenía* en la brecha. Puede ser que lo "mejor" no nos parezca gran cosa, mas ciertamente la intención ahí estaba, a pesar de que, a veces, la naturaleza y los eventos conspiran para minimizarla. No nos han derrotado, esto es seguro. Mantener nuestro terreno es una victoria en algunos casos; y es más si logramos seguir adelante, como lo hemos hecho; entonces, todo valió la pena y mucho más.

"Al Haber encontrado un lugar apartado, permanece firme en él". Cuando un estudiante entra en la nueva vida, lo hace porque ve la verdad. Al mismo tiempo, se halla en el remolino de los efectos que han surgido y siguen surgiendo por cualquier concepto no veraz que haya tenido. *Oscila* entre lo real y lo aparentemente real, que él podría llamarle: "lo ideal y los hechos." Al haber encontrado este lugar apartado, sus esfuerzos deberían dirigirse a permanecer firme en la verdad.

Una filosofía de vida correcta, verdadera y justa es absolutamente necesaria si se quiere alcanzar un crecimiento constante y firme. El eje central de esta filosofía debe ser la inmutabilidad; de otra manera, la construcción de un "cuerpo interno" sobre un centro cambiante desemboca en la destrucción de lo construido, empezando a erigir de nuevo en un segundo centro, conllevando una pérdida de tiempo, esfuerzo y progreso. Si queda constancia que el segundo centro es mutable, la destrucción será necesaria de nuevo. Por lo cual no puede haber algún progreso sino únicamente desde el punto de vista del Ser Superior. Esta es Ley y no sentimentalismo.

Deberíamos esforzarnos por permanecer firmes, confiando en lo Supremo, dedicando todos nuestros pensamientos y acciones a

AQUELLO. Al esmerarnos, las oscilaciones se aplacarán. TODOS los eventos de la vida nos dan la oportunidad de ejercer el "poder de la firmeza". Entonces, deberíamos dar la bienvenida a todo, placentero o no, *siendo estos los medios para crecer*; ya que, como hemos reiterado, el propósito de la vida es aprender y todo consiste en aprendizaje.

La esencia del crecimiento es el cambio. Cualquier centro que no sea el Ser (que es el todo), implica finalidad y, por ende, solidificación y cesación del crecimiento, cuyo paso sucesivo es, necesariamente, el decaimiento. En el "verdadero centro" todo crecimiento queda, siendo de la naturaleza de ese centro indestructible, que es "el Ser Inmutable", el cual tiene instrumentos fluidos, siempre fluidos.

Dices que no estás haciendo nada. Quizá así sea, sin embargo al Ser se le ha dado una oportunidad; sí, oportunidades y éstas continuarán. El "yo" pequeño puede enorgullecerse por esto, sin embargo, el verdadero "Yo" le dice: "tú" no lo hiciste y nunca podrás hacerlo, siendo un simple reflejo y un instrumento. Has llenado el propósito bien y seguirás mejorando. Paulatinamente, el Manas inferior se armonizará tanto con el Superior, que no habrá distinción entre los dos. Entonces, la energía, en lugar de "hincharse" en un departamento, se expresará como incentivo y poder para un trabajo mayor y más grande. El "orgullo" es natural, mas al difundirlo apropiadamente no se le definirá así. Es energía, obviamente.

Parece que durante sus reuniones se formulan preguntas interesantes. Es un entrenamiento maravilloso y necesario. Podría ser de ayuda tomar esta posición: "no soy el que contesta; si no la filosofía; además, no contesto a la *persona* sino a la *pregunta*."

Si se mantiene la actitud correcta, todas las cualidades necesarias aparecerán. Es excelente decir: "El único interés es seguir luchando contra lo transitorio". "El deseo cesa de atraernos cuando no nos identificamos con éste." Análogamente: la "maldad" cesa de afectarnos cuando nos detenemos de identificarnos con ella. La "maldad" es simplemente una de las tres cualidades.

"Tendemos, constantemente, a olvidar la *existencia de la gran fuerza y del valor de nuestra conciencia suprasensible, el gran archivo* donde grabamos los *verdaderos resultados* de nuestras varias experiencias terrenales. *En éste* almacenamos la *energía espiritual* y, una vez acumulada, se convierte en *nuestra posesión eterna*." Lo olvidamos cuando buscamos las apariencias de un adelanto, hecho común a todos los estudiantes que comienzan el camino; sin embargo, al retener el hecho en sus mentes, poco a poco cesan de observar o de interesarse en las señales de tal adelanto sin desperdiciar su energía. Saben que la "acumulación" sigue y se esmeran por ella, lo cual implica el cumplimiento del deber, haciendo lo mejor que saben y pueden en todas las circunstancias. "Se preparan tesoros en los cielos" no en la tierra. Esto es lo que estamos haciendo y seguiremos haciéndolo. Sirve a fin de destruir la "idea personal", el enemigo del progreso.

Como siempre, R. C.

Carta Treinta y Uno

La expresión: "Viejo Guerrero", es verdadera con respecto al Ser y al auténtico ser interno desarrollado. Es un combatiente en un estado de guerra *legítimo* y le impiden sólo las armas ineficaces y la falta de cooperación. Entonces, es aplicable a ti y a todos los que están luchando en una batalla legítima. Se guerrea contra las causas del pecado, el dolor y el sufrimiento.

"El Ser *actúa sólo* a través de las criaturas". Necesita cuerpos o vehículos. Las unidades dan adhesión, que luego se convierte en cohesión; la unidad en *todos* los planos.

La L.U.T. seguirá existiendo bien, siempre que haya algún individuo que conozca las justas líneas, ateniéndose a ellas. Si los centros de la Logia se difunden por los esfuerzos de personas que no conocen la línea de pensamiento y estudio, pueden muy fácilmente desviarse de la intención original, conduciendo a otros al error. Por lo tanto, aunque no hay restricción, habrá un punto del cual se puede obtener la dirección acertada y es posible aconsejar sobre los métodos y el tipo de estudio. Esto se debe proporcionar, aunque no es la condición ideal, la cual podría existir sólo con mentes ideales, pero ahora no estamos tratando con ellas. En la "Voz del Silencio" leemos: "Destinado a perecer es aquél que, por miedo a Mara, se abstiene de ayudar a la humanidad, temiendo que está actuando por el ser personal". Entonces, no debemos tener miedo hacer lo que se necesita para encarar las circunstancias del caso y del momento. H.P.B. consideró necesario presentar las líneas a lo largo de las cuales las corrientes psíquicas pueden fluir de la Logia. De manera análoga, nosotros, en escala menor, debemos proporcionar líneas de pensamiento e influencia a lo largo de las cuales pueden fluir el espíritu y el genio de eso que hemos emprendido. Nuestro formulario del Asociado facilita los medios de adhesión individual a los principios. Es una especie de promesa basada en el honor individual. La suma de las adhesiones individuales constituye el cuerpo cohesivo.

El "poder cohesivo" es el que mantiene unidas las cosas con un fin en perspectiva preciso; explicado en nuestra Declaración. El poder crece así como la convicción de la realidad de nuestro esfuerzo y la coherencia de los principios que promulgamos, un foco centrípeto.

El lema de la L.U.T. es: "No hay religión más elevada que la Verdad". Sólo la Verdad puede ser la autoridad; nada requiere de nadie; si no que invita a un examen meticuloso. La falsedad disiente de la falsedad y también de la Verdad; la Verdad discrepa con la falsedad; pero concuerda consigo misma. Por ejemplo: en una aserción autoritaria que un cierto metal es oro, la prueba no está en la autoridad; sino en el examen del metal. Quien tiene el oro y lo ha comprobado, tiene derecho a decirlo; sin embargo, esto no exige que se crea en su autoridad; él presenta su oro para que se analice. Este es el tipo de autoridad que encontrarás en Teosofía.

Ahora tengo que detenerme, llamando cuanto escrito, la carta de hoy. Te deseo suerte y todo lo bueno.

Como siempre, R. C.

Carta Treinta y Dos

A mi juicio, lo que debemos hacer es continuar trabajando para diseminar la filosofía de la Teosofía de la mejor manera, evitando los errores de omisión y comisión que hemos observado. Entonces, si trabajamos en las "corrientes menores", a través de ellas empezamos a aprender la lección más grande. La Logia debe tener sus agentes en el mundo humano. "Aquellos que pueden, *de alguna medida,* asimilar el Maestro, son Sus representantes proporcionalmente a tal medida y tienen la ayuda de la Logia en el trabajo de Esta última." Según una carta de K.H. a Sinnett, el trabajo de la sociedad debe llevarse a cabo sólo mediante "planos atentamente elaborados por las mejores mentes de entre ustedes." Como tenemos los principios fundamentales, debemos ponerlos en práctica, aplicándolos a toda circunstancia: en nuestras vidas y en el trabajo. Todo esto es parte de nuestro aleccionamiento. No se nos da un camino establecido, ni una forma o método particular; debemos elaborarlos a nuestra manera y sin embargo, todo lo que hacemos tiene la ayuda de Ellos. Si mantenemos una actitud firme y sincera, asumiremos la recta conducta en todo evento. Es verdad que aquí y allá recibimos señales que nos orientan; sin embargo, poderlas reconocer es también parte del correcto saber. Se debe desarrollar el poder "iniciador" en la dirección correcta, lo cual se efectúa mediante el ejercicio. Si lo que hemos emprendido nos lleva al adeptado, debemos empezar el desarrollo de los poderes aquí y ahora mientras limpiamos nuestras naturalezas. Un proceso complementa el otro, si ambos se llevan a cabo. Añade todo esto a lo que dices.

"No podemos impedir a la gente hacer lo que *puede*", además, no usaría la fuerza, tampoco si pudiéramos, porque la mente debe ser libre de escoger; de otra manera no habría progreso real. Aquí podemos usar una analogía: supongamos que el Oxígeno represente la Verdad y el Nitrógeno las concepciones puramente terrenales; mientras más nitrogenosa sea la concepción menos espacio habrá para la "oxigenación" en cualquier vehículo. No puede haber aliento alguno sin un poco de oxigenación, y un poco es mejor que nada. Quizá Tingley, Besant y otras corrientes de Teosofía tengan su lugar en la gran economía de la conciencia, así debe ser, si no las mentes no podrían entenderlas y asumirlas. Si la "corriente" específica no lleva al resultado o al conocimiento esperado, implica que se debe buscar ulteriormente. "Es mejor no tomar partido, siendo todo para el Maestro y Él vigilará sobre todo, si cada uno hace lo que debe, aun cuando, a nosotros no nos parezca. *Si no nos concentramos en sus errores, el Maestro podrá arreglarlo todo, haciéndolo funcionar bien.* Por lo tanto, sigue adelante con la actitud que sólo debes continuar, dejando el resto al tiempo y a la Logia." Pienso que ésta es una buena actitud para nosotros en lo referente a las pretensiones teosóficas y a sus exponentes. En realidad, cada persona que ellos han verdaderamente despertado, a la larga nos tocará, si nos atenemos a la línea recta.

Al uso que nosotros hacemos de la meditación se le llama, en sánscrito, *Dhyana*: falta de movimiento, concentración en un único punto. El asunto principal es liberar la mente del poder de los sentidos, desarrollando una corriente de pensamiento que excluye las demás. *"La conciencia plena de algo procede del meditar en eso del cual queremos estar conscientes."* W.Q.J. dice: "Meditar en el Ser Superior es difícil; entonces, busca *el Puente*, los Maestros. La concentración paciente de la mente en un único pensamiento nos lleva a la sabiduría; es así que el verdadero Ocultista se desarrolla. Aspirar hacia el Ser Superior debería ser parte de nuestra meditación diaria; el elevarse hacia los planos superiores de nuestro ser, *que no se pueden encontrar si no los buscamos.* Un anhelo firme, sincero y respetuoso hacia la guía y la iluminación del Maestro dará comienzo al afinamiento de la naturaleza, a la armonía *hacia la cual, un día, deberá ser receptiva.* La concentración en un único punto de la Enseñanza, es un camino hacia la filosofía; el examen de sí, una senda hacia el conocimiento de uno mismo. *Ponerse en el lugar de otro,* percatarse de sus dificultades para poderlo ayudar, *es esa facultad* que, si la extendemos, hace posible para el Adepto entender la naturaleza de la piedra o de otra forma de conciencia." La meditación es una práctica buena y útil que nos lleva a una gran meta. Es también una gran destructora de la idea personal.

Generalmente hablando: un "rayo" procede de una "luz"; el rayo no es la luz misma, sino su proyección y sin embargo es luz; pues, sin ésta, no habría rayo. El color de la luz es claro y uniforme; el rayo cambia su color debido a las sustancias por las cuales pasa. Cuando el "rayo" "se retira al interior", es del mismo color de la luz y es la luz; en realidad, siempre ha sido luz; ya que la apariencia de los diferentes colores en él no dependía de la luz; sino de eso por lo cual pasaba. Unidad; uno en esencia. Nada hay excepto el Ser. ¿Era esto lo que tenías en mente?

Te enviaré los "Incidentes en la Vida de H.P.Blavatsky". Hará falta una considerable agudeza mental para destilar una información valuable de este libro; pues lo componen incidentes que a menudo no están relacionados entre ellos con respecto al tiempo. Sin embargo, le sacarás algo relativo a la idea general, haciendo caso omiso, obviamente, de las conclusiones del autor. Notarás que él considera al habitante del cuerpo como lo mismo, siempre. También habla de una gran herida, acerca de la cual no hay información y de una enfermedad desesperada. En aquel periodo se puede buscar un cambio de locación. Desconozco la causa de la herida, no importa ni es necesario saberla. Podemos entender algo de la naturaleza personal, los hábitos y los modales que funcionan en concomitancia con "algo más", si lo comparamos al caso de W.Q.J.

Los "Incidentes" son lo que los demás *vieron* y por supuesto no se relacionan con lo que los narradores no vieron o no comprendieron. Desde nuestro punto de vista podemos discernir, en lo que ellos relatan, asuntos que no captaron. Observaron la personalidad y los efectos producidos por ella sin tener la mínima idea de la naturaleza de la Conciencia y el Poder tras éstos; ya que la interpretación rutinaria de los eventos de la vida los disfrazaba. "Grande es el misterio del ego humano". Pienso que encontrarás el libro muy interesante.

Estamos preparándonos para el futuro lo mejor posible y estamos orientándonos, beneficiándonos de las estaciones y las oportunidades. Nuestro santo y seña es: Adelante y Arriba y podríamos agregar lo que el Viejo León de Pujab hizo, la expresión: "Para Siempre."

Buenas noches, aunque los días no sean como nos gustarían que fuesen.

Como siempre, R. C.

Carta Treinta y Tres

Desde el punto de vista intelectual, la verdad explica; de una perspectiva superior, cada uno tiene dentro de sí y en realidad *es*, la Verdad. Lo intelectual es microscópico, lo otro es visión misma. "La gran dificultad a superar es grabar el conocimiento del Ser Superior en el plano físico." El intelecto no logra hacerlo, aunque pueda poner la casa en orden. Patanjali nos dice lo que nos "inhibe"; *Manas* tiene que liberarse de esto de manera que se aclare "el camino hacia el Señor", quien llega con

la Verdad y el Conocimiento. *Él* está esperando, vigilando, trabajando. "Observa, estoy en la puerta y toco." Nada retiene el conocimiento de nosotros, excepto la manera de operar de nuestra mente inferior. No podemos quejarnos si no la hacemos receptiva; sin embargo, la práctica de la Teosofía nos lleva a la Verdad, que es nosotros. El servicio es el gran clarificador.

Hablas del equilibrio de las fuerzas. ¿En qué relación? Quizá te refieras a ese: "continuo ajuste de relaciones *internas* y *externas*" que es la base del *renacimiento* y ambas deben quedarse subyugadas antes de alcanzar la libertad. Si es así, éste es *Kundalini*, el poder o la fuerza que se mueve a lo largo de un sendero espiral; es el principio de vida universal omnimanifestante en la naturaleza. Dicha fuerza *incluye* las dos grandes fuerzas de atracción y repulsión; la electricidad y el magnetismo son simplemente sus manifestaciones. Hermes dice: "los espíritus de la naturaleza tienen el control de las cosas mundanas y nuestros cuerpos les sirven de instrumentos [...] pero la parte razonable del alma no está sujeta a ellos, siendo ideada para recibir a Dios que la ilumina con un rayo solar; pues, los espíritus de la naturaleza y los dioses no tienen algún poder en la presencia de un único rayo de Dios. Mas los espíritus de la naturaleza dirigen a todos los demás hombres, tanto en Alma como en cuerpo, adhiriéndose a ellos y afectando sus operaciones." Si las fuerzas están balanceadas, debe haber algo mediante el cual el equilibrio es obtenible; cualquier cosa que las fuerzas puedan mover sería inútil. Existe sólo un Uno Inamovible: el Ser.

Es posible alcanzar un equilibrio transitorio que no puede mantenerse. Cada ser está sujeto a los "altibajos"; a veces son psíquicos, a veces mentales y a veces fisiológicos. Ocasionalmente, los tres al mismo tiempo. Estos deben ser, necesariamente, los varios ajustes o "equilibrios de fuerzas" que están en proceso constante de variación. Por supuesto hay intervalos "devachánicos". El mismo viejo proceso.

No me sorprende que percibas "algo" en los cuartos teosóficos, que a veces es más fuerte que en otras ocasiones. A menudo la ayuda nos llega *cuando menos la esperamos* y es probable que llegue en el lugar donde se hace un trabajo digno de recibirla. Dado que los cuartos se usan sólo para la Teosofía, tal ayuda encuentra menor obstrucción ahí que en algún otro lugar.

Estás en lo cierto: uno debe crecer en aquel estado donde nada busca para *sí*; sino que considera toda circunstancia como *lo que más deseaba*. No hay espacio para el deseo personal en esto.

Con respecto a la escasa comprensión mental de las cosas, lo que queremos no es asequible si nos afligimos, tenemos dudas, miedo, impaciencia, la expectativa de que ya llegó el momento para recibir algo y así sucesivamente. Tal actitud busca una recompensa. Toma la determinación de continuar como eres por cien vidas, si es necesario, *y continúa*. Los obstáculos deben detenerse si queremos que llegue lo que se quedó obstruido. Todo el otro estudio es bueno, necesario y preparatorio. *Unidad, Estudio y Trabajo* son la trinidad de este plano. *Universalidad, Sabiduría y Servicio* son la trinidad superior. Eres *Aquel* que está preparando el camino para la trinidad superior usando la trinidad de este plano.

Aprendemos mediante la experiencia. La confianza infunde valor, *es* valor. Después de un rato, aprendemos que la Ley actuará a pesar de cualquier sentimiento que podamos tener. En este trabajo las cosas ocurren de manera particular e inexplicable valiéndonos del proceso ordinario. Por lo menos ésta ha sido mi experiencia.

La atención prestada a lo que debes decir en la reunión yace, primariamente, en la fuerza innata de la verdad; sin embargo, mucho procede de la *convicción* que uno tiene en la presentación y también en la forma usada. Tienes esta tríada. Lo principal que se debe minimizar es cualquier tendencia a diluir el asunto. Es sólo una cuestión de mantenerse en la línea de hacer el trabajo más y más perfecto. El sentimiento de que "estoy haciendo algo" es natural. Sin embargo, es mucho mejor: "dejar que el guerrero en ti lleve a cabo la lucha". Piensa en el Maestro como un hombre vivo dentro de ti; deja que hable por la boca y el corazón. La fuerza mostrada no es la de la personalidad; ya que, como una organización, la personalidad es sólo una máquina para conservar la energía y usarla. ¿Por qué darle crédito por algo más?

La costumbre general es de pensar en nosotros primero y en los demás después. Invirtamos el hábito: considerémonos por últimos y como los menos importantes, en cualquier cosa que hagamos o digamos. En las reuniones, toma la actitud que estamos ahí para entregar la ayuda posible a los participantes, en lugar de pensar que se congregaron para oírnos. A veces Judge decía: "No debes pensar en que yo sepa todo esto; estoy simplemente comunicándote un conocimiento que existe y de cuya verdad estoy convencido." Cada uno debe llegar a la convicción a través de un estudio y una aplicación del conocimiento. No hay otra manera.

Como siempre, R. C.

Carta Treinta y Cuatro

El pensamiento, siendo autoreproductivo, sugeriría centros cristalizados; pero son más que "cristalizados", si tomamos en consideración que todo está consciente. Cada pensamiento activa alguna forma de vida; la naturaleza del pensamiento determina aquella de la vida activada y guiada, la permanencia del pensamiento-acción depende de la energía que se le entregó. Pienso que el residuo de la energía directa deja una tendencia latente en las vidas conscientes, que responde a una energía similar o análoga. Algunas de estas impresiones pueden ser tan profundas que han dejado unos focos receptivos en el cerebro; por eso el recuerdo es activado con más facilidad; mientras otras impresiones, no siendo tan profundas, son destruidas por las sucesivas, en lo que atañe a los focos cerebrales; sin embargo permanecen en una que otra envoltura del cerebro y se recuerdan por el estímulo adecuado que puede proceder de un pensamiento similar o de las impresiones de los órganos o de las células corporales.

La Naturaleza tiende a repetir cualquier acción; el pensamiento es el plano de acción, el creador, el preservador y el destructor de las *maneras* de actuar de la Naturaleza. El plano *Manásico* es el nouménico; el plano de la *esencia* del fenoménico; el *aspecto activo de Atma-Buddhi*.

Pasemos a tu pregunta acerca del Espíritu y la Materia. Recordarás lo que Judge dijo: "Todo el universo consta de espíritu y materia, constituyendo, este binomio, el Absoluto. Lo que no es materia es espíritu y lo que no es espíritu es materia; pero no hay partícula material desprovista de espíritu ni partícula de espíritu exenta de materia. Si esta definición que he tratado de dar es correcta, te percatarás de que es imposible definir las cosas del espíritu, como siempre han dicho los grandes Maestros del pasado." Espíritu-materia contiene la conciencia en sí y todos los posibles estados de materia: desde el más sutil al más burdo. Estos estados se desenvuelven individualmente para la experiencia individual y también colectivamente, para la experiencia colectiva; cada individuo adelanta según su línea y en armonía con el progreso general de la masa de seres. Los cambios de materia ocurren en secuencia regular por medio de la fuerza o energía de la masa a cuya energía cada individuo provee su porción. A dicha energía se le puede llamar conciencia en acción o la fuerza de la ideación; mientras las entidades mayores y más progresadas guían a la energía de las menores.

Además, ten presente que el Espíritu y la Sustancia coexisten y son eternos. Somos seres superiores que se revisten de cuerpos constituidos por pequeñas vidas en este plano. A estas vidas las llamamos "materia", siendo materia sólo relativamente hablando, porque las podemos plasmar. Para ellas mismas están conscientes a su manera, reciben impresiones de nosotros aunque no reconozcan la fuente de la impresión ni su importancia. Nosotros somos su universo inconocible en el cual viven, se mueven y existen; nuestra luz incrementa la de ellas, así como la nuestra aumenta gracias a la impresión de seres aun más elevados. Entonces, existe una cadena de vida y conciencia que gradualmente tiende a una más y más plena individualización del ser en el no separatismo; mientras más completa es la individualización más pleno es el sentido de no separación.

Esta cita de H.P.B. puede resultar útil: "En el Día sé con nosotros, cada Ego debe recordar todos los ciclos de sus reencarnaciones pasadas *durante Manvantaras* [...] Ve el flujo de sus encarnaciones previas mediante una cierta luz divina. Ve a toda la humanidad a la vez; sin embargo es como si hubiera un flujo que es siempre el 'Yo'."

El lugar donde las líneas involutiva y evolutiva se encuentran es en la encarnación de los dioses descendentes, nosotros, en la forma desarrollada más elevada. La analogía se ve en toda encarnación. La conciencia deja el cuerpo que se disipa en su plano. Cuando el verdadero ser vuelve, debe esperar hasta que las vidas inferiores le hayan forjado una forma en la cual pueda entrar y que haya sido construida siguiendo la impresión que el ser real impartió en otras vidas. Un *Manvantara* es un proceso similar, ampliado y extendido. Procedimos de la Luna, donde desarrollamos la forma hasta cierto grado. En el *pralaya* todas las cosas detuvieron la evolución de la forma y al sobrevenir de la remanifestación, las vidas inferiores o los "constructores" empezaron a edificar como antes, conforme a su impresión y construcción previas. Cuando la forma humana alcanzó el punto más elevado, al cual había llegado anteriormente, los *Kumaras* o los hombres verdaderos, la iluminaron y entraron para adelantar la evolución ulteriormente. "Nosotros somos ellos y ningún otro."

Que tengas días y noches hermosos, siempre. Los días contribuyen a hacer las noches y las noches a hacer los días; ambos pertenecen a la vida.

Como siempre, R. C.

Carta Treinta y Cinco

Tengo tu carta del domingo. Lamento que tu viaje haya sido difícil e infructífero; sin embargo sabemos que no podemos culparnos por los resultados, si se hizo lo mejor posible. Así podemos confiar en esto y aprestarnos a cumplir el próximo deber sin la mínima agitación.

He leído los extractos que me has enviado, son buenos y jamás podremos tener demasiado. Aun cuando no se usen todos en el opúsculo esperado, los tendremos a disposición en forma compacta, como referencia y para el uso de otros panfletos. Esta búsqueda debe haber tenido su efecto en tus percepciones: acerca de cuál fue y es la intención de la Mensajera. Lo has descubierto por ti mismo y no se te puede acusar de haber aceptado la declaración ajena. Te coloca en una posición inexpugnable y esto es bueno para ti y para los demás que han aceptado otras ideas y seguido otros caminos.

"El Ser de Materia y el SER del Espíritu jamás pueden encontrarse." El problema consiste en la materialización de los conceptos, como dices. Cuando nos damos cuenta que ahí yace el dilema, estamos en guardia contra esto; mientras nos esforzamos, constantemente, en corregir la tendencia personal y puesto que los resultados siguen siempre el esfuerzo, al final superamos la dificultad. Si confiamos en nuestro poder de aprender y en la ley de nuestro ser, jamás podremos sentirnos desalentados, aun cuando parece que retrocedemos o no adelantamos. El resultado del esfuerzo no se encuentra en eso con el cual nos identificamos cuando somos impacientes o nos sentimos desalentados; sino en la naturaleza interior que instó el esfuerzo y que, en realidad, era la que estaba activa. No somos nuestro cuerpo, cerebro, circunstancias, deberes y ni algo cambiante; estos sólo constituyen nuestros instrumentos y oportunidades; se modifican y desaparecen. En todo esto: "el Deber es el talismán real". Pienso que sería mejor *asumir la posición* de que jamás fallaste ni retrocediste; sino que no fuiste constante ni atento en la guía de tu instrumento *receptivo*, sin embargo *irresponsable*; tu falta de atención te hace sentir los efectos mediante dicho instrumento. Toma control de él, cuídalo, guíalo y úsalo; sin embargo *sé* el Ser: "El hombre que es, fue y siempre será" y para el cual todas estas cosas son simples sombras fugaces.

La lucha contra la idea personal es larga. Se debe vigilar la personalidad para que no tome, insidiosamente, lo que no le pertenece. La Teosofía nos fue dada y nosotros simplemente la ofrecemos. Las personas se sienten naturalmente agradecidas en recibirla, sin embargo, el que la entrega, sabe a dónde pertenece la gratitud y puede decir: "agradézcanle a la Teosofía, como yo lo hago; pues me permite ayudar a los demás, dándoles, también a ustedes, la oportunidad para auxiliar." De esta forma, él se ayuda a sí mismo mientras asiste a los demás.

Pasemos a tus extractos acerca de los cuales quieres que te diga algo: "Establezco todo este universo con una sola porción de mí mismo y permanezco separado."

La mente finita no puede entender muchas cosas y siendo, también yo, finito y condicionado, no puedo explicar eso que trasciende el poder de los sabios; sin embargo, si me esforzara en formular una idea acerca de la expresión previa, tomaría la del Espacio Abstracto como base de ese "Yo" que establece el universo como una porción de "si mismo". Esa porción no podría formarse por otra causa o inherencia que el Absoluto, (el Espacio). Sin embargo, el Espacio es ilimitable a pesar de sus innumerables universos. El Espacio no sólo se encuentra alrededor de dichos universos, sino en cada partícula de materia manifestada, penetrándola. Nuestros cuerpos están en el espacio y el espacio está en nuestros cuerpos, entonces, mientras los cuerpos se forman del espacio y en él, el espacio se queda espacio y por lo tanto, separado. Estas son simples palabras; pero pueden servir para comunicar una idea, *entendida* mas no materializada.

La expresión: "Soy el origen de todo", tiene su explicación en lo antes dicho; el Ser: como Todo y en el Todo.

"La división óctupla de mi naturaleza es inferior", aunque incluye a *Manas, Buddhi y Ahankara*. Estas divisiones son inferiores por *ser* divisiones, aspectos condicionados, progresivamente cambiantes y por lo tanto perecederos. La naturaleza superior es diferente porque es eterna e inmutable, es el origen, la naturaleza y la base de todos los seres. A pesar de que todos estos aspectos condicionados existen, eso que percibe en cada uno de ellos es el Ser, nada hay excepto el Ser. Tomémonos a nosotros, ¿qué es lo que percibe durante la vigilia, el sueño, en *sushupti*, en *Manas y en Buddhi*, si no la misma conciencia en sí, bajo condiciones mutables? Esta conciencia no es alguno de los aspectos o condiciones ni su conjunto, sino la causa de toda evolución de la materia y de la forma, el perceptor y el conocedor en todo. Se dice que el universo es conciencia incorporada. La Conciencia debe ser el Conocedor de todos los vehículos y superior a cualquier vehículo o aspecto condicionado de percepción. Nuestros cuerpos están constituidos de pequeñas vidas innumerables y cambiantes, mediante las cuales tenemos un contacto con este plano. Nuestro aspecto condicionado de conciencia se debe a este contacto y atracción de las vidas; su aspecto se expande y ambos son conciencia distintamente condicionada. Podemos considerarlo así: Todo es Conciencia; ya sea Incondicionada o condicionada en grados innumerables, y dicha conciencia es Una: el poder de percibir. Mientras más cada aspecto se expanda, más sentido de Unidad contendrá: "el Ser en todo y todo en el Ser." No se puede explicar, pero puede sentirse. Lo condicionado tiene su origen, base y ser en lo Incondicionado, mas lo condicionado no es lo Incondicionado. "Sabe que Purusha y Prakriti son eternos." Esto equivale a decir que: "el Espíritu y la Materia coexisten y son eternos." No debemos considerar al Espíritu ni a la materia como realidades independientes; sino como dos facetas o aspectos del Absoluto, que constituye la base del Ser condicionado; ya sea subjetivo u objetivo.

Si no encuentras nada en estas sugerencias, escríbeme de nuevo.

Como siempre, R. C.

Carta Treinta y Seis

Te escribí dos renglones ayer e indudablemente los habrás recibido. Si has entendido su contenido y te atienes a él, te beneficiarás. Desde luego, lo que cuenta no es lo que recibimos; sino nuestro anhelo de crecer y, al sustentarlo, nunca pierde una oportunidad. Ahora bien, a pesar de lo que ocurra en la circunstancia actual, habrás tomado la posición correcta y los resultados deben tender hacia el crecimiento. Si sólo hubieses asumido esta posición desde el principio, hubiera sido mejor; pero ahora que la entiendes, tienes una base para trabajar en el futuro.

Sé muy bien que eso a lo cual renuncias, debe ser una privación muy severa; sin embargo, su severidad es lo que vuelve la lección más grande e intensa. Entonces, trabaja, ahora, como si estuvieras solo y como si siempre lo estarás. Asumir tal actitud hará aflorar tu fuerza; tu confianza yace en la Ley, la Logia y tu Ser interno. No temas nada; olvida los resultados y deja que el Guerrero combata dentro de ti. Así te sentirás más unido y tomarás más conciencia del Ser Superior. "El buen Karma es lo que deleita a *Ishwara*"; es "bueno" por la actitud tomada y porque procedió de más allá de la personalidad: era natural.

No supongo que ofrezca mucho consuelo pensar en que debemos evitar *producir* "Karma bueno y malo"; ya que, si los consideramos generalmente, ambos son personales y físicos, relacionándose con el ser inferior. Usamos el Karma en la ejecución del deber; pero nuestro trabajo no es, evidentemente, el de producir una clase especial para nuestro uso y deleite. Lo tomamos como viene y nos sentimos felices según las circunstancias, aprendiendo a serlo en cualquiera de ellas. Por lo tanto, en todo caso, nos resignaremos a decir: "Es una buena oportunidad para aprender algo." Sin embargo, hubiéramos sido igualmente felices aun cuando la circunstancia hubiese sido distinta.

La duda es horror; crece y se riega rápidamente en el suelo de la idea personal. El remedio consiste en retroceder al momento en que tuviste el sentido de seguridad más intenso y luego repetir los cimientos de esta certidumbre. Al hacer esto disiparás la duda como neblina ante el sol matutino. Aparentemente sabes cómo hacerlo; ya que, habiendo expresado de manera clara una duda, dejaste que la luz del sol la iluminara y ésta se disolvió.

"La sinuosa serpiente del ser enturbia" las aguas de la vida, como mencionaste. Afortunadamente, no somos las aguas y podemos aprender a nadar con la "cabeza" alta; entonces no hace mucha diferencia cuanto la serpiente "enturbie" las aguas; *siendo asunto suyo* y no de nosotros.

"Se dice que Prakriti es *eso* que opera para producir la causa y el efecto en la acción."

"Quien abandona los resultados de la acción, es el verdadero renunciante."

"El que renuncia de verdad no se opone a las obras que fracasan, ni a las que tienen éxito."

"Seamos auténticos renunciantes."

Esta es la justa idea por la cual hay que luchar en la batalla, pase lo que pase. Lo peor que *puede* suceder es morir en la lucha por una causa noble. Es también lo mejor que puede ocurrirnos. Por lo tanto, nada hay que temer. "La muerte jamás lo ha tocado, a pesar de que su habitación parezca muerta."

Acerca de la reunión: a mi juicio la explicación del "astral" era correcta. Cuando un ser humano duerme, no se preocupa por lo que ocurre a su alrededor; aún está consciente de sí y se interesa en otros asuntos que no son los del cuerpo físico. Al mismo tiempo puede dialogar con personas que, en ese instante, pueden estar ocupadas en acciones corporales, desconociendo por completo la conversación. La "comunidad" se encuentra dentro de quien duerme, como resultado de las experiencias en el estado de vigilia. De manera análoga, el estado celestial es el resultado de lo mejor de nuestras experiencias cuando estamos despiertos. En el ser humano ordinario ambas son individuales y asimilativas en lugar de comunes. El plano astral es un reflejo de la tierra y un infierno. El sabio no se queda allí durante la vida ni después de la muerte. Cuando una persona muere se libera del cuerpo terrenal y de sus conexiones. Después de haberse nutrido de condiciones terrenales, interrumpe el alimento para asimilarlo. Si "consumiera" *más* en el plano astral, (que la vida en común necesitaría), la cesación de la actividad física no otorgaría ventaja alguna; ni la oportunidad para asimilar los elementos deseables adquiridos durante la vida física. Podrán ocurrirte otras analogías.

Los reinos elementales jamás se han explicado plenamente y debe haber alguna razón para ello. Existen siete grandes clases de *Devas* con sus siete subdivisiones. Entre los *Devas* se encuentran los *Kumaras,* con los cuales el ser humano tiene un gran nexo o viceversa. Los espíritus de la naturaleza parecen ser retoños de los primeros reinos elementales; algunos pasan por el Mineral concreto (pero no se cristalizan); otros no se herbalizan; otros se sustraen a las formas acuosas de vida y otros más escaparon a las formas de vida aéreas. Puede ser que el espíritu de los reinos inferiores exceda la capacidad de entrada y estos se convierten en los espíritus de los elementos que la naturaleza relaciona con los cuatro elementos de la tierra, el agua, el aire y el fuego. Algunos tendrán formas etéricas y otros astrales y sus campos de operación serán sus respectivos elementos. Parecen quedarse fuera de la línea de evolución que lleva a la conciencia humana, en este *manvantara*; sin embargo deben ser elementos necesarios en el gran esquema. H.P.B. dice: "En los cuatro reinos inferiores no existen entidades dotadas de inteligencia que les permita comunicarse con los seres humanos, mas los elementales tienen instintos como los animales. Sin embargo, las Sílfides (las cosas más malas en el mundo) pueden comunicarse; aunque se necesita propiciarlas." No sé por qué las Sílfides son malévolas, sin embargo, pienso en que ésta es una clase capaz de alterar la forma a voluntad y producir sus encantamientos donde los defectos humanos permiten su personificación. Parecen cortejar y deleitarse en la adoración humana. No cabe duda que existan varias clases de Sílfides.

"El pagano, en su ceguera, se postra ante la madera y la piedra", mas él, si esto es verdadero, se encuentra en una posición mejor de quienes lo llaman pagano. Sabio es quien ve el Ser en todo y todo en el Ser.

No hay memoria sin pensamiento. En el momento en que cesamos de pensar en un deseo, éste se hace inexistente para nosotros. La memoria es pensar en la experiencia pasada. A veces reactivamos estas experiencias intencionalmente; a veces surgen por asociación con otras cosas pensadas o experimentadas; sin embargo no necesitamos identificarnos con ellas o cultivarlas. La mejor manera es cultivar y mantenernos ocupados con otra clase de pensamientos; entonces no habrá espacio para inquilinos indeseables.

Bueno, hemos llegado al término, suerte y salud.

Como siempre, R. C.

Carta Treinta y Siete

Deberías haber recibido mucha fuerza y valor de esta breve separación y sus circunstancias. Es posible que ahora no sea plenamente aparente; sin embargo surtirán resultados si tu actitud se ha dirigido a la realización del deber como se presentó, prescindiendo del interés personal. Esto no es fácil de aprender, mas toda circunstancia, si es tomada por el lado justo, conduce a dicha adquisición inestimable. A veces olvidamos que nosotros mismos quisimos ser puestos a prueba y los exámenes se manifiestan en los eventos ordinarios de la vida cotidiana. Si no podemos recibirlos como se debe, no desarrollaremos la fuerza que nos permitirá superarlos ni disminuiremos los vínculos que nos apegan al renacimiento.

Tengo tu carta de la reunión del jueves por la noche. Naturalmente uno siente su incapacidad en contestar a todas las preguntas, sin embargo, aprendiendo lo necesario, se nos induce a estudiar eso del cual carecemos. En el interior aceptamos y sabemos muchas cosas, pero si queremos entregar a los demás las justas palabras y las ideas capaces de transmitirlas, debemos poder formularlas; así practicamos la formulación de respuestas, elaborándolas por nosotros mismos o adoptando las que usan otros de manera muy eficaz.

En tu último párrafo dices: "Cuando el Ser idea, el Manvantara se activa y las ideaciones del Ser son los 'Rayos procedentes del Absoluto y uno con éste.'" Lo cual quiere decir que todos los seres, del hombre hacia arriba; mientras el resto del Cosmos es el resultado de la ideación de estos Rayos. ¿Podría haber alguna ideación que no sea del Ser, cualquiera que sea su enfoque? Ideación implica conciencia y puesto que todo en el universo y cada uno a su nivel, desde el átomo a Brahma, está consciente, ¿puede el Ser estar ausente de algo? ¿Quizá no es evidente que el ser humano personal se considere separado del resto; mientras las formas inferiores, en su descenso, difuminan más y más este sentido?

Qué te parece esto: el Ser idea y el Universo se forma en los enfoques primigenios. En estos *upadhis* Su ideación produce enfoques menos etéreos y más limitados. Todo, hasta lo más concreto, son formas y aspectos del Ser, indisolubles como esencia y constantemente cambiantes en lo referente al aspecto y a la forma; además: cada aspecto y forma actúa y recibe la acción de todos los demás; ya sea en los ciclos o Rondas ascendentes o descendentes. Todos vuelven a convertirse en el Ser al término de un *Manvantara* y cada uno vuelve a surgir en su integridad a los comienzos de un nuevo *Manvantara,* a fin de continuar su progresión activa, eternamente recurrente.

Volver a lo Real sería como abstraernos de la manifestación completa y ver cómo nos parece, por usar una frase. Al abstraernos, se alcanza lo Real, mas como el resto es seguido por la actividad, debe desarrollarse una manifestación ulterior y más grande. Lo Real es el Creador, el Preservador y el Destructor a fin de crear ulteriormente, mas no está sujeto al cambio, aun siendo la Causa y el Experimentador de todo cambio.

"El Ser *actúa* sólo a través de las criaturas." Puede conocerse a sí mismo únicamente *en acción,* por medio de sus diferenciaciones, las cuales, gracias al poder inherente de la Seidad y de acción y reacción de todo en orientar, se elevan de la percepción a la conciencia de sí. Una vez alcanzada tal conciencia de Sí, ésta debe seguir expandiéndose o perderse. Obviamente, lo antes dicho es simplemente una manera de expresarlo.

Tu carta de hoy es una declaración excelente; le agregaría que: el *Om* es el espíritu omnipresente que está también en el cuerpo. Sus poderes son: Preservación, Creación y Destrucción, la base y los medios para el progreso. La recreación, en una base más adelantada, sigue a la destrucción, hasta que se alcance esta perfección posible en toda era, formando, a su vez, los cimientos para una creación ulterior. El adelanto es eterno; sin embargo el Ser es uno e incambiante. Se podría decir, como concepción, que se vuelve consciente de sí por medio de sus creaciones. Más alta la creación más elevada la toma de conciencia. La realización puede ser individual; pero eso que se conciencia es el Ser. No es completamente comprensible; sin embargo la mente, de vez en cuando, recibe atisbos inaprensibles por la palabra o la idea.

En lo referente a los Maestros: poseen el poder de la Preservación y también otros poderes. Cualquier altura puede retenerse siempre que sea útil y si no se retiene en particular, es rápidamente alcanzable cuando se necesite. El momento actual puede ser un período en que la Preservación es activa, ¿quién sabe? Algunos tienen cuerpos de la más alta transmutación de materia; otros, según se nos dice, son *Nirmanakayas*. Las envolturas usadas están con arreglo al trabajo que cumplir. Los *Nirmanakayas* pueden actuar y actúan en la manera que describes; si no retuviesen el *Nirmanakaya kosha, se encontrarían más allá de la posibilidad de ayudar a la humanidad.* Así parecería que ciertas "Preservaciones" son necesarias por largos períodos, posiblemente un *Manvantara*. Por lo tanto, a fin de "quedarse" y de ayudar, debe haber una "retención." Este es el "sacrificio" y debe ser así a lo largo de toda la línea. Ellos ayudan siempre en planos superiores; sus *koshas* (vehículos) inferiores les permiten, también, auxiliar en los planos más bajos. Por lo menos esto es lo que entiendo del material que se nos ha dado.

Las copias de los folletos que enviaste son preciosísimas para los estudiantes cuyos ojos están abiertos. Lástima que, hasta cuando cada uno haya clarificado sus percepciones, no podrá discernir entre el oro de Ofirio y el metal burdo. Gran parte de lo que ya está aquí listo es demasiado elevado para muchos; sería inútil impartírselo. Sabes cómo funciona tu progreso; las palabras y las frases no siempre tienen el mismo sentido, el punto de vista las altera.

El peligro yace, como dices, en volver algo final. Un concepto elevado sirve de escalón para uno superior. Como escalones son buenos; pero como destino final inhiben, claramente, el progreso. El adelanto no contempla una meta final.

Buenas noches y buenos días.

Como siempre, R. C.

Carta Treinta y Ocho

He leído con placer sobre tu reunión. Recuerdo el nombre del doctor G., él es uno de los "estudiantes de larga fecha" y debería poder agarrar el hilo una vez más. Según algunos de ellos: el esfuerzo ha fracasado para este ciclo, debido a las discordias; sin embargo deberían tener presente que los Maestros jamás cesan de trabajar, por lo cual, aquél que tiene la vista despejada y ama a la humanidad, siempre tiene la posibilidad de ayudarlos en el esfuerzo. La manera para saber es: retrotraerse a lo que Ellos presentaron acerca de la filosofía y del trabajo correcto; si se hace esto, no cabe duda que la L.U.T. no se descarriará de las líneas trazadas. Quiero dejar constancia de lo que H.P.B. escribió: "Anteanoche, se me mostró una visión panorámica de las Sociedades Teosóficas. Vi algunos Teósofos serios y confiables ocupados en una batalla mortal con el mundo en general y con otros Teósofos nominales pero ambiciosos. Los primeros exceden a los segundos más de lo que puedas pensar y *prevalecieron*; así como ustedes en *América prevalecerán* si sólo se mantienen fieles al programa de los Maestros y leales a ustedes mismos."

Hay que recordar también esto: "Sólo cuando el núcleo queda formado *puede empezar* la acumulación que, en los años futuros, *pese de lo lejos que estén,* terminará constituyendo ese *grupo que tenemos en perspectiva.*"

Pensar en que el *esfuerzo* ha fracasado y que es inútil probar ulteriormente, mostrará una falta de fe en los Maestros, en la Ley y una comprensión errónea de las grandes leyes ocultas que gobiernan un

Movimiento como éste. "La rueda de la Buena Ley gira rápidamente. Muele de día y de noche, separando el trigo dorado de la inútil cáscara, la basura de la harina." Esto vale tanto para el Movimiento como para cualquier otra cosa, siendo universal en su propósito. Aplica, aplica, aplica las Enseñanzas. Tanto esto, como los folletos, resultarán útiles para el Doctor G. y para otros. El esfuerzo no tiene límite temporal.

La "Autoridad" a la cual aludes es un *reconocimiento interno del valor* de eso que fluye en cualquier momento, foco o individuo y no es lo que los hombres definen como autoridad: eso que procede de lo externo y requiere una obediencia mental y corporal. La primera es la autoridad del discernimiento del propio Ser; la intuición, la inteligencia más elevada: esa clase que todos tenemos y si seguimos lo que reconocemos en este camino y aun lo consideramos positivo, nos mantendremos en esta dirección naturalmente, la fuente que hemos encontrado ser pura y justa. Esto no implica seguir rastreramente a una persona; distinción, ésta, que algunos no pueden apreciar.

Recordarás que H.P.B. dijo: "No me sigan a mí ni a mí sendero, sino al Sendero que muestro y a los Maestros que están detrás de éste." La sabiduría de dichas palabras se hace patente en la vida de quienes juzgaron la enseñanza valiéndose de lo que pudieron entender de la Maestra, juzgándola según *sus* parámetros y luego criticando todo. Según ellos, un Instructor de alta filosofía no debería fumar y debería ser convencional. Para sus opiniones sabias H.P.B. cometió faltas y por ende su filosofía debía ser equivocada. En cada instante ella reiteró que no era nada, había venido simplemente para cumplir con el pedido de Quien la había enviado. El mismo juicio se pasó a W.Q.J.; en primer lugar porque siempre apoyó a H.P.B., el motivo eje que estaba a la base de sus ataques. (Estos críticos), temerosos de la "autoridad", minimizaron la única fuente posible en la cual confiar y luego trataron de transmitir la impresión que *ellos* eran mucho más grandes que H.P.B. y que podían hacerla a un lado; así, pretendieron ser autoridades más importantes de lo que ella jamás pretendió. ¿Dónde estaba W.Q.J. en este lapso? Respaldando a H.P.B., alzando sus manos, indicándola como el foco hacia el cual todos deberían mirar. Quienes siguieron y aun siguen su consejo, descubrirán *adónde Ella señala*. Todo se resuelve en esto: aquellos que pretenden seguir a H.P.B., no la siguen, si no reconocen, también, a W.Q.J.

Tuvieron que vilipendiar a H.P.B. para dar el mismo trato a W.Q.J.

Estos Dos se yerguen unidos o caen unidos. Acerca de W.Q.J. que está trabajando ahora, podemos decir que jamás paró de trabajar y que el trabajo ha continuado de manera directa e indirecta. Está obrando a favor de la unidad, como siempre lo hizo. W.Q.J. proporcionará su ayuda a cada esfuerzo por divulgar la Teosofía *pura y simple* y a esos *individuos* que podrán comprenderle, haciendo esto en medida exacta.

He aquí unas declaraciones significativas, entresacadas de los mensajes que H.P.B. envió a la Convención Americana:

"La ética de la Teosofía es más importante que cualquier divulgación de las leyes o los hechos psíquicos."

"No trabajen simplemente a favor de la Sociedad Teosófica, mas, *a través de* ella, por la Humanidad."

"La Teosofía es la Hermandad Universal, la verdadera base y la tónica de todos los movimientos que se proponen mejorar nuestra condición."

"Hay un poder tras nuestra sociedad que nos proporcionará la fuerza necesaria; nos permitirá mover el mundo si sólo nos *reunimos y trabajamos como una mente y un corazón.*"

"Una vez unidos en la real solidaridad, en el verdadero espíritu de la Hermandad Universal, no hay poder que pueda vencerlos ni obstáculo que obstruya su progreso ni una barrera que detenga el adelanto de la Teosofía en el siglo venidero. [...] Cada uno puede y debería cooperar con todos y todos con cada uno, en un amplio espíritu de benevolencia y amistad, para contribuir a que se lleve la Teosofía a la casa de cada hombre y mujer del país."

A fin de poder efectuar este trabajo para el bien de nuestra causa común, debemos olvidar todas nuestras diferencias privadas. Muchos son los miembros enérgicos de la Sociedad Teosófica que desean trabajar y trabajan duro. Sin embargo, el precio de su asistencia es que todo el trabajo debe cumplirse a su manera, sin negociación. Si no fuese así, se abisman en la apatía o dejan la Sociedad por completo, declarando, en voz alta, que ellos son los únicos Teósofos verdaderos. En caso de que se queden, se esfuerzan por ensalzar sus métodos de trabajo a detrimento de los otros trabajadores serios. Este es un hecho, pero no es Teosofía."

Como siempre, R. C.

"Los sentidos, dirigiéndose hacia sus objetos apropiados, producen calor y frío, placer y dolor, que van y vienen, son breves y cambiables; estos son lo que experimentas, ¡Oh hijo de Bharata! El sabio, impermeable a ellos y para el cual el dolor y el placer es lo mismo, está preparado para la inmortalidad. No hay existencia para eso que no existe, ni hay inexistencia para lo que existe. Aquellos que ven la verdad y penetran en los principios de las cosas, captan la característica última de estos dos."

CONSEJOS SENCILLOS

La tarea consiste en hacernos "más capaces para ayudar y enseñar a los demás." Naturalmente, la personalidad se rebela, se deprime o ambas cosas. Podemos esperar esto y prepararnos para la reacción si somos sabios y confiamos en la enseñanza de los Maestros. Queremos saber, ser y adelantar; además: estamos conscientes de que toda pequeña aserción de las "ideas personales" es un obstáculo y que éstas y sus "sentimientos" particulares pueden ser fácilmente perturbados y heridos. Su "blandura" muestra su naturaleza frágil y deja constancia de que no vale la pena preservarlos, considerando lo que hemos aprendido y lo que debemos hacer para sacar adelante los grandes resultados. "Te preocupas por quienes no hay razón de lamentarse", es un dicho real, que deberíamos considerar como una verdad. "La personalidad, expulsada de un baluarte, se refugia en cualquier otro disponible"; debemos velar sobre todo, a lo largo del camino. La justa actitud facilitará la batalla, entonces, al haberla asumido, "apunta la flecha en el blanco."

Debemos aprender que estamos tratando con mentes que necesitan *ser guiadas,* presentándoles ideas más amplias. Podemos decir mucho si adoptamos la manera adecuada y si mantenemos el sentimiento justo y bondadoso. De nada sirve fomentar la oposición, que se alimenta de manera muy marcada si usamos el ridículo. En cualquier esfuerzo por señalar las falacias, todo factor cuenta: una voz áspera e intransigente, unos modales bruscos, acompañados por palabras que expresan una actitud inamistosa, pueden fácilmente provocar un ataque de intolerancia. Indicar dónde un sistema de pensamiento es inadecuado no implica "demolerlo." El lema de los Teósofos es: "No hay religión más elevada que la Verdad" y todas las filosofías deben poder sobrellevar el escrutinio crítico más rígido a la luz de tal apotegma o no tienen valor. Cualquier cosa debe poder sostenerse por sus propios méritos. Si esto ha sido indicado, si las palabras siguen las líneas del examen de los méritos y si el señalamiento de los deméritos se propone el alcance de la verdad, nadie puede criticarlo. A todos les gusta un análisis cándido y exento de prejuicios.

_____

El dogmatismo es la falla de muchos. A mi juicio lo engendra, en realidad, un sentimiento de inseguridad; mientras uno trata de convencerse a sí mismo y a los demás de la certeza de su conocimiento correcto. Por supuesto existen otros tipos de dogmatismo, como el sustentar la propia opinión simplemente por ser la nuestra, una aserción egoísta. Según se dice, el dogma es eso que parece ser bueno y justo para uno; el dogmatismo, por lo usual arrogancia, es aserción. Siempre me lleva a la idea de la afirmación forzada de una declaración cuya prueba es inasequible. Se puede hablar de forma convincente acerca de lo que se considera verdadero, sin caer en el dogmatismo. Cuando estamos convencidos de la verdad del asunto que tratamos, no hay razón por la cual no deberíamos exteriorizar esta convicción de manera tan enfática según el caso; sin embargo, tampoco hay un motivo que nos induzca a exigir su aceptación. En lo que a nosotros nos concierne, no exigimos que se acepte la Teosofía; señalamos sus principios y sus aplicaciones. La Teosofía declara ciertos temas divulgados por hombres perfeccionados y con conocimiento de causa; sin embargo, no son declaraciones que deben ser creídas. Deja constancia que este conocimiento, que ellos adquirieron mediante la observación y la experiencia en muchos cuerpos, es alcanzable por todos los seres humanos, señalando la manera para hacerlo. La cordura de la afirmación del conocimiento, saca la declaración del campo del dogma.

"La Conciencia es ubicua, no puede localizarse ni centrarse sobre o en algún sujeto particular; tampoco puede limitarse. _Sólo sus efectos_ pertenecen a la región de la materia; siendo el pensamiento una energía que afecta a la materia en varias formas, mas la conciencia en sí no pertenece al plano de la materialidad."

_____

La fe es, realmente, nuestra confianza en el hecho de que los Maestros existen y que sus enseñanzas son lo que estamos siguiendo. Si hasta la fecha nuestro estudio de su filosofía no ha engendrado esa confianza y si estuvimos estudiándola por mucho tiempo, hay poca esperanza para nosotros. Mas si tenemos esa confianza y nos hemos beneficiado de sus enseñanzas, podemos seguir adelante con _plena_ certeza; pues podremos _saber_ siguiendo las líneas que ellos trazaron. No es tanto una cuestión de lo que prometimos abstenernos hacer, es decir: nuestra intención de comportarnos así; sino saber el justo curso a seguir. Nadie nos obliga y nadie nos castiga; pero "nosotros" tenemos éxito o fracasamos según nuestro uso del consejo y de las sugerencias libremente dadas. ¿Dudamos de nuestra habilidad? Mientras tanto, jamás tendremos un gran éxito. Aprendemos a conocer nuestra habilidad *usándola hasta el límite*. No debemos preocuparnos por los errores; ya que podemos aprender de ellos si representan esfuerzos concienzudos e incesantes. Es puro egoísmo desear *saber* que cualquier curso aconsejado nos beneficiará; el consejo puede ser dado; pero el conocimiento es algo que se *adquiere*. No deberíamos buscar los resultados personales. Las cosas hay que efectuarlas porque *es justo* hacerlas y no porque nos traerán beneficio. Toda vacilación, temor y desaliento surgen de una actitud personal. Esta debe ser cambiada y cada uno debe hacerlo por sí solo. Nadie puede alterarla para nosotros. El primer paso hacia este cambio es captar la necesidad de darlo.

Muchas declaraciones de los Maestros son axiomas para aplicar; mientras, al mismo tiempo, están entretejidas con el tipo de razonamiento que puede adaptarse a la manera ordinaria de pensar. La mayoría de las personas imagina y acepta, como hecho, que existe sólo una forma de pensar: un razonamiento de premisas a conclusiones, esquematizando las cosas para encontrar la causa. Por medio de una infinitud de cuadriculaciones, llegan a imaginar, finalmente, que la Materia es todo y lo hace todo; no encontrando respuesta final alguna. La ciencia, la psicología y todos los otros esfuerzos que proceden de lo particular y estriban en éste, fracasan, debido a que no admiten la existencia de un conocimiento verdadero y pleno o que éste pudiera haber existido en tiempos anteriores. ¿Acaso la ciencia de cada período no afirmó que su conocimiento era el más elevado y el más glorioso existido y su civilización la más grandiosa? Si la ciencia y la psicología occidentales siguieran con sus tremendos esfuerzos a la luz del conocimiento de las eras, muy pronto la oscuridad espiritual e intelectual se disiparía, dando origen a una civilización capaz de expresar lo espiritual y lo intelectual en una verdadera vida física. ¿Qué es lo que nos obstaculiza? El orgullo intelectual nos traba, junto al efecto entorpecedor de las concepciones falsas de la religión que dan un enfoque materialista al pensamiento, convirtiendo la vida, el paraíso, el infierno y dios en algo material: "en ídolos de barro." Es un prodigio que la vida sea soportable así como es; o *sería* un prodigio si no supiéramos que el ser humano es más que sus experiencias, sus concepciones o su filosofía y que no sigue, hasta las conclusiones lógicas, eso que adopta como su "religión."

———————

Después de una explosión de la personalidad y las reacciones resultantes, a veces un Discípulo toma la determinación que en el futuro no oscilará tanto. Esta no es la verdadera posición; pues él espera oscilar *un poco*. Por supuesto si *espera* oscilar, oscilará. Más valdría esperar dar en el blanco en lugar de fallar. Hay una gran diferencia en la posición psicológica y también en la calidad de la energía estimulada. Deberíamos cesar de dudar en nuestro poder de realización. Si dudamos, sería como lanzar una flecha con la cuerda del arco suelta; no hay fuerza ni dirección cierta. Cuando la cuerda del arco se jala y tensa, luego se suelta, la flecha no *vacila*, se dirige a donde se apuntó, acompañada por la fuerza ejercida durante el tirón.

———————

El sincero deseo de ayudar a los demás actúa como un gran canal de nuestra conciencia supersensorial. Más confianza en nuestra naturaleza interna y en el Poder concomitante, dará frutos. Lo interno es siempre el más perfecto, haciendo más obvias las aparentes imperfecciones e incapacidades de lo externo. Sin embargo, esta mera percepción estimula el esfuerzo necesario para afinar lo interno y lo externo. No podríamos *pensar* que somos perfectos o imperfectos si, en realidad, no transcendiéramos ambos. H.P.B. dice: "El adelanto del Ego es una serie de despertamientos progresivos." Como no somos palos ni piedras; sino seres humanos, debemos "sentir" el éxito o el fracaso. Demostramos sabiduría cuando el éxito no provoca la "jactancia" y el fracaso la depresión. Deberíamos seguir de manera constante e invariable eso que nos parece ser justo.

———————

Todo estudiante activo de Teosofía debe, a la larga, encontrar alguna "traba" teosófica. Estas son buenas como aparecen; pues: "si tropezamos" con algo, implica que nos descarriamos del camino recto y los "tropezones" son significativos sólo por señalarnos que hay que prestar atención a nuestra orientación. No los sentiríamos si no tuviéramos una "brújula" interna. El propósito de la vida es aprender y todo es aprendizaje. Por eso, estas cosas, aunque no sean alegres al momento, serán objeto de sonrisas después. Los griegos solían decir que cuando la tierra empezó a girar en el espacio, los Dioses se desternillaron al sólo verla girar. Así nosotros, siendo estos Dioses, podemos reírnos de las insensateces que experimentamos, siguiendo con el trabajo de promulgar las ideas correctas para quienes son receptivos. Debemos cultivar la actitud mental mencionada en el "Bhagavad Gita": quedarse imperturbado ante cualquier cosa que es transitoria. Estas trabas son los medios mediante los cuales llegamos a tal actitud.

A veces y quizá a menudo, sentimos nuestra debilidad mientras pensamos. La debilidad no es la de nuestro verdadero Ser, el Hombre interno; sino de eso en lo cual nos hemos apoyado: el *falso ego*. Si tenemos presente que ahora estamos trabajando con una porción de nuestros poderes: esa porción que necesita ejercicio y dirección adecuada a fin de asimilarla a lo que realmente sabemos y somos, deberíamos estar más contentos en esperar la eclosión completa. Nuestra perspectiva determina la clase y la calidad de nuestra acción. Al tener presente que los Maestros no sólo son Ideales; sino *Hechos* y, que todo lo que H.P.B. y W.Q.J. han escrito acerca de Ellos, era para nuestra ayuda y aliento en nuestras luchas, esto nos acerca a Ellos, fortificándonos con el poder que fluye de tal confianza.

El mejor método a seguir para tratar de auxiliar a nuestras amistades, consiste en ayudarles a ver sus obstáculos. Una manera de hacerlo es de forma *indirecta*: narrar una historia, por ejemplo, de un conocido que hizo esto o aquello. El relato no debe despertar la sospecha en la mente de quien estamos intentando ayudar. Se necesita sutileza; pero es factible y se puede hacer bien. En el caso de una mente obtusa, involucrada en sus asuntos, a veces es mejor tratarla de forma directa. El punto clave es: no *trabajar por* una oportunidad; sino *tomarla* cuando ésta se presente.

Algunos estudiantes jamás han desarrollado una base firme. Muchos, que aman llamarse Teósofos, asumen esta visión de las cosas: "Los principios son otro tanto buenos bajo cualquier nombre." Esto es cierto, pero un soldado en el campo de batalla no es un ejército y un principio no es una filosofía omniabarcante. La Teosofía indica un hecho de importancia capital: los Maestros existen, siendo nuestros hermanos Mayores quienes, bajo el nombre de Teosofía, han dado al mundo un registro de las Leyes que gobiernan a todos los constituyentes del Hombre y de la Naturaleza. Tomar algunas partes menores de esto y no dar a la humanidad el conocimiento del entero, es ignorar el gran hecho mismo, un hecho tan tristemente necesario en el mundo y, al mismo tiempo, es impedir la divulgación del conocimiento. Tal acción encierra resultados kármicos perjudiciales, ya se haga consciente o ignorantemente. No es algo insignificante ponerse entre los Maestros y Su trabajo, obstruyéndolo. No nos cansaremos de repetir que la Teosofía es un registro del conocimiento y no es asimilable ni comprensible si la reducimos o la modificamos para que encaje con las ideas preconcebidas y los prejuicios del período o de la gente. La Teosofía es *sui generis* (única en su género) y debe ser tomada así si queremos beneficiarnos de ella.

A veces las personas dicen que las reuniones teosóficas son "frías" y tratan los principios filosóficos y su aplicación en el diario vivir; mientras encuentran más "devoción" en las reuniones de las varias sectas o cultos o aun en otros tipos de encuentros llamados "teosóficos". Sería interesante saber lo que estas personas quieren decir por "devoción". No cabe duda que, a menudo, se refieren a estas clases de reuniones donde hay "meditación": una especie de reunión con oración en la cual se estimulan las emociones psico-religiosas. Los Maestros de Teosofía dicen: "La primera prueba del verdadero discipulado es la devoción para el bien ajeno." Entonces, hay diferentes clases de "devoción", algunas de las cuales se dirigen a la personalidad. Esta no es la *verdadera* meditación.

Algunos Teósofos no estudian; esto los hace débiles. A menudo son sinceros; pero no trabajan ni sienten el intenso deseo de hacer todo lo que pueden. Esto les causa una pérdida en todo aspecto. El trabajo no llegará sin el *sentimiento*; aun trabajar por resultados personales sería inútil si faltara el *sentimiento*. Existe sólo una manera de adelantar: cultivar el *sentimiento* que produce el trabajo. Esto robustece y mejora la naturaleza completa, inclusive las circunstancias de la vida. Otros estudiantes tienen el sentimiento de devoción; pero centran gran parte de ello en sí mismos. Deben olvidarse de sí mismos en el trabajo por los demás, dando todo su pensamiento, fuerza y esfuerzo a la Causa que ellos consideran ser verdadera. Esto incluirá la personalidad como *medio,* pero no como fin.

¿No es quizá cierto que una vez suprimido el yo personal, el Ser superior puede expresarse? Podríamos decir que se produce una inmersión en el gran Océano de la Vida, el SER; por lo tanto, la identificación con las ideas personales y los sentimientos se vuelve inexistente. Cuando estos momentos llegan, hay que tener cuidado con el panegírico personal; lo inferior se alimenta y se fortifica de esto y, muy a menudo, sin que nosotros nos apercibamos de ello; sí, aun en los momentos en que estamos tratando de velar para que esto no suceda o pensamos que estamos vigilando. Tampoco es bueno hablar con los demás acerca de estas pruebas internas, ni siquiera con nuestras amistades; pues, esto engendra autosatisfacción; tan sutil es la naturaleza personal. Debemos aprender a reconocer las cosas como son, cesando de valuarlas a la luz de las opiniones o los sentimientos ajenos. Tampoco deberíamos sentirnos deprimidos. En otras palabras, deberíamos ser impermeables al desaliento de la naturaleza inferior, porque esto es lo que sentimos y no deberíamos exteriorizar la lucha que se está librando dentro de nosotros.

La vida del Discípulo debe ser de constante alerta, no simplemente de los demás; sino, principalmente, de nosotros. A menudo, tendemos a separar nuestra vida Teosófica de la personal. Mas no podemos circunscribir nuestros esfuerzos a nosotros mismos, incluyendo sólo las relaciones directamente ligadas a nuestro activo trabajo teosófico. Hay más probabilidades de atenuar nuestros esfuerzos en nuestra vida doméstica y en nuestras comunicaciones diarias, que en nuestras relaciones públicas de estudiantes. La vida doméstica y sus conexiones han sido el principal terreno de entrenamiento para la personalidad, por lo tanto tenderá a exteriorizar su disposición de forma más completa allí que en algún otro lugar. Tal expresión, aparte de lo que podríamos llamar una autoafirmación excesiva, puede manifestarse en pequeños métodos aparentemente inofensivos, por ejemplo: decir a los otros componentes del núcleo familiar lo que va a hacer acerca de asuntos que es inútil comunicar. Cuando uno se detiene a pensar, lo cual es necesario, se da cuenta de que tales acciones son simplemente los esfuerzos de la naturaleza personal por destacarse, tratando de atraer la atención hacia sí en todo modo: hablando, actuando, invocando la simpatía, dando directivas a los demás, hablándoles con menosprecio y las mil y una maneras a las que la personalidad recurre para mantenerse viva. Ya que, cuando se suprime en una dirección, surge, astutamente, en alguna otra. "Ella" seguirá haciendo esto siempre que le dejemos una abertura.

Lo antes dicho puede parecer muy restrictivo y difícil; pero en realidad no lo es. El sentimiento de "restricción" procede de la personalidad y no del Ego. Se sabe que algunos Discípulos que estaban tratando muy intensamente, llamaban la atención al hecho de que habían superado esto y suprimido aquello; ésta es la misma vieja personalidad llevando puestos nuevos atuendos. Es siempre mejor no hablar de si mismo: "ya sea acerca de lo que uno come, bebe o se pone encima." He aquí algunas buenas máximas a aplicar: "Jamás pidas a otro que haga por ti lo que puedes hacer"; "Sabes donde están tus cosas, agárralas por ti solo cuando las necesites"; "Haz para los demás lo que puedas con benevolencia; pero no esperes que los demás lo hagan por ti."; "Eres valioso sólo cuando eres útil y no cuando necesitas ayuda." Estas se demostrarán eficaces si las pusiéramos en práctica.

El animal puede relacionar la causa y el efecto en algunas direcciones; sin embargo percibe poco nexo, si alguno, entre los diferentes estados. Un gato que está afuera al frío maúlla porque quiere entrar en la casa; una vez que se ha calentado, saldrá de nuevo sin vacilar; no recordándose del estado que acababa de experimentar. Algunos seres humanos se acercan muy peligrosamente a un estado de existencia similar y todos caemos en esto, en alguna medida. La mayoría de las personas identifica el poder de percibir con la acción de la percepción, no captando, entonces, la comprensión y la aplicación correctas. "¿Qué los levantará del cuerpo vivo de esta muerte?" La aflicción, el dolor, los sufrimientos y la pérdida. Mientras tanto, están unidos a sus ídolos y se les debe dejar en paz. "La Teosofía es para los que la quieren y nadie más."

Si la Conciencia es la única Realidad, el Conocedor, el Sustentador y el Experimentador, entonces, cada condición o estado es, más o menos, una *apariencia* temporal. Todas las clasificaciones se refieren sólo a las acciones de la Conciencia, siendo, el universo, "conciencia personificada", podríamos decir que es una creación de las formas, una construcción de lo grande mediante las combinaciones de lo pequeño. Recordarás que H.P.B. dijo: "Es obvio que la vida y la muerte, el bien y el mal, el pasado y el futuro son palabras vacías o, en las mejores de las hipótesis, lenguaje figurado. En realidad, son sólo cambios de estado. La verdadera vida está en la conciencia espiritual de esa vida, *en una existencia consciente en el Espíritu* y no en la materia." Además: ella dijo que se había esmerado en vano por impartir esta idea a los Teósofos en general y que, con tal idea básica, todo el resto se vuelve simple. Sin embargo, millares de Teósofos que leen esta oración y otras numerosas análogas, no les encuentran sentido.

La Conciencia es la causa y la base de todos los estados; que nos demos cuenta o no. Es la única que *es*; ya sea que haya universos o no. Si tomamos la idea de que la Vista, que lo ve todo, no puede verse a sí misma y la aplicamos a la Conciencia, debemos admitir que la Conciencia no puede conocerse a sí misma, aunque conozca todo. ¿No es acaso la Conciencia *Conocimiento mismo* como abstracción? "Es la sabiduría misma, el objeto de la sabiduría y lo que es obtenible por la sabiduría. Preside siempre en los corazones de todos." Es omnipresente y percibe, constantemente, el panorama cambiante de la existencia. "Establezco este universo con una porción de mí mismo y permanezco separado."

A nuestra forma de conciencia la constituyen varios y distintos contactos con otras formas de conciencia. Basamos nuestras maneras de actuar en estas expresiones parciales, obteniendo su reacción en repeticiones constantes. Puesto que el Ser lo es todo, está en todo y todo está en el Ser, el Ser es el Testigo de todo. La percepción aparentemente separada en nosotros no es un Ser separado; si no el Uno y lo Mismo mientras aparece separado en todas las criaturas.

El conocimiento del Ser implica el Ser y el Conocimiento; sin el Ser no habría conocimiento; sin la existencia no habría conocimiento del Ser. "Lo Superior ve a través de los ojos de lo inferior." Todas son expresiones parciales del Uno, vistas por el Uno y conocidas por el Uno. La individualización del ser no tiende a la separación; sino a la universalidad de la ideación y a la acción consiguiente. ¿Qué lo hace? El pensamiento. Toda experiencia es mediante la Conciencia y en ella; la Ideación se hace más y más universal.

"Cuando la irrealidad cesa de existir en el ser individual, está claro que él vuelve hacia lo universal; produciendo un rechazo hacia la imposición y otras características del ser individual."

En lo que concierne a nuestros estudiantes y compañeros, podemos equivocarnos en lo referente a su verdadera actitud hacia nosotros. A menudo es *nuestra* actitud hacia ellos, la que nos presenta una falsa concepción. Es cierto que todos tenemos defectos. Y un defecto de un género no es mejor que el defecto de otro tipo. Notamos los defectos de los demás, o lo que parecen ser tales, de la misma forma como ellos pueden captar los nuestros. Entonces, nos juzgamos mutuamente basándonos en los *defectos* percibidos. Esto es lo opuesto de ese respeto que deberíamos tener hacia los estudiantes compañeros, porque esto es lo que ellos *son* y todos trabajan para un propósito común. Por lo tanto, estamos dispuestos a admitir el terreno común, mas al mismo tiempo afirmamos que no hay otros puntos de contacto, entonces, debe ser verdadero que permanecen malentendidos mutuos; de qué depende esto, cada uno tiene que analizarlo. Hay algo que lo causa. ¿Es el miedo, la duda, la ambición, el celo o qué más? Estas cosas debemos determinarlas y actuar sobre ellas a solas, a pesar de lo que algún otro pueda hacer o lo que se pueda haber pensado de él. Todo esto nos mantendrá tan ocupados a vigilar sobre nosotros mismos, que no tendremos tiempo ni inclinación de ofendernos por la conducta ajena. Mientras tanto, nos levantaremos a un nivel de discernimiento más elevado y mejor, obteniendo el poder de ayudar de manera mejor y más eficaz a aquellos que, en un tiempo, encasillamos.

Está escrito que a los estudiantes no se les elige por sus afinidades naturales mutuas; si no por razones muy distintas. Cada estudiante o discípulo tiene alguna expresión particular de los defectos raciales, que en superficie podrían suscitar la antipatía ajena, sin embargo, como tienen una raíz similar en cada estudiante, dichos defectos son tan parecidos que no se pueden distinguir. Así, cada uno tiene que extirpar la raíz y, cuando lo haya hecho, la naturaleza auténtica brillará, reflejándose en los demás.

El deseo de saber "de donde vino, donde está y adonde" se dirige la humanidad, deriva del "instinto religioso" general, la verdadera base de la religión se encuentra en la naturaleza espiritual humana. La religión no surge fuera del hombre, como demuestra la acepción de la palabra que deriva del latín: *religere*, religar. La religión es la unión de cada ser humano y cada ser se remonta a Una Fuente del Todo. El verdadero *conocimiento* surgió dentro del ser humano mismo tan pronto como percibió su auténtica naturaleza. Conocer la naturaleza humana ha sido afirmado y reafirmado, de vez en cuando, por hombres perfeccionados procedentes de otros períodos evolutivos. Todas las formas religiosas son copias anémicas y distorsionadas de las declaraciones originales en las cuales estriban, es decir: las Tres Proposiciones Fundamentales de la Teosofía.

Lo más importante sobre lo cual los estudiantes deben cuidar es el autoengaño. La versatilidad de *Manas* inferior en esta vertiente es indescriptible. Por lo tanto, debemos percatarnos de que nuestros motivos palmarios no sean máscaras para otros que *subyacen* en ellos. La realización de esto deberíamos considerarla seriamente, sin embargo, *con alegría*. Lo que hay que tomar lo más seriamente posible es la *tarea* y no "nosotros mismos". Al asumir tal actitud adquiriremos discernimiento y fuerza, si jamás nos desesperamos y si jamás dudamos, manteniéndonos tranquilos, atentos, persistentes y alegres a lo largo de esta empresa. Nada es tan malo como pensamos que sea, ni jamás lo será.

A veces, las personas acusan a los demás por ser intolerantes. Quizá tal acusación surja, no tanto a causa de las declaraciones proferidas, sino por el tono y el sentimiento que éstas contienen y que las respaldan. Por lo usual, una persona puede declarar su creencia y comprensión, dando su razón por esto sin estimular el antagonismo. Esta es una cosa positiva hacia la cual esforzarnos. La tolerancia es buena si se comprende correctamente; sin embargo la rodean muchas ideas extrañas. Según algunos es intolerancia señalar cualquier error de declaración o de hecho a quienes tengan otros puntos de vista. Hasta la fecha, la Verdad jamás ha concordado con el error, tampoco el error concuerda con el error; la Verdad sólo concuerda con la Verdad. Por lo tanto, si creemos firmemente y estamos convencidos, por los hechos y la razón, que poseemos la Verdad, sería una tolerancia falsa detenerla en presencia del error. La Verdad existe en el mundo con el fin de destruir el error. El error es dogmático y no ama una investigación atenta. La Verdad ama toda averiguación posible, y, calma en su certeza, analiza todo según sus méritos, examinándolo mediante el parámetro de la Verdad. La mente ordinaria actual aún se encuentra bajo la influencia de la superstición, del dogma y de la autoridad, por lo tanto deberá quedarse en tal condición por algún lapso. Con frecuencia encontramos a quienes se han liberado de las formas antiguas para involucrarse en las inéditas del mismo error y, lo que es aún peor, arrastran a otros, no nos resta más que mantenernos en el camino recto que conocemos, dejando una traza que, quienes acabo de mencionar, pueden seguir en el futuro. No debemos preocuparnos si ahora no pueden ver. Su tiempo llegará; estando lo anterior contemplado en la inmensidad del tiempo. Debemos sólo seguir adelante con el *Trabajo*.

A menudo, el Discípulo, en ciertas etapas de su vida de estudiante siente que, ir a algún lugar con regularidad a solas, contribuye a mantenerlo psíquicamente equilibrado. Es cierto que, para el progreso no es algo positivo depender de *cosas externas* para el equilibrio. Pensar así perpetúa, simplemente, la dependencia y no puede desarrollar esa fuerza y percepción internas que son tan necesarias. Tal dependencia ocasiona la insatisfacción hacia la mayoría de las cosas externas y exige cambios periódicos, ninguno de los cuales produce algo duradero. Todo esto provoca una tensión nerviosa que es corrosiva y destructora, ocupa la mente con necesidades imaginarias, repercutiendo perjudicialmente en el cuerpo.

La verdadera fuerza yace en el *interno* y puede estimularse y usarse sólo cesando de pensar que, cualquier cosa, en particular de carácter externo, sea *necesaria* para nosotros, en la acepción común del término. Tenemos nuestro lugar y nuestro deber que cumplir y ejecutar; las cosas externas son nuestras oportunidades temporales y seríamos sabios si las usáramos correctamente. Además, nos convendría asumir la actitud que "nosotros" no somos necesarios a los demás; si nos fuéramos, nos extrañarían sólo por un lapso relativamente breve y, finalmente, otras personas y otras cosas ocuparán, por completo, su atención. Mientras más pronto lleguemos a este estado, mejor y sólo entonces, siendo autocentrados en el verdadero sentido y no "dependiendo de nada", podremos darnos plenamente cuenta de nuestra naturaleza interna y prodigar el más grande servicio en el mundo humano. Todo lo anterior quiere decir que tendemos a exagerar nuestra importancia, lo cual es, precisamente, una actitud separatista, obstruyendo el verdadero conocimiento y la eficacia.

No se puede hacer un trabajo Teosófico eficaz hasta que en el mundo se encuentren personas capaces de ver la necesidad de ello y que estén dispuestas a prepararse, más y más, para cumplir con esta necesidad. El hecho de que ciertas personas encuentren tal oportunidad se debe a su karma, sin embargo, lo que hacen con esta oportunidad depende de la realización de su importancia. Una vez que percibimos algo de lo que el Movimiento Teosófico significa para el mundo, nos volvemos necesarios, no como personas, sino porque entendemos la situación y actuamos. Aceleramos el Movimiento proporcionalmente al trabajo que efectuamos por él y lo obstaculizamos en la medida que dejamos que *sea él, que nos arrastra*. Es cierto que si hubiéramos muerto y desaparecido o si fuéramos incapaces de entender el gran hecho de tal existencia de la Logia de los Maestros y su trabajo en el mundo, el gran Movimiento seguiría funcionando como los otros, quizá no muy sabia o eficazmente en muchos casos. Entonces, todo estudiante que se esmera por convertirse en un instrumento idóneo, es necesario para el trabajo en su plena capacidad de Alma, Mente y Cuerpo. ¡Es un hecho tremendamente importante para nuestras personalidades! Si nos empapáramos de la relevancia de lo antes dicho, aceptando "la batalla que sólo los soldados favorecidos por la suerte pueden emprender", no vacilaríamos; pues al ver que la base de acción actual en el mundo es errónea, trabajaríamos con ésta hasta donde debemos; mientras *nosotros* pensamos y actuamos de una base muy distinta. Nuestros pensamientos son *nuestros* pensamientos; nuestras vidas son *nuestras* vidas y ambos lo hemos dedicado a *nuestro* trabajo. Habiendo puesto mano al arado y al ver el campo que necesita ser cultivado, podemos empujar hacia adelante con confianza y fe. ¿Acaso se necesita más poder? Esto llegará, si sólo abriéramos nuestros grandes corazones, haciéndolos trabajar.

El justo tipo de lenguaje Teosófico procede sólo de la práctica. No es simplemente el uso de una labia florida, sino que lo necesario es poseer ideas bien asimiladas, el fruto del estudio y la aplicación constantes. La lectura asidua de los artículos de W.Q.J. desarrolla la tendencia a presentar las ideas correctas de la forma más sencilla y tales ideas se convierten en un almacén mental al cual uno puede acudir cuando quiera. No es tan necesario entender los conceptos profundamente metafísicos de la Teosofía como lo es comprender las ideas fundamentales, pudiendo ponerlas en práctica en todo problema de la vida. Se constatará que los artículos de W.Q.J. contienen "el alfabeto, la gramática y la composición" o, en otras palabras, una base para las ideas justas, el justo pensar y la justa práctica. Es aconsejable leer diariamente sus escritos. Quien lo hace no podrá menos que embeberse, absorber, su espíritu, convirtiéndose en un expositor que es a la vez profundo, simple y convincente.

La cuestión de la personalidad es tan vasta, cuya solución podría parecer como la elaboración de un complicado problema matemático. Sin embargo, las verdades más grandes son las más simples y si reflexionamos un momento en lo que *no es* la impersonalidad, quizá esto nos ayude a entender lo que *es*.

Algunos se expresan enfáticamente contra la personalidad. Esto no prueba que estén libres de su influencia.

Algunos dicen poco, mas el efecto de lo que se expresó, es implicar que *ellos* son impersonales. Parecen muy modestos; pero son simplemente astutos.

Algunos tienen miedo de hablar de la personalidad, pensando que hay que evitarla como un ogro.

Otros más predican la doctrina de la impersonalidad que sustrae todo lo humano de la vida, convirtiéndola en una negación fría. Esta doctrina es impaciente con la *evolución*, en cuanto todas las fallas deben desaparecer de un solo tajo.

La impersonalidad no implica no hablar; no es el silencio, la insinuación, la repulsión ni la negación, mas sobre todo no es una diplomacia que oculta la *ambición*.

La impersonalidad significa ser libre de la personalidad; pero nadie de nosotros lo alcanzará de inmediato; ya vamos bien si tratamos de vencerla con persistencia, aunque lentamente.

Para fines prácticos podemos decir que estamos moviéndonos a lo largo del sendero de la impersonalidad si estamos desarrollando un corazón de niño; si estamos aprendiendo a amar lo hermoso; si estamos volviéndonos más honrados, francos y simples; si estamos empezando a percibir el lado dulce de la vida; si queremos a nuestros amigos y amigas de manera mejor, extendiendo el círculo; si sentimos que nuestra simpatía está expandiéndose; si amamos trabajar por la Teosofía sin pedir posición ni recompensa; si no nos preocupamos mucho si somos personales o impersonales.

Esto es suficiente para el individuo.

En el caso de la Sociedad Teosófica de América, la impersonalidad implica no idolatrarse como una organización; esforzarse para que se haga más amplia y más libre; fundirse, más y más, en el espíritu vivo del movimiento; su ser superior; no despreciarla porque es una forma, ni ensalzarla porque tiene un alma; convertirla en menos doctrinal y más *humana*.

12 de Julio, 1897.

"Busca esta sabiduría por medio del servicio, la intensa investigación, las preguntas y la humildad. Los sabios que ven la verdad te la comunicarán, y, al conocerla, jamás volverás a cometer el error, oh hijo de Bharata. Mediante este conocimiento verás todas las cosas y las criaturas primero en ti y luego en mí. Aunque fueras el más grande de los pecadores, podrás cruzar todos los pecados en el barco del conocimiento espiritual. Oh Arjuna, como el fuego natural reduce el combustible en cenizas; así el fuego del conocimiento reduce en cenizas todas las acciones. En este mundo no existe purificador comparable al conocimiento espiritual y quien se ha perfeccionado en la devoción, descubre que el conocimiento espiritual brota espontáneamente dentro de sí en el transcurso del tiempo.

Bhagavad Gita, Capítulo IV.

VIVIR LA VIDA

Carta Uno

He recibido tu carta del Miércoles; una misiva intrépida, completamente verídica y exhaustiva. Sí, si tuviéramos la certeza que los Maestros siempre estarían disponibles a sacarnos de los agujeros en que caemos por negligencia o hechos posibles por una incuria pasada, jamás nos convertiríamos como Ellos. Sin embargo, recibimos ayuda en la forma *correcta*, de la manera en que le hace falta a nuestra naturaleza y no, necesariamente, en el modo que, según nosotros, sería el apropiado. Si es que nos ayudan, deben hacerlo así. Los Maestros han escrito: "la ingratitud no es uno de nuestros vicios" y lo ponen en práctica. Lo mejor que se puede hacer para nosotros, se hace y viene haciéndose siempre. A veces podemos dudar; pero esto surge de la incertidumbre personal, el temor por algún tipo de consecuencia. Deberíamos asumir que, cualquier cosa que se manifieste, es una posición necesaria para nosotros a fin de cumplir un trabajo ulterior y más grande para los Maestros. Debe ser así, si somos leales a Ellos; entonces, mientras hacemos todo lo posible para volver el camino seguro y claro según entendemos, seguimos adelante con fuerza y osadía porque el Sendero es nuestro y de Ellos. Depositamos nuestra fuerza y nuestra debilidad en el altar del sacrificio. ¿Acaso el "Bhagavad Gita" no dice: "Coloca todas tus obras, fracasos y éxitos en mí"? El hecho de que a algunos se les reconoce como negativos, implica que, a la larga, nos emanciparemos de ellos. La razón de esto parece clara: si esperáramos hasta la santidad ¿cuándo comenzaríamos? Jamás. Entonces, al reconocer esto interiormente, si no en palabras, continuamos y seguimos adelante. Este es el punto axial de tu carta y me ha hecho una gran ilusión que la escribieras.

Esta es una escuela y todo lo que se nos presenta contiene una lección *para nosotros*. Nunca deberíamos olvidarlo. Cualquier evento encierra lo que necesitamos: entonces, a pesar de que parezca arduo, importuno o placentero, contiene algo para nosotros. Además, conviene tener presente lo que W.Q.J. dice en el artículo "La Voluntad Espiritual": la esencia para desarraigar el elemento personal yace en hacer las cosas que no queremos efectuar. Afortunadamente para nosotros no debemos buscarlas; se nos presentan por sí solas. Si tuviéramos que buscarlas, *podríamos* ignorar muchas, por no ser las adecuadas o por alguna otra razón. Siendo Arjunas, tenemos las batallas a la mano.

Llega un momento, en nuestro desarrollo, en que el trabajo parece inútil y fastidioso, mas W.Q.J. dice: "el discípulo debe trabajar", a pesar de todo. Creo que el trabajo fastidioso cataliza la limpieza del Karma y la purificación de las vestiduras. Lo estamos haciendo todo y soportando todo para el Ser. El Adepto se convierte en Blanco por abandonar al ser personal. Lo que irrita y duele es el deseo personal no alcanzado o el temor de que sea inasequible. Lo sabemos muy bien, sin embargo, a veces encontramos que la presión es dura. Además, estamos conscientes de que la "realización procede del concentrarse en la cosa a realizar"; así debemos seguir adelante y "concentrarnos" lo más posible. Todo esfuerzo nos acerca al momento de la realización.

Me divirtió la observación de la dama según la cual: "si pudiéramos ver en el plano astral, podríamos constatar que, ahí, H.P.B. cometió errores." Yo diría: "si nosotros entendiéramos, quizá, el inglés, nuestro idioma madre, si pudiéramos comprender la información más sencilla referente a algo sobre lo cual jamás oímos hablar anteriormente y si conociéramos las primeras leyes del Ocultismo, nos quedaríamos callados, tratando de aprender y de frenar nuestra ignorancia." Esta manera de hablar como "loro" tiende a "cansarme". La he oído anteriormente y no soy tolerante con ésta como soy con otros asuntos. Es una tontería indescriptible. A menudo digo, con calma, ciertas cosas que sorprenden a este tipo de personas, poniendo en entredicho su seguridad de ganso. (¡Has visto los gansos y los has oído!)

A estas personas se les debería decir que se detuvieran de hablar como si fuera un hecho lo que otra gente les ha *comunicado,* y si quieren *saber* algo, que estudien la historia del Movimiento desde todos los puntos de vista. Nosotros lo hemos hecho y presentamos el resultado, que ellas pueden verificar si quieren. Lo que impartimos no puede refutarse de alguna forma; sino valiéndose de esa historia, asimilada y comprendida. Nos atenemos al registro completo, sin omisiones ni interpolaciones. Obviamente, a fin de estudiar, se necesita un poco de capacidad para entender el sentido de las palabras y su aplicación; si estas personas carecen de tal habilidad, les conviene seguir a uno que otro "líder", hasta que la obtengan. Esta no es su clase.

Cuando la dama preguntó si (...) jamás daba conferencias sobre "lo que es la Teosofía", hubiera sido una gran oportunidad para pedirle que *ella* la expusiera. Me imagino que habría demostrado su ignorancia. Muchas de estas personas piensan que el simple hablar de Lemuria, Atlántida, *Parabrahm*, los *Logoi*, los *Pitris* y así sucesivamente, es Teosofía; ninguno de ellos siquiera entiende de lo que están hablando. H.P.B. no divulgó una información muy explícita y no se nos da otra. El tema de las razas es simplemente delineado para darnos una comprensión general de la historia y de la naturaleza de las razas anteriores; si supiéramos todo detalle al respecto no nos ayudaría para nada. El verdadero conocimiento no yace en la dirección del estudio enciclopédico, como sabemos; y no cabe duda que lo dijiste.

Anoche, los (...) tenían algunas preguntas sobre la "Declaración". Una vez dije que sus palabras eran de Judge; evidentemente (...) deben haber desarrollado la idea de que él me la "comunicó". Les dije que estuve buscando lo adecuado para presentar una Declaración de los Principios y que mientras buscaba, me enviaste lo que quería; explicando, ulteriormente, que los Mensajeros habían dejado todo lo que era necesario para nosotros y que a nosotros nos correspondía *aplicar* lo apropiado en el momento y en el lugar propicios. Según (...) esto era muy desalentador, evidentemente pensaba que deberíamos tener direcciones en lo referente a los modos y a los medios. Traté de mostrar que no podríamos hacer algo bueno si nos *dirigieran* en todo; no desarrollaríamos el discernimiento, el poder ni el juicio. Seríamos robots y jamás llenaríamos el lugar necesario. No cabe duda que el reajuste nos ayudaría más que la dirección, por lo tanto no deberíamos buscarla; sino que, usando nuestro mejor juicio Teosófico, deberíamos seguir adelante seguros de que, si nuestro entendimiento de la naturaleza de la tarea es bueno y nuestra intención pura, se nos presentará la manera apropiada de actuar. Esta sería la justa guía, la que conduce al crecimiento. Si fuese *necesario* tener una "dirección" en algún momento, podemos estar seguros que llegará. Mientras tanto, vivimos y aprendemos sin olvidarnos que los Maestros y nosotros estamos trabajando para el futuro y para el mismo fin.

Carta Dos

Me alegro saber que tuviste una reunión buena, concurrida y que, además, tu valentía aumenta con el tiempo. Hace un año no hubieras creído que, durante este lapso, fuera posible realizar tal progreso en el trabajo y en el entendimiento. Piensa en el número de almas despertadas y colocadas en el justo camino por haber recorrido el sendero tú mismo, señalándolo a los demás. Esto es algo que toca a pocos. "La puerta del cielo se halla abierta al sólo desearlo, a través de esta batalla gloriosa, no buscada, que le corresponde únicamente a los soldados tocados por la fortuna" ("Bhagavad Gita"). Nosotros no escogimos el tipo de lucha, siendo la batalla de los soldados afortunados; el término de la batalla no se ve hasta que el enemigo se rinda. Puede ser derrotado en un lugar, para luego erguirse y guerrear en otro; así la lucha continúa porque un soldado de la tribu Kshatriya no tiene deber superior a la guerra *legítima*. La guerra es su asunto, por lo tanto debería regocijarse en la lucha contra las dificultades que se le presentan para poner a prueba su valentía, su fuerza y paciencia. "Que el placer y el dolor, la ganancia y la pérdida, la victoria y la derrota sean lo mismo para ti y *luego* prepárate para el combate, porque así y sólo así, te liberarás del pecado en la acción."

Puedo imaginarme que no sea fácil inducir a las personas a emprender un verdadero estudio; como regla, no se percibe la necesidad de estudiar y esto, a mi juicio, deriva de los métodos educativos actuales, que consideran al alma y a la mente *como simples archivistas*. ¿Acaso no es extraño que las declaraciones claras quedan incomprensibles y que los sentidos superficiales de las palabras se interpretan como aplicaciones de las mismas? Todo esto puede achacarse a nuestros métodos de educación. Después de haber oído una declaración, la mayoría de los seres humanos piensa que sabe de que se trata.

La esperanza es que, entre un número de interesados, puedan despertar uno o dos. Además, sabemos que quienes sólo escuchan o leen con atención, reciben *algo* bajo la forma de una tendencia, que en algún momento se desarrollará en algo más grande. No es trabajo perdido aunque, a veces, los resultados no parecen equivalerse al esfuerzo ejercido. Hacemos el esfuerzo y éste da resultados, siendo eso suficiente. Podemos no buscar un resultado específico, sin embargo, seguimos haciendo lo mejor posible, lo cual incluye todos los medios y los modos apropiados a nuestro alcance.

A mi juicio, lo que dices sobre la Conciencia es correcto. Hay la conciencia y sus percepciones, las cuales se vuelven creaciones más y más objetivas en diferentes planos de materia debido a los poderes Creativos, Preservativos y Destructivos inherentes en la Conciencia o, más apropiadamente, en el Ser. "En cualquier estado de conciencia que se encuentre el Perceptor, las cosas de ese plano son, momentáneamente, sus únicas realidades." Todo es relatividad y aquí es donde el conocimiento de lo Real y de lo Irreal nos libera de las cadenas. El universo completo existe sólo para los propósitos del Alma. El Alma es la individualización del Ser; nosotros, como seres autoconscientes, debemos quedarnos en los vínculos de la materia un lapso suficientemente largo para dar, a entidades inferiores "cautivas", el ímpetu necesario hacia la autoconciencia. La mayoría efectúa este trabajo inconscientemente, en parte bien y en parte mal. Es posible hacerlo de manera consciente, libre de apego, bien y correctamente

Una comprensión correcta de los procesos es una actitud sabia y necesaria para el beneficio de los demás, quienes necesitan ver que el camino de la devoción no implica ser, simplemente, bueno. Los libros devocionarios contienen las reglas de la lucha, los deberes, individuales y colectivos del guerrero, la conducta apropiada para entrar en el campo. Además, delinean el mapa del terreno de batalla, donde hay que enfrentar al enemigo, y nos dicen cómo combatir la batalla para ganar. Todas las obras de los Maestros tienen su lugar y cada uno de Ellos tuvo un trabajo particular que cumplir. Quienes piensan que a los Maestros se les puede cuadricular, no han comprendido el sentido del Movimiento. Podemos constatar como el trabajo de un Maestro complementa, de manera clara y hermosa, el de otro. Recuerda lo que H.P.B. escribió a W.Q.J.: "Ustedes en América prevalecerán si sólo se mantienen leales al programa del Maestro." No hay manera de conocer dicho programa sino a través de los registros que estos Dos dejaron. Mientras más procedamos en la línea que estamos siguiendo más constataremos, de forma nítida, que se armoniza con el "programa."

Carta Tres

Me alegra saber que encuentras lecciones en cada evento: lo cual es percatarse del sentido de la vida. Para la muchedumbre significa comer, beber, dormir, despertar, deleitarse, hacer un negocio lucrativo para permitirse todas estas actividades y no aprender nada, echando a perder las oportunidades, multiplicando las dificultades y evitando, en todos los modos posibles, eso del cual podría aprender.

Nuestra actitud debería ser la siguiente: si hay trabajo y podemos llevarlo a cabo, debemos hacerlo, a pesar de los resultados; sabemos que la Ley se encarga de ellos con exactitud indiferente a nuestros sentimientos, por lo cual no hay que pensar en las consecuencias, ni esforzarnos por ellas. Vemos esto y lo admitimos, sin embargo tenemos miedo a confiar, aun cuando sabemos que no hay algo más que podemos hacer.

Una persona constata que el conocimiento espiritual brota, espontáneamente, dentro de ella, no tanto por sus esfuerzos mentales; sino por su "actitud mental." "Coloca tu corazón en mí, como yo he declarado que soy, sírveme, entrega ofrendas sólo a mí y llegarás a mí; te lo juro; porque eres querido por mí." Krishna define lo antes dicho como: "mis palabras más supremas y misteriosas" y luego agrega: "Aquél que divulga este misterio supremo a mis devotos llegará a mí, si me adora en la forma más elevada entre los seres humanos no habrá quien pueda servirme mejor que él, siendo mi predilecto en la tierra." ¿Qué determina esto? El pensamiento y la motivación.

Me agrada saber que escribiste a R., explicando la situación claramente. A mi juicio fue justo; si el hecho de que lo hicieses, hirió tu orgullo personal, el dolor mostró lo necesario de tal acción. Un punto tan sensitivo no es justo; algún masaje no lo dañará. El hecho de que te sentiste mejor después de haberle escrito deja constancia de que fue lo apropiado; sin embargo vacilaste como el niño con el diente y el hilo. La personalidad es lo que llamas "un encanto". Puede desempeñar, según la ocasión, todos los papeles, desde el señor de toda la creación al santurrón; mas el hombre se enmaraña en las pretensiones de la personalidad. Con el tiempo él aprende y, en algún momento, la Dama Personalidad será una "cesante"; "esta cosa ya no existirá" y, en su lugar, habrá un ser humano completo.

Puedo comprender la trepidación que suscita el trato que mencionaste; uno no quiere equivocarse por la gran pérdida que provocaría y, aún, hay que decidir si hacer o no hacer. La índole de tu negocio involucra cierta cantidad de riesgo basado en la acción probable ajena. Es una especie de juego de azar; las probabilidades son mejores en algunos casos que en otros, sin embargo, en ningún momento hay certeza en la cual apoyarse. Para poder determinar el asunto con exactitud, se deberían conocer todos los factores convergentes, verlos en sus varios cursos y esto no es posible para nosotros; así debemos adivinar, en gran medida, las probabilidades. Esta incertidumbre es la que nos enerva. No queremos perder y al mismo tiempo, no queremos desaprovechar una oportunidad de negocio. Me parece que el único curso es determinar si esto se consideraría un *justo* riesgo; en tal caso, estaríamos justificados en tomarlo; no existiendo algo capaz de asegurar, absolutamente, los resultados. Entonces, nuestro juicio se enfocará en la calidad del riesgo, dejando que los resultados sigan su curso, siendo, esto, todo lo que podemos hacer.

Es cierto que lo Condicionado tiene una capacidad ilimitada para hacer lo indebido, sin embargo hay que tener presente que lo Incondicionado no actúa, ni puede actuar. "El Ser *actúa* sólo por medio de sus criaturas"; el condicionamiento es colectivo. También lo condicionado debe ejercer su capacidad para la justa acción; sus errores verificados conducen a esta dirección y las posibilidades son, también, ilimitadas. Toda *existencia* es condicionada; pero en ella se encierra una variación infinita. Si salimos de una serie de condiciones nos encontramos en otras. Parece que el secreto consiste en no identificarse con ellas, mientras trabajamos en las condiciones que nos rodean en cada plano; mejorando, siempre, nuestro juicio y discernimiento con respecto a ellas, en concomitancia con el instrumento que usamos en aquel plano, dando la dirección apropiada a las vidas conscientes que constituyen este instrumento.

Si hubiéramos trascendido las condiciones físicas, éstas no nos enredarían, no nos encontraríamos en ellas; sino por elección. Aun entonces, lo único que podríamos hacer sería ponernos bajo sus operaciones y limitaciones para poderlas comprender plenamente en todas las influencias que ejercen sobre los que se encuentran en esa condición por necesidad. Debemos atenernos a las reglas del juego que estamos jugando; al mismo tiempo podemos conocer juegos mejores.

Es bueno tener este "toque del corazón" que trasciende tiempo, espacio y condiciones. Lo aprecio plenamente y sabes que existe en mi caso. Te envío mi cariño y el deseo que tengas el máximo éxito en tus esfuerzos.

Carta Cuatro

A pesar de que las situaciones no sean siempre agradables, ni lo que escogeríamos, sabes que son el aparato por medio del cual aprendemos el discernimiento. Una aparente desgracia puede convertirse en una bendición, si se toma de la justa forma; esto debe ser verdadero si el propósito de la vida es aprender. Todo lo que se nos presenta es parte de la vida y cuando nos llega es parte de *nuestra* vida; así, todo debe ser lo adecuado para nosotros si el objetivo es aprender. Si sólo las personas asumieran esta óptica, aprenderían más, pasarían por la experiencia con menos fricción, serían más felices y en realidad tendrían menos dificultades que superar. Tan pronto como la necesidad de aprender cesa, no atraeremos hacia nosotros el evento que nos aleccione en esa área. Todo es Karma y, como estudiantes, deberíamos percatarnos de esto y beneficiarnos de tal conocimiento. Sin embargo, muchos tardan cierto tiempo para asumir tal actitud, mientras tanto, las oportunidades se echan a perder, desgastando energía inútilmente. Nuestro trabajo es con nosotros mismos y podemos hacer sólo lo posible para los demás, ofreciéndoles oportunidades que están más allá de nuestro alcance y, después, deben decidir. W.Q.J. dijo que hacen falta dos cosas: mantenerse firmes y tener una confianza perfecta. A mi juicio allí yace la puerta para un refugio seguro. (El solía decir: "mantenerse con toda la fuerza", lo cual expresa, de forma más explícita, la determinación.)

Es cierto que cuando confiamos en otras cosas no estamos depositando nuestra fe en la ley. Sí, parece mucho más oscuro de lo que realmente es. Debemos acostumbrarnos a otro tipo de luz y, después, podremos ver tan claramente como antes o más. Los sacrificios hechos para aliviar las pruebas ajenas, son exámenes también para nosotros y medios a través de los cuales crecer. El crecimiento se destila del sacrificio de lo inferior para lo superior en todo modo y también en cada plano del ser. Es el fuego espiritual que quema toda escoria. En ningún momento el camino se hace más fácil; sino es *seguro* y la purificación sigue adelante. Si es que debemos desplomarnos, lo haremos con nuestras banderas izadas, luchando hasta el final. Esto es lo peor que podría sucedernos, sin embargo no es tan negativo para nosotros, aunque los demás pueden sufrir porque se nos ha trasladado a otro campo. Ahora podemos arrepentirnos de la posibilidad, pero en aquel entonces, no; ya que no se podía hacer algo más.

Tu pensamiento, según el cual nos encontramos abandonados, debe ser correcto. Muy a menudo pensamos que todo depende de *nuestro* esfuerzo y continuidad; sin embargo debemos saber que todo esto se nos ha dado y siempre hay aquellos que están cerca de nosotros, que ven y saben y jamás nos dejarán, aun cuando debemos pasar por las puertas de la muerte a fin de alcanzar una visión y un entendimiento más amplios. Toda prueba y adiestramiento tiende a sacarnos de un lugar para que podamos experimentar otro mejor, cuando determinemos: "sufrir o regocijarnos con cualquier cosa que el Ser Superior nos depara por medio de la disciplina y la experiencia." Es el Ser Superior que nos atrae a lugares y condiciones de los cuales la personalidad huiría amedrentada, si fuera la única en actuar. Se aleja de lo desconocido como el corcel, sin embargo, el jinete, valiéndose de espuelas, riendas e intrepidez, hace que lo lleve a donde quiera, sabiendo donde la comida, el refugio y el reposo esperan a ambos.

En este trabajo las naturalezas se intensifican; lo bueno y lo malo afloran; pero el proceso de limpieza es paulatino. Cada uno debe efectuar su trabajo de eliminación donde perciba que hace falta; es un proceso de propósito y discernimiento; además: los eventos nos traen las oportunidades. Sabios son los que se benefician de ellas, examinando los motivos en la manera en que tratan los eventos.

A veces, la Ley trabaja de forma extraña; jamás es inactiva y no comete errores. Confiemos en Ella; no habiendo nada más en que poder confiar. Aun cuando yo fuese completamente inútil, tu amor, fe y osadía, producirían los resultados de igual modo; y tu sacrificio por un ideal destilaría en ti todo lo que ese ideal encierra. Cuando buscamos la Verdad misma y le servimos, nada puede desanimarnos ni alejarnos. Es mucho haber alcanzado este entendimiento y vale la pena pagar su precio diez mil veces.

Carta Cinco

Estás en lo cierto cuando dices que, a diario, pasamos de plano en plano; sin embargo, al relacionarlo todo al círculo de necesidad cerebral, perdemos el significado. A mi juicio: lo que produce los mejores resultados es un enfoque sobre las ideas fundamentales y su divulgación. W.Q.J. dijo: "Así, la Voluntad se libera del dominio del deseo y, al fin, somete la mente. Sin embargo, antes de que alcancemos la perfección de la práctica, la voluntad actúa según el deseo, la sola diferencia es que el deseo es por las cosas superiores y apartado de las de la vida material." Para el estudiante devoto, los eventos y los deberes ordinarios de la cotidianidad se convierten en fatigosos y acosadores, debido a la naturaleza real del cambio de actitud, del plano de acción y de los cambios que se verifican en el cuerpo mismo; pero todo esto debe superarse. El discípulo debe trabajar y cumplir con todo deber, no para que se realice; sino como si su interés completo se enfocara en esto, como si fuese lo único que efectuar. Verás que lo antes dicho se debe a que el deseo está trabajando en un nuevo campo.

Con respecto a la memoria: constatarás que es una facultad de percibir lo que está grabado. La registración se encuentra allí; pero a menudo está lejos del plano de la percepción y podríamos decir que la impresión es empujada hacia arriba desde abajo. Es posible disciplinar la memoria física para que sea más eficaz, cuyo agente principal es la capacidad de observar y notar, detenidamente, toda cosa y circunstancia. Tenemos muchos hábitos descuidados que permiten a las cosas dejar mella sin que nosotros nos percatemos de eso con precisión. Por ejemplo: a menudo las personas miran el reloj y luego vuelven a ponerlo en el bolsillo; pero cuando les preguntas el horario, deben volver a mirarlo porque no pueden decirlo. En estos casos el objetivo era ver que hora *no era* y la observación nada más notó. Notar detenidamente las cosas, sin que esto influencie nuestra conducta adecuada, es decir: notar de manera impersonal, es el estudio de los corazones humanos que constituyen el mundo en que vivimos; es el estudio del ser humano en su integridad; estando el entero compuesto por las partes. Tal actitud no juzga ni condena, sino *nota*, a fin de ayudar con entendimiento. Esta atenta acción de notar, trabaja de dos maneras: interna y externamente, además tiende hacia la eficacia del registro físico. También en este caso, como en cualquier otro, el motivo cuenta; de lo contrario, la acción de notar podría degradarse a una simple "curiosidad vacía." Uno ve sin dar una indicación de haber visto y sin la más mínima intención de usar personalmente la percepción así adquirida. Cuando podamos leer los pensamientos ajenos, tal conocimiento nunca se usará en detrimento de los demás; sino siempre para su beneficio y con sabiduría. Es análogo al lema de los masones: "está encerrado en el estuche seguro y sagrado del corazón."

Pienso que entiendes la expresión: "no vuelvas la mirada para atrás o te perderás." El contexto dice: "Mata en ti toda memoria de las experiencias pasadas." Si no lo hacemos, vivimos en ellas, rejuveneciéndolas, y habiendo producido una impresión profunda, ahora que hemos incrementado nuestro poder de pensamiento, *volvemos a vivirlas* con mayor fuerza y expresión. La única escapatoria es la confianza en el Ser: "Eres eso." "Al admitir la realidad del Ser Superior deberíamos abrazar la idea, enfocarnos en ella *día a día*, hasta que la voluntad y el deseo propendan a ella naturalmente, volviéndola en tónica o meta del pensamiento. Este proceso iluminará y mejorará ulteriormente, la línea de influencia *con cada pensamiento*. Cuando la influencia se fortifica, embebe la naturaleza completa, reforzándola mientras la mejora. Dará *conocimiento y también energía*. Este es el único sendero real hacia los Maestros, los Adeptos, los Mahatmas."

Lo que dices es cierto: otra posición que no sea la del Ser es aún más desastrosa, siendo temporalmente fuerte. Un ser humano se dirige a eso en el cual deposita su confianza; sólo aquel que confía en el Ser no está *sujeto* al renacimiento. Hace falta una osadía inmortal para tener un punto de vista inmortal, adhiriéndose a ello mientras observas y guias a las fuerzas inferiores en unidad, para el Ser de Todos. La Voluntad Espiritual no puede actuar mientras que haya algún egoísmo en la acción o en el deseo por sus resultados. La *única* escapatoria es renunciar al interés personal en los frutos de las acciones y aunque ahora no seamos perfectos en la renunciación, es siempre posible crecer en esa dirección y cada pasito de crecimiento, contribuye a un mejor logro.

Es bueno haber reconocido que, para un largo tiempo, la actividad escondida de la aspiración espiritual se manifiesta, casi siempre, en un incremento de la actividad de la naturaleza inferior y esto puede querer decir, también, en las circunstancias de la vida. Es la aceleración del Karma que podría ser bueno como el que estamos dispuestos a llamar "malo". El buen Karma es eso que agrada a Iswara; el mal Karma es eso que desagrada a Iswara; ésta es la mejor definición de las dos clases de Karma.

No tenemos que preocuparnos por lo que no hemos hecho, ni, todavía, por lo que hemos hecho. Cuida sólo de lo que estás haciendo; así podemos trabajar y servir mejor. Al igual que San Pablo, constatamos que el espíritu está dispuesto; pero la carne es débil, a pesar de que se fortifique en cada instante. Parece más débil de lo que es a causa del parámetro de juicio más elevado que le aplicamos. Lo interno es siempre más perfecto y es lo que hace el trabajo de perfeccionamiento. "Aquél que ve que la naturaleza es la que ejecuta todas sus acciones y que el Ser interno no es el actor, ve realmente." Nuestra Declaración dice: "Una realización más verdadera del Ser, una convicción más profunda de la hermandad universal." Estamos percatándonos del significado de estas palabras y tal toma de conciencia se obtiene enseñando y esforzándonos en poner en práctica en la vida dicho significado.

Muchos se inquietan debiendo entender al Perceptor como *incambiable*. Eso se debe al hecho de que identificamos eso que percibe con sus percepciones. Cada persona tiene esto que ella llama su mente, sin embargo, muchos piensan que la actitud mental *actual* es el Perceptor, aunque éste tuvo otras actitudes en un tiempo y tendrá otras en el futuro; porque el *Perceptor cambia su manera de pensar* al percibir la necesidad de tal cambio. Por lo tanto, la mente es sólo su *instrumento* para comprender las cosas y las naturalezas en el plano en que se usa. Tal instrumento puede ser reforzado y mejorado. Eso que usa, fortifica y mejora el instrumento debe ser algo *permanente*. Podríamos comparar la mente a un telescopio que el Hombre, el Perceptor, usa para poder percibir la naturaleza de las cosas que lo rodean. El puede actuar sólo en conformidad con lo que percibe a través del telescopio. Si éste no se ha ajustado adecuadamente, queda desenfocado, la percepción será distorsionada, dando lugar a una acción equivocada. Por lo tanto, el Perceptor debe aprender, mediante la experiencia y la de los demás como él dotados de instrumentos similares, como arreglarlo y enfocarlo justamente; ya que de esto depende la percepción y la acción correctas. Si se convirtiera en alguna percepción o percepciones adquiridas por medio de su instrumento, perdería, de inmediato, toda relación con otras actitudes posiblemente obtenibles, unidas a las ya logradas.

Carta Seis

Me preguntas acerca del Ego que deja el cuerpo astral. Pienso que para comprender mejor el tema hay que recurrir a la analogía. Cuando decimos que un individuo está durmiendo, *Manas* o la mente ya no recibe ni transmite impresiones a través del cuerpo; el que duerme pasa al estado sin sueños, donde opera como un ser espiritualmente autoconsciente hasta que el ciclo de regreso se activa de nuevo a través del cuerpo. Ahora bien, si consideramos la muerte como un sueño más completo y final para ese cuerpo, concluimos que el Ego cesa, simplemente, de operar por medio del vehículo físico. De inmediato el *linga sarira* o la "forma" astral empieza a desintegrarse, quedándose con el cuerpo hasta que su última partícula, excepto el esqueleto, se disipa. Sin embargo, el Ego no está más apegado al *linga sarira* que al cuerpo. El *Kama Rupa*, o la forma de deseo, está constituido de *skandhas* o las tendencias de la naturaleza inferior revestida en la materia astral (no el *linga sarira*); y el Ego asciende al *Devachan* envuelto en su esencia superior. El *Kama Rupa* se desvanece rápida o lentamente, según lo burdo que fue la naturaleza del ser humano durante la vida; pero sus "semillas" permanecen, esperando el retorno del Ego del *Devachan*. Puesto que el Ego, mientras habita en un cuerpo y durante el sueño de éste, puede ascender a las regiones *Devachánicas* sin que la existencia de ese cuerpo o los deseos que les pertenecen lo obstruyan; así, después de la muerte física, el proceso de desintegración de los principios inferiores no atrapa al Ego, el cual puede pasar, velozmente, por el estado *kamalókico* (de sueño) al *Devachánico*. El *kama-rupa* es simplemente la masa de deseos y pasiones abandonados por la persona real que huyó al "cielo". Sin embargo, como hay algunos que sueñan más que otros y de maneras distintas, antes de que la Tríada se libere completamente, existe un lapso más o menos largo que culmina en la separación del *kama-rupa*. Notarás que Judge escribe: "Cuando *termina* la separación (entre el cuerpo que ha muerto, el cuerpo astral, las pasiones y los deseos) [...] la Tríada Superior entra, de inmediato, en otro estado."

Si tenemos presente que el verdadero Hombre es el Percibidor de *todos los estados*, estos significarán, simplemente, sus *percepciones en planos distintos.* Cuando él deja, finalmente, sus principios o instrumentos inferiores, ya no tiene percepciones de este género; sino otras, más elevadas. Mientras está en la manifestación, jamás cesa de percibir en algún plano; cambia, simplemente, la dirección de la percepción. Cuando ocupa un cuerpo, durante las horas de vigilia, es afectado por los estímulos recibidos por medio de éste. Después de que el cuerpo duerme, es afectado, más o menos, por la repetición de los estímulos durante el sueño. Estos se desvanecen y él es libre, como Ego, en un plano aún superior. En el momento de la muerte estos estímulos tienen una gama más amplia; cada uno de los principios inferiores *empieza* a desintegrarse tan pronto como el cuerpo fallece; siendo, *éste,* el campo de su operación.

El cuerpo, en sí, no tiene conciencia ni poder de percepción; es la parte burda, concreta y terrenal, mediante la cual entramos en contacto con las cosas terrestres. Uno de los Maestros escribió: "El chelado no consiste en algún tipo de comida o bebida, en alguna práctica, observancias, formas o rituales; *es una actitud mental.*" Otro Maestro dijo: "Busca, *primero,* el reino de los cielos y el resto se te dará por añadidura." La razón de esto es que la mente está involucrada. Si recurrimos a las prácticas, la mente se enfoca y se enreda más y más en *ellas*, que, siendo concretas, tiñen a la mente. Jesús dijo: "No sean como los fariseos que limpian lo externo de la bandeja." La naturaleza interna se nutre de nuestros pensamientos y motivos. Si estos son bajos, burdos o egoístas, equivaldría a alimentar esa naturaleza con comida pesada. Por lo tanto, la verdadera dieta teosófica consta de pensamientos y acciones altruistas, una devoción incesante para el bienestar de la Humanidad, una negación absoluta de la personalidad y una aspiración inefable hacia el Alma Suprema. Eso es lo único que podemos "usar como base para crecer y vanas son las esperanzas de quienes depositan su fe en cualquier otra doctrina."

En lo que concierne al alimento corporal, come lo que te hace sentir mejor, tomándolo con moderación, sin exagerar por un lado ni por el otro. Si tu constitución y temple te permiten ser vegetariano, entonces, esto dará menos calor a la sangre. "Si, por la enfermedad y una larga costumbre, un ser humano no puede abstenerse de la carne, que la coma. No es un crimen. Aplazará su progreso sólo un poco; ya que, después de todo, las meras funciones corporales son mucho menos importantes de lo que una persona *piensa, siente* y a cuales deseos deja entrar en su mente, permitiéndoles que se arraiguen y que crezcan allí." (H.P.B.)

Me estoy explayando sobre el tema porque la experiencia me ha mostrado que es muy simple para los estudiantes asumir observancias corporales, quedándose allí; éste es el punto de partida equivocado. Es mejor no hacer una selección particular con respecto a la dieta, consume lo que te hace sentir mejor y que mejor sustenta tu cuerpo. Nada hay en la dieta vegetariana que cree la espiritualidad. Los hindúes, que han sido vegetarianos por siglos, se hallan, en la mayoría de los casos, en un estado de degradación y el segmento mejor de la población, tiene las mismas dificultades que los occidentales en adquirir el conocimiento espiritual. Al mismo tiempo, las vacas y las ovejas serían espirituales si el alimento vegetariano tuviese tal efecto. En cualquier cosa, es la intención la que cuenta. Si una persona cesa de comer carne porque, ateniéndose a esta condición, puede alcanzar un desarrollo que se ha fijado, se engaña y adquiere una intención egoísta para la línea que ha adoptado. Además, deberías saber que se ha demostrado lo siguiente: para los occidentales es un gran peligro cambiar una dieta carnívora por una vegetariana; estando su aparato digestivo acostumbrado a la primera. La dificultad no nace de la debilidad, fruto de la abstinencia de la carne, sino de una digestión imperfecta que causa enfermedad debido a la retención, en el estómago, de sustancia vegetal por un lapso tan largo que causa el desarrollo de hongos y otras excrecencias, inclusive los fermentos alcohólicos, que, entrando en el torrente sanguíneo, pueden provocar enfermedades nerviosas, la tuberculosis y otras dolencias multiformes. Es sabido que una persona que sufre de melancolía a causa de una enfermedad sistémica, no puede esperar alcanzar un alto desarrollo en ocultismo.

Entonces, lo primero es tener la justa clase de pensamientos; lo otro y mucho menos importante, es la dieta en la cual, lo principal a observar es: comer lo que mantiene al cuerpo en la mejor condición de funcionamiento, de manera que sea un instrumento más eficaz posible para el trabajo en el mundo. Es cierto que los alimentos actuales no son ideales. En el futuro tendremos mejores productos, que procederán del justo pensar; nuestro trabajo, ahora, consiste en pensar de una base correcta, estableciéndonos en ella y asistiendo a los demás para que hagan lo mismo. De esto fluirá lo que es afín: desde lo interno, hacia lo externo: un crecimiento natural.

Carta Siete

Nadie, capaz de ver sus errores, es un caso sin esperanza. En el momento en que nos damos cuenta de nuestro engaño, en ese instante la ilusión ya se disipó; aunque pueden rodearnos sus consecuencias a través de las cuales debemos trabajar. Cualquier problema y obstáculo procede de la auto-identificación con la ilusión y los errores; ésta es la quintaesencia de las ilusiones.

La manera en que estás proveyendo el motivo motriz para el negocio, es algo grande. El deseo por las cosas mundanas decrece; *pero se debe trabajar*. Es Karma y el Karma es Dharma: el deber. Lo que se requiere de nosotros no son las "inclinaciones"; sino el deber. El motivo es el deber y no el amor por el juego según se practica; no participaríamos por amor al juego. Sin embargo, si anhelamos llegar a ser como los Maestros, hay que trabajar como aquellos que lo hacen egoístamente y con propósitos innobles. Empleamos el mismo ahínco; pero nuestro trabajo no es el de ellos.

Nos conviene abstenernos de pensar, lo más posible, en el futuro, en lo que concierne a los resultados, concentrándonos sobre el trabajo inmediato. Haz esto y el resto seguirá, encontrándote preparado para continuar con el trabajo, cualquiera que sea. Más que todo, evita que la excitación del esfuerzo te desoriente; sé calmo y seguro; cultiva la tranquilidad y la confianza, las cuales permiten la preservación de nuestro mejor juicio y poderes más elevados. Cada día no contiene más de un día de trabajo; cada día consta de tantas horas dedicadas al trabajo; atiende cada día y ora según llegan. Evita el sacrificio inútil de pensamiento y esfuerzo; conserva las energías; trabaja sin tensión.

Si al Movimiento que queremos cuidar le corresponde recibir ayuda, se le proporcionarán los modos por lo cuales llegará, presentándose, así, las oportunidades. Todo lo que debemos hacer es beneficiarnos de ellas, paulatinamente, según llegan, haciendo lo mejor posible sin temer al fracaso y sin cortejar algún éxito. Ten presente la actitud: "No estoy haciendo nada"; la cual servirá para mitigar la tensión que te cansa. Asume la posición que todo será por lo mejor y que tu papel consiste en desempeñar cualquier cosa que se te presente. Entonces, esto se convierte en el cumplimiento del deber y no debería ser fuente de más tensión que el trabajo rutinario. No construyas castillos en el aire, causan simplemente miedo de que puedan destruirse, siendo, en sí, inútiles. Toma lo que Karma te trae y úsalo bien. Karma nos entrega lo que nos pertenece; así no hay motivo para preocuparse del futuro. Lo que sí es necesario es mantener todos nuestros poderes preparados para que hagamos buen uso de lo que se nos entregó y la mejor manera de hacerlo es mediante una ejecución tranquila, calma y segura de lo que sabemos hacer, día a día.

Me agrada saber que M. se está encaminando a lo largo de las justas líneas. Espero que asuma una línea recta de pensamiento y acción. Hay tantas mentes místicas que, inducidas por su amor hacia los sentidos místicos, vuelcan el polvo acumulado de los tiempos, cuando los significados ocultos eran absolutamente necesarios y pasan por alto la verdad clara e inequívoca ante ellas. Lo anterior es falta de discernimiento. Si dichas personas estudiaran el trabajo de la Logia durante las eras, transcurrirían menos tiempo en los esfuerzos pasados, cuyo único archivo se encuentra en la impresión hecha en las mentes de aquel entonces y se dedicarían, de inmediato, a las líneas trazadas en el esfuerzo presente.

Sí; es guerra; pero no en contra de la gente. Guerra a favor de la Verdad: las ideas eternas, el pensamiento eterno en la Mente Eterna. Guerra en contra del error, la mojigatería y la hipocresía. Cuando las Verdades Eternas se presentan al mundo, sus vectores son siempre las personas. Algunos adoran o se apoyan en las personas; otros las maldicen, las calumnian o las menosprecian; ninguno de ellos toma en consideración lo que se presenta y se entrega. Lo mismo ocurre en el caso del error, hay que señalarlo, usando nombres para ser específicos; nuevamente, los insensatos ven un ataque a ellas. En una era en que triunfa la "personalidad", la mente ordinaria no puede ver más allá de ella; a menos que uno se esfuerce en cada ocasión a explicarla. La guerra se libra para ayudar a las "personalidades" a convertirse en "almas vivas." Es el *Mahabharata*, la Guerra Santa.

Las ideas son ideas pese a quien las escriba o las exprese; así pueden fluir a través de quienquiera que esté en la condición idónea. Encontramos las ideas teosóficas en toda dirección, en todas las clases de pensamiento, discursos y escritos. Los fragmentos regados aquí y allá son tan buenos como cualquiera que la Teosofía da; pero no hay síntesis. La Teosofía es síntesis e implica unidad en la diversidad; siendo la diversidad simplemente aparente y no real. "Mientras tanto, el mundo de los verdaderos Ocultistas sonríe silencioso y sigue adelante con su proceso laborioso de tamizar los *gérmenes vivos* de las masas humanas; *pues hay que encontrar, cultivar y preparar a los ocultistas para las eras futuras, cuando se necesite el poder* y las pretensiones no tendrán algún valor."

Cuando consideramos, como debemos, que nuestras vidas individuales se extienden por edades innumerables, tienen un futuro ilimitable y nuestra existencia física actual es sólo un pequeño aspecto de ese Ser grandioso y continuo, nos elevamos sobre lo temporal, aunque actuamos en él y, percatándonos más de las proporciones y relatividades correctas, nos involucramos y nos preocupamos menos por "los eventos pasajeros". Esto es, en sí, una gran victoria, dando la firmeza estable del guerrero en la lucha. "No te olvides de esta lección, el hombre espiritual se encuentra en este mundo para liberarse de los defectos. Su vida externa sirve sólo para esto, razón por la cual se nos ve a todos en desventaja." Si consideramos la vida desde este punto de vista, cualquier evento es una oportunidad de la cual este "hombre espiritual" debe beneficiarse y, en todo, encontramos esa "lucha gloriosa y no buscada que sólo a los soldados favorecidos por la fortuna les corresponde librar."

Recuerda lo que W.Q.J. escribió: "Ninguno de nosotros y especialmente aquellos que han oído hablar del Sendero, del Ocultismo o de los Maestros, puede decir con confianza que no es uno que ya pasó por algunas iniciaciones, consciente de ellas. Podríamos ya haber sido iniciados en algún nivel más elevado de lo que nuestro alcance sugiera y estamos experimentando una nueva prueba que desconocemos. Es mejor considerar lo que somos, estando seguros de eliminar todo orgullo acerca de ese adelanto desconocido que ya cumplimos." Estas palabras pueden confortarnos y alentarnos; siendo particularmente verídicas en el caso de quienes sienten un gran ardor por el trabajo de los Maestros.

Hemos llegado al fin; no te entristezcas, no temas, pero corta todas las dudas con la espada del saber.

Carta Ocho

Es correcto lo que dices acerca de las "encarnaciones como H.P.B. y W.Q.J.; pues las gobiernan condiciones ampliamente distintas de las de la humanidad ordinaria." Podríamos entender mejor la índole de Madame Blavatsky si consideráramos a la H.P.B. física, como un espejo capaz de reflejar de arriba y de abajo, dándole a cada uno su reflejo según su naturaleza y poder de percibir. Para la persona con discernimiento era fuente de inspiración; mientras el individuo común, los Judas, los críticos y cualquier otro veían, ahí, su reflejo. Sólo unos pocos captaron una vislumbre de la verdadera individualidad. Cada uno obtuvo la prueba que buscaba. Según las palabras de los Maestros, el cuerpo de H.P.B. fue el mejor que pudieron conseguir por muchos siglos. Quienes miraron el cuerpo y sus características humanas, recibieron lo que esta visión pudo entregarles; aquellos que miraron la mente que estaba detrás, recibieron lo que procedía de ella, al grado que ellos la comprendían; las personas capaces de hurgar en las causas de las cosas, vieron lo que su vista profunda les daba, más o menos, de la Verdad. "Por sus frutos los conoceréis."

Los judíos aún esperan la venida de un Mesías. Son muy pocos los que descubren la "Presencia" y, aun entre ellos, la tendencia es de relacionarla sólo a los tiempos y a las circunstancias presentes, pasando inadvertido el propósito más amplio. Muchos años después de estas visitas, algunos seres, aquí y allá, empiezan a ver las señales que indican que "alguien importante" ha estado entre la humanidad; pero incluso ellos relacionan todo con *su* "tiempo presente." Y así sucesivamente, cada "descubridor" elabora su construcción de los hechos; mientras que el resultado es una degradación exotérica de la Verdad; un respeto por los eventos y las personas, en vez de comprender las verdades impartidas. Finalmente, debe venir otro, encarando el mismo tratamiento. Sin embargo, cada vez se hace mella en el pensamiento de la era y la humanidad gana un poco: no hay otra manera.

Es interesante leer el artículo: "El Carácter Esotérico De Los Evangelios" de H.P.B. en el que encontramos el siguiente pasaje: "Los Teósofos, o al menos algunos de ellos, quienes entienden el sentido oculto de los Avatares, los Mesías, los Sosioshes y los Cristos universalmente esperados, saben que esto no significa el fin del mundo; sino la culminación de una era, es decir: la terminación de un ciclo que está acercándose rápidamente." (Esto se escribió en Noviembre y Diciembre de 1887 y en Enero de 1888.) H.P.B. dijo: "Hay varios ciclos relevantes que terminan al final de este siglo XIX. Primero: los 5 mil años del ciclo de Kali-Yuga; y el ciclo mesiánico de los judíos Samaritanos (y también Cabalistas), del Hombre relacionado con *Piscis*. Es un ciclo histórico breve; pero muy oculto, cuya duración es, aproximadamente,

2155 años. Sin embargo, tiene un significado verdadero sólo si se calcula mediante los meses lunares. Empezó en 2410 y en 255 a. de. C., cuando el equinoccio entró en el signo de *Aries* y de nuevo en el de *Piscis*. Cuando, dentro de algunos años, el ciclo entre en el signo de *Acuario*, los psicólogos tendrán trabajo extra que hacer, el preludio de un gran cambio en las idiosincrasias humanas."

Creo que podemos expresar este "gran cambio" con tres palabras: *Susceptibilidad a la sugestión,* buena, mala o neutra. Mira a tu alrededor y ve si esto no es cierto. ¿Usan los "Mesías" actuales la sugestión? ¿Hubo, acaso, un período en el que la humanidad tuvo que usar su razón más que ahora, estribando en la consideración más amplia posible de los hechos reunidos para los seres humanos? Jesús dijo: "Tened cuidado, para que ningún *hombre* os descarríe; ya que muchos vendrán en mi nombre y dirán: 'soy el Cristo' y así extraviarán a muchos. [...] Si algún hombre os dirá: 'observa, el Cristo está en el desierto', no vayáis allá; 'observa, está en las cámaras internas', no les creáis; ya que, como la luz procede del oriente y se le ve incluso en occidente, así será la *presencia* del Hijo del Hombre." El salvador esotérico no es un *hombre*; sino el *principio* divino en todo ser humano. Lo que es menester es un conocimiento del Sendero que conduce a El o a Esto. El tonto busca un "Hombre"; el sabio, el "Mensaje." Pocos conocen al Mensajero cuando viene; pero la multitud puede conocer a un verdadero Mensaje haciéndolo pasar por el tamiz de toda prueba posible. El "Mesías" ha venido y se ha ido, dejando el "Conforte", Su Mensaje. Volverá, pero no antes que hayan pasado varias generaciones humanas. La humanidad puede llegar a la verdad de estas cosas si se esmera en la búsqueda con toda sinceridad.

H.P.B. dijo: "No me sigan a mí ni a mi sendero; sigan el Sendero que les muestro y los Maestros que están detrás." Sabía que éste era el curso más seguro de todos; pues cada uno juzgará las palabras y las acciones de una personalidad desde su punto de vista y entendimiento; algunos menospreciando; otros, exagerando y otros más, con indiferencia. Al mismo tiempo, quienes pueden ver tras el velo del *maya* físico reconocen a los que están recorriendo el mismo sendero y tal reconocimiento les brinda alivio y ayuda que se extiende de lo más pequeño a lo más grande, un nutrido grupo de hermanos que incluye a los Maestros como Guías y Culminación. "Quien haga esto al más ínfimo de entre ellos, me lo hace a mí."

Un *Siddha-Purusha* (ser humano perfecto) es como un arqueólogo que quita el polvo y abre un viejo pozo que fue cubierto por edades de desuso. El *Avatara*, en cambio, es como un ingeniero que perfora un nuevo pozo en un lugar donde anteriormente no había agua. Los Grandes Hombres salvan sólo a quienes tienen las aguas de la bondad escondidas en ellos; pero el *Avatara* salva, también, a aquél cuyo corazón está vacío de amor y árido como un desierto.

Carta Nueve

Creo que has tomado la posición justa en tu carta y me gusta mucho. Hay sólo dos posiciones: una radica, imparcial y exactamente, en los Mensajeros, su Mensaje y la admisión de su conocimiento como medio provisional entre sus apariciones; pues Ellos mismos expresaron con claridad este período, de manera que no podemos abandonarnos a imaginaciones vanas de que se nos ha dejado solos en el mundo y a nuestros recursos; la otra posición sostiene que Ellos *no* podían ver en el futuro y por lo tanto hicieron lo que pudieron, dejando su obra a la merced tierna del mundo y al conocimiento imperfecto de sus discípulos y que, en realidad, no hay guía alguna en lo que dejaron grabado sobre el estudio, la filosofía y la propaganda.

Nosotros nos atenemos a la primera posición; allí estaremos seguros. Mientras más nos adherimos a ésta y a lo que nos dejaron, más cerca estaremos de las líneas que trazaron. Recordarás el contenido del artículo de W.Q.J. : "El Futuro y la Sociedad Teosófica":

"Hay que adherirse al programa de los Maestros. Esto puede *verificarse sólo consultando* a H.P.B. y las cartas que divulgó, provenientes de Aquellos a los cuales hace referencia. No hay mucha duda acerca del programa." [...] "Este es el momento de guiar el impulso recurrente que muy pronto debe llegar, propulsando la era hacia un ateísmo extremo o haciéndola retroceder a un sacerdotalismo extremo, *si no se conduce a la primitiva filosofía* de los arios, *capaz de satisfacer el alma*." [...] "Debemos seguir este programa y *proporcionar al mundo un sistema de filosofía que ofrece una base lógica y segura para la ética y esto es derivable sólo de aquellos a quienes he aludido*. [...] "Mediante nuestra unidad, el esfuerzo más pequeño que hagamos tendrá un poder diez veces más fuerte que cualquier obstáculo que se nos presente o cualquier oposición que el mundo ejerza." [...] "Nuestro destino es el de continuar el amplio trabajo del pasado, influenciando a la literatura y al pensamiento en todo el mundo, mientras nuestras filas presencian muchos cambios cuantitativos; aunque se quedan los que permanecen fieles al programa, rechazando convertirse en dogmáticos o abandonar el sentido común en Teosofía. *Así esperaremos el nuevo mensajero*, esforzándonos por mantener la organización viva a fin de que pueda usarla."

Nuestros amigos pueden afirmar que están afectando la literatura y el pensamiento en la manera que escogieron proceder; ¿pero es cierto que podrían hacerlo con algún propósito o dirección, si no fuese por quienes se atienen al programa y sostienen la bandera de la verdadera filosofía y la base científica de la ética? Además: en la escritura que nuestros amigos conocen muy bien se ha grabado que: "Ningún hombre pone vino nuevo en odres viejos; ya que estos pueden romperse y el vino perderse." El resultado inevitable es lo que acabamos de mencionar. A la literatura y a la religión no se les influencia de esta forma. El Cristianismo es una "religión revelada"; su base yace en la revelación de la Biblia y en ningún otro sitio; para cambiarla se debe proporcionar la verdadera base sin entregarse al error; sino hay sólo un cambio de error con error. Vale la pena recordar que un poco de levadura fermenta la masa completa; entonces, distribuimos la levadura, dejando que el proceso de fermentación en la literatura y la religión tome su curso, como no cabe duda que suceda, si permanecemos fieles a lo que se nos entregó.

La Teosofía es para quienes la quieren y para ningún otro. Nuestra posición es clara e inequívoca y por medio de nuestras investigaciones podemos ayudar a los que han estudiado desde hace mucho tiempo y son sinceros. O hay verdadero conocimiento o no. Si lo hay y estamos seguros de esto dentro de nosotros, afirmémoslo, apoyémoslo, dejando que el error se corrija a sí mismo. Me parece hipócrita reunirnos con muchas personas de iglesia, fingiendo que pensamos de la misma forma, diciendo que el cristianismo es, en verdad, Teosofía; mientras el significado que entendemos de la palabra "cristianismo" es antitético a las Verdades Eternas y lo sabemos. ¿Deberíamos administrar la Teosofía a escondidas? Si así es, ¿sabrán alguna vez, los desafortunados "pacientes", dónde están? Si desarrollan disgusto por el cristianismo, según se nos enseña, ¿qué sabor querrán probar? Sabemos donde nos quedamos parados y por qué.

Quizá la falta de un éxito real en todos estos años sea una ausencia de fe verdadera en los Maestros, en conjunto con la actitud de que: "somos pobres pecadores miserables" e indignos. De aquí procede nuestra convicción anémica. Si queremos aprender, el estudiante debe confiar en su Maestro, siguiendo las líneas que trazó, de otra manera ningún resultado bueno puede producirse. Una vez que él sabe más o piensa saber más que su Maestro, que busque uno más adelantado. Si alguien desea enseñar a otro, debe haber un "tono de convicción establecida" para que esto sea algo profundo; si el Maestro tiene algún verdadero conocimiento, éste aflorará. Sin embargo, esto no conlleva más "autoridad" de la que el estudiante acuerda y en Teosofía jamás podría imponerse justamente; pues la Teosofía apela a la razón, a la inteligencia y a la percepción interna.

¿Qué importa si el escritor piensa que está hablando de un plano de conocimiento superior al que el lector conoce, si no trata de imponer nada? ¿Acaso el esfuerzo de los estudiantes no consiste en adquirir el conocimiento para transmitirlo? ¿Cómo pueden comunicar eso que no tienen? ¿Hay diferentes grados de conocimiento que deberíamos reconocer y buscar? En pocas palabras: hay pupilos que estudian desde hace más tiempo, sin ellos no habría los más recientes ni algún trabajo realizado. Esta línea se desliza desde el estudiante más nuevo, hasta los Maestros. "Somos todos iguales y algunos diferentes."

Carta Diez

Supongo que sea inevitable que, una vez de regreso a casa, te encuentres inundado de trabajo. Es una "civilización fangosa" y debemos abrirnos camino a través de su "lodo"; sin embargo, hay consuelo en pensar que no somos el fango y podemos pasar por éste, mirando hacia el fin en perspectiva, la meta a alcanzar, para el bien de quienes están luchando sin esperanza. Quizá asumimos la clase de fango más lodoso al ejecutar la tarea que hemos emprendido. Si consideramos la presión y la tensión de esta forma, ningún evento nos desalentará. En nuestro curso tenemos que tomar ventaja de las condiciones como podemos y siempre de las que tienden hacia el fin en perspectiva. ¿No es así que se escalan las montañas? Además, podemos alcanzar los valles descendiendo con cuidado. ¿Acaso no escalamos y descendemos, figuradamente, todas las veces?

Lo que debe cambiar entre hombres y mujeres, "como tales", son las ideas que prevalecen en los unos hacia los otros, por basarse en distinciones físicas y en la acentuación del separatismo mental y físico. Debemos mirar las almas y las mentes pese al tipo de cuerpo que las reviste, alejándonos de las conclusiones netas y tajantes tan comunes en el mundo. No es posible desembarazarse de estas distinciones a la vez; sin embargo una mejor percepción debe tener su principio, ¿y quién puede poseerla más claramente, sino los que ven la Tríada en todo ser humano?

El movimiento actual de las mujeres es una realidad profunda, no es una moda ni una extravagancia, sino un impulso del ciclo ascendente que, al principio seguirá necesariamente, las líneas de pensamiento y acción ordinarias a las que los hombres en general se atienen; sin embargo, está destinado a influenciar las líneas que afectan al hogar, a la familia y a los intereses humanos generales, más que las posesiones. Es cierto que se cometerán errores de juicio; pero de estos procederá una mejor capacidad de discernir. Nadie puede sustraerse a las limitaciones de tiempo, lugar y circunstancia; deberíamos reconocerlas, llevando a cabo lo que hay que hacer, lo mejor posible bajo tales restricciones.

La característica principal de la mayoría de los hombres es la positividad, tengan razón o no; la de las mujeres, la negatividad; tengan razón o no. Cuando ambos: hombres y mujeres, tengan estas cualidades en equilibrio o se acerquen a una armonía, estarán más próximos a la "espina dorsal doble", que debe convertirse en una realidad en la raza en su totalidad. Comparto tu opinión en general acerca de las mujeres que dan conferencias; pero no soy tan ciego para negar que hay excepciones, por ende las busco y cuando veo sus señales en el trabajo, me siento muy feliz; ya que las mujeres pueden ayudar mejor en este aspecto pudiendo expresar y expresando una cualidad de devoción que muy pocos hombres poseen.

Como dices, no sólo gran parte, sino todo de lo que se escribió, se hizo a través de "indicadores". Cada alma es atraída por alguna concepción, algún interés, que considera ser "el sumo bien"; es necesario considerar esto a fin de conducir la mente de lo irreal a lo Real. No hay otra manera. Aun los que conocen lo real quedan atrapados en la "turba", la fantasmagoría que creamos y se les hace difícil revertir a lo Real y a lo Eterno; tal es la fuerza de la conciencia objetiva que engendra la idea de separatismo. Debemos ver y conocer todas estas clasificaciones cuando señalamos la unidad, de la cual las primeras son simplemente expresiones impermanentes. La verdad es que son necesarios sólo pocos libros.

"Permítaseme decir una cosa que sé; únicamente el sentimiento de la verdadera hermandad, del verdadero amor hacia la humanidad despertado en el alma de alguien bastante fuerte para detener la marea, puede llevarnos a la otra orilla. El amor y la confianza son las únicas armas capaces de derrotar a los enemigos Reales, contra los cuales el verdadero Teósofo debe luchar." "Acerquémonos, todos, en la mente y en el corazón, en el alma y en la acción, tratando, así, de crear esa verdadera hermandad, *por la cual solamente* nuestro progreso universal y particular puede proceder."

"El número de los verdaderos Teósofos no es legión. Las filas no están muy concurridas. No se pueden conocer ni juzgar valiéndose de los parámetros del mundo; sino por la fuerza de sus convicciones. Cada uno de ellos es *serio y sincero en su esfuerzo*. Son los que, si bien no han renunciado externamente, han renunciado interiormente y serán felices cuando lo incidental desaparezca, quedando sólo lo esencial. Son aquellos que pasan de era en era invictos y eternos."

Ayer alguien me preguntó: ¿por qué, en vista de nuestras relaciones innegables en vidas pasadas, se nos pone en posiciones que son tan difíciles y oscuras, cuando la circunstancia obviamente afortunada estaba tan cerca y tan claramente definida? He aquí la respuesta que se me ocurrió: "Hace mucho tiempo diste una promesa, uno de cuyos significados era el alejarse de la luz del sol para entrar en la sombra, a fin de dar más espacio a los demás." Deberíamos recordar que el ser interno hizo esto voluntariamente, y ahora podríamos decir que los reales principios de nuestra naturaleza nos obligan a actuar contra nuestra inclinación. También hay que tener presente que: más dura la lucha, más grande la victoria y nada, excepto la victoria, nos satisfará.

Sí, el presente es la prueba; el pasado lo encontraremos en el futuro: ese *presente* que todavía no ha fructificado. Aun se dice que el proceso de desarrollo consiste en recuperar la memoria del pasado. Sin embargo, esto no puede significar los detalles sórdidos de la existencia física, ni sería de gran interés saber si uno blandió un hacha de guerra o cuál "papel" desempeñó en los varios dramas de la existencia. Recuperar la memoria del pasado es algo más amplio, más sutil, y más grande: la memoria del Ego divino y las funciones de nuestra vida real, activas durante el sueño.

Todo se vive en la mente. La mayoría de las mentes, en lugar de vivir y realizar sus *ideales* en el presente, cumpliendo con sus deberes actuales que conocen, desperdician gran parte de sus oportunidades en el recuerdo y en la anticipación. Vivir y actuar plena y correctamente en el presente es el meollo de la vida; entonces, la fuerza dinámica cerebral actuará plena y correctamente sin agotarse.

Carta Once

Mientras que el trabajo continúa, agregándole nuevos elementos, ocurre el proceso de asimilación. Cada naturaleza nueva es un elemento inédito y produce su efecto particular; sin embargo, no tiene que ser fuente de sorpresa o consternación. En cada instante hay un acercamiento de los "gérmenes vivientes", lo cual sucede mientras trabajamos, cada uno a su manera. Pocos, entre nosotros, se deleitan en los trabajos mismos, que son nuestro Dharma; pero sabemos que estamos allí para llevarlos a cabo y ellos están allí para que se realicen.

A mi juicio, una de las grandes dificultades que nos creamos es la elaboración de un universo mecánico, que no nos satisfará. Esto implica nadar contracorriente. El universo es guiado de lo interno hacia lo externo y todo el conocimiento posible de lo "externo" no impartirá el verdadero entendimiento. Al tratar de adquirir el saber "externo" se ejerce eso que nos encanta llamar mente; ¿pero de qué cimientos y con qué fin? Los problemas que la "mente" tiene, la encaran aquí y ahora, y no atañen a lo que ha sido o lo que será. ¿Y qué, si sabemos todas las leyes y las fuerzas, todos los procesos? ¿Acaso esto nos moldará mejor para cumplir con lo que se nos presenta? La ley trabaja en nosotros y a través de nosotros; somos ministros de la ley y, al reconocer esto y al hacer lo mejor que podamos con lo que tenemos y vemos, desarrollamos un poder y una percepción ulteriores. Los "Upanishads" dicen que este "verdadero conocimiento no es alcanzable por la mente; sino por la visión sutil de quien ve de manera sutil": el Percibidor.

¿Cuál es tu confusión acerca de la Mente? *Sólo* el Ser ES eternamente. ¿Qué es todo el resto? Percepciones, creo; algunas, permanentes, estando relacionadas con el Ser o siendo del Ser; otras, son percepciones de percepciones y por ende, impermanentes; estando en constante cambio. Las dos clases o conjuntos de percepciones en los individuos serán: la Mente Superior e Inferior. Quizá sea mejor decir: Ser Superior e Inferior; pero todo término neto puede dar sólo aproximaciones de las diferencias de percepción. A lo que se percibe podríamos llamarle "materia" o "prakriti", la base mediante la cual la acción puede tener lugar. Parece que esta base es el resultado general de la interpenetración, la interconexión y la interacción de las percepciones de una multitud de clases de seres.

La "mente" con la cual trabajamos es sólo un grupo de percepciones de este plano físico donde toda idea tiene una base física. ¿Puede, tal "grupo", incluir o resolver eso que es la causa o el poder sustentador mismo? Cada plano tiene su estado o "mente" y la única manera por medio de la cual nosotros, en el *manas* inferior, podemos acercarnos a lo interior, es elevándonos a ese plano donde la percepción y el estado son distintos. ¿Deberíamos sorprendernos si todas las tentativas por llegar a una solución mediante la mente cerebral deben ser hipótesis temporales, que descartamos una tras otra al percatarnos de su futilidad? Sin embargo, a veces, la mera exasperación inducida, nos abre una puerta.

Existe un estado del Alma como Espectador sin espectáculo y también muchos estados de "espectáculos" más o menos circunscritos. A mi juicio, el Espíritu no será el todo de alguna clase dada, aunque tal condición puede llamarse "espiritualidad", si las ideas fueran las verdades eternas. Nada se adhiere al Espíritu.

Debe haber esa Mente o Poder de Percibir que asimila las causas primarias y también los efectos siguientes. Existe, también, esta otra acción circunscrita que atañe a las causas y a los efectos menores. La Mente es el poder de percibir que reside en el Perceptor, sus percepciones y posibilidades poliédricas presentan especies de mente, separando las ideas y las acciones. Todos los seres espirituales son los mismos en tipo, distinguiéndose sólo en grado. Los términos confunden; pero de la confusión es posible destilar ideas, si nos adherimos a la Realidad Una, que es Ser y No-Ser. Cada uno tiene su manera de ver y traducir lo que ve.

La cuestión si alguien puede o no beneficiarse al oír hablar de Teosofía antes de morir, depende de la propia habilidad de captar la verdad teosófica; el simple oír las palabras sin penetrarlas o aceptarlas, podría no afectar los pensamientos del pensador. Sin embargo, el karma que llevó al moribundo en contacto con quienes desean ayudarle, lo acercará nuevamente a ese conocimiento y, probablemente, bajo mejores circunstancias. Ningún esfuerzo es vano. Nuestro amor por los demás se muestra, en verdad, en nuestro deseo de servir y el amor es el lazo grandioso. El amor superior que podemos sentir por nuestros seres queridos debería ser el estándar que aplicar hacia nuestros otros seres, un amor intenso por la humanidad, un amor que busca *su* bien superior y nada para sí mismo; sino que tiene todo que viene fortuitamente. "Amigos para el futuro."

Un cambio mental o un vislumbre de la verdad puede, súbitamente, acercar un ser humano a la verdad, aun en el momento de la muerte, creando, entonces, buenos *skandhas* (tendencias) para su próxima vida. Mas los efectos kármicos de la vida pasada deben fluir. H.P.B. dijo que el Ego, antes de nacer, se siente atraído a las escenas de su vida previa, viendo su sentido y tendencia completa, incluyendo los resultados kármicos que deben seguir, por ende, se da cuenta de la justicia de la existencia anterior. Además: después de la muerte hay un "resumen", la causa y la secuencia y "la marea incesante del Ser."

Carta Doce

Es bueno atenerse a la posición como lo haces: mantener la verdadera actitud "de desapego superior." No hace la más mínima diferencia *lo que* hagamos; lo que cuenta es *como* lo efectuemos. Puesto que hay siempre algo que hacer, en cada instante tenemos la oportunidad de practicar lo correcto.

No es bueno estar ansioso; todo lo que hay que hacer es efectuar lo mejor que puedas en cada momento, viviéndolo como viene. "Si el candidato confía firmemente en la Ley, no deberá esperar mucho." De esta manera, cualquier circunstancia será justa para él. Debemos asumir la posición que lo debido ocurrirá, y, mientras usamos y sacamos beneficio de toda oportunidad, sentir que: si lo que parecía bueno no se nos presentó, es mejor para el objetivo principal a favor del cual trabajamos. En este caso preservamos nuestras mejores energías sin que los eventos nos exciten o nos desalienten.

Tenemos la tendencia a hacer caso omiso del bien que prodigamos a los demás por medio de nuestro esfuerzo. Toda persona que nosotros afectamos, incluso en el grado más mínimo, influencia a otros y nadie puede decir lo que es factible para el futuro, mediante los métodos indirectos. Esto es fuente de mucho aliento y el aliento significa una continuación del valor. Debemos sólo continuar con el valor con el que empezamos; pues, en todo gran esfuerzo es cierto que habrá reacción. Y sabiendo que ésta es la Ley, estamos preparados y jamás deprimidos; pero, al igual que la canción: "esperamos el cambio de la marea" para costearla.

Estaba mirando el artículo de la revista que mencionaste. Es interesante y hay partes que son instructivas, inteligentes y salpicadas de diagramas. Da la impresión que se conozca el tema muy bien. Sin embargo, de vez en cuando, habla del Logos y de *su* cuidado con *sus* niños. Un énfasis excesivo sobre el Dios personal bajo otro nombre, dejando a "sus" pobres niños ignorantes y pecadores a oscuras, ¡en lo que a su naturaleza divina les concierne! El artículo me indujo a pensar en como los jesuitas descarriaron a la Masonería. Entraron allí, obtuvieron sus secretos, inventaron "grados superiores" a fin de atraer la atención de lo que yacía oculto en los secretos originales y, gradualmente, la volvieron inocua e incapaz de llevar al conocimiento que ellos temían. Gran parte de lo que está sucediendo y ha sucedido en la [...] sociedad, parece conducir a un inocuo desuso. Esta es la forma de trabajar de las fuerzas Brahmano-Jesuíticas y el pensador ordinario no está capacitado a percibirlo ni a creerlo, si se le advierte. La gente no cree que en el mundo existan Fuerzas Oscuras y sus agentes, los cuales guerrean dentro de lo que quieren destruir; se disfrazan de "ovejas" para pasar inadvertidos. Sin embargo es muy cierto. Todo fracaso para establecer la Religión-Sabiduría debe reconducirse al trabajo de las fuerzas Oscuras entre las "ovejas" tontas que nada sospechan y que son cautivadas por su debilidad, extraviándolas. El único antídoto para la estupidez y la ignorancia es el conocimiento de sí y el discernimiento, todo lo que nos aleja de este binomio, conduce a la infelicidad. Sería maravilloso si existiera alguna forma por medio de la cual se pudiesen abrir los ojos de la gente a una consideración sabia y apropiada de los asuntos. Sin embargo, si alguien apuntara, públicamente, esto, la acusación más ligera sería de "actitud antiteosófica". Lo que podemos hacer es acentuar la diferencia entre la Doctrina del Ojo y la del Corazón, ejemplificándola, en todo, exhaustivamente. Los [...] hablan de manera convincente de éstas, pero, repitiendo las palabras de Kipling: "¿qué entienden?" Los que, en esa sociedad, tienen el "deseo del corazón", encontrarán esa doctrina; pero las masas no lo tienen y se les impide, en cualquier modo, que caiga bajo su consideración.

Sin ningún orgullo, sabes que, quienes te escuchan admitirían que sería algo fácil para ti dibujar diagramas, dar conferencias sobre la diferenciación de las especies, los varios *Logoi, los Dhyanis,* las clases de seres, las Rondas, las Razas y así sucesivamente. Pero sabes y cualquier persona puede constatar que: estar versado en todas estas cualidades no implica, mínimamente, tener un mejor carácter ni poseer algún conocimiento real, es decir: el conocimiento que conduce a la sabiduría y al poder del Adepto. La familiaridad intelectual es suficiente para quienes les gusta este tipo de tema; pero los que buscan el conocimiento de *sí*, sin que nada menos los satisfaga, no recorren este camino. El conocimiento de sí es lo que se desea principalmente; lo otro es incidental e inútil sin el primero. El conocimiento de sí requiere entusiasmo, autodisciplina, servicio constante y una determinación impertérrita. Sólo las almas determinadas lo emprenden y lo continúan por medio de un heroísmo creciente; ya que tales son los héroes inmortales de las eras. El camino de la intelectualidad lo puede recorrer cualquier alumno y es necesario, hasta cierto punto, como un utensilio para el bien ajeno; pero, a menos que se someta al camino del autoconocimiento, es inútil como medio para crecer. La tendencia general es hacia el "intelectualismo" y es fácil seguir esta línea de adquisición. Por lo tanto, deberíamos esforzarnos en presentar y practicar el estudio que lleva al crecimiento, usando el "proceso" sólo a fin de ayudar el entendimiento. Sin embargo, por lo general ocurre lo opuesto. Hay Teósofos nominales y Teósofos por naturaleza; son diferentes.

Carta Trece

Tu cuenta de los gastos mensuales no es alentadora, sin embargo hemos visto condiciones peores y con menos en perspectiva para encararlas. Parece que, en nuestro caso, estamos "a solas, sin posesión alguna"; pero podemos encararlas sin el más mínimo miedo. Debemos confiar, absolutamente en la Ley, haciendo lo mejor posible por ahorrar, mientras seguimos adelante. Debemos apoyar ese trabajo que consideramos el trabajo Verdadero, a través de la abundancia y la escasez; entonces, pase lo que pase será lo adecuado y, al final, veremos los justos resultados para el Todo; ya que *es* a favor del "Todo" que estamos trabajando.

El negocio ha sido definido como: "una gran cantidad de actividades inútiles que hemos creado y ahora nos postramos ante ellas, adorándolas." Pero hay algunos que sabemos que son heréticos en esta vertiente; y son los que me gustan más. Bueno, al mundo en que vivimos lo gobiernan estas insensateces y nos encontramos aquí para mantener firme nuestra posición y estimular una cosecha de ideas mejores y más refinadas.

El hecho de que las cargas se hacen más pesadas, no se puede tener por una señal negativa. Quienes las experimentan deben poseer una cantidad de energía inutilizada que necesita ser ejercida. Debemos afirmar que la Biblia dice la verdad al declarar: "la carga es para los fuertes." Al mismo tiempo, es bueno conocer la propia fuerza, la cual queda desconocida si no se usa. Paulatinamente, sabrás lo que *puedes* hacer y la necesidad para estas pruebas cesará. En respuesta a H., me da gusto que hayas contestado muy claramente y no se puede poner más claro el hecho de que: en la L.U.T., no hay absolutamente nadie que "instruya e informe a los otros miembros de lo que él o ella reciba de los Maestros." Esta es la actitud más segura para todos: señala la filosofía en los libros y aconseja una mente abierta, un intelecto entusiasta y también una percepción espiritual develada. Confiamos en que: "la mano del Maestro está sobre todo" y, con esto en mente, entrégate hasta el límite. Creo que tu carta cubre el tema muy bien. Al "escritor" de los "extractos" en cuestión no le interesa lo que se hace con cada palabra que escribió, siempre que se mantenga el sentido y el significado, preservando la intención con que se escribió. Tampoco protestaría si las ideas se presentaran de otra forma; de todos modos, no se le adhirió un nombre, ni se busca reconocimiento alguno.

En lo referente a la pregunta formulada: "La Voz del Silencio" habla de *Kundalini como Buddhi*, considerándolo un poder activo, el poder de esta vestidura en plena operación. Ordinariamente, *Buddhi* actúa, de manera indirecta, a través de *Manas* en su aspecto inferior de acción, pensamiento y sentimiento; estando, ellos, relacionados con la conciencia objetiva. Desde este punto de vista a *Buddhi* se le puede llamar pasivo; el poder está allí, aunque transformado en energías inferiores y divergentes.

La idea unitaria en la naturaleza septenaria debe derivarse de la concepción de la Conciencia o el Perceptor que usa diferentes vehículos para la expresión y la recepción en planos distintos. No es el estado de vigilia, de sueño, de sueño profundo, Sushupti ni Turya, sino únicamente la *Conciencia* que actúa en estos varios modos y condiciones. Somos Eso que percibe en estos varios modos. La Conciencia es Una, las maneras de manifestarse, numerosas. El Testigo es unitario, sin embargo tiene muchas formas y direcciones para ver. El "Hombre" no es alguno de sus principios, por ser "sus" instrumentos. Dichos principios o vestiduras están constituidos por las "vidas" de varias clases de planos diferentes. La idea unitaria es la conciencia con el poder de percibir en toda dirección a través de los instrumentos apropiados y desarrollados. El "Hombre", al igual que el Dios de la Biblia, es inescrutable, porque la oscuridad envuelve a su pabellón. "El" está siempre tras toda manifestación y expresión, es también Paramatma, el Alma Superior.

La unidad no puede ser fragmentada. Siempre es; debemos percatarnos de ELLA. Por supuesto es una consideración de procesos que se vuelve confusa con nuestras percepciones presentes; pero no es tan difícil tener una generalización suficiente para el propósito actual. Eso del cual estar consciente es la Unidad, el Uno no separado, en sus polimorfas apariciones. "Tú eres Aquello, Oh Svetaketu."

Pienso que la palabra "Perceptor" connota ambos la individualidad y el poder de percepción que es infinito. Como individuo o Ego, significa toda la experiencia del inmenso pasado. Es también Ishwara y Paramatma; ya que eso que percibe no tiene limitaciones en su posible campo. El Perceptor se afinca en lo Infinito y está siempre detrás y arriba de todas las expansiones de las percepciones y de cada una de ellas. El "Hombre" es más grande que cualquier mente en su posesión; pues la cambia de modo continuo, mientras El permanece. El Alma observa directamente las ideas; le llegan sólo las ideas que obtuvo a través de las varias vestiduras desarrolladas. Si no se nos presenta una idea, no podemos tener experiencia alguna; ya que ésta proceda de los órganos físicos o de la sugerencia. Las ideas pueden provenir de los objetos, de las palabras escritas o proferidas; pero nuestra única percepción real de ellas se encuentra en la "idea." Clasificamos las ideas porque suponemos la separatividad, pero éste no es el verdadero camino, por ende deberíamos esforzarnos en concienciarnos de que el Alma es visión misma y contempla directamente las ideas.

Existen muchas mentes y muchos tipos de mente; pero hay el Pensamiento Eterno en la Mente Eterna, el mundo de la Idea Eterna:

el mundo del Verdadero Ser. Debemos llevar de nuevo a la luz del sol el sentido actual de nuestra divinidad que nos ilumina en el estado de sueño sin ensueños, donde el "Espíritu no piensa y aunque no piense, piensa, pues la energía que subsiste en el pensar, no puede cesar, siendo imperecedera."

El estudio, el trabajo y el servicio son los medios, acompañados por la intención de poder ayudar y enseñar mejor a los demás. Al hacer todo lo posible, realizamos lo que podemos. Es inútil afligirnos sobre lo que desconocemos; descubrimos que el conocimiento brota espontáneamente dentro de nosotros al hacer lo mejor posible con lo que vemos y sabemos. Importa poco si eso que consideramos "nosotros" gana o pierde, siempre que se realice, lo que se debe hacer, lo mejor posible. Es el deseo, los resultados, que nos afligen y siempre nos afligirán. Lo justo, hecho por dondequiera, es nuestro. Ningún aprendizaje es tal si no lleva al reajuste.

Carta Catorce

A mi juicio, lo que escribiste acerca del Karma es una concepción espléndida. Karma es Ley. Aquellos que mejor conocen la Ley *son* Karma; y otros, son los directores de Karma en varios grados. Conocer el Karma empieza cumpliendo con lo que se nos presenta como deber, simplemente por ser deber y no para nuestra rentabilidad. Esta práctica engendra e inculca un reconocimiento, un uso y una obediencia al Karma. En el tiempo, haremos sólo estas cosas que contribuyen al bienestar general. Los Maestros son la expresión más elevada de esto.

A fin de inducir las mentes a pensar, a veces señalo que conocemos cuanto ha sido y será, por lo que es ahora. Observamos la ley y la sucesión de los años, las estaciones y los elementos; éste es conocimiento y yace fuera de la memoria y la previsión. De la misma forma, sabemos que la reencarnación es un hecho, sin que el cerebro de este cuerpo la recuerde. Pero existen quienes recuerdan, procediendo, esta memoria, del estudio y la aplicación de la verdadera filosofía de la vida. El aspecto razonable antecede el darse cuenta del hecho. Conocemos la infinitud de los números; pero no podemos demostrar ese conocimiento.

Los cambios continúan para siempre, con nuestros esfuerzos en poner en práctica la filosofía. Cualquier fracaso producido en este caso cataliza el éxito; ya que le sucede una lucha incesante hacia arriba. Los esfuerzos cuentan y se graban en la conciencia suprasensible. A veces tienen una cualidad y una fuerza suficientes para contrabalancear toda oposición.

Tu carta me ha transmitido la impresión que G. tenía, en su mente, una actitud acusadora excesiva respecto a las deficiencias y las limitaciones ajenas. Quizá no fuese del todo condenadora; sino desdeñosa y general en su aplicación. Mis observaciones se referían a esto y no a él como persona y tampoco a ti.

A mi juicio, gran parte del fracaso de los "tradicionalistas" en lo que concierne al estudio y al conocimiento de la Teosofía y del Movimiento, consiste en no percatarse de lo necesario que es aplicar a nosotros mismos las críticas y los juicios que esgrimimos tan libremente a los demás. Mis palabras no significan que yo estoy exento de estas limitaciones. Sólo reconozco que existen y necesitan ser corregidas. Entonces, desde este punto de vista, no es deseable dejar que la mente se convierta en un espejo de lo que no queremos. No es fácil evitar una actitud desdeñosa o condenadora, hacia los demás; la cual engendra una especie de orgullo al compararla con nuestra actitud o lo que imaginamos que habríamos hecho en circunstancias similares. Esto es funesto para la ejecución de nuestro deber y nuestro adelanto a lo largo del Sendero de la Compasión. Debemos reconocer los errores, evitarlos y señalarlos a los demás cuando sea necesario; pero hay una gran diferencia entre esto y el simple chisme.

He descubierto que el conocimiento de muchos "tradicionalistas" consiste, precisamente, en tales rumores. Los presentan a los nuevos miembros como prueba de su conocimiento del Movimiento, de la Sociedad y, por inferencia, de la Teosofía. Esta no es sabiduría ni es positivo para nadie y, es cierto que no ayuda a la Teosofía. Por supuesto, aquí y allá, los miembros han cometido todos los crímenes en la categoría, aunque la mayoría de ellos eran buenas personas, según su "juicio" y bien intencionadas; sin embargo, sus concepciones erróneas, deseos y pasiones, a veces, las engañaron. Deberíamos ser misericordiosos, compasivos y caritativos con todos los que se esfuerzan, honradamente, con sus enormes dificultades; pero no podemos ser misericordiosos, etc., si reproducimos, mentalmente, lo opuesto, sopesando en la balanza de la mente el acto y los actores.

Encontrarás más actitud desdeñosa cuando los "tradicionalistas" aparecen con sus acumulaciones mentales, así quiero que les asista a desembarazarse de su carga gravosa y a asumir un acopio de material fresco y bueno. Trataría, gentilmente, de disuadirles de producir esa clase de imagen mental, prestándole poca atención, mostrando, en vez, el tiempo y la oportunidad *presentes*.

Carta Quince

La presión es presión, no importan las causas inmediatas. Las cosas están siendo tan difíciles en numerosas direcciones, que me parece que las circunstancias se están calmando y asentando, estableciéndose firmemente. Por supuesto, nuestra atención hacia lo externo y la presión que ejerce, debe influir en todos los demás que tienen algún interés. La presión no puede hacer mucho mientras que nos mantengamos firmes y tranquilos internamente. Si asumes esta posición, como has hecho y haces, los asuntos se ajustarán naturalmente. Vemos algo que hacer; y lo probamos de la forma más a la mano; si así no funciona, probamos uno que otro modo, hasta que le encontramos la manera.

Por supuesto, no deberíamos descuidar algún deber que tenemos debido a la ley natural y a nuestro acuerdo; por lo tanto, deberíamos cumplirlo *hasta que nos abandone*; no debemos desertarlo. Al hacer nuestro deber, mediante todo deber, trabajamos en nuestro Karma, cumpliendo la Ley, haciéndonos idóneos para deberes superiores. W.Q.J. dijo: "El deber es el talismán real; sólo el deber te llevará a la meta." Debemos depositar una confianza absolutamente firme en la Ley, cumpliendo, primero, lo más próximo y, luego, lo más distante. Lo que cuenta no es *lo que* se hace; sino *el motivo que tenemos al hacerlo*. Entonces, debemos escudriñar bien nuestras intenciones, si son justas, cualquier cosa que hagamos lo será y todo deber es igualmente grande. Si seguimos el justo curso, tendremos tiempo y oportunidad para todos los deberes sin descuidar alguno.

Además: se nos advierte que no consideremos nuestro progreso; en primer lugar: porque este tipo de pensamiento es personal e impide, en efecto, el adelanto y, segundo: nuestro progreso real, albergándose en la naturaleza interna, es discernible sólo mediante los resultados, los cuales podrían parecernos como lo opuesto del progreso. Por lo tanto, deberíamos abandonar todo pensamiento acerca de nuestro adelanto. La línea del deber es la correcta, a la cual hay que agregarle una educación teosófica, asistiéndonos en distinguir entre lo que es deber y lo que es simple hábito o proclividad. UNIDAD, ESTUDIO y TRABAJO debería ser la consigna. Deberíamos estar unidos en la meta, el propósito y la enseñanza. A fin de hacerlo, debemos aceptar, en la misma base, a todos los demás quienes, bajo la Ley de Karma, se unen a nosotros. Cada uno debería esforzarse en aprender lo más posible a fin de poder ayudar y enseñar mejor a los demás y, al hacer esto, ir eliminando, paulatinamente, los defectos que se presentan en el curso del estudio y del esfuerzo. Por lo tanto, tenemos que ser muy misericordiosos con las limitaciones y las debilidades ajenas; al tiempo que nos esmeramos por acentuar lo bueno en nosotros y en aquellos que parecen más débiles que nosotros en algunos aspectos. La unidad infunde una energía irresistible; el estudio y su aplicación en el trabajo nos proporcionan el conocimiento de como usar mejor la energía despertada. Sin embargo, el motivo de nuestro estudio y trabajo debe hacernos más capaces para ayudar a los demás a alcanzar su meta y no para *nuestro* crecimiento personal.

Sí, el verdadero conocimiento es síntesis y cuando estamos verdaderamente en sintonía, la percepción a través de cualquier canal nos proporcionará la suma de los atributos percibidos. Esta habilidad de síntesis debe crecer paulatinamente, hacia la percepción del "sentido uno" a través de cualquiera de sus divisiones o canales. Mantener esta idea tiende hacia este crecimiento, siendo conciencia o el Perceptor, es decir: el Conocedor.

Todo es reducible a estados de conciencia; cada sentimiento debe reconducirse a alguien que lo experimenta. La Conciencia lo compenetra todo. Hay *sentimiento* universal y sentimientos relativos. Podríamos considerar que el sentimiento es el efecto producido o percibido en cualquier plano, dependiendo de la naturaleza relativa o universal del pensamiento, según el caso. No podemos tener un pensamiento sin un sentimiento, mas éste consta de muchos grados, dependiendo de lo sutil o lo craso de la vestidura sobre la cual la Voluntad actúa; ya que, a mi juicio, Pensamiento e Ideación son uno y pueden aplicarse a todo plano; mientras la Voluntad es la energía dinámica del pensamiento o la idea.

Tienes razón cuando hablas "del regreso cíclico de la conciencia de estados superiores", reaccionando intensamente en los estados inferiores, despertándolos. Al saber esto, gradualmente sometemos lo inferior, siendo, éste, nuestro deseo e intención. Sin duda nos sentimos pequeños ante la meta en perspectiva; no hay que sorprenderse por eso; siendo lo interno siempre más perfecto que lo externo. Lo importante en todo lo dicho es que, al darnos cuenta de esto, incrementan nuestros esfuerzos. No debemos preocuparnos por nuestros fracasos o éxitos; ya que, si nos preocupamos por el fracaso, pensamos en el éxito y viceversa, en un círculo vicioso. Podemos tomar la sugerencia de "ser activos", olvidando el resto, teniendo presente, en el momento de la acción, *todo* lo necesario para la acción. Cada uno de nosotros debe perseverar en perfeccionar el instrumento, eliminando las barreras que la personalidad ha erigido. El Sendero se desliza cuesta arriba siempre, iluminado por la toma de conciencia que estamos haciendo lo justo.

Que tengas el poder necesario, estas pruebas y obstáculos nos fortalecen, son ejercicios benéficos. Jugamos el juego, conociendo su significado.

Carta Dieciséis

Tus cartas son "buena meditación" y "buena medicina." Atente a lo que expresaste. No es fácil, sin embargo, todo esfuerzo cuenta; los fracasos no cuentan y, en cada momento, hay progreso. Si sólo pudiéramos ver nuestro verdadero destino, como dice W.Q.J., consideraríamos los eventos de la vida como simples oportunidades. Para quienes ven, no hay cosa fuera de lugar. Si descubrimos que el sufrimiento, el ansia y la tensión son las características de nuestra vida, podemos también ver que proporcionan oportunidades para robustecernos ¿y quién podría soportarlas mejor que nosotros, en vista de lo que vemos y sabemos que es verdadero? Al llevar estas cargas, ayudamos al entero. Nuestro trabajo es constructivo, con la justa actitud hacia todo, y, al mantenerla, lo que hacemos es edificante. Podemos no estar enamorados de nuestra habilidad, constatando muchas deficiencias, sin embargo podemos ayudar. El hecho de que descubrimos que somos una ayuda admitida para los demás, ya lo dice todo y, auxiliando, mejoramos en esto en cada momento.

Por supuesto los instrumentos con los cuales trabajamos no son fuertes, son eso que nos proporciona la raza en la cual venimos; son lo que son y lo mejor que tenemos. Todos podemos darnos cuenta de sus limitaciones, sin embargo podemos empujarlos hasta el límite "y quizá un poco más", conscientes de que el final no se encuentra. Entonces, al tiempo que estamos trabajando para el mejor beneficio posible y surgen los asuntos, estamos siempre moviéndonos hacia una eficiencia mejor y determinados a llegar allí. Recuerdas lo que W.Q.J. dijo en el discurso durante esa convención: "La Sociedad Teosófica fue fundada por quienes estaban determinados a tener éxito." Bueno, tal es nuestra determinación, no importa cuanto tarde ni lo que debemos experimentar; buscamos, nada menos, que el éxito. Además: tenemos el conocimiento interno de que: "la mano del Maestro está sobre todo" y podemos buscar, con reverencia, su guía e iluminación, plenamente seguros de que: "en la hora de nuestra necesidad, el Señor proveerá." Al estar seguros en el conocimiento, no establecemos algún modo ni medio particular, sino que esperamos el movimiento de los eventos para que nos señalen ambos. "Con *paciencia* y *confianza* plena en la Ley, el candidato no deberá esperar mucho." Nosotros nos basamos en esto.

Un *Kshattrya* sigue siendo un guerrero, aun cuando está herido; siempre que decida luchar. La "sacudida" a la cual te refieres, tenía una intención bondadosa y, según sus autores, era para tu beneficio. En sus mentes, algo debe haberse impreso como una traba de un instrumento ideal. No importa si las cosas eran grandes o pequeñas en sí, sólo importa el hecho de que provocaron ciertos efectos y daños en las mentes ajenas. En el entusiasmo de nuestro esfuerzo y en la grandeza del tema, pequeños deslices nos pasan inadvertidos; cuando alguien los llama a nuestra atención, deberíamos erradicarlos. Pueden ser engaños del habla que pasan desapercibidos en relación al verdadero sentido que se quiere transmitir; podemos hasta constatar que la actitud que hace objeción al respecto es hipócrita; sin embargo, estamos determinados a quitar, lo mejor posible, lo que se interponga como obstáculo, distrayendo la atención del tema principal. Además: "toda sacudida" es buena; quien la siente es la personalidad y, como sabes, recibimos un recordatorio que aún se debe trabajar sobre ella. Debemos evitar toda clase de ofensas, reales e imaginarias. No pienso que alguien necesitaría gastar mucho tiempo en estas reformas; sería suficiente la admisión de que hacen falta. Mientras que no admitamos su necesidad, las resistiremos sin dar un paso adelante. Por lo tanto, cuando los eventos aparecen, lo que hay que hacer es *conformarse* y no necesariamente reformarse, tengamos presente las palabras de San Pablo: "Todo es legítimo; pero no todo es edificante." Depende de lo que tratas de hacer. Has entendido el asunto e interpreto tu carta como un poner en claro las cosas para liberarte de la presión. Hay una ley de nuestro ser que subyace en esto; la Auto-introspección Diaria de la Vida de un Chela y la Confesión Católica estriban en dicha ley.

Debemos encarar las condiciones *como surgen*, sin preocuparnos por las que no nos confrontan. Desde luego, hay que actuar con prudencia en la línea de lo que tenemos en vista, sin embargo, en toda acción en la cual hicimos lo mejor posible, no deberíamos preocuparnos por ella. Sé todo lo que harías, si pudieras; has hecho y estás haciendo todo lo posible; ¿qué más se puede hacer? Sé que ha sido muy duro para ti; es más difícil ahora que antes; pero de manera distinta. En el tiempo serás tan firme y sólido que nada te "perturbará", ni por un minuto; y ese tiempo encontrará que tus energías están completamente enfocadas en lo que hay que hacer.

Buenas noches. Sé feliz como los que viven sólo para la felicidad y acepta todas las bendiciones posibles.

Carta Diecisiete

Me gustaría conocer al señor C. que mencionas. La declaración de que la teosofía "cree" en cualquier cosa debe corregirse. Existen muchos teósofos presuntuosos que nunca usan las palabras: Teosofía, Reencarnación y Karma y no cabe duda que se definen teósofos. La excusa que generalmente dan es que la teosofía ha sido "desacreditada", como si esto fuera posible. Es innegable que muchas personas que se definen teósofas han dado, debido a su insensatez, una impresión falsa de lo que la teosofía representa y significa; sin embargo, esto debería inducir a todos los teósofos en un esfuerzo más intenso a fin de rectificar las falacias, poniendo la filosofía en su verdadera luz. Si existiesen más teósofos de este género, no tendríamos tantas impresiones erróneas; por lo tanto: el mensaje es de incrementar el número, en lugar de ayudar al enemigo retirándose o alejándose, que es la actitud de la persona mal informada, el cobarde y el traidor. Lo que C. hubiera de haber dicho es que *algunos* teósofos o miembros de las sociedades teosóficas, creen en un gran ser: el "Logos", en el sentido que él implicaba. Sin embargo puede ser que tenga la concepción errónea de lo que ellos creen, atribuyendo a los demás su creencia e idea equivocada. Hay una gran diferencia entre "gran ser", en el sentido de un "dios personal" y el *Logos*, según se presenta en "La Doctrina Secreta", como "ser". Hay una gran diferencia entre la concepción del "Jehová" bíblico y de las iglesias y el *Logos* como colectividad de seres de muchos grados. Se les considera como un "ser" sólo por estar reunidos en un flujo evolutivo, siendo necesarios los unos a los otros para ulterior experiencia.

No cabe duda que hay una escuela de "Artes Ocultas" en la iglesia católica, como él dice; pero es cierto que no hay una escuela de Ocultismo en el sentido de la Logia de los Maestros. No sólo es improbable; sino imposible, para una escuela cuyo motivo es inherentemente egoísta, adquirir poderes espirituales de orden superior. "El más mínimo matiz de egoísmo transforma lo espiritual en psíquico, dando lugar a resultados terribles." Es posible quedarse en la iglesia católica o en cualquier otra y ser un teósofo, pero esto significaría que tal individuo es católico sólo en apariencia. Alguien puede encontrarse allí con conocimiento y por algún propósito que no sea el perpetuar el nocivo sistema. Para ser un católico y un teósofo real y verdadero al mismo tiempo, implicaría moverse en dos direcciones a la vez.

El hecho de que C. diga que H.P.B. cometió errores es una tentativa miserable de rebajarla a su nivel de ignorancia. Es muy probable que ella (El) se haya expuesto a una acusación de que erró en cosas insignificantes, a fin de impedir una dependencia de ella "como persona"; pero yo no creo que haya cometido un solo "error"; sino que todo lo que hizo era intencional y con un beneficio en perspectiva. No hace diferencia alguna lo que A o C dijeron acerca de H.P.B., el valor de sus palabras es idéntico: son simplemente conjeturas. "Mejor valdría que aquellos que no la entienden no trataran de explicarla; si descubren que la tarea que asentó es demasiado pesada para ellos, no deberían emprenderla." Estas son las palabras del Maestro y a veces, su repetición contribuiría a erradicar las impresiones equivocadas.

Es muy cierto que podemos excedernos al hablar de nuestras creencias en H.P.B. y en W.Q.J. Si seguimos este curso de forma incontinente, fomentará la oposición en algunos y la suposición en otros según la cual: creer en ellos es una condición imprescindible y ambas posiciones derrotarían el fin en perspectiva. La convicción propia puede expresarse cuando se considere oportuna, presentando su razón; así como en el "Océano de la Teosofía" (de William Q. Judge), se introduce el tema de los Maestros en el primer capítulo. Sin Ellos, como Custodios de la Sabiduría Antigua, ¿a qué podríamos asignar la existencia y la aparición de la Teosofía? El Mensaje es eso que el mundo necesita y, al considerarlo, sigue, naturalmente, la cuestión de quién lo trajo. Al entender el Mensaje llegamos a una comprensión de la naturaleza de los Mensajeros; de otro modo, H.P.Blavatsky y William Q. Judge podrían considerarse "personas como nosotros", sujetas a errar.

La clase de educación teosófica necesaria es la que no desorienta en caso de que los individuos pierdan interés, a pesar de lo elevado o lo adelantado que puedan parecer. Todos parlotean de las "líneas originales"; ¿qué son? Bueno, W.Q.J. escribió, después de la muerte de H.P.B., que debemos dirigirnos a Ella y a las *cartas* de los Maestros para el "programa". No se ha establecido en forma esquemática, sin embargo allí está y todas las personas que ansían seguir el programa pueden encontrarlo. El curso de la Sociedad Teosófica y los Teósofos deja constancia de que es posible encallarse en la arena del pensamiento, considerando algo como una *finalidad* tajante, quedándonos ahí aun cuando se han tenido oportunidades excepcionales.

Bueno, no sirve ser "arrogante"; pero sí sirve estar siempre listo a revertir a la Fuente, al Mensaje, al plan, según se ha delineado. Con tal prontitud, todo nuevo desarrollo, evento o cambio, tanto en las cosas como en las personas, se considerará en relación con eso que se ha *grabado*. Si las "intuiciones" no concuerdan con esto, entonces, es una actitud sabia atenerse a lo que los Mensajeros presentaron. Los misterios del Manas inferior son grandes y numerosos.

Carta Dieciocho

Me alegra saber que el negocio sigue próspero. Es una buena señal; así como lo es tu éxito en todas las circunstancias que se intercalaron. No es necesario esperar desastres sólo porque nos esforzamos por hacer lo justo; aunque, si surge la catástrofe, sabemos que no se debe a nuestro esfuerzo, que seguiremos sustentándolo con plena confianza. La ayuda procede de todos los planos del ser y debe proceder de allí, si la unidad tiene sentido alguno. Además: trabajando con la Ley y desde lo interno hacia lo externo, el mejoramiento y la fuerza deben surgir en toda dirección. Hay una buena razón para alentarse más.

La naturaleza cambia si aspiramos y trabajamos para la Teosofía, además constatamos lo siguiente: eso que no afecta al ser inclinado a pensar ordinariamente, deja mella muy marcada en nosotros. Cuando esto ocurre, deberíamos esforzarnos por discernir esa *causa* particular en nuestro pensamiento y conducta, a fin de poder impedir las repeticiones, si es posible. Al final, el pensamiento y el esfuerzo en esta dirección nos llevarán a un punto en que podremos resistir el impulso que nace del deseo y la ira. Mientras vivimos en una casa podemos planear otra mucho mejor. Conscientes de los defectos, construiremos mejor cuando llegue el tiempo de edificar. Siendo el pensamiento el plan de la acción, el pensamiento adecuado producirá una acción afín, en el momento propicio; aun cuando debemos esperar un cuerpo nuevo para que esto suceda. Sin embargo, no podemos decir cuáles cambios surgirán en el cuerpo presente; debemos seguir viviendo, pensar y hacer.

Hay que alentar a las personas para que se mantengan firmes, esperando que, para su bien y el de la humanidad, no se descarríen. No sería útil desalentarlas, presentándoles las dificultades que sabemos que están al acecho. Cuando aparezcan, debemos seguir animándolas, señalando lo que el gran Ideal significa. Algunos desaparecen por un tiempo, regresando cuando adquieren fuerza y determinación nuevas. Otros se retiran de forma ignominiosa y pierden su oportunidad en esta encarnación. Sin embargo hay siempre otros más; y nosotros seguimos trabajando, sin desaliento, para ellos y para los que son fieles: "los gérmenes vivientes de las masas humanas. "Haber iniciado a un alma en la dirección justa es una oportunidad que pocos tienen." Nosotros la hemos tenido, mejorándola lo más posible. En todo lo que hacemos estamos construyendo para el futuro, trabajamos *en* el presente *para* el futuro.

Sabes cual es mi sentimiento sobre la frecuentación de iglesias y otras reuniones a las cuales no es nuestro deber participar y donde no estás en simpatía con las ideas prevalecientes. No produce algún bien, abriendo sólo la puerta a posibles obstáculos que afectan a todos los que se encuentran en tu misma línea de relación. Entonces, aunque te sientas indiferente a los resultados personales, hay también otro punto de vista, más importante, a considerar. En el caso que sea una cuestión de deber es otro asunto; pues no envuelve a lo personal. Acerca de la otra reunión, no me sorprende el hecho de que sentiste una presión en el cuarto donde estas clases de mentes se reunían. Hiciste bien en no quedarte y hubiera sido mejor no haber ido. Nada se gana al concurrir a tales lugares y no se puede hacer algún bien para las mentes cuya única idea de existencia es el mejoramiento físico personal, contra otros que parecen haberlo obtenido. Es fácil aprender la manera de pensar de estas personas, leyendo los periódicos y otra literatura. Además: como sabes, se corre el riesgo de recibir ciertos tipos de infección. Una de las cosas extrañas notadas en los últimos veinte años es el hecho de que muchos estudiantes han pensado que los avisos no eran para ellos, sino para los demás; los han descuidado y luego se han sorprendido ante los acontecimientos de naturaleza desagradable y su falta de progreso. Este grupo de estudiantes no mostró apreciar la importancia de tales avisos, siendo declaraciones de la Ley; de otra forma no los hubieran expresado.

La cuestión de si "deberíamos transformar la vibración de dolor a placer", da lugar a una contra-cuestión: "¿por qué deseamos hacerlo?" El objetivo de la vida no es dolor ni placer; entonces, convertir este objetivo en la simple acción de evitar el dolor es como ser, simplemente, un animal racional. El dolor es eso que sentimos del grito de las "vidas" que están afligidas y se le debe prestar atención a fin de remover la causa con acierto, de manera que el curso de todas pueda fluir suavemente. Desear ahogar este grito no sería una actitud cuerda, sino insensata. Los médicos concienzudos usan drogas sólo cuando es absolutamente necesario y para un alivio momentáneo; mientras implementan una cura para el problema. Una "droga" mental es igualmente desagradable, suponiendo que fuera posible. Pero el aspecto fáctico de la cuestión es el siguiente: los que buscan placer sienten dolor de manera más intensa que quienes aceptan los eventos como guías a lo largo del camino. Y podemos suponer, con seguridad, que las personas que buscan el placer y no logran captar la lección del dolor, no tienen el poder indicado en la cuestión, a pesar de lo mucho que lo deseen; no siendo el deseo una condición ni conocimiento.

Bueno, es el "Mahabharata", la Gran Guerra. La hemos librado anteriormente por *algún* propósito y seguiremos librándola por un propósito más y más grande, añadiéndole poder y conocimiento mientras la vida sigue su marcha. Tener esta visión y este propósito hace una gran diferencia.

Carta Diecinueve

Las únicas tempestades que nos afectan de verdad son las "internas". Por supuesto, siendo humanos y teniendo cuerpos que actúan y reaccionan en lo "interno" y en lo "externo", sentimos estos efectos; pero sabemos que proceden de las "cualidades en la naturaleza" y podemos tomar el sabio consejo de Krishna según el cual: "van y vienen, son breves y cambiables; esto es lo que sobrellevas, Oh hijo de Bharata." A mi juicio, B. se encuentra en un estado de queja y por lo tanto, las percepciones intuitivas no son penetrantes como serían de otra manera. Sin embargo, todo esto pasará. Es sólo una exhibición del desanimo de Arjuna, aunque B. pueda no concordar con esto. En tales casos, todo parece equivocado y fútil; sin embargo, como sabemos que todo procede, temporalmente, desde lo interno y no de los asuntos externos, los cuales proporcionan sólo la ocasión, no le doy importancia especial a esto, excepto como expresión momentánea de un estado de ánimo. No todo es como nos gustaría que fuese, pero deberíamos ser más cuerdos que esperar esto o encontrar una causa para quejarnos. Lo anterior produce una tensión innecesaria, no sólo para B., sino, en última instancia, para los demás que están íntimamente involucrados.

Lo que dijiste a C. era correcto, debería saber que había y hay un propósito definido en la L.U.T. No es "asunto de un hombre"; sino de la Verdad Una. Habrá muchos escritos para "el hombre de la calle". Hubo muchos, hay muchos y habrá muchos; ¿pero dónde dejan al "hombre"? Ahí donde lo encontraron: "en la calle." Los que tienen dicha tendencia, harán este tipo de cosas; sin embargo: ¿en todas las sociedades y entre todos los autores, dónde es posible encontrar una dirección clara o una base sólida sobre la cual construir? Ahora bien, conocemos nuestro trabajo y lo que hemos determinado hacer. Para nosotros el camino está claro y no pedimos a nadie que siga nuestra senda si ven eso que para ellos es algo mejor. Deja que C. haga lo que quiere hacer y que es coherente con nuestro trabajo. Lo que es más necesario, ahora, es colocar en las manos del público los escritos de H.P.B. y W.Q.J., los cuales han sido puestos a un lado. Estamos siguiendo, de manera particular, las líneas de W.Q.J. porque no divergen de las de H.P.B.; sino que las fortifican y confirman, simplificándolas, al mismo tiempo, para el "hombre de la calle."

Según C. hemos perdido de vista el "Segundo y el Tercer Objetivo", porque no los mencionamos de manera particular. No es verdad, algunos los siguen, pero, jamás, a algún miembro se le obligó aceptarlos. La L.U.T. es un cuerpo exotérico y se adhiere al primer objetivo: "un Núcleo de Hermandad Universal." El segundo objetivo se cubre suficientemente leyendo los "Upanishads", "La Voz del Silencio", el "Bhagavad Gita", etc. El tercer objetivo consiste en la "investigación de las *leyes* inexplicadas de la naturaleza y los poderes psíquicos latentes en el hombre." Ahora bien: "investigar" no significa *experimentar.* Hay una profusión de advertencias respecto a esto.

Es bueno oír que las reuniones del jueves por la noche, aunque sean pequeñas, tienen una atmósfera y un tono más fuertes y mejores. Esto debe ser así, necesariamente, si consideramos la devoción que se vierte en el intento; además, como la fuerza y el tono proceden desde lo interno: del corazón, debe difundirse en todas las direcciones, volviendo el instrumento una expresión mejor de esa armonía. M., como exponente, cambiará con el pasar del tiempo. Su índole natural es inofensiva y, quizá, a veces, de disculpa. En cuanto obtenga lo que podríamos llamar una "certeza diamantina", puede ser que se acerque al "movimiento calmo y tranquilo de un glaciar", que, con el calor amigable del sol, resultará eficaz. Todas las naturalezas tienen su propósito y uso; el fuego de la convicción es el que da a cada una su eficacia más elevada.

A mi juicio: mientras que los estudiantes se hacen más sinceros y se alían más íntimamente entre ellos y el trabajo, las ideas fluyen de ellos hacia el orador, el cual las ve en la mente de otro, quizá inconscientemente, sin embargo esto es verdadero. La intercomunicación entre las mentes es mucho más común de lo que se piensa; ya sea para bien o mal. La mejor fuerza procede de los Maestros, cuando la mente se centra en la ejecución de su trabajo; esto abre el canal entre Ellos y nosotros. "El pensamiento es el plano de acción"; todo el resto son resultados.

¿Qué es este asunto de: "buscar órdenes?" Deberían ser más cuerdos que esto. Los estudiantes deberían mirar en su entorno a fin de ver lo que pueden encontrar para hacer: hallar maneras, métodos y medios. Es cierto que si alguien busca "órdenes" depende de la autoridad y la dirección. El modo justo consiste en *seguir adelante* y si uno se equivoca, lo erróneo será señalado. Sería bueno si estos estudiantes desempeñaran una parte más activa en las reuniones, mejorando su capacidad de llevarlas a cabo. No cabe duda que lo harán; ya que han empezado.

Entre los "leales" hay una tendencia a acercarse más y más entre ellos y esto, por sí solo, tiene su efecto sobre aquellos que nos rodean y aquellos que no están tan cerca. La unión y la armonía son el secreto de la fuerza. Entonces, mientras más cerca y próximos nos hacemos en pensamiento, voluntad y sentimiento, más poder fluirá de nosotros como grupo, "hasta que saturemos el tiempo y las eras, para que los hombres y las mujeres de las razas y las épocas futuras sean hermanos y seres queridos como lo somos nosotros."

Carta Veinte

En tu última carta me preguntas acerca de la memoria, que es un tema muy amplio. Lo que llamamos "memoria" debe pertenecer al "ser" y relacionarse con la experiencia; en efecto, podemos decir que la "memoria" y el "ser" son sinónimos, considerando, desde este punto de vista, que el "ser" es el resultado de la experiencia no necesariamente recordada o remembrada. Además se dice que es posible recuperar la memoria de las vidas pasadas, entonces, debe haber un plano de memoria que es inaccesible en nuestro plano de acción presente. Sin embargo, estas memorias son de otras vidas como la actual. Recuerda que, cada sonido en el mundo visible, despierta su correspondiente en cada uno de los elementos hasta la fecha desarrollados. Entonces deducimos que, cada pensamiento en este plano, despierta su correspondiente en los planos internos; por ende, el verdadero archivador debe encontrarse en una sustancia más etérea y permanente. El cerebro físico no retiene todas las impresiones poliédricas que recibe, por estar en constante movimiento y cambio. Mientras algunas impresiones, cuya repetición es constante, parecen residir en el cerebro mismo y ser fácilmente accesibles; otras, que no son repetidas, caen tras la línea de percepción y se deben recordar a través de la asociación con alguna idea presente. H.P.B. dijo: "entre el cerebro físico y el ser interno hay una comunicación telegráfica constante que nunca cesa, día y noche." El cerebro es algo tan complejo, ya sea física o metafísicamente, que es como un árbol cuya corteza es posible sacar a relucir capa tras capa; cada estrato es distinto de todos los demás, cada uno teniendo su trabajo, su función y sus propiedades particulares.

Cada plano tiene su tablilla mnemónica y produce los efectos adecuados en cada otro plano accesible, sin embargo imperceptible, debido a otras percepciones predominantes. La memoria, por sí, debe estar en todos los planos del ser, cada plano debe producir "tipos" de memoria o una memoria que se relaciona sólo con ese plano, lo cual es, en tal caso, el "ser" en dicho plano. En todos los planos la "memoria" debe ser el poder de reproducir las experiencias pasadas; es *manásica* porque es creativa. Según se dice, en el plano *manásico* superior no hay pasado ni futuro; sino todo es Creación Presente. El Alma es visión misma. ¿No sería, quizá, la memoria más elevada, la visión superlativa? El Testigo, jamás, es las cosas que ve.

Estoy atónito al oír las prácticas infernales que la "Nueva Psicología" está siguiendo. Se podría poner a prueba la acción del hachís del opio, del whiskey o cualquier otra cosa que causa una acentuación anormal de los órganos y de los asientos de la sensación, como lo hacen estos "exámenes emocionales." No me sorprende que la joven se haya desmayado. Si no es posible inducir a los estudiantes o a sus familias a ver lo equivocado y la insensatez en todo esto, no se les puede ayudar; y como dichos profesores sobresalen, no se prestará atención a la voz de un lego. Recientemente, los periódicos relataron los experimentos de la observación del "aura humana." Los médicos estaban muy interesados en el descubrimiento maravilloso y fantástico, viendo en él: "una nueva manera para diagnosticar las enfermedades." ¿Acaso H.P.B. no dijo que: "las idiosincrasias psíquicas de la humanidad" experimentarán un gran cambio?

Dices que nuestra actitud acerca de esto les parece, a muchos, como si estuviéramos "condenando" a los demás. Es el deber de los estudiantes esotéricos desenmascarar el error y la hipocresía, encarando la mentira con la verdad. No como crítica *personal* sino como *hechos contra declaraciones erróneas*. Desde un punto de vista caritativo se supone que, quien abusa la Verdad lo hace en ignorancia; pero los custodios de la Verdad la declaran ante la mentira, la ignorancia, el error, tomando toda oportunidad posible para corregir las impresiones erróneas. La Teosofía está en el mundo para tal propósito. No debemos ser agresivos ni insípidos; al conocer la verdad, hablamos de ella y ella es nuestro único interés, para que se conozca de forma más amplia posible. Todo esto es absolutamente compatible con la actitud caritativa hacia las debilidades ajenas y la abstención de condenar a los demás.

¿Acaso el arrepentimiento en el "momento de morir" hace algún bien? Bueno, depende de lo que entendamos por arrepentimiento. Si es el reconocimiento de lo indebido, un cambio en la mente y en la índole, que nos inducirá a mirar con repugnancia repetir tal acción, junto al deseo de hacer toda enmienda posible, entonces, debe ser bueno. Pero, si es solamente un reconocimiento y una consideración de la acción, desde el punto de vista del mal que se precipitó sobre su ejecutor, por ser el artífice de este mal; no es bueno, siendo egoísta y no facilitando algún cambio en la disposición o sólo estos cambios instados por el interés personal. La primera clase de arrepentimiento, en la mente de quien conoce la Teosofía, será más profunda y tendrá un radio de acción más amplio que en la mente de una persona que considera todo desde el punto de vista que tenemos sólo una vida. El Karma es lo mismo; quien creó Karma sentirá la repercusión de los resultados, sin embargo el grado y el tipo de resultados dependerán del grado de cambio y de la dirección del cambio que puede haberse verificado en la mente de tal "penitente."

La oración: "el justo pensar lo produce todo", hubiera debido ser: "el pensar ha producido todo lo existente, justo o equivocado." Entre los pensamientos de un ser humano y lo que se ve obligado a hacer, puede intercalarse una laguna y él *es* lo que aspira y desea hacer y no sus inhabilidades en ejecutar las acciones. Puede ser que transcurra toda su vida sin un gran cambio aparente; pero, si ha *renunciado internamente*, eso que se queda después de la muerte física *es su mente* y su próximo renacimiento puede inducirlo a llevar a cabo lo que debe.

Carta Veintiuno

El trabajo que has planeado para los demás parece bueno; ya que se les debería ayudar lo más posible. Al no entrenarlos a ser independientemente responsables, la ayuda y la educación necesarias serán deficientes, si algo nos sucediera. También el estudio y la preparación de los principiantes volverán más eficiente su obra de propagación. Sin embargo, haz que su *iniciativa* trabaje lo más posible, sugiere y ajusta cuando sea necesario. ¿Por qué no empezar estudiando las tres proposiciones fundamentales de "La Doctrina Secreta", siendo éstas las ideas eje de todo el sistema? Familiarízalos con ellas. Lo primero a aclarar es la imposibilidad de la concepción ordinaria de un Dios personal o separado; después, la importancia de tomar conciencia plena del Ser como el todo en el todo; luego, la ley de periodicidad con sus aplicaciones, "los modos eternos del mundo" y, al final, la reencarnación, usando la analogía. Después de las proposiciones fundamentales pueden emprender el estudio de "El Océano de la Teosofía", capítulo tras capítulo, familiarizándose bien en las preguntas y las respuestas. Explica que el objeto es poder formular las ideas por sí solos, afinando su entendimiento. Si se les ayuda, deberían alcanzar la posición en que puedan auxiliar mejor a los demás. Esta es la manera para aprender y saber.

Es difícil ayudar a los individuos como tales, especialmente donde se necesita toda la fuerza para un esfuerzo general. Es muy fácil que nuestra simpatía nos induzca a ayudar a los individuos y a veces hacemos lo que no auxilia, aunque sea un placer para quien asiste y el que lo recibe. En todo caso se necesita Sabiduría; a veces hace más falta una "sacudida que dorar la píldora". He encontrado muchas personas y he aprendido algo de discernimiento al tratar con ellas. Tú también, en tu posición, las encontrarás y deberás tratar con ellas por su bien, hasta donde el bien general lo permita y la sabiduría dicte.

Eso de lo cual hablas es un fenómeno interesante: una lesión cerebral hizo que un hombre olvidara su nombre, permitiéndole llevar a cabo lo que no podía anteriormente. Siguió siendo el mismo hombre y su carencia de memoria no alteró ese hecho para nada. Tampoco lo cambió el otro hecho de que: bajo la nueva condición, pudo jugar billar. Por medio de una lesión al instrumento cerebral se le abrió una puerta, cerrándose otra. Si hubiera podido jugar al billar sin que jamás lo hubiese jugado en su vida, diría que lo había aprendido en una existencia previa a la cual la lesión dio acceso. Además, la vida anterior debe haber sido relativamente reciente porque este juego, en su forma actual, no es muy antiguo. Debemos tener presente que, tras la naturaleza visible, cada ser humano tiene una pléyade de capacidades acumuladas en vidas pasadas. El Karma particular de la propia vida gobierna la capacidad de cada uno, permitiendo la expresión de sólo una porción de su conocimiento y habilidad adquiridos. Hay muchas vidas en las cuales los gustos, los deseos y las capacidades cambian completamente *sin* lesión cerebral, mostrando que un grupo de causas Kármicas ha terminado su curso y otro le sigue. En cada uno de estos casos, lo que se expresa procede del caudal de experiencias pasadas; ya que nadie puede hacer algo que no tenga *relación* con una experiencia previa; ya sea en esta vida o en alguna otra. Salomón dijo que no hay nada nuevo bajo el sol, cuyo sentido creo que es el siguiente: cualquier cosa que *hagamos*, fluye de lo que *hicimos*. No hay otro conocimiento que el que procede de la experiencia, considerándola en el sentido más amplio.

En ninguna parte se encuentra una explicación completa de los *Saptarishis*, aunque se han dicho algunas cosas al respecto que pueden dar una idea; por ejemplo: "están íntimamente conectados con la era presente, el Oscuro Kali Yuga"; "marcan el tiempo y la duración de nuestro ciclo de vida septenario"; "marcan el tiempo y los períodos del Kali-Yuga, la edad del pecado y del dolor"; "son tan misteriosos como sus presuntas seis esposas, las Pléyades, de las cuales sólo una, la oculta, ha demostrado ser virtuosa." H.P.B., al hablar de la constelación de la Osa Mayor, dijo que estos Rishis son las almas que animan las estrellas mencionadas y que se esparcen *a través de los lomos* de la constelación (H.P.B. puso el estilo bastardillo) y que son los Siete poderes elementales, los Rupa Devas; y también hay un indicio que tienen un nexo con la generación.

De todo esto deduzco que existe una clase de seres que en este Manvantara no son hombres ni llegarán a serlo. Pertenecen a siete grados distintos y no están relacionados con el hombre como ser septenario, aunque lo estén con el ciclo de Kali Yuga. *El ser humano debe ser* quien determina, en general, estos ciclos en lo referente a su naturaleza, que es eso al cual los Rishis de las Estrellas responden en particular. Parece que todas las extravagancias sexuales que surgen en varias direcciones y la profusión de visiones y "comunicaciones" de "Maestros" mencionadas por personas que piensan estar en comunicación con ellos, son de naturaleza (psíquica) de los Rishis de las Estrellas. Sabes que, según lo dicho, se divulgó muy poco sobre los elementales porque la mente, dirigiendo la conciencia, puede separar los varios planos, despertando los elementales a la acción con respecto al Pensador. Tener fuertes ideas sexuales y tratar de "espiritualizarlas", según se oye decir, a mi juicio puede atraer fácilmente seres de esta naturaleza (los elementales), que pueden asumir la manera de pensar de uno en tal dirección, agregando, al punto principal de atracción: generación, cualquier cosa que sirva para mantener el contacto íntimo. Siendo elementales, responden a sus estímulos particulares sin algún sentido de responsabilidad, no *conociendo* la naturaleza humana. El camino seguro es el que los Mensajeros indicaron: recuerda, H.P.B. dijo: "Cuidado con el sendero de los Rishis de las Estrellas."

Bueno, Compañeros, sigan adelante con el buen trabajo, que es muy necesario y mientras que hay unos pocos dispuestos a escuchar, servimos a los muchos mediante los pocos. Les envío mi cariño y que tengan éxito en todo campo.

Carta Veintidós

Hay compensación por dondequiera y para todo; sin embargo, mientras buscamos los resultados, no percibimos a la vez la compensación en el momento. El negocio, siendo una competencia de intereses, puede confundirnos, si somos temerosos, ansiosos o impacientes. A pesar de lo malo que sea y debe serlo en sí, si nos ocupamos de llevar a cabo sólo el deber que se nos presenta de la manera mejor posible, toda tensión desaparecerá y tendremos esa calma que es necesaria en la batalla. No cabe duda que, para poder mantener esa posición, se requiere tiempo, mas es la condición hacia la cual dirigir nuestros esfuerzos para conseguirla.

En el artículo mencionado, disiento con la frase: "Cuando el primer estado de conciencia *surge,* hay lo Inmanifestado visto como un entero." A mi juicio sonaría mejor si dijera que lo Inmanifestado excluye cualquier "estado", sino representa la "Seidad" o la Conciencia en sí. La diferenciación produce estados de ser o de percepción. Si consideramos la analogía simple y muy conocida del estado de sueño y de vigilia, llamando el primero: "manifestado" y el segundo: "inmanifestado", constatamos que cuanto transpira en la conciencia cuando dormimos es lo "inmanifestado" para el estado de vigilia; mientras lo que, para nosotros, en este estado nos parece inmanifestado, es sólo una clase superior de manifestación. ¿No podría esto ser igualmente verídico hasta en lo referente a lo que llamamos Pralaya Universal? Hablamos de "conciencia" y con este término indicamos nuestros modos de percepción presentes, relativos y limitados; pero desconocemos qué es la conciencia de nuestro Ego Superior. Tenemos el sentimiento que brota de nuestro estado actual incompleto; ¿sin embargo, qué sabemos del sentimiento que procede de un estado más elevado?

Preguntas acerca de la siguiente oración en Patanjali: "La mente es un factor sin el cual la concentración es inalcanzable." La pregunta es: "¿Por qué?" No es fácil decir lo que es la "mente": debe ser básica y también selectiva; puede retirarse de un objeto y colocarse sobre otro; sin la "mente" nada se hace. Consideramos todas las acciones como operaciones mentales. El pensamiento es el plano de *acción*; entonces, para llegar a la *base* debemos suponer un Perceptor quien, desde sus percepciones, es la causa y el efecto en acción. Según se dice: *Prakriti* es lo que produce la causa y el efecto en las acciones, siendo la base intrínseca de toda acción. El Perceptor actúa sobre muchos planos; sus percepciones, según las adopta en cada plano, pueden definirse como su "mente" en aquel plano. La concentración de la percepción sobre cualquier punto deseable es necesaria a fin de obtener el conocimiento completo.

Pienso que tu idea está bien, según la entiendo: "La Mente Universal es la suma total de las *ideas* de *todos* los seres involucrados en el sistema" (que, como una totalidad y en último análisis, debe concordar con todos los demás sistemas). Y cualquier mente dada, debe ser una colocación de ideas dentro de la Mente Universal. "Sólo existe el Ser y su ambiente."

La mayor dificultad es que estamos constantemente trabajando con y sobre los efectos, tratando de ajustar los efectos con los efectos, sin nexo alguno con el plano de las causas, confundiendo, continuamente, la causa por el efecto y el efecto por la causa. El segundo capítulo del "Bhagavad Gita" ofrece una declaración estupenda. Hablando de las "tres cualidades" (*prakríticas*), dice: "Libérate de las tres cualidades", es decir: de la influencia *ordinaria* de los opuestos naturales. No debemos actuar con el fin de obtener el favor de los Maestros ni por un miedo siniestro al Karma, tampoco inducidos por un deseo de obtener un buen Karma; sino que: "ejecuta tu deber; abandona todo pensamiento en las consecuencias y permanece ecuánime ya sea que el evento termine bien o mal. Tal ecuanimidad se llama Yoga."

Recuerdas lo que dijo H.P.B.: "la conciencia manifestada en un vehículo obtiene el conocimiento a través de la observación y la experiencia; la conciencia sin vehículo es la Causa." Entonces, el todo está incluido en la Conciencia, tanto condicionada como incondicionada. Hay la causa interna de la ideación: el Pensamiento; y la causa y el efecto externos en la acción, los planos de *prakriti*. Sólo por medio del espíritu podemos conocer al espíritu en cualquiera de sus modificaciones. Sin embargo, tratar de explicar ideas altamente metafísicas en algún idioma occidental o moderno, es como si quisiéramos llevar a cabo una obra de cinceladura refinada usando un hacha. Nuestras percepciones deben extenderse mediante la aplicación y el ejercicio; así que las palabras, en su uso común y relaciones ordinarias entre ellas parecen como correspondencias más que como expresiones definidas.

La mente y la Conciencia, al actuar en conjunto, tienen el poder de separar los diferentes planos y esto ocurre, también, en el caso del simple principiante. No creo que puedas obtener una idea mejor respecto a la facultad de crear imágenes que la contenida en un artículo de W.Q.J.: "La Imaginación y los Fenómenos Ocultos", en el séptimo volumen de la revista "Path", pag. 289. El poder de la concentración es lo primero a considerar: "La imaginación debería ser tan controlada que un ser podría producir cualquier imagen en cualquier instante. Si se elaborara una imagen de los pensamientos débiles de la mayoría de las personas, mostraría pequeñas líneas de fuerza que se proyectan de sus cerebros y, en lugar de alcanzar su destino, caen al suelo muy cerca de la persona misma que las emite."

Temo que esto no te ayude mucho, sin embargo puedes libar algo de ello. Que tengas todas las bendiciones y todo crecimiento.

Carta Veintitrés

Se te preguntó acerca del "cuerpo de H.P.B." y quieres más luz sobre el asunto. El cuerpo de H.P.B. nació de la manera usual con su herencia física particular, un tipo de "casa" que usan las personas de la época y sujeto a su karma físico. No se podía hacer más perfecto; así como eran inalterables su forma, su fisonomía, sexo o color. Se seleccionó por su adaptabilidad al trabajo a la mano.

Todos los grandes Iniciados aparecen entre la humanidad en un tipo de cuerpo que usa la raza en la cual vienen. La Biblia dice que el profeta de Nazaret "se había convertido en todo como nosotros." Si estos seres viniesen en su forma y gloria, algunos los adorarían como dioses y otros los perseguirían como diablos, haciendo vano el objeto de inducir el justo esfuerzo entre las personas. Por lo tanto, aunque implica sufrimiento, lo hacen para el bien de la humanidad, inducidos por la compasión que sienten hacia los hermanos más jóvenes que siguen afligiéndose a causa de la ignorancia. Los Maestros no necesitan la experiencia para ellos mismos, se sacrifican a favor de los demás; así como otros Maestros lo hicieron para ellos en tiempos aun más remotos.

No sabemos si sufren algún dolor de la muerte como sucede con el ser humano ordinario apegado a la vida física. La fuerza que los Maestros usan hace estragos con cualquier cuerpo ordinario, desintegrándolo. En el caso de H.P.B. se usaron medidas extraordinarias para conservar el cuerpo un tiempo tan largo. Algunas semanas antes de dejarlo, H.P.B. escribió a alguien en Boston: "Incluso la voluntad y el Yoga no pueden mantener junto este viejo escafandro físico." Esto no invalida su poder; sin embargo muestra que los cuerpos de la raza presente no pueden soportar la tensión que produce un ser del género cuando vive allí. Si se intensifica la fuerza nerviosa en nuestros cuerpos, ésta destruirá la capacidad corporal. Imaginen una fuerza cien veces superior a la nerviosa y no nos resultará difícil entender por qué los cuerpos ocupados por estos seres se desintegran.

Los cuerpos se forman bajo la ley de causa y efecto, manteniéndose bajo ella. Existe karma físico, mental y psíquico, interactuando los unos sobre los otros y teniendo, sin embargo, sus líneas particulares de operación. La producción de los cuerpos de cualquier raza es el fruto de causas activadas en el plano físico y dichos cuerpos siguen reproduciéndose en ese plano; tienen cierta naturaleza y están sujetos a las acciones y a las reacciones del karma colectivo de la raza de la cual son parte. Un Adepto que toma un cuerpo del género, se encontrará, en lo referente al mismo, sujeto a las cualidades raciales inherentes en el cuerpo asumido; así como un hombre que se traslada a una ciudad y alquila una casa, empieza a vivir allí. Si las casas tenían algunas deficiencias, él no podría hacer algo mejor y debería tomar lo que puede obtener, aunque muy lejos del estándar. Entonces, estaría sujeto al "karma" de la habitación del período particular y del lugar. Los cuerpos son las moradas físicas construidas por la raza.

Carta Veinticuatro

He leído tu nota y las cartas adjuntas. Se me hace raro que el señor

B. haya llegado a tal conclusión de nosotros, según la cual: "somos un grupo de seres petulantes y condescendientes"; no somos "francos" al enviar cartas no firmadas o al escondernos de alguna forma. Me gustaría aclarar sus ideas acerca de este tema y otros; ya que son personas buenas; sólo les hace falta liberarse de algunos prejuicios para colocarse en esa relación benéfica. Las cartas indican a una persona con actitud prepotente y una personalidad beligerante, mientras otro dice, de forma un poco ingenua, que estaba tan interesado en el *tema en sí*, que jamás pensó en investigar la historia de la L.U.T. y las personas a ella relacionadas; sin embargo éste fue, exactamente, el efecto más deseable.

Es extraño, estos individuos no se percatan de que: si algunos seres humanos saben de la existencia del mensaje más importante para el mundo en siglos innumerables y llevan el hecho y el mensaje a su atención, dejando que se acepte o se rechace sin atraer atención hacia *ellos mismos*, implica que estos últimos no querían interponerse, para que el Mensaje se juzgara según sus méritos. Es evidente que B y su amigo no se habían dado cuenta de que la ascendencia de los *individuos* y sus pretensiones de conocimiento personal, contribuyeron a alejar la atención de las personas interesadas del Mensaje mismo. Tampoco parecen entender que el "anonimato" adoptado, era para beneficiar a los individuos como ellos y todos los demás que desean obtener ese mensaje de forma directa sin distracciones intermedias.

Es cierto que: como personas interesadas al Mensaje y a su propagación, no nos "escondemos"; ya que existimos y se nos puede encontrar; sin embargo, como "personas" inteligentes, de carácter y dispuestas al sacrificio personal, deseamos, por encima de todo, colocar el Mensaje de los Maestros en las manos de quienes quieren aprender y saber, sin atraer la atención a nosotros mismos o sin buscar una notoriedad que distrae. Esto se ha llevado a cabo, durante muchos años, gastando un tremendo lapso de tiempo, dinero y esfuerzo; ya que en nuestro caso ha sido un dar constante y confiable sin pedir algo a cambio. Tampoco se puede decir que buscamos reconocimiento o fama; ya que no se presenta algún nombre al cual adherir la fama.

¿Cómo suponen que la Enseñanza de la Teosofía pura y simple, tal como la divulgaron los Maestros de Teosofía, ha sido llevada adelante intacta? Las personas que los incautos han aceptado como verdaderos exponentes Teosóficos, han diseminado, por todos lados, calles sin salida; las enseñanzas originales han sido obscurecidas y una marea de especulaciones se presenta como Teosofía a detrimento de la misma y de quienes quieren aprender y entender. ¿De qué otra manera se podría remediar esta condición, excepto por medio de algunos que conocen la verdad, los maestros, las justas líneas y tienen una experiencia suficiente en el Movimiento para evitar los escollos que escindieron la sociedad original en fragmentos?

El curso y el plan de la L.U.T. se instituyeron para evitar, del todo, las personalidades; haciendo el esfuerzo dependiente de un grupo de estudiantes que no quiere ser reconocido, colocando las Enseñanzas directamente en las manos de quienes quieran saber, para que las estudien y apliquen; de aquí deriva el "anonimato."

Otro crítico una vez dijo que la L.U.T. "se escondía tras de la Teosofía." Se le replicó que: "esto es mucho mejor que ponerse delante de ella, escondiéndola." La L.U.T. no se "esconde" tras de nada, eleva simplemente la Teosofía para que todos la vean claramente y sin obstáculos. Ya sean personas o un número de "palos" que mantienen la Teosofía a plena vista, esto no importa. En ambos casos se puede decir, mostrando un poco de justicia, que la Teosofía *los* escondía a la vista. Pero como bien sabes, este grupo no se queja ni piensa hacerlo. El señor B. no parece distinguir entre comunicaciones anónimas de los enemigos o de quienes aparentan ser amigos, los cuales, como él justamente observa, son cobardes y una presentación *impersonal* de la Teosofía, la cual no pone a las personas bajo la atención pública. Todo esto se hace para el beneficio prístino de quienes buscan conocer la Teosofía. El punto es que nuestro interés es para la *Teosofía* y, mientras presentamos sus principios, la defendemos contra cualquier ataque.

Bueno, con toda la bondad del corazón, haremos lo mejor posible para quienquiera que desee aprender. A pesar de lo mucho que quisiéramos, nada podemos hacer para quienes esperan principios y métodos conformes a sus ideas preconcebidas personales. Sin embargo, hay siempre la esperanza que un poco de Teosofía pueda funcionar como levadura, disipando o expulsando los prejuicios existentes y, para que esto se lleve a cabo, se debe dejar pasar algún tiempo. La Teosofía es para los que la quieren; no se puede dar a ningún otro.

Carta Veinticinco

Sí, muchas personas vendrán a tus reuniones; pero, de entre ellas, sólo unas pocas se quedarán. Quienes entienden, verdaderamente, el espíritu del Movimiento, no se les verá correr aquí y allá por algún propósito propio. Ocasionalmente, es posible que vayan, a fin de recibir una información general o para hacer el bien a los demás. Todas las veces que surja la fricción personal, como puede suceder, atente a los principios; enúncialos, ilústralos; sin embargo, evita hacer referencia directa a cualquier problema. Así, a cada uno se le deja entender y poner en práctica según mejor le parece. El estudio es el gran remedio. La unidad, el estudio y el trabajo son la Trinidad que mantendrá a todos unidos, dejando, sin embargo, un margen para las idiosincrasias individuales a lo largo de líneas inofensivas, mientras que uno trata de someterlas. Lo que dices, acerca de algunos que vienen, se alejan durante un lapso y vuelven, puede indicar que han tomado consigo un ejemplar de lo que ofrecemos y lo están comparando con la "mercancía" de otros lugares. No cabe duda que esto ocurre, aquí y allá, entre quienes trabajan sólo intelectualmente.

Hay muchos a los cuales no podemos ayudar. Quizá su tiempo aún no haya llegado, no habiendo alcanzado la condición que los hace receptivos al auxilio que podemos ofrecerles. Es posible ayudar a los que están preparados y pueden no ser muchos; sin embargo existen y llegarán, tan pronto como su camino se libere, dándoles la oportunidad de llegar. Una diseminación constante de las ideas eternas, atraerá y contribuirá a que se queden los que las necesitan; otros vendrán y se irán según dicte su estado de ánimo. No creo que seas culpable por la clase de personas que te llegan; son ejemplares de la ciudad, una mezcla. Algunos son buenos, benditos ellos; algunos son indiferentes, algunos negativos y otros muy negativos. Trata de dar servicio a todos, entregándoles lo mejor de ti; nadie puede hacer más. Todo esfuerzo espiritual es una buena acción.

Es cierto que "la puerta hacia los Maestros" se abre a través de su trabajo y de ningún otro modo. Recordarás que W.Q.J. escribió: "La generosidad y el amor son el abandono de la personalidad." Los

Maestros aman a la humanidad y a toda la creación; su generosidad y amor no están limitados ni empañados por el egoísmo. Podemos desembarazarnos de nuestras limitaciones sólo siguiendo el Sendero que los Maestros indican, el cual, poco a poco, nos libera de los "pecados" que nos acosan. Ellos han dicho que cada pensamiento, cada deseo y cada esfuerzo en esa dirección, cuenta. Lo que necesitamos hacer es olvidar la estima de nosotros mismos, sea buena o mala y perseverar en el trabajo. Al movernos a lo largo de ese camino, encontraremos más fuerza y oportunidades más amplias. La idea según la cual somos pobres pecadores miserables está tan arraigada en la mente de la raza, que constatamos siempre una actitud separatista tanto acerca de la bondad como de la maldad. Debemos superar tal actitud. No es cuestión de nuestra bondad o maldad; sino de nuestro deseo y esfuerzo de seguir el camino más elevado posible para nosotros.

Si el sendero que recorremos lo conocemos, tenemos la confianza fruto del conocimiento; pero si lo desconocemos, surgen varios tipos de dudas y sospechas. En realidad, existe solo una cosa que temer: todo lo que nos descarría del Sendero que estamos recorriendo. A mi juicio, a veces existe una razón más fuerte por la inquietud que el miedo o la duda personal. No queremos alejarnos del Sendero; así examinamos nuestros pasos para ver si se dieron en la dirección justa y, especialmente, si nos acarrean alguna felicidad. La duda y el miedo ordinarios nos detienen, pero la justa atención nos vuelve sólo cautos y esto no es un mal si nos mantenemos activos.

Con respecto al amigo de que hablas, espero que haya encontrado algo que hacer y, cualquier cosa que esto sea, que haya tomado una determinación firme de llevarlo a cabo como si fuera lo único que hacer. He descubierto que: al hacer lo que se me presenta, con todo mi corazón, mente y fuerza, con el tiempo me lleva a otro lugar y a otra oportunidad; pero siempre para un beneficio mejor. En muchos casos he notado que la actitud: "esto no me gusta" o: "debo tener algo mejor", ha conducido, invariablemente, a un cambio perpetuo, a la insatisfacción y a resultados muy escasos. En cambio, quienes no soslayaron posibilidad alguna, tuvieron éxito y ningún esfuerzo fue demasiado grande, por lo tanto, ni la enfermedad ni alguna otra causa pudieron detenerlos ni reducir su valor y esfuerzos. En realidad, lo que hacían era cumplir, inconscientemente, el Karma. Me parece que muy a menudo los estudiantes consideran su existencia personal y sus predilecciones como una cosa y su vida de estudiante como otra. No es así. Ambas se entretejen y se entreveran en todo punto. El estudiante debe ver claramente que su existencia presente es su oportunidad para vivir y aprender: aprender a vivir de la forma mejor. La existencia actual contiene y presenta las oportunidades que, si las rechazamos, no volverán de una forma u otra hasta que nos percatemos de que se puede dar un paso adelante sólo superando los obstáculos y, por lo tanto, los defectos. La mayoría de las personas no creen o no saben cuán maravillosa y perfectamente esto funciona, cuando nos damos cuenta de ello y lo ponemos en práctica fielmente; sin embargo, nosotros, como estudiantes, deberíamos poder aplicar las lecciones de la vida basándonos en el conocimiento que se nos ha impartido y que reconocemos.

Es fácilmente constatable que estamos viviendo en un período de transición en el que todo está cambiando. Estamos involucrados, necesariamente, en esta transición que, en el caso general, produce un mejoramiento y, en el caso del estudiante, abre la puerta a ese éxito que es más grande que todo adelanto y mejoramiento de gobierno y mundano; me estoy refiriendo a la práctica del verdadero conocimiento y percepción, al control, la fuerza y la sabiduría, que nos preparan para ser los guías de la humanidad futura. Por lo tanto, debemos cumplir con nuestra tarea, no sólo con valor, sino felices de hacerlo, sabiendo a que conduce y al gran fin en perspectiva. Las existencias que hemos vivido, con sus felicidades y sufrimientos, placeres y dolores, caen en el olvido; la que estamos viviendo ahora se precipitará en el mismo limbo del pasado; pero seremos lo que hemos hecho de nosotros mismos, débiles o fuertes, según el caso y deberemos encarar lo que hemos producido. Tenemos sólo el presente para hacer lo debido; entonces, hay que ser intrépidos y valientes, siguiendo adelante mostrando nuestra fuerza ante todas las dificultades las cuales son, en verdad, nuestras salvadoras.

Carta Veintiséis

En lo referente a la declaración según la cual todos tenemos que "asimilar la beatitud del Devachan y la angustia de Avitchi", podemos decir que cada uno debe aprender estos estados. Los seres que, por su libre albedrío, se encarnan para ayudar a la humanidad, pasan por dichos estados como cualquier ser humano, sin identificarse con ellos. *Sienten,* como todo ser humano, y experimentan mucho más que la mayoría de la humanidad; así que quedan vivos, en su experiencia física, todos los sentimientos que afligen o que alivian al género humano. El dolor de esta clase de personas, si es que podemos llamarle dolor, es el de ver que los humanos no entienden, a causa de los elementos puramente personales que prevalecen en la humanidad.

"Los Maestros *sienten* el dolor, sin embargo quedan impasibles." Ese sentimiento es simpatía, un sentimiento *que acompaña* la condición. Ellos saben lo que cada ser siente en tales circunstancias; sin embargo saben, también, que los llamados sufrimientos ajenos, no se deben a las circunstancias; sino que a una actitud equivocada hacia ellas. ¿Cómo pueden, los Maestros, identificar su conocimiento y poder gloriosos con una concepción errónea? El dolor que más sentimos es mental y no físico, causado por nuestra oposición a las condiciones Kármicas, que son, en realidad, oportunidades. Nuestra naturaleza interna nos obliga a seguir direcciones antitéticas a nuestros deseos personales; así la mentalidad personal experimenta el dolor debido a que identificamos nuestro Ser con el sufrimiento. La naturaleza personal es extremadamente sensitiva en cuanto su constitución se desequilibra fácilmente, estando compuesta de ideas separatistas. Por lo usual, en el caso de los estudiantes, los cambios de ideas consisten, simplemente, en trocar una idea separatista por otra; así, los cambios siguen dejándolos atados a las ideas personales. El verdadero crecimiento brota al considerar todo lo transitorio: lo placentero y lo desagradable que fluyen como las mareas en el océano de la vida, del cual uno es el observador. Tanto el placer como el dolor son necesarios; siendo, estos, signos que nos indican el "efecto" que las mareas mutables ejercen sobre nosotros. Nosotros no somos estos efectos que son simplemente los medios para medir el valor de las experiencias y aprender como usarlas de la mejor manera. Lo que necesitamos es la libertad, la cual procede de la renuncia de todo interés personal en los resultados.

Se nos ha preguntado: "¿Acaso no es muy difícil elevarse?" No es arduo porque nuestra naturaleza Real ya se encuentra en el lugar al cual queremos levantarnos. En el oriente capturan a los monos poniendo nueces en el fondo de una vasija de cuello estrecho. Los monos ven las nueces allí, entonces, ponen sus brazos y manos para tomar un puño; pero no saben que sería suficiente soltarlas para liberarse; así caen cautivos. Nosotros somos muy parecidos a los monos, pues queremos elevarnos y liberarnos, sin embargo no queremos dejar las "ideas-nueces" que tenemos. Si sólo lo hiciéramos, nos alzaríamos mediante nuestra naturaleza. Deberíamos ser más sabios que los monos; deberíamos ser nuestro *ser* y soltar las *cosas*.

Lo que tu amigo dice acerca del tabaco es muy interesante, pues puede ser que, en un tiempo, yo compartía ideas similares, motivo por el cual reconozco el prejuicio y la idea preconcebida que su declaración presenta. Nuestros hábitos personales, de una forma u otra, son asuntos puramente personales y no afectan a los hechos en el caso; pero nuestras ideas preconcebidas pueden y muy a menudo los influencian. Las ideas erróneas o parcialmente erróneas, en lo referente a los hechos en cualquier caso, en conjunto con algún prejuicio existente, nos llevan a conclusiones equivocadas. Con respecto a su observación que los Maestros fuman, valdría la pena investigar lo que él entiende de la índole de los Maestros; en cuanto nuestro juicio depende de una comprensión justa o errónea de tal naturaleza. Ellos mismos han declarado que son seres humanos; pero no como nosotros. Tienen cuerpos de materia física cuyo tipo es tan refinado y espiritual que va más allá de nuestra concepción y experiencia ordinarias. Son seres septenarios perfeccionados y presentan la meta a la cual la humanidad puede tender. Por lo tanto, es necesario que alcancen un control absoluto sobre todos sus vehículos e instrumentos antes de que lleguen al estado de perfección septenaria. Consecuentemente, lo que hacen, lo efectúan con conocimiento y con un propósito benéfico. Entonces, aunque usen tabaco, debemos admitir que sabían lo que estaban haciendo y por qué; mientras nosotros, seres físicos ignorantes, juzgamos basándonos en el rumor y las apariencias, considerándonos competentes en el asunto, lo cual sería un grave error.

Una cosa es cierta: nunca han promulgado algo acerca del tabaco ni lo han mencionado. Entonces, deberíamos guiarnos sólo por el mensaje que dieron a la humanidad, dejando todos los otros asuntos en paz, si queremos entender o alcanzar a los Maestros. Se dice que H.P.B. fumaba cigarrillos; si es que lo hizo, no ofuscó su sabiduría ni su habilidad. A nadie que tenga algo de discernimiento le interesa lo que hace otra persona en su vida privada, especialmente si puede presentar y presenta una cosmogénesis y una antropogénesis tan maravillosas y completas como encontramos en "La Doctrina Secreta." No es tanto una cuestión de lo que una persona hace; sino "¿por qué lo hace?" Si la empuja el beneficio personal, éste es un procedimiento tan reprensible como cualquier otro con fines egoístas. Es la intención y únicamente la intención, la que determina si una acción es buena o mala, blanca o negra. Al fin y al cabo: "las funciones puramente corpóreas son mucho menos importantes de lo que un ser humano *piensa, siente* y cuales deseos fomenta en su mente, permitiéndoles arraigarse y crecer allí." "El verdadero chelado no es una cuestión de dieta, posturas o prácticas de algún tipo; es una *actitud mental.*"

Carta Veintisiete

La carta que enviaste es muy interesante. El escritor formula sólo una pregunta: "¿Por qué todas las religiones consideran sólo el lado triste de la vida, como si el otro no existiera?" Suponemos que la única respuesta es que el clero y los teólogos son ignorantes y la ignorancia, como sabemos, es la madre del miedo. Los *Fundadores* de las religiones del mundo no presentaron sólo el "lado triste". Todos enunciaron la doctrina de la *esperanza,* y, casi sin excepción, sus enseñanzas quedan incomprensibles si no las estudiamos en base a la *reencarnación.* En efecto, muchos de ellos la enseñaron directamente y la reencarnación es la "doctrina de la esperanza."

Creo que el corresponsal debió sentirse cansado y exhausto con el mundo cuando escribió esta carta; pues, en realidad, la Teosofía no enfatiza el "lado triste" de la vida para nada. Ofrece una explicación cuerda y lógica acerca de lo que existe; y una vez que un individuo entiende el por qué de la vida, su verdadero sentido y sus grandes posibilidades, ya no puede enfocarse en el "lado triste"; sino que siente la confianza, la esperanza y la felicidad más grandes, teniendo una base verdadera por este sentimiento.

El hecho de que la Ley gobierna todo y cada circunstancia (Karma), prueba que la regla de la vida es la justicia exacta. Tan pronto como uno se percata de que no hay "Dios" que lo condena o lo castiga, que puede obtener sólo eso que le pertenece y que seguramente recibirá todo lo que *realmente* le pertenece en un Universo de Ley, no tiene razón alguna para estar "triste"; sino que se sentirá satisfecho, responsable y seguro. No importa cuantas transgresiones hicimos o cuán poco sabíamos en el pasado, tan pronto como sentimos la verdad de la Reencarnación, el proceso mediante el cual la Ley gobierna, nos damos cuenta de que podemos establecer causas mejores, transformando el futuro en lo que queremos.

Creo que: mientras más se estudie a lo largo de las líneas teosóficas, convirtiendo la Filosofía en una base de pensamiento y acción, se percibirán, más plenamente, la belleza y las posibilidades de la vida y las tremendas oportunidades que proporcionan a quienes están dispuestos a servir.

Sí, como afirma el corresponsal, la vasta masa de personas sufre; sin embargo, la ley inherente en ellas les trae el sufrimiento porque se lo ganaron. Todas ellas experimentan *algún* deleite junto al sufrimiento. La ley les trae también el goce porque se lo ganaron. La mayoría de los que están sufriendo más ahora, están pagando la penalidad de su transgresión contra el resto, pero en el tiempo vendrá la compensación. Además: siempre tenemos el poder de la elección, aunque sólo en la actitud que asumimos hacia las circunstancias de la vida.

El corresponsal habla de la tremenda tarea que tiene la Teosofía. Es cierto, pero nosotros, como estudiantes, no necesitamos preocuparnos al respecto. Podemos hacer sólo lo que está a nuestro alcance, recordando que la mano del Maestro está por encima de todo. Los Maestros saben cuando los tiempos son maduros para empezar un trabajo; saben que esperar; de otra manera no serían "Maestros de Sabiduría". Es un trabajo de pioneros para quienes están actualmente en el mundo y, al hacer lo que podemos, ahora, cincelamos un lugar para nosotros en el futuro, al cual llegaremos bajo la ley. Quizá el corresponsal no haya pensado en esto.

Carta Veintiocho

Anoche me entregaron tu nota y tus preguntas a las cuales contesto con placer.

Según tu declaración, deduzco que has traído de una vida anterior esta extensión de la vista y del oído que posees. No es un "don", lo adquiriste en un cuerpo anterior.

En mi opinión, el fuerte vínculo entre tú y tu madre no procede de la relación física de esta vida; sino es un vínculo anímico de otras existencias y no necesariamente en la misma relación de esta vida, aunque podría ser así. El hecho es que hay un fuerte enlace entre tu alma y la suya, un vínculo de amor altruista, el poder más fuerte en el mundo.

Puesto que todos los seres humanos son, en primer lugar, espirituales, la tierra no es su habitación permanente. Nacen en cuerpos, viven, forman sus relaciones como seres físicos, psíquicos y espirituales y luego vuelven a sus estados más reales.

Como sabrás, el universo existe para los propósitos del alma y nuestra entrada en la existencia terrenal es simplemente una fase de nuestra existencia continua y consciente. Cuando dormimos, ya sea que nuestra conciencia se encuentre en un estado de sueños o en estados más internos y profundos, nuestras relaciones reales (subjetivas) con otros seres humanos continúan. Lo mismo sucede con la muerte: cuando dejamos el cuerpo pasamos a un estado como el del sueño durante un rato y luego entramos en el goce más pleno de la existencia autoconsciente que crea sus alrededores con todos los que amó en la existencia que acaba de vivir. Este estado se llama Devachan o el estado de los "dioses". Cuando un ser querido deja el cuerpo, lleva consigo todo lo que sintió, amó o aborreció. Puesto que él y también los seres que dejó encarnados, tienen estados y formas interiores, esto que él siente, lo captan, internamente, quienes aún están en el cuerpo; la impresión del sentimiento del fallecido repercute de manera tal que se le reconoce así. El sentimiento de cercanía, el sentido de recibir palabras, admoniciones o aliento, se debe a la relación interna y al amor de los fallecidos que no están físicamente próximos ni están conscientes de nuestras experiencias terrenales diarias, sin embargo, su amor obra siempre como una protección y una ayuda; estando conectados con nosotros en nuestra naturaleza interna y superior. En nuestros estados internos vemos, sentimos, entendemos y traducimos esta conexión en términos de vida diaria.

Puedes entender que no habría felicidad para nuestros queridos fallecidos si estuviesen conscientes de nuestras pruebas y dificultades en la existencia terrenal. La necesidad del Alma para una asimilación no perturbada de lo más elevado y lo mejor de su experiencia de vida, requiere que se mantenga sólo un contacto interno y *éste* trasciende las exigencias del ambiente físico.

El "vapor nebuloso" que viste en la hora de la muerte era la "forma astral" que estaba retirándose del vehículo físico. Los sentidos, las facultades y los sentimientos del fallecido se encontraban en el "cuerpo" astral. Representaba la forma física, siendo eso en el cual los elementos puramente físicos se habían retirado y ahora los estaba descartando.

Hiciste lo adecuado al dejar que el cuerpo descansara, quedándote en silencio hasta que el proceso de separación del cuerpo se llevara a cabo. Esto puede haber sido el fruto de una comprensión interna, pues, parece que no estás al corriente del principio básico del proceso. Tuviste una percepción interna y más verdadera que aquellos que pensaron que te "habías vuelto loco." El hecho es que ellos se habían vuelto locos, estando vinculados a sus percepciones y sentidos físicos.

Lo que sientes y entiendes ser "su vida atareada en ultratumba y los amigos que ha encontrado", representan sus pensamientos y sentimientos y no son *acciones* reales; ya que ella se encuentra en un estado subjetivo y no está en contacto con otros seres, sino sólo de manera subjetiva, es decir: ella está *pensando* en ellos de varias maneras y relaciones y tú percibes los sujetos de sus pensamientos y acciones.

No sé si has leído el "Océano de la Teosofía". Habla mucho de los estados después de la muerte, así como "La Clave de la Teosofía". Una lectura y una relectura de ambos libros contribuirán a hacerte entender que el verdadero contacto que tenemos con los demás está en el Pensamiento, la Voluntad y el Sentimiento, los cuales no dependen de relaciones o contactos corporales.

Si el escritor puede ayudarte ulteriormente en tu comprensión, lo hará felizmente.

Carta Veintinueve

Creo que tienes la justa actitud y, con el tiempo, más y más luz llegará, mostrando otros pasos. Es correcto seguir moviéndose con la cara dirigida al justo rumbo. Los Maestros no eligen a sus discípulos; los discípulos eligen servir, por lo cual se constituyen discípulos al grado de total auto-abnegación y servicio.

La expresión: "produzco a mí mismo entre las criaturas", se refiere a encarnaciones voluntarias y conscientes de seres espirituales elevados, avatares, los salvadores de la humanidad; incluyendo no sólo la encarnación misma; sino la influencia de tipo espiritual que imbuye al ser. ¿Qué induce estos seres a encarnarse? Según el "Gita" ellos vienen "cada vez que hay una insurrección de vicio y de injusticia en el mundo." Existe una analogía entre esto y lo que William Q. Judge sugirió acerca de los terremotos; pues: cuando un temblor tuvo lugar, escribió que alguna alma útil debió haber nacido. Es posible que tales eventos confluyan. No cabe duda que la energía emitida por las masas humanas puede producir disturbios, afectando la tierra misma e induciendo al nacimiento almas patrióticas, cuyos poderes y conocimientos entrarán en juego en las condiciones mentales y físicas producidas. Los disturbios locales afectan el lugar dentro de su rayo de influencia y a las personas cuyo karma las colocó en este punto; hay también un efecto general que es compartido, en diferentes grados, por los individuos en otros lugares en el país; por el país en su totalidad y por el mundo en general. Es probable que, mientras un terremoto destructivo puede tener un campo definido, es posible que sea la producción de una condición general que se expresa en el punto "carcomido".

Preguntas acerca de la naturaleza y la misión del ser llamado "Jesús." Existen razones para creer que su misión era de menor calibre, como se situó en un ciclo menguante y no se proponía revelar los caminos del conocimiento oculto; sino encubrirlos para que los períodos subsiguientes de decaimiento espiritual no tuvieran armas peligrosas en manos de personas egoístas, sin principios e ignorantes; por eso él acentuó la ética. Esto no significa que el ser conocido como Jesús era inferior a Buda. Es posible que haya sido el mismo ser, en realidad. Lo que quise decir es que las "misiones" o los esfuerzos eran de índole diferentes debido a los ciclos y a las personas distintas. "Para los depositarios del saber" es, y debe ser, necesario, esconder el conocimiento peligroso en cierto tiempo, mientras que lo divulgan en el momento propicio. "Bajo la ley cíclica la verdadera filosofía desaparece por un lapso, durante un periodo oscuro en la historia de la mente; sin embargo, la misma ley facilita su reaparición de manera tan segura como el hecho de que mañana el sol saldrá y la mente humana estará presente para verlo." No podemos juzgar la naturaleza de estas grandes encarnaciones al grado de decir que una es superior a la otra. Podemos discernir algo de la índole del ciclo y de las personas de algún periodo, obteniendo, entonces, una idea de la diferencia en las misiones.

Por supuesto, en lo referente a los ciclos hay ruedas dentro de ruedas y es innegable de que hay "oleadas" más pequeñas que corresponden, en grado, a las más grandes; pero no tenemos mucha información directa al respecto, exceptuando el hecho de que hay ciclos de duración distinta dentro del ciclo mayor de la precesión del equinoccio. Varios ciclos importantes terminaron en las postrimerías del siglo XIX, entre los cuales, el ciclo mesiánico. Parece que el ciclo homólogo, cuya duración es 2.155 años solares, *terminó* en 1897.

El ciclo mesiánico estaba íntimamente ligado a nuestro periodo; si consideramos que la calidad del ciclo varía en importancia y por ende, en el grado del ser que se necesita en algún momento, constatamos que la conjunción de los ciclos mencionada anteriormente, señala un periodo muy importante y, por consecuencia, seres "relevantes", lo cual puede darnos un indicio acerca de lo que realmente fueron los Mensajeros H.P.B. y W.Q.J. Otros periodos menos importantes llevan encarnaciones de chelas a prueba.

Puede ser que lo anterior contenga algo que te permita expresar lo que aún es indefinido; en caso negativo, puede abrir la puerta a otras ideas o cuestiones.

Carta Treinta

No vale la pena el esfuerzo hecho a fin de atraer el interés de personas especiales; el mero esfuerzo emprendido lo impide, despertando nociones erróneas en los que buscamos así. El curso más cuerdo es que todos sepan acerca de la Teosofía, sin embargo, no busques a nadie en particular. Por supuesto no es positivo fomentar la impresión en la mente ajena que él o ella son importantes para la Teosofía; siendo la Teosofía para los que la quieren y para nadie más. Sería mejor que transmitiera la impresión según la cual: aprender la filosofía de manera que nos lleve a comprenderla y a aplicarla, es algo que sucede a los pocos; no porque se les detenga, sino porque el karma físico y mental son de una índole tal que no permiten dejar la mente libre o presentar los modos y los medios. En numerosos casos, en una era en la que se divulga una gran cantidad de sabiduría antigua, este efecto nace por no haber logrado beneficiarse de las oportunidades en otras vidas. La oportunidad se otorga a un número más amplio de lo que podemos sospechar, todos la reciben, alguno de manera más favorable que otros. Es el colmo de la locura volver a descuidarla, especialmente en los casos en que se lleva a casa de las personas sin su esfuerzo.

El Karma de la mayoría es tal que no deja alguna puerta mental o física abierta; sin embargo, aun ellos, por medio del esfuerzo ajeno, pueden centrarse y encontrar la senda. "Muchos son los llamados y pocos los escogidos." Has constatado la veracidad del hecho de que: más dura la presión más poder espiritual hay, si nos mantenemos firmes. ¿Así, piensas que tu máquina para escribir deletreó bien la palabra la primera vez: *espantado* en la frase: "la banda sagrada de los héroes?"[1] "Espantado" se refiere a eso que tú amas pensar que era ti mismo en un tiempo y de vez en cuando. Este susto es natural, porque el sentido común nos dice que si estamos en la tierra, debemos comer. No podemos luchar sin la munición de guerra en este plano y como nos oponemos a la corriente completa de los tiempos, no recibimos la ayuda que los tiempos dan. Sin embargo estamos trabajando para ellos igualmente; sin ser notados y sin ser objeto de agradecimiento; además: el trabajo que estamos haciendo no es nuestro; sino de los Maestros que nos enviaron y el binomio: Maestros y trabajo no desea aplauso ni recompensa. Vivimos mientras podemos y morimos cuando debemos, cuando *debemos* y no antes y nunca diremos morir mientras que hay una posibilidad.

La lucha *es* ardua puesto que la encaramos sin saber el resultado; es, evidentemente, parte del juego y el combate es para nosotros sino no lo tendríamos. Se espera de nosotros que hagamos lo mejor posible y todo lo que podamos bajo las circunstancias. Al haber hecho esto, tomamos cualquier cosa que la Ley nos depara. Si es sufrimiento, deberíamos estar contentos que no es muerte; si es muerte, debemos regocijarnos porque ya no hay más vida terrenal. No debemos estar sujetos a los resultados mientras hacemos lo mejor que sabemos y podemos hacer.

Has dicho la verdad: "Tomaremos lo que viene y entregaremos lo mejor de nosotros para la causa común. No podemos hacer más ni menos bajo la Ley de Hermandad." Ojalá pudiera hacer algo para aclarar el sendero. Sabes que haría lo posible y sé que tú lo harías; entonces, todo resultará bien aun cuando se trate de algo inesperado. Nuestro mero pensamiento y esfuerzo producirán resultados. Así continuamos el pensamiento y el esfuerzo, dejando que los resultados lleguen como deben. Cualquier evento debe ser justo para nosotros, para nuestro trabajo y para todo. La duda, la ansiedad y el miedo sólo obstaculizan

---

1 Aquí suponemos la presencia de un juego de palabras o lapsus calami. El corresponsal escribió *scared* (espantado, asustado) cuando es probable que se refiriese a *sacred* (sagrado), aunque luego afirma que "*scared*" es lo que quiso escribir. (N. d. T.)

y aplazan el resultado. Entonces, al hacer lo que se debe, día a día, con el justo motivo y con confianza, llenamos todos los requisitos y cumplimos con todo deber. Siento la dificultad de tus pruebas y luchas, sin embargo sé que no cambiarías nada, excepto lo que puede alterarse por medio de la ley, mientras usas siempre tu mejor discernimiento, esmerándote lo más posible bajo las circunstancias existentes. Debemos poder luchar contra lo que parecen ser inusuales circunstancias abrumadoras y mientras combatimos, no sucumbimos. No es necesario temer por nuestro bienestar ni sentir un ansia excesiva por los demás; sino continuar haciendo nuestro deber como se nos presenta, de manera simple, segura y firme.

Si te quisiera o conociera menos, lo lamentaría por ti. Sin embargo, al considerar la situación, estoy feliz de que tienes la fuerza y el valor que muestras, que no tendrías ni enseñarías si las dificultades no fuesen lo que son. Sin ti y tu valor, los que han recibido una ayuda y la están recibiendo de nosotros, sufrirían esa pérdida. En todo el asunto has soportado el calor y la carga del día sin jamás vacilar, aunque el peso es tremendo y no da señales de alivio. Lo estás haciendo por los Maestros, para su trabajo hasta donde se entiende. No creo que alguien de nosotros sufra hambre o cualquier tipo de escasez; sin embargo, si esto es lo que nos toca, lo haremos con dignidad, gracias al conocimiento que poseemos.

Es fácil donar de nuestra opulencia, sin embargo, cuán pocos son los que, a pesar de su riqueza, realmente dan. Los que piensan que obsequiarían si viviesen en desahogo, nada harían digno de estima y muchos de los que podrían hacer más, tienen miedo de privarse de algo. Así son los seres humanos del siglo XX. Son muy pocos quienes sufren para que los demás no perezcan y tengan una vida perenne para que, a su turno, lleven la carga de otros. Estos son los sabios y los héroes inmortales.

Bueno, come bien, duerme bien, piensa bien y corta todas las dudas con la espada del conocimiento espiritual. Amor, mucho amor y PAZ.

Carta Treintaiuno

Las cosas pasadas son siempre más fáciles que las presentes o las futuras. Al pasado se le puede juzgar mediante una importancia relativa.

Es el hueco de la ola de nuestro progreso, mientras el presente y el futuro representan la cresta y la resistencia sentida o temida. Sin embargo, si sólo pudiéramos recordar que el pasado, cuando era presente y futuro, contenía los mismos disturbios que ahora consideramos haber sido una pérdida de energía. De esto deberíamos aprender a "resistir sin resistencia" y que un gasto excesivo de pensamiento y energía no es una actitud cuerda. Cuando luchamos, nos vemos arrastrados en el remolino de los eventos y las pasiones; así, es mejor sumergirnos en el Ser que es imperturbable y observar los despojos flotantes a través de los cuales "nos" movemos. Podemos mirar lo peor que puede ocurrir de la misma forma como ahora volvemos la vista a lo que ha sido. Por lo tanto, al saber esto, cuando nos sentimos afligidos, podemos decir: "Aun esto pasará" y, esperando hasta que las nubes se disipen, vernos en la luz del sol, dirigiendo la mirada hacia el Oriente del Tiempo. Pienso que, prácticamente, todo lo que nos aqueja es innecesario, como aflicción, mas necesario *para la experiencia.*

La Experiencia del Ego, en su progreso sobre este plano, es una serie de despertamientos progresivos y despertar significa "conciencia". El Ego conoce las señales en su camino de regreso a la Divinidad. No creo que los Grandes se retiren cuando nos acercamos, aunque esto describa una percepción de sus naturalezas que se adquiere gradualmente, sino que nos rodea una "escolta invisible", mientras que nuestros rostros se dirijan a la meta, permaneciendo leales a su programa. Ellos no empujan, no jalan ni obstruyen la acción voluntaria. Hacer esto impediría la confianza en uno mismo. Esta es la razón por la cual algunos pueden pensar que los Maestros los abandonaron o no los ven ni los oyen. La anterior es la peor concepción posible, denigra a los Maestros, implicando que son ignorantes e ingratos. Nos han dado el mensaje y han hablado claramente de su cercanía a quienes tratan y siempre siguen tratando. No podemos tomar parte activa y al mismo tiempo dudar del resto.

No sabía que mis recientes cartas eran desalentadoras, en los escritos de los Maestros he encontrado sólo aliento. Pienso que lo que quisiste decir es que el sentido profundo de la laguna entre nuestros ideales y su alcance, deprime la concepción personal. Esto es muy cierto, sin embargo, no somos la concepción personal ni sus deducciones. Si nos involucramos en el Karma de la concepción personal, nos sentiremos deprimidos como Arjuna. No somos estas relaciones, sino los guerreros que las conquistarán para desarrollar amistades.

Por supuesto somos todos eslabones en la cadena; lo que afecta a uno, afecta a cada uno, en grados. Quienquiera que se esfuerce a fin de ayudar a los demás de manera real, se sitúa en una posición en que debe recibir las reacciones. Te encuentras en tal lugar, también en lo referente a quienes se han despertado de manera más particular y, en grado menor, en lo que atañe a los demás que aleccionas. Por supuesto el Karma actúa en ello, por haberlo producido.

El Karma de la Sociedad Teosófica es también el de H.P.B. y W.Q.J., que anteriormente se le conocía en general. El primer esfuerzo consiste en esparcir la Teosofía y mucho se ha efectuado en esta vertiente; pero su aplicación no ha sido tan general como hubiera podido ser. Las reacciones resultantes de la difusión de la filosofía y su aplicación errónea o no aplicación, se tomarán en consideración cuando los Maestros vuelvan. Es análogo a una planta que debe ser podada para crecer apropiadamente; sin embargo, antes de que esto sea factible, las tendencias erróneas deben crecer. Recordarás lo que W.Q.J. dijo: "nuestro viejo león del Punjab no está lejos, sin embargo, no se encuentra en el lugar ni en la condición que algunos piensan." El nexo que nos une a la Logia es la aspiración, el servicio y la lealtad al programa del Maestro de la forma más precisa posible; no tenemos algún otro deseo. Sabemos que: "en las vidas de todos quienes aspiran a las cosas superiores, existe una precipitación más o menos rápida de Karma pasado y esto es lo que está afectándote. Pronto terminará y habrás ganado por haberte liberado de una parte de un asunto perturbador."

Sí, el sentimiento de responsabilidad crece mientras más personas llegan en busca de luz y ayuda, sin embargo, como somos "transmisores", debemos sólo transmitir lo que es la doctrina de Aquel que nos ha enviado y esto lo puedes hacer tanto para un millón de individuos o para pocos; no siendo un caso de trato individual. Por supuesto, mejoramos siempre y mientras más amplia es la responsabilidad, más grande es el mejoramiento. Todos los que empiezan pequeños, "crecen con el negocio." En lo referente al interés egoísta, ¿acaso no empiezan, casi todos, de tal manera? Adquieren una visión más amplia al tiempo que aprenden más y es mejor comenzar, incluso egoístamente, que no empezar. Algunos tendrán que venir de allí, pero tal sendero no es enfatizado, aunque se mencione como un asunto de beneficio personal; sin embargo, para algunos es la puerta.

En tus últimas cartas se transluce mucho más discernimiento en los principios y en las cosas, un entendimiento claro e impersonal. Somos todos peones en el tablero del Gran Juego; voluntarios, conscientes y también tenemos nuestros valores que se convierten en cumulativos mientras damos nuestro servicio. Además: estudiamos y aprendemos los métodos. La paz mental y la confianza son mejor que todo en este trabajo de tratar con la humanidad, es decir: el corazón humano. Mientras más sabio es uno, mejor podrá ayudar a sus compañeros, los seres humanos; mientras más cosmopolita mejor aún. Sigue adelante y buena suerte.

"Cuando tu corazón haya pasado por los lazos de la ilusión, alcanzarás la alta ecuanimidad en lo referente a estas doctrinas ya enseñadas o por enseñar."

"La doctrina que este día te he comunicado, es la misma doctrina inagotable, secreta y eterna, siendo, tú, mi devoto y mi amigo."

Indice de "Las Verdades Eternas"

LAS VERDADES ETERNAS

La Base de la Religión

Para la mayoria de las personas la palabra "religión" indica algo separado de la existencia humana, presentando la idea de preparación para alguna existencia futura desconocida. Hay religiones que se basan en el conocimiento de un individuo que presentó los principios fundamentales de cada una, otras se cree que han sido las revelaciones de un Ser Supremo al momento de la creación del mundo. Cada población tiene su propio Dios, entonces, al haber muchas personas, por consiguiente habrá muchos Seres Supremos correspondientes a las ideas de los individuos. Lo mismo sucede con las personas, las cuales, teniendo ideas diferentes implica que: muchas personas, muchos Dioses. Todos estos Dioses, o Seres Supremos son creaciones humanas y no realidades intrínsecas. Sin embargo, tras todas esas ideas hay una realidad. El poder presente en el hombre de crear imágenes y dotarlas de virtudes que él no posee, indica algo superior a lo creado. Las criaturas no pueden ser mayores que los creadores. Lo que en el hombre crea las ideas, es superior a cada idea que él tuvo en el pasado, o tiene ahora. Entonces, para descubrir el verdadero "Dios," la verdadera religión, tenemos que ir a la esencia de todas las ideas.

La verdadera religión debe darnos una base para pensar, y en consecuencia, una base para actuar, una comprensión de la naturaleza de nosotros y de otros seres. La religión no es un grupo particular de dogmas y creencias fijas, sino un *vínculo* que une en un gran todo a los hombres y no solo a ellos, sino también a todos los seres y a las *cosas* en el universo entero. Las tres ideas fundamentales de la *Doctrina Secreta* presentan justamente esa base y ese vínculo.

Detrás de lo existente está el Sustentador de todo lo que existe, fue, es y será. Nada existe sin Eso. Es omnipresente e infinito. Si tomamos esa idea e intentamos limitarla en la forma de un Ser cualquiera, nos daremos cuenta de que es imposible. No podemos conciliar la idea del *ser* con lo que es omnipresente e infinito. No hay ser que exista fuera del espacio que *es*, ya sea que exista el vacío o la plenitud, los planetas, los dioses, la humanidad o nadie, el espacio nunca está alterado por los objetos que contiene, siendo ilimitable; es sin principio ni fin. Un ser debe existir en el espacio, desde luego tiene que ser inferior al espacio. Podemos denominar al Poder Superior como queramos: el Supremo, el Ser, lo importante es no limitarlo ni darle atributos. No podemos decir que está deleitado, enfadado, o que castiga o premia, pues así lo limitamos. Si el espacio mismo no puede ser medido o limitado, ¿como podemos limitar el Supremo? El Poder Superior no puede ser menos que el espacio, nombrarlo ya es limitarlo. Sin embargo debe ser la Realidad Unica, el Sustentador único, la única Causa de todas las existencias, el Conocedor único, el Experimentador único en todas las areas y en cada cosa. Esta proposición nos conduce a la verdadera base de cada pensamiento: el mismo poder de pensar presente en todos los seres.

No podemos entender la naturaleza, a los otros seres, ni a nosotros mismos, confiando en un ser concebible externo a nosotros. El conocimiento debe desarrollarse en lo interno del percibidor, el pensador mismo. Su observación y experiencia contribuyen a darle el conocimiento que él asocia a sí mismo en conjunto con los demás. Cada uno pertenece al vasto grupo de seres, él los ve a todos y entiende lo que puede de todos ellos, pero solo él es quien los ve, los demás son vistos. Cada uno de los otros es igual a él en su naturaleza esencial, todos están dotados de las mismas cualidades, las mismas perfecciones e imperfecciones, cada uno es la copia del otro y se distingue sólo por la preponderancia de una cualidad u otra. Mas el pensador es el Ser, el solo Ser, la Vida Unica, la Conciencia única, el Poder único. Siendo esa la base de donde proviene la acción, mientras mayores sean los poderes que fluyen de esa cualidad espiritual, más incrementará el conocimiento.

El conocimiento *es* religión y no una supuesta "revelación" de algún ser superior que nos creó como seres inferiores, sino un conocimiento verdadero ganado por medio de muchísimos años y muchas vidas por aquellos que las han expresado todas. Esos seres que ocupan un nivel más elevado que nosotros en la escala evolutiva, que son superiores a todos los "Dioses" concebibles, pasaron por las mismas pruebas y sufrimientos que nosotros, hasta que aprendieron a conocer su naturaleza más íntima, actuando y siguiendo sus órdenes. Se dieron cuenta de que la verdadera religión es el conocimiento de sí mismo y una conducta en armonía con eso. Acercándose siempre más a la verdadera fuente de su ser, descubrieron que el origen de cada ser era él mismo, la diferencia entre ellos dependía solo del conocimiento adquirido y de su uso. El saber de ellos es un conocimiento absolutamente exacto de la esencia de todo en la naturaleza, y sólo esto es la base de cada religión verdadera.

¿Qué es lo que nos impide la comprensión de la verdadera religión? Nuestras mentes, llenas de ideas muy limitadas acerca de la vida, la humanidad y nosotros mismos. Nuestras creencias nos limitan, y una creencia es siempre una demostración de ignorancia. Si creemos, entonces no sabemos; si sabemos, no es necesario creer. A menos que las creencias hayan sido averiguadas por medio del fuego de la experiencia, demostrando así su veracidad, son absolutamente inútiles, aún peor que inútiles, porque nos inducen a utilizar los poderes de nuestro ser espiritual en dirección equivocada, siendo, entonces, la causa de nuestro sufrimiento y fracaso. Nuestra verdadera naturaleza espiritual es la causa de nuestra presente condición infeliz, porque de ella fluye el poder Único, realizándose por medio de ideas limitadas: sus obstáculos, o actuando de manera completa sin impedimento. Cada ser humano es su propio creador y cada uno tiene que ser su salvador, aprendiendo el *uso correcto* del Poder Único. Los que ya han aprendido, pueden solamente indicarnos el camino que siguieron, nadie puede aprenderlo por nosotros. Debemos limpiar los obstaculos que impiden conocer a nuestro ser interno. Debemos apartar los obstáculos actuales en la forma de pensar, en las formas religiosas, en los ídolos mentales y físicos.

La realización que pone de inmediato nuestras mentes en orden es lo que en nosotros es imperecedero e inmutable. Nosotros *somos,* en esencia, ese Espíritu. Todo lo que ocurrió en nuestras vidas pasadas y presentes, todo lo que sucederá en el futuro, proviene del poder de ese espíritu mismo que lo sostiene todo. Nada está separado de nosotros. La naturaleza no existe separada de nosotros y sus leyes son sólo las interrelaciones y la interdependencia de todos los seres expuestos a ese flujo evolutivo. Las fuerzas de la naturaleza no existen por sí mismas. Nunca hubo una fuerza que no fuese el resultado de una acción inteligente. Nosotros, como seres espirituales, estamos eternamente creando fuerzas, porque el cerebro y el pensamiento de cada ser humano tienen poder dinámico. ¿Creen quizá que se pierdan? No. Todos los pensamientos y los sentimientos de cada ser en el universo, proveen una gran cantidad de energía dinámica que constituye las fuerzas de la naturaleza que conocemos. Extraemos de este almacén general de fuerza, según nuestras ideas y nuestra presente naturaleza interior.

Aumentamos constantemente, de manera positiva o negativa, los poderes de la naturaleza y al mismo tiempo tomamos de esos, lo que otros seres han añadido: las fuerzas que otros individuos han despertado en la naturaleza.

Todos los poderes del universo moran latentes en nosotros si tan solo les abrimos las puertas y los empleamos. Cada uno de nosotros es una pequeña copia del universo entero. No hay un solo elemento existente que no esté contenido en cada uno de nosotros, en el interior de nuestra esfera. No existe un poder que no pueda ser utilizado. Siempre el director de ese poder es el Ser dentro de cada uno. Si ese Ser ve de manera obscurecida, depende de si el espejo en el cual se refleja está cubierto de polvo y de ideas falsas, que deforman las imágenes. El se mueve siguiendo las direcciones sugeridas por el espejo, pero es el Ser quien provee el poder de moverse. Si diariamente y en cada hora viviéramos en armonía con la naturaleza del Ser, reconociendo que los otros seres son sólo un aspecto del Ser, entonces, actuando para ayudar a cada individuo en su camino, abriríamos la puerta a todos los poderes. No podemos continuar en nuestro camino solos, tenemos que cumplir con nuestro deber por medio de todos los seres, aunque pertenezcan a los reinos inferiores a nosotros, sin los cuales no podríamos existir, o en el reino humano. La vida de cada ser representa, para nosotros, una lección objetiva, y si hemos alcanzado un punto más elevado de lo que los seres normalmente alcanzan, estaremos aún más endeudados con ellos.

Bajo la ley inherente en nuestra naturaleza, encarnamos en una existencia física una vez tras otra, para trabajar con las ideas, las pasiones y los pensamientos mortales, pero nosotros, que fuimos sus creadores y sustentadores, somos inmortales. Si no fuésemos inmortales en nuestra verdadera naturaleza, nunca podríamos *convertirnos* en seres inmortales. Si fuéramos menos que la divinidad, no habría manera de comprenderla. Seres como Jesús, Buddha y muchos más, que han superado nuestros niveles de ilusión, han conseguido la divinidad; y sin embargo eran hombres. Aceptan las penas del nacimiento a las cuales sus hermanos menores están expuestos, para recordarnos nuestra naturaleza, la única que podemos dominar permanentemente para que un día podamos ser como Uno de Ellos, unidos a ellos como a toda la naturaleza. La base y el fundamento de la religión, del verdadero conocimiento espiritual, es: *vivir para los demás.*

Nuestro Dios y Otros Dioses

Normalmente, nosotros hablamos de "nuestro Dios," imaginando que con ese nombre todos tenemos la misma idea y entendemos lo mismo. Cuando los pueblos del pasado decían "nuestro Dios," entendían el significado que le daban; hoy, nosotros decimos, análogamente, "nuestro Dios y otros Dioses," creyendo que nuestro concepto es el único verdadero, mientras el de los demás es falso. Los llamados cristianos, se combatieron en grandes guerras, y aún, por cuanto concierne al Cristianismo, debieron de haber adorado al mismo Dios, siguiendo los pensamientos y acciones presentes en sus preceptos. Pero ¿no es verdad que nuestros teólogos y los de nuestros adversarios, pedían favores al mismo "Dios," para que sus esfuerzos contra otras personas que adoraban a la misma divinidad, tuviesen éxito? Si este es el caso, debiera haber una multiplicidad de dioses, o un error en nuestras ideas.

Si nos preguntamos individualmente: "¿Que significa para mi la palabra Dios?" Probablemente todos diríamos "El principio más elevado que existe." ¿Es esto lo que quiere decir? ¿Nos referimos a ese gran poder que sostiene a todos los seres y a todas las formas y que, por su naturaleza y nuestra contemplación, debe parecer infinito, eterno e inmutable? Si esto es lo que entendemos, deberíamos corregir un gran número de ideas que en general indican la palabra Dios. Por ejemplo, tendríamos que abandonar la idea de un *ser* enteramente separado y fuera de nosotros. Desde siempre solemos pensar que la fuente y el sustentador de todas las cosas y los seres es un ser, y, lo que en nosotros se extiende más allá de cada cosa física e imaginable, está afuera de nosotros. ¿Cómo podría esto ser posible? ¿Como podríamos probar que este Dios es un ser que existe en un paraíso muy lejano, separado de nosotros y desconocido? ¿Cómo podríamos imaginar un ser omnipresente y al mismo tiempo distinto de nosotros y de los demás? Si la divinidad es infinita y omnipresente, entonces no existiría ni un grano de arena, ni un punto hueco en el espacio, donde la divinidad estuviera ausente. Además ¿cómo podríamos dar atributos a la idea de la divinidad, definiéndola enfadada o deleitada, siempre lista a recompensar o a castigar, siendo, cada cualidad que le achacamos, una limitación que excluye la idea de omnipresencia? Ningún *ser* podría ser el origen, el sustentador y la fuente de todo lo que fue, es, o será. Cada ser, por grande que sea, está contenido y limitado en el espacio, entonces ningún ser *puede* ser omnipresente.

Existe lo que va más allá de las palabras, de la descripción y del concepto: lo supremo en el universo. Para descubrirlo, ¿debiéramos buscar afuera, en los cielos, en el mar, en los sitios secretos de la tierra, o en cualquier lugar, o lo encontraríamos en un sitio más cercano: dentro de nosotros mismos? Porque todo lo que una persona puede conocer de Dios, o del Supremo, consiste en lo que él conoce de sí mismo, a través de sí mismo y por medio de sí mismo. No hay otro sitio en el cual encontrar el conocimiento.

Pero, al mismo tiempo, tenemos que percibir que Dios, o la divinidad, está presente en cada cosa, es inmanente en el todo y es omnipresente, está en la raíz y la semilla de cada ser, en todo sitio. Nada hay, tampoco un grano de arena, ni de polvo, ni un punto en el espacio, donde falte la fuente que sostiene el universo entero manifestado. Entonces, podríamos imaginar que Dios, como los antiguos decían: "mora en los corazones de todos los seres," porque ahí se encuentra eso del cual proviene todo sentimiento, la verdadera vida, y el verdadero concepto. El corazón no es lo mismo que la cabeza, el corazón de un ser podría ser justo y puro, mientras su cabeza llena de ideas equivocadas. La suma de los diferentes pensamientos no engaña al sentimiento de lo que es verdadero en el corazón, y sólo cada persona puede experimentarlo dentro de sí misma. Dios no es una Divinidad exterior, sino debe buscarse en las entrañas más reconditas de nuestra naturaleza, en la habitación silenciosa, el templo dentro de nosotros y en ningún otro sitio.

Nosotros creemos que la civilización presente es más adelantada que todas las del pasado, sin embargo hay mucho conocimiento antiguo del arte, de la religión, del saber y de la filosofía, que no hemos aprendido. En realidad, somos una población joven. Hace muy pocos siglos que el fundador de la religión cristiana vivió en la tierra, y su venida ocurrió después de muchos milenios. Las personas que existieron en aquel tiempo lejano, tenían un conocimiento superior al nuestro. Ellos sabían, como nosotros podemos saber, que no hay *creación*. Ningún ser creó la tierra ni sus condiciones, este planeta o los otros, este sistema solar u otros. Algo los produjo y es posible comprender como sucedió eso: por medio de la evolución, desde la verdadera raíz de cada ser, desde la divinidad: el alma y el espíritu del todo, siguiendo un constante desarrollo desde lo interno hacia lo externo. El espíritu es la raíz, el sustentador, la fuerza productora de energía de toda evolución pasada.

Cada ser en el universo es el producto de la evolución, todo proviene de la misma raíz del ser, tomando sus poderes de expresión de la Fuente única. Todos son rayos provenientes del principio absoluto y son un todo único con eso, que es nuestro verdadero Ser, el Ser de todas las criaturas.

¿Qué pasó con aquellos seres que eran el Ser en su fase evolutiva, y alcanzaron una realización de esta verdad, muchas eras anteriores a nuestra civilización? ¿Que fue de ellos? ¿Todas sus esperanzas y temores se han perdido? ¿Cuál es el sentido de aquellas razas y civilizaciones? ¿Se han muerto quizás cuando su civilización desapareció, destino que espera a la nuestra también, pues, todo lo que tiene un comienzo debe terminar? Cómo en las civilizaciones hay altas y bajas, tambien se produce un ciclo temporal que el hombre consciente experimenta, y un ciclo de la forma que el ser consciente anima, usa y deja, para tomar otro, pasando de civilización a civilización. Cuando echamos una mirada a nuestro alrededor, para ver los resultados de la civilización pasada, buscando entender las condiciones en las que vivimos, tenemos que comprender que las personas del mundo actual son las mismas que pertenecieron a las poblaciones antiguas y cuando llegó el momento de dejarlas, llevaron consigo el conocimiento, o la ignorancia, la verdad o el error, que ellos cosecharon durante esos largos períodos de tiempo. La LEY gobierna cada situación y cada cosa en cada sitio. Hay una ley de nacimiento: de vidas sucesivas sobre la tierra, siendo, cada una, la sucesora y el resultado de la vida o de las vidas precedentes. Lo que sostiene al hombre, cosecha toda experiencia, la retiene, la hace proseguir, e impulsa la evolución, es el Ser Único inmutable, eterno e inmortal, el real perceptor, conocedor y experimentador en cada cuerpo y en cada forma.

El Ser es su propia ley. Cada uno es el Ser, y, como tal, ha producido las condiciones en las que se encuentra. Cuando el Ser actúa recibe la reacción, si no actúa, no habrá reacción. Cada acción causa una reacción, entre aquellos que afecta positivamente o negativamente, pues el bien y el mal no existen por sí mismos, ni en nosotros, son simplemente los efectos que nosotros sentimos y clasificamos como positivos o negativos, según nuestra actitud hacia ellos. A veces, lo que le parece "bueno" a una persona, es "malo" para otra. Cuando desechemos la idea de que existe un Dios que produjo el bien, sosteniéndolo, y un diablo que produjo el mal, sosteniéndolo, nos daremos cuenta de la verdadera percepción proveniente de lo interno hacia lo externo.

Cada civilización del pasado y la actual, dependen de la percepción verdadera o falsa de que es nuestra real naturaleza. Si quisiéramos comprender y conocer nuestras naturalezas, deberíamos entender, primero, que dentro de nosotros hay Algo que nunca cambia, no obstante todos los cambios que puede causar. Nunca *somos* lo que vemos, experimentamos, oímos, conocemos o sentimos. No obstante el gran número de experiencias, *nosotros* seguimos inalterados y con la disposición a la posibilidad de experiencias infinitas que aún nos esperan. La mente occidental, acostumbrada a pensar que sin cambio no hay evolución, podría encontrar difícil comprender que el Ser presente en nosotros es inmutable. Nos ayudará en este proceso la percepción de que nuestra identidad permanece siempre la misma desde pequeños, a través de todos los cambios del cuerpo que se han verificado desde la niñez. Si la identidad cambiara también, no podría ser capaz de observar el cambio. Solo lo que es permanente y estable puede darse cuenta del cambio, conocerlo, y al mismo tiempo efectuarlo. La teología, la filosofía y la ciencia moderna nunca nos han enseñado que la verdadera raíz de nosotros es el espíritu inmortal y que mediante todos los cambios naturales hemos edificado muchas residencias. La gradual condensación que se produce en cada planeta y en cada sistema solar, ocurre también en cada cuerpo. Cada forma posee su existencia inicial en el estado más sutil de materia, de donde luego se condensa y se establece, alcanzando la condición material actual. Pero las experiencias ilimitables, cosechadas en los planos superiores mediante todos estos cambios, se quedan con nosotros siempre, a menos que las hayamos obstruido. ¿Por qué sucede eso? Porque nuestro cerebro, el órgano físico mas sensible, el vehículo usado durante las modificaciones de nuestros pensamientos, por lo que concierne al cuerpo, dirige su interés hacia lo terrenal. Un cerebro entrenado y sostenido por esta manera de pensar, no puede grabar las cosas de los planos superiores, proveniente de los estratos más sutiles del alma. Pero una vez que empezamos a actuar, basando nuestras acciones sobre éstas verdades, el cerebro, el órgano que cambia con más rapidez en el cuerpo, se vuelve receptivo a las impresiones de nuestra vida interior. Al principio esta influencia será débil, pero con el tiempo, empezaremos a darnos cuenta de la realidad de esta experiencia interior y de *la continuidad de nuestra conciencia*, y de que la conciencia nunca cesa, cualquiera que sea el plano en donde actuemos. De esta manera, en nuestro cuerpo y durante nuestra existencia, podríamos sentir, no una promesa, sino un sentimiento, una realización y un conocimiento de la inmortalidad ¡*aquí y ahora*!

Nos han enseñado a creer, pero la creencia no es conocimiento. Nos han enseñado a creer en una fórmula, pero una fórmula no es conocimiento. Consecuentemente, nos hemos desviado en varias direcciones, trasformando nuestra vida en algo aterrador. Tenemos miedo a la muerte y a los desastres, siempre intentando escudarnos con cualquier tipo de protección. Tenemos miedo de confiar en el Dios en el que nosotros decimos que creemos, no confiamos en el Cristo, más bien usamos todos los medios imaginables para cuidarnos. Cada uno de nosotros es espíritu, y cada uno de nosotros está usando poderes espirituales para instigar lo que llamamos el bien y el mal. La mala aplicación de las facultades espirituales, sin un conocimiento real, nos llevará a la infelicidad. Por eso es necesario saber quienes somos y vivir siguiendo la luz de nuestra verdadera naturaleza. Entonces, conoceríamos la verdad dentro de nosotros, entenderíamos a nosotros mismos, a nuestros compañeros, y nunca diríamos: "Nuestro Dios y otros Dioses," sino el Ser de todas las criaturas. Así veríamos que el Ser es el Todo, y está presente en todo, obraríamos como el Ser y por el Ser, porque el Ser actúa sólo mediante las criaturas. Además, veríamos que cada ser, incluyendo al hombre y a los seres superiores e inferiores a él, son aspectos de nosotros mismos, y como seres individuales, procuraríamos ejercitar más el conocimiento espiritual que es nuestra condición. Análogamente al hijo pródigo que comió las cáscaras con los cerdos y de repente se acordó de la casa de su padre, diremos: "Me levantaré y volveré a mi Padre." Nadie es tan malvado, ignorante o exento de dotes, que no pueda progresar en la justa dirección o que la luz no suscite en él un sentimiento de poder, de fuerza y de propósito a fin de eliminar el miedo, convirtiéndolo en una persona fuerte y útil para la humanidad. Este conocimiento, bien lejos de distraernos de nuestras familias, de nuestros deberes, de nuestros negocios o de nuestra sociedad, nos convertirá en ciudadanos, maridos, esposas, padres y patriotas mejores que antes, patriotas no solamente de un país, sino de todos.

El Misterio Majestuoso

El "misterio majestuoso," es la vida misma. Todos vivimos y todos somos vida. Cada ser es vida y expresa la vida. Saber qué *es* verdaderamente la vida, es conocer el misterio. Existe una condición precedente a ese conocimiento misterioso, que Krishna declara al comienzo del capítulo noveno del *Bhagavad Gita*: "A ti *que no juzgas*, te revelaré este conocimiento misteriosísimo, cuya realización te librará del mal." La actitud del verdadero estudiante, consiste en desear aprender sin criticar, y una vez que se ha dado cuenta, de una manera u otra, de que la verdad se encuentra en cierta dirección, deberá dedicar su máxima atención al asunto, sin discordar sobre los términos o las ideas expuestas. La persona interesada en el *conocimiento*, deberá abandonar todos sus preconceptos, el orgullo, y los prejuicios, así estará preparada para empezar sus estudios, y dar el primer paso en la dirección justa.

El mundo está lleno de ideas, religiones y filosofías falsas que deben ser descartadas. La instrucción que nosotros, los occidentales, recibimos, nos relegaba al nivel de pobres pecadores, incapaces de hacer algo. Por lo tanto aceptamos la idea de *ser* pobres pecadores miserables y así nos portamos. Esta mentira caracteriza y penetra toda nuestra civilización. Nuestras teologías y ciencias, nuestras condiciones comerciales, sociales y políticas, se basan todas sobre esta falsa idea, la cual surge sobre otra igualmente falsa, según la cual el hombre vive en la tierra solamente una vez; entra en la esfera física mediante el acto de otros, creyendo que sus antecesores le han pasado su herencia merecida o inmerecida. Por consiguiente, el hombre rechaza su responsabilidad y obra como un ser irresponsable. Ese es el núcleo central de las ideas falsas que caracterizan nuestra existencia, pues somos responsables de cada mal que hay alrededor de nosotros. La falsa idea y la consiguiente falsa acción, causan todo sufrimiento. ¿Qué es el pecado, la enfermedad, el dolor y el sufrimiento, sino resultados de nuestros pensamientos y de nuestras acciones?

Continuamos repitiendo: "no podemos saber" o "esta vida es todo lo que hay." Por eso dirigimos la potencia total de nuestra conciencia hacia esa falsa idea, inhibiéndola en la expresión de otras ideas; si sólo comprendiéramos nuestra naturaleza, tendríamos al alcance todas las direcciones. El hombre limita sus condiciones a causa de las ideas falsas que él tiene acerca de la vida. Nadie lo detiene, él se detiene a sí mismo. No obstante sus ideas y conceptos estrechos y limitados, él es capaz de realizar maravillas. Cualquier cosa que él se propone hacer exclusivamente en lo físico y material, tarde o temprano la cumplirá. ¿Pero como podrá desarrollar su conocimiento si todas sus ideas religiosas se concentran sobre el aspecto físico de la vida? Todo lo que podrá realizar será material. ¿De qué le servirá, en el plano del conocimiento *real*, continuar alcanzando metas semejantes, civilización tras civilización, edad tras edad y sistema solar tras sistema solar? Todo lo que obtendrá con este comportamiento será solo una pequeña cantidad de combinaciones y correlaciones, sin alcanzar, en toda su búsqueda y esfuerzo, la primera idea fundamental del verdadero conocimiento, del verdadero pensamiento y de la verdadera acción.

El sentido del misterio majestuoso de la vida no puede ser la existencia física, que es simplemente un aspecto de la Gran Vida. Tenemos que sondear nuestra naturaleza y la de los demás más profundamente, para entender lo que es este misterio. Entonces, veremos con claridad las vidas de todos los seres, entenderemos que cada fase de existencia tiene un sentido, notaremos las causas de las dificultades que nos rodean, sabremos como producir resultados mejores y percibiremos, desde el principio, que el poder de engendrar todos los cambios futuros está latente en nosotros y solo en nosotros. Considerando todo lo que existe desde un punto de vista universal, seremos capaces de ejercitar el poder presente en la base espiritual esencial de cada ser, elevado o inferior. El Ser Unico *parece* dividido sólo entre las criaturas, en realidad no existe separación. En su naturaleza esencial, cada ser es el *Ser Unico* en el cual existe la base de todos los poderes, contiene la facultad del desarrollo y de la evolución, que permite a cada ser, representando un rayo de esa Vida Unica, alcanzar un conocimiento completo de la verdadera esencia de la vida.

Cada uno de nosotros está situado en medio de una gran evolución silenciosa y ve muchos aspectos de diferentes seres: los que pertenecen a nuestro nivel y a grados inferiores. Descubrimos relaciones con otros elementos, cuyos poderes son invisibles, cuya fuente es inalcanzable, y aún así sentimos sus efectos. Recibimos los efectos de seres diferentes y de grados diversos que tocan a cada uno en maneras distintas. Los seres inferiores a nosotros, que ocupan los reinos mineral, vegetal y animal, están trabajando, al igual que nosotros, hacia una realización siempre superior del todo. Chispas del Espíritu Unico, de la Conciencia Única, empezaron sus pequeñas existencias en formas y cuerpos mediante los cuales, podían tocarse recíprocamente. Al necesitar instrumentos siempre mejores para los crecientes contactos, los desarrollan desde lo interno hacia lo externo, así procede el camino evolutivo, siempre desde el interior hacia el exterior y siempre tendiendo hacia una creciente individualidad. Al final, desde el oceano único de la vida, se levanta la Divinidad.

La divinidad es siempre adquirida, no es un don, ni existe por sí misma. Si fuese posible *convertirnos* en seres buenos, si fuese posible *hacernos* cambiar de dirección y tomar aquella vía justa, la vida nos parecería mucho más simple. Pero es imposible escapar a la ley, nadie puede liberarnos de los efectos de nuestras malas acciones, nadie puede conferir el conocimiento a otro. Cada uno debe ver y conocer mediante sus esfuerzos, debe alcanzar la Divinidad mediante sus empeños y a su manera. Nosotros pensamos que este es un mundo *común*, pero no es verdad. No hay dos personas que miren la vida desde el mismo punto de vista, que tengan gustos y aversiones parecidas, o que estén afectadas por los acontecimientos de la vida del mismo modo. No existen dos individuos que sean iguales en la vida o después de la muerte del cuerpo. Cada cual produce su estado, sus limitaciones y alcanza su propia divinidad, la cual está latente en cada uno de nosotros, como todos los poderes, y en ninguna parte hay un ser capaz de superar lo que nosotros podemos ser.

¿Qué es la divinidad sino *un conocimiento que incluye todo*? La verdadera espiritualidad no es una condición nebulosa, no es algo que ignore a cualquier parte del universo, o a cualquier clase de ser. Una condición abstracta y nebulosa, implicaría la ausencia de hombres, principios y opuestos. Pero la espiritualidad Divina es el poder de conocer y ver todo lo que deseamos, es un conocimiento íntimo de la esencia última de cada cosa en la naturaleza. Un conocimiento de ese tipo no quiere decir verlo todo al instante, ni ser omnipresente, sino *el poder de ver y de conocer en cada dirección*, el poder de aferrar y eliminar lo que se desee. De otra manera no sería un poder para nada. Sería inútil ser los depositarios de los poderes y de la sabiduría, si todo el dolor y el sufrimiento del mundo pudiese afectar a seres como los Maestros, impidiéndoles ayudar donde fuese necesario y posible.

Si cada ser viviente diera los pasos necesarios, encontraría el conocimiento integral, pero sus falsas ideas lo obstaculizan, pues el pensamiento es la base de todas las acciones y las ideas equivocadas, en relación a la vida, inevitablemente producen acciones malas. Solemos pensar que todos somos diferentes porque tenemos ideas distintas, pero, en esencia somos Uno. La Vida Única está en cada uno de nosotros, y cada individuo comparte la misma posición: todos miramos al exterior y así vemos a los demás. Empezando desde ese punto, comenzamos a encontrarnos a vernos y a sentirnos a nosotros mismos y a la vez podemos percibir a los demás. Todo lo que un ser humano puede conocer acerca de Dios es lo que conoce de sí mismo, mediante sí mismo y por sí mismo, de aquí que su realización es inalcanzable a través de algo externo a nosotros. Los grandes salvadores de todas las edades jamás han pedido al ser humano que confíe en un Dios exterior, o que tenga miedo del diablo, o que se guíe por tal o cual revelación, *creyendo* en libros, iglesias o cualquier "ismo" u "ología". Ellos le han pedido dirigirse hacia la tarea superior de su propia aspiración: conocerse a sí mismo, su verdadera naturaleza y la de los demás. Ellos han demostrado que el Hombre Real debe imponerse y actuar en armonía con su naturaleza y con la responsabilidad que es necesaria para la unidad de toda la naturaleza.

El hombre ocupa el lugar más importante en todo el esquema evolutivo. Él está en el punto de encuentro entre la materia y el Espíritu. Él es el eslabón entre los seres superiores e inferiores. Su deber es pensar y actuar de tal manera que esa materia física se eleve y tome otra tendencia y dirección. "La Doctrina Secreta" declara que el hombre puede alcanzar un nivel superior a todos los Dhyan Chohans, igualando a su conjunto, gracias a la verdadera constitución de su naturaleza y a su conexión, mediante el cuerpo físico, con toda la naturaleza. Esa es su meta, la del "Misterio Majestuoso," que consiste en el ver, conocer, sentir y actuar de manera *universal*. Pues en el hombre hay un poder que le da la capacidad de juzgar correctamente, él tiene el ojo que ve todo y la vista que abarca todo, permitiéndole ver la justicia de todas las cosas. Siempre tenemos la posibilidad de escoger de una manera u otra. Las siguientes preguntas esperan al hombre: ¿A quien servirás? ¿Servirás a la naturaleza superior espiritual o al cuerpo material? ¿A QUIEN ELIGIRÁS HOY ?

El Reconocimiento de la Ley

Debemos suponer que este universo está gobernado por la ley o es un universo donde reina el caos, la casualidad y el accidente. En realidad estamos perfectamente conscientes de que no es un universo regido por el caos, pues cada cosa que comprendemos y usamos, va de acuerdo con la ley. Cuando nos sucede algo, cuyas causas no podemos discernir, suponemos que existe una y procuramos encontrarla. No podemos imaginar un efecto sin causa.

La primera lección que el estudiante debe aprender es que el dominio de la ley está en cada cosa y en todas las circunstancias. Nosotros reconocemos la ley sólo de forma parcial y no completamente. Nos equivocamos acerca de nuestra naturaleza y mediante sus poderes activamos causas que producen los resultados que ahora experimentamos, llamándolos, luego, "destino," "suerte," "casualidad," o la "voluntad de Dios." Para la mayoría de las personas, la operación de la ley significa un destino que nos afecta positiva o negativamente, sin poderlo dominar y sin haber participado en su producción. No obstante, la operación de la ley puede comprenderse fácilmente. Todos los grandes maestros del pasado explicaron lo que significa la acción y su consiguiente reacción. No debemos olvidar que estos dos aspectos no están separados ni desconectados, la Causa y el Efecto, la Acción y la Reacción son los dos aspectos de la misma cosa y ambos están incluidos en la palabra sánscrita *Karma*.

Las escrituras cristianas expresan la doctrina del karma de manera siguiente: "Lo que el hombre siembra eso cosecha." Por consiguiente, deberíamos comprender, que lo que un ser está cosechando, debe haberlo sembrado en algún momento anterior. Una vez que comprendamos que las acciones no se auto-producen y que la ley no obra sola, nos damos cuenta de que *nosotros* causamos las acciones y experimentamos sus reacciones. Engendramos las causas y sentimos sus efectos. La causa y el efecto, la acción y la reacción y la operación de la ley, deben percibirse dentro de nosotros y no fuera. No existe acción, a menos que haya un ser que la produzca y que experimente sus efectos. Cada acontecimiento que un ser vive, tiene su causa antecedente, la cual está contenida en alguna acción pasada del mismo ser. En otras palabras, la ley gobierna en cada plano del ser, y cada ser en cada nivel está sujeto a ella.

Todos estamos cosechando lo que sembramos individual y

colectivamente, pues nunca actuamos solos. Nuestras acciones son siempre en conjunto con otros, afectándolos para el bien o para el mal y nosotros recibimos la reacción necesaria de las causas que engendramos. Este concepto nos presenta la idea de justicia absoluta, bajo la cual cada ser recibe exactamente lo que *da*.

Esta idea indica otra, según la cual no podría haber acción y su consiguiente reacción, si no compartiéramos un único ser. En nuestra naturaleza debe existir algo que es común en todos. En otras palabras, venimos de la misma fuente y estamos dirigiéndonos hacia la misma meta. El camino es diferente para cada peregrino, pues las causas que cada uno engendra, determinan el sendero que una persona debe seguir. Podríamos llamar a todo esto "destino": si entendiéramos que nosotros somos sus creadores, y como tales podemos sostenerlo o cambiarlo. Si detestamos nuestro "destino," los efectos que nos rodean, las condiciones en las cuales nos encontramos, deberíamos engendrar aquellas causas que produzcan sólo resultados más agradables. Pero nos toca a *nosotros* hacerlo, nadie puede hacerlo por nosotros. Nadie nos detiene ni nos impulsa hacia adelante.

No existe diferencia entre nuestros poderes y cada individuo tiene la misma facultad de percibir, experimentar y aprender. Lo que aprendemos es distinto, y nuestras experiencias y percepciones son diferentes, pero no demuestran una diferencia en nuestros poderes, indican solamente una diversidad en la aplicación de esos poderes. En cada uno de nosotros existen las mismas posibilidades que hay por todas partes en el universo. La línea de conducta que hasta ahora hemos seguido, nos ha llevado a las condiciones presentes. Si hubiésemos tomado un sendero diferente, habríamos producido un ambiente distinto. Aún ahora mismo, si el resultado de acciones equivocadas nos obstaculiza, no hemos perdido y nunca perderemos, nuestros poderes de engendrar otras causas mejores. Ante nosotros se abre el sendero de toda la sabiduría: "Toda la naturaleza está ante ti, toma lo que puedas."

Lo anterior significa que: todos los seres, en un nivel superior o inferior al hombre y el hombre mismo, han conseguido su posición individual mediante sus propios esfuerzos. Significa que ningún ser se queda inmóvil, sino que todos actúan y progresan hacia varias direcciones, según los caminos que han seguido y que están siguiendo. Además, el sentido de este proceso es que todos los seres inferiores al ser humano, alcanzarán, en algún tiempo, nuestro estado y que los seres más avanzados que el hombre, han pasado por etapas semejantes a las nuestras, lo cual viene siendo la evolución al máximo por incluir la evolución espiritual, mental y física. Nosotros hemos puesto en práctica las grandes Verdades de la naturaleza, sólo en sentido personal, limitado y parcial, pero son universales y si quisiéramos llegar a comprenderlas totalmente, deberíamos ampliar su campo de acción, universalizándolas.

La vida presente en cada uno de nosotros es la Vida Universal. Muchas personas se imaginan que el sentido de la Vida es la existencia en un cuerpo físico, fuera de lo cual no hay vida alguna y que eso es todo. La Vida incluye todas las cosas y formas, comenzando con la vida más espiritual hasta aquella en una forma más burda. La Vida es la misma en todas partes y es común a todos. Es la Vida Única, el Espíritu Único presente en cada uno y en el todo, pues, en cada ser perteneciente a cualquier nivel hay la potencialidad de Todo-Ser. En cada uno mora lo que no tiene principio ni fin y es inmutable, y cada ser puede *realizarlo*, aunque sea ilimitable, invisible e inconcebible.

Algunas ilustraciones imprimirán ese hecho con firmeza en nuestras mentes. Hablamos de nosotros mismos y de nuestra identidad, diciendo: "Yo era un niño; cuando era un hombre o una mujer joven; cuando tenía una edad media; como soy hoy y como seré en el futuro...." ¿Qué es lo que nunca cambia, lo cual pasa por todos estos cambios? El mismo "Yo", la misma *identidad*, que nunca varía. El cuerpo, las ideas, la mente y el ambiente se alteran, mientras el Hombre verdadero, la identidad, se queda inmutable, no obstante todos estos cambios físicos y las circunstancias.

Por ejemplo, consideremos la capacidad de ver, todos la tenemos, y sin importar que tanto la usemos, es siempre el poder de percibir. No cambia en función de lo que vemos, además podemos considerar que el cambio no puede ver el cambio. Solamente lo que es permanente puede notar la variación. Pues en nosotros hay algo que es permanente, real y superior, un rayo del Supremo y uno con Este, el principio o poder universal, el creador, el sustentador, el regenerador de todo lo que ha sido, es, y será. Cada uno tiene que *realizarlo* mediante sus esfuerzos, reconociendo, primero, que ESO ES, omnipresente, eterno, infinito e inmutable; segundo, liberándose de todo lo que se pensaba que Eso era: este cuerpo, esta mente y estas circunstancias, siendo, lo anterior, temporal; mientras lo que es Real, lo Supremo y nuestro verdadero Ser y el Ser de todo, no está sujeto a variaciones, es inmutable e invisible, siendo el Perceptor mismo.

Las ideas que nosotros tenemos acerca del Supremo, de la Ley, de la Naturaleza y de nuestro Ser, gobiernan nuestras acciones. Cuando éramos pequeños, las ideas que teníamos estaban en la base de nuestras acciones, y esto se repetirá en todos los años futuros. De vez en cuando nos desembarazamos de algunas de nuestras ideas, sustituyéndolas con otras que han tomado su lugar. Ahora actuamos según las ideas que tenemos. ¿Son las mejores y las más elevadas posibles?

Cambiando nuestras ideas, transformamos nuestras acciones. Si entendemos que la Ley gobierna y que es inherente en la parte superior de nuestra naturaleza y no mora fuera de nosotros, entonces realizaremos que es el espíritu en nosotros, nuestro verdadero Ser, el sustentador y la causa de todas nuestras acciones. Este espíritu, siendo lo Supremo, mediante su poder y las ideas erróneas crea, por sí mismo, condiciones y destinos falsos. Muy a menudo nosotros cambiamos y adoptamos las ideas, sin considerar realmente su relación hacia la Vida y sus influencias sobre la existencia. Es importante adoptar y captar tres grandes ideas, según las cuales cada ser humano posee lo que llamamos "tres atributos divinos": el poder de la creación, de la preservación, hasta cuando nuestra creación parezca satisfactoria, y el poder de destruir la creación, generando otra mejor. Todo lo que necesitamos es percatarnos de nuestra naturaleza verdadera, ver cuales son nuestros defectos, fortalecer nuestras virtudes y *seguir adelante*. Actuando así descubriremos, seguramente, que nuestras virtudes y fuerza aumentan, y nuestros defectos gradualmente desaparece.

El Origen del Mal

Según la teología cristiana el mal apareció en el mundo a causa del pecado del primer hombre que comió el fruto prohibido. Todos los hombres han pecado con Adán y a causa de su acción cada ser es y ha sido, un pecador. Lo curioso es que este primer hombre, habiendo sido la creación a imagen de un Ser Superior, era, por lo tanto, *perfecto*, y sin embargo no fue capaz de abstenerse de hacer lo prohibido. ¡Cómo es posible que el primer ser creado en la misma imagen del "Supremo," hubiese una tendencia al mal!

Esta creación de la nada demuestra la presencia de un Creador muy *limitado* como es evidente que cada *ser* debe serlo. Un *ser* no podría ser infinito, supremo, ni omnipresente, pues existe Algo, el Espacio, que contiene a cada ser desde el superior hasta el inferior y cada planeta o sistema solar. Eso existe ya sea que haya algo o nada, no tiene principio ni fin, siempre *es* y se halla dentro y fuera de cada ser. Todos los *seres* tienen que ser inferiores al Espacio. ¿Podría el Absoluto ser menos que el Espacio? Lo ilimitable y la infinidad no son las características de algún ser, entonces debemos abandonar la idea de la creación desde el punto de vista de un Creador.

Todavía tenemos que explicar la existencia de todos los seres, no solamente de la humanidad, sino de cada ser en cada nivel y por todas partes. ¿Cuál es la base de toda la existencia? Para comprender que todos los seres y todas las formas provienen de Una Fuente Unica igual en todos, tenemos que ir tras de las formas y de cada tipo de ser. El Supremo yace dentro y tras de cada clase de ser. Cada tipo de ser en el universo es, en su esencia más íntima, un rayo del Absoluto y uno con él. Eso es la Vida, el Espíritu y la Conciencia. Cada uno *es* Dios en su esencia más íntima.

Pensando en esto preguntamos: ¿bajo qué proceso llegan a existir las cosas? ¿Cual es la causa de la operación de todas las formas distintas visibles? Ya sea consciente o inconscientemente, reconocemos que la Ley gobierna este universo, pero lo que debemos comprender es que la Ley es simplemente la interrelación, la interacción y la interdependencia de cada acto de todos los seres involucrados en el universo. La ley inclusiva única es la acción y reacción, ley que no se halla fuera del ser, sino es *inherente* en la naturaleza de cada cual. En la fuente única está el poder de actuar, pero no existe acción si no hay un ser que actúe y sienta los efectos de la acción. Si yo actúo, recibiré la reacción. Si el arcángel superior actúa, recibirá la reacción de su acto.

Las acciones producen dos clases de reacciones: las buenas o benéficas y las malas o maléficas. Cada ser es responsable de cada acción. Entonces, si un individuo se halla en un estado positivo o negativo, esa condición depende solamente de sus pensamientos, palabras y actos. Durante nuestra existencia cosechamos un poco de bien y un poco de mal, pero en cada momento de nuestra vida tenemos el poder de escoger el camino hacia el bien o el mal.

El bien y el mal no existen por sí mismos. Estos dos términos indican una conducta e impresiones que recibimos, caracterizando simplemente los efectos producidos en nosotros. Consideramos algo "bueno" cuando nos ayuda en cualquier manera, y "malo" si no nos beneficia. ¿Quién decide cuales son los efectos buenos y malos? Cada individuo tendrá sus ideas sobre lo que él considera bueno y malo, las cuales pueden ser completamente diferentes de las de otros seres que tienen un punto de vista distinto. Por eso, al final llegamos siempre al punto de vista individual y en último análisis, cada ser es el único director y la única autoridad capaz de elegir lo que es bueno o malo para él.

Es necesario preguntarnos si hemos seguido siempre el camino que consideramos mejor, en caso positivo: ¿consideramos ese camino desde el punto de vista del beneficio personal o del bien para los demás? Si seguimos la dirección que en aquel momento pensamos que era la mejor, desde un punto de vista *personal*, nuestras acciones deben haber perjudicado a los demás, haciendo daño y obstaculizando sus caminos ya sea consciente o inconscientemente. En este caso hemos sembrado semillas malas y la cosecha será igual. El origen del mal fue el primer acto perpetrado egoístamente, mientras cada acción altruista es el origen del bien por el que lo ejecuta. Es importante tener presente que el Arbol del Conocimiento, mencionado en la Biblia, era el del conocimiento del bien y del mal. El bien y el mal no deben considerarse como cosas distintas, sino parecidas. Podemos reconocer el bien solamente mediante su opuesto: el mal. La bondad acabaría de ser lo que es si no hubiese su contrario.

Hay muchas cosas en la vida que consideramos malas, por ejemplo el dolor y la muerte, pero en realidad no son negativas, sino simplemente estados y condiciones por las cuales pasamos en nuestro desarrollo en la escalera de la evolución. No debemos tener miedo a la muerte, pues ésta no nos tocará nunca. Abandonamos esta vida y continuamos. Uno de los grandes maestros dijo que para el Ego, la muerte se manifiesta siempre como una amiga. No hay razón de tener miedo, pues nada hay en el universo, superior o inferior, capaz de destruirnos a nosotros, a nuestra conciencia o a nuestra individualidad adquirida. Como actuamos casi siempre con ignorancia, cometemos errores y consecuentemente cosechamos resultados negativos. No obstante, nosotros aprendemos gracias a estas acciones equivocadas. Por medio del vicio llegamos a comprender que la virtud es su opuesto.

El origen del mal se halla en ignorar nuestra verdadera naturaleza.

Ningún ser, fuera de nosotros, nos aflige. Las cosas nos dañarán hasta el nivel que nosotros lo permitamos. Hay situaciones que son fuente de gran dolor para unas personas, mientras que casi no afectan a otras. ¿Por qué? Por el punto de vista que sostienen. No son las cosas las que causan nuestro sufrimiento, el placer o el dolor, sino nuestra actitud hacia ellas. Si comprendiésemos que somos seres divinos, simplemente participando en la escuela de la vida para aprender, ¿qué cosa debiéramos temer y qué cosa pudiera agitarnos? Si no fuese por los obstáculos, si la vida fuera un sueño tranquilo y feliz, nunca nos esforzaríamos para despertar las características superiores del pensamiento y de la acción. Por medio de los obstáculos que debemos vencer, nos fortalecemos y desarrollamos aspectos más nobles. No existe un ser divinamente creado, pues todo lo que existe *llega a ser*.

¿No es quizás verdad que ahora podemos mirar sonriendo las cosas «malas» que nos sucedieron en el pasado? En aquel tiempo nos parecieron *tremendas*, pero ahora nos damos cuenta de que gracias a éstas, adquirimos fuerza y sabiduría. Sirviendo a la ley, nadie puede encarar un obstáculo que sea incapaz de conquistar. El obstáculo es solamente una oportunidad para que el ser se desembarace de algún defecto que tenga ahora. A menudo las cosas que nos parecen más difíciles demuestran ser las más benéficas.

Las personas que ahora tienen una vida tranquila y sin problemas, arriesgan encarar en el futuro una gran pérdida. Cuando un individuo experimenta un "buen" karma y todo fluye según sus planes, tenderá a seguir el flujo del río perdiendo muchas oportunidades para *hacer* el bien, cometiendo errores de omisión, que son tan malos como los de comisión; por ende no se da cuenta de haber disminuido su cantidad de karma positivo y necesariamente deberá experimentar el mal causado por no haber apreciado la situación y la oportunidad que ésta representó. No debemos nunca temer nuestras oportunidades, sino que debemos actuar cada vez que se presentan, confiando en la ley de nuestro ser espiritual, la cual nos lleva a través de todo. El camino se halla dentro de nosotros y no fuera, cada ser es la escalera del propio desarrollo.

Como las leyes políticas y religiosas del ser humano nos han gobernado por muchísimo tiempo, estamos dispuestos a creerlas, pero la bondad no necesita leyes. Nuestras leyes se basan en la ignorancia, el egoísmo y la maldad en la naturaleza humana, por lo tanto, intentan delimitar el mal que creemos que parece ser inextirpable e incurable porque "pecamos en

Adán y no podemos evitarlo." Además, como estamos convencidos de saber que es lo bueno y lo malo, deseamos con ansiedad que todos los demás piensen como nosotros. Queremos prohibir lo que no nos gusta, queremos que la gente coma lo que nosotros disponemos que deben comer, y que se vistan en la manera que nosotros pensamos. Hablamos mucho de los "derechos" de los seres, pero tenemos solamente uno: *el de hacer lo correcto*. Ninguna ley ha cambiado a un hombre en "bueno" o moral. Cada individuo tiene que ser su propia ley moral y espiritual.

¿Estamos orgullosos de nuestra civilización, fruto del pensamiento y de la acción colectiva de cada individuo que pertenece a ella? ¿Nuestros teléfonos, coches, aviones y radios han contribuido quizás a desarrollar nuestra divinidad? ¿Miden nuestro verdadero progreso? No, porque en cada corazón humano moran la ignorancia y el egoísmo, porque la humanidad, según la idea de la expiación por medio de otro, culpa a sus padres por sus cualidades y tendencias negativas, atribuyéndose a sí misma únicamente lo que es bueno. Ellos son injustos porque ya sea el bien o el mal son su propia creación. Si nos encontramos en situaciones positivas, gocemos de los frutos ganados en algún otro momento; si nos hallamos en situaciones difíciles, estemos contentos, aceptémoslas, entendámoslas y corrijámoslas. Si queremos una civilización mejor que ésta, nos toca a nosotros empezar a crearla ahora. Es nuestro deber producir causas adecuadas y engendrar una real civilización que tenga una base verdadera. Pero si estimamos que no podemos hacer mucho, dejando de efectuar ahora lo que podamos, seguramente no podremos ejecutar nada. Haciendo lo que podamos, se desarrollan oportunidades mayores. Hasta cuando hagamos lo que es nuestro deber inmediato, no se desarrollará alguna oportunidad mejor.

Una vez adquirida la justa actitud mental, que es el discipulado, cada cualidad, fuerza y atributo, podrá usarse de la mejor manera y con un fin superior. No abandonamos este planeta y no cortamos alguna porción de nuestro ser. Tampoco destruimos la utilidad de una parte de nosotros, sino que utilizamos todo en la manera adecuada y para alcanzar la meta idónea. De esta manera surge la diferencia entre un individuo que sabe y uno que no sabe. La persona dueña de un cierto conocimiento no se escapa a un paraíso cristiano, ni a algún otro. Trabajará aquí donde se halla, intentando hacer lo mejor que pueda, usando los instrumentos a su disposición, sin temer nada y confiando en la ley de su propio ser. Si cada individuo confiase en la ley de la naturaleza, trabajando en armonía con ella, ayudando a los demás, toda la naturaleza lo auxiliaría. Nunca ha sido de otra manera y tampoco puede serlo.

¿Qué Es Lo Que Reencarna?

Qué reencarna representa, para muchos, un misterio, pues les es difícil entender algo tan permanente con un papel tan importante en cada encarnación. Las personas saben que el cuerpo nace, muere y desaparece, pero sus mentes están tan apegadas al vehículo físico, a sus relaciones y a su ambiente, que no logran disociarse de eso. Se consideran personas y cuerpos objetivos, pues están incapacitados para ver donde mora en ellos ese poder de encarnar de vida en vida.

La teosofía presenta un punto de vista más amplio, mostrando que el hombre *no* es su cuerpo, pues cambia en forma continua, no es su mente, porque la altera sin parar, pero dentro de él se halla algo permanente que representa la identidad a través de toda clase de incorporaciones. Nuestra identidad no se ha alterado desde la niñez hasta ahora. El cuerpo y el ambiente han cambiado, pero la identidad es siempre la misma, inalterable ahora, y durante todos los cambios corporales, mentales o ambientales. Lo único real en nosotros es lo inmutable, pues lo mutable es irreal. Sólo lo real percibe el cambio, el cambio no puede ver al cambio, sólo lo que es constante percibe lo temporal, sólo lo que es permanente puede darse cuenta de lo transitorio. Por poco que podamos percibirlo, en nosotros se halla algo que es eterno e inmutable.

Este principio inalterable, constante e inmortal en nosotros, está presente en cada porción del universo y en todos los seres. En el mundo hay sólo una Vida, a la cual nosotros y todos los demás pertenecemos. Todos venimos de la misma fuente, no de muchas, y proseguimos en el mismo camino hacia la gran meta. Según los antiguos, el Ser Divino está presente en todos, pero no resplandece en todos. Lo real se halla en lo interno y cada ser humano puede darse cuenta de eso. Cada cual necesita realizar que puede brillar y expresar el Dios interno, que todos los seres exteriorizan solo parcialmente.

Si la fuente es la misma, el Espíritu único en todos los seres, ¿por qué existen muchas formas, personalidades e individualizaciones? La teosofía demuestra que todo es fruto de la evolución. Nosotros nos movemos, vivimos y existimos en el gran Océano de la Vida, que al mismo tiempo es Conciencia y Espíritu. Ese Océano puede separarse en las gotas que lo constituyen y el amplio curso evolutivo es el que efectúa la separación. Aún en los reinos inferiores a nosotros, los cuales provienen de la misma fuente, se capta, en grado siempre creciente, la tendencia a separarse en gotas de conciencia individualizada. En el reino animal, las especies más próximas a nosotros se acercan a la autoconciencia, mientras nosotros, siendo seres humanos, hemos llegado al estado en que cada cual *es* una gota constituyente del gran océano de Conciencia. Como en el mar cada gota contiene todos los elementos del entero al cual pertenece, análogamente, cada gota humana, un ser humano, contiene, en sí mismo, cada elemento del universo.

En cada uno existe el mismo poder, pero en nuestra posición en la escala del ser vemos muchas personas en niveles inferiores o superiores al nuestro. La humanidad está construyendo el puente de pensamiento e ideas, capaz de conectar el reino inferior con el superior. El sentido completo de la encarnación o nuestra caída en la materia no consiste únicamente en adquirir más conocimiento acerca del mundo material, sino en empujar a los reinos inferiores para que alcancen nuestro nivel. Estos últimos nos consideran dioses y nuestro impulso los ayuda o los obstaculiza. Nuestro concepto equivocado de la meta de la vida contribuye a aumentar la aspereza de la naturaleza, causando todas las penas y los desastres que nos afligen, en la forma de ciclones, monzones, enfermedades y pestilencias de toda clase. Son los frutos de nuestros actos, ¿por qué? Porque en nuestros cuerpos hay una sublimación de los reinos mineral, vegetal y animal, los cuales son vidas. Cada célula en nuestro cuerpo nace, crece, se desarrolla, declina, muere y se reencarna. Nosotros impartimos el impulso a cada una de estas vidas según los pensamientos, la voluntad o el sentimiento que tenemos, ya sea de ayudar o de dañar a los demás. Estas vidas salen afectadas positiva o negativamente, volviendo a sus reinos imbuidas de bien o mal. Por no entender nuestra verdadera naturaleza ni la hermandad universal, efectuamos nuestros deberes en este plano imperfectamente, afectando de igual modo la evolución de los reinos inferiores. Realizaremos nuestra responsabilidad hacia ellos solamente cuando comprendamos que cada ser está en el camino hacia un nivel más elevado, sin olvidarnos que todo lo que está en un grado superior al hombre, en un tiempo fue hombre, mientras todo lo que está en un nivel inferior a él, un día alcanzará el estado humano, cuando nuestra evolución haya adelantado ulteriormente; además, todas las formas, los seres y las individualizaciones son aspectos del Espíritu Único.

Si se da por hecho que este Espíritu inmutable está presente en todo y es la causa del completo desarrollo evolutivo y de las encarnaciones, podríamos preguntar: ¿dónde está, en nosotros, el poder de ver y de conocer de vida en vida? ¿Cómo es posible preservar la continuidad del conocimiento, adquirido mediante la observación y la experiencia? ¿Cómo mantiene su existencia el individuo?

Debemos tener presente que cuando este planeta empezó, éramos seres autoconscientes, mientras algunos lo eran ya al principio del sistema solar, pues hay una diferencia gradual en el desarrollo de los seres humanos. Si el planeta o sistema solar, empezó en un estado de substancia primordial, o de materia nebulosa, según dice la ciencia, nuestro cuerpo debía de ser de la substancia en el mismo estado. En esta substancia más sutil se hallan todas las posibilidades de cada nivel de materia, por eso dentro de aquel verdadero cuerpo de materia primordial ocurren todos los cambios de substancia cada vez más material, y en el interior de aquel cuerpo reside toda la experiencia. Nuestro nacimiento tiene lugar en ese cuerpo. Cada cosa que nos sucede se halla dentro de este cuerpo, cuya naturaleza no cambia durante todo el *manvantara*. Cada persona tiene el cuerpo constituido de la substancia más fina de la naturaleza interior, que es el verdadero envase del individuo. Él vive, se mueve y está en ese cuerpo, pero no obstante su gran gloria y sutileza, no es el hombre, sino simplemente el vehículo superior del Alma. El verdadero ser que somos, es el hombre que fue, es y siempre será, para el cual la hora nunca llega, el hombre, el pensador y el perceptor, siempre ocupado en pensar y en actuar.

La vida es única, el Espíritu es único, la Conciencia es única. Estos tres son una trinidad y nosotros somos esta trinidad. El Espíritu y la Conciencia causan todos los cambios de la substancia y de la forma expresándolos en varios tipos de vida. Nosotros somos el Espíritu único, cada uno es una parte del amplio grupo de seres en este gran universo, ocupado en ver y en conocer lo que puede, por medio de los instrumentos a su disposición. Nosotros somos la trinidad: Padre, Hijo y Espíritu santo, expresándonos en términos teosóficos diremos: *Atma*, *Buddhi* y *Manas*. *Atma* es el Espíritu único, no pertenece exclusivamente a nadie, sino a todos. *Buddhi* es la experiencia sublimada del pasado. *Manas* es el poder pensante, el pensador, el ser humano, el hombre inmortal. No existe hombre sin espíritu y sin esta experiencia del pasado, la mente es el reino de la creación, de las ideas, mientras el espíritu mismo con todos sus poderes actúa según las ideas presentes en la mente.

En "La Voz del Silencio" leemos: "La mente es como un espejo, mientras refleja acumula polvo." Para quitarlo es necesaria la sabiduría del alma. Nuestra mente o lo que nosotros indicamos con ese nombre, es simplemente un reflector que nos presenta varias imágenes según las ideas que sostenemos. El Espíritu actúa bien o mal en armonía con los conceptos vistos. ¿Existe el mal en el mundo? El poder del Espíritu fue la causa. ¿Existe el bien en el mundo? El poder del Espíritu lo causó. En realidad hay un poder único, si lo guiamos de manera equivocada engendrará el mal, mientras que si lo dirigimos hacia el camino justo, producirá el bien.

Debemos abandonar la *idea* de que somos criaturas pobres, débiles y miserables, incapaces de hacer algo para mejorarse, porque mientras entretengamos esa idea, no efectuaremos algún cambio. Debemos pensar que somos Espíritu e inmortales, tan pronto como realicemos su sentido, el poder fluirá directamente en nosotros y a través de nosotros, obstaculizado solamente por los instrumentos que nosotros hemos producido imperfectamente. Abandonemos pues la idea de que somos este pobre, miserable e imperfecto cuerpo físico, sobre el cual no tenemos algún control. No podemos parar el latido del corazón ni el aliento sin destruir el cuerpo. No podemos parar la constante disociación de la materia que ocurre en el cuerpo, ni evitar su disolución final. Algunas personas hablan de "oponerse" a la muerte, pero sería lo mismo que oponerse a la caída de las hojas cuando llega el invierno. La muerte existirá siempre y esta condición nos trae una ventaja. ¿Si no pudiésemos cambiar nuestros cuerpos, cómo podríamos tener la posibilidad de avanzar? ¿Estamos así tan deleitados con nuestros cuerpos que no deseamos cambiar? Ciertamente no. En esta vida hay sólo una cosa que puede ser conservada permanentemente: la naturaleza espiritual y la gran compasión divina que podríamos traducirla con la palabra "amor."

Nosotros somos los Egos reencarnantes, empeñados en encarnarse hasta llevar a cabo la tarea que emprendieron. Esa obra consiste en elevar a la humanidad completa al nivel de perfección terrenal más elevado posible. Nos encarnamos, edad tras edad, para preservar lo justo, destruir la maldad y establecer la justicia. Por eso estamos aquí, ya sea que lo sepamos o no, y antes de liberarnos de las penas que afligen a la humanidad total en todas partes, debemos realizar la inmortalidad de nuestra naturaleza. Tenemos que ponernos en contacto y en armonía con la totalidad de la naturaleza y su propósito, que es la evolución del alma, para la cual todo el universo existe.

La Verdadera Memoria

Por lo general, se considera que la memoria depende completamente del buen funcionamiento del cerebro físico y un daño eventual a esta operación, produce la pérdida de la misma. En realidad, hay formas de memoria que dependen del cerebro, como por ejemplo el recuerdo y la reproducción. Durante el acto de *recordar*, logramos alcanzar la idea, pero no todos los detalles que causaron un sentimiento, un evento, o una circunstancia del pasado. En la *reproducción* podemos, partiendo de un hecho presente, recoger del pasado todo aquello que está en relación con el acontecimiento inicial. Pero hay una tercera función de la memoria: la *reminiscencia*, la cual es completamente independiente del cerebro. Ésta puede activarse muy a menudo, directamente del alma, y no mediante algún objeto o acontecimiento, capaz de despertar la atención hacia su dirección. Es una percepción directa de lo que ha sido. Proviene de algo tras el cerebro, sirviendo, este último, simplemente de filtro, interceptor o traductor de dicha impresión.

Cuando tomamos en consideración el hecho de que las células del cerebro cambian constantemente, podemos comprender por qué le es difícil a la percepción de nuestro cerebro recordar los sucesos pasados. Es inconcebible creer que estas células, en cambio continuo, puedan mantener y emitir las innumerables impresiones recibidas durante una vida. En nuestra existencia hay una *continuidad de percepción*, pero olvidamos casi todas las impresiones que percibimos en los días y años. Son muy pocos los eventos que se imprimen en nosotros o que pueden ser inmediatamente traducidos al cerebro, mediante el *recuerdo*. Aunque lo deseáramos, no podríamos nunca compilar una historia completa de todas estas impresiones por medio de la facultad de la *reproducción*. Sin embargo, existe la facultad natural de recordar y reproducir un entendimiento consecutivo y sintético de todas aquellas impresiones mediante la *reminiscencia*: la memoria del alma, siendo su cualidad innata.

Para poder alcanzar y ejercitar la memoria del alma debemos, primero, entender la naturaleza real del ser humano. Debemos percibir que los seres de cualquier grado, no solamente los humanos, sino los superiores e inferiores a él, son de la misma esencia, del mismo Espíritu, la misma Vida y presentan los mismos poderes potenciales. Los seres superiores los han activado, distinguiéndose, así, de los reinos inferiores por un grado de desarrollo mayor, una clase de percepción más elevada y una evolución de la forma más sutil. Pero ya sean los superiores o los inferiores, son rayos del Principio Divino Absoluto y uno con él. Cada uno es el que ve, el Perceptor, el cual está en el centro de su universo, y es el único mediante el cual podemos conocer lo que es posible acerca de lo Supremo.

Debemos reconocer que éste es un universo gobernado por la ley, y no existen casualidades o accidentes, nosotros hemos alcanzado nuestra posición presente dentro de la ley, la de nuestro ser, que hemos activado. Esta misma ley gobierna por dondequiera: en el espacio y en la naturaleza. Las razas humanas actuales son el resultado de las que las precedieron; el planeta donde vivimos es el fruto del que lo antecedió, el sistema solar del cual nuestro planeta forma parte es el resultado del previo. Cada cosa es la exacta consecuencia de lo que ha precedido, *todo es una repetición de lo que ha sido*. Este regreso de la misma acción o de la impresión precedente, ocurre bajo el verdadero aspecto de la memoria, la repetición depende de la memoria de lo que hemos experimentado.

En el plano físico, todos los estados típicos de la forma humana, desde la concepción hasta el nacimiento, manifiestan la acción de la memoria verdadera, siendo en realidad las representaciones de la evolución de las razas primitivas. En cada acto de nuestra existencia exhibimos la verdadera memoria, ya sea que nos demos cuenta o no, pues manifestamos la memoria de caminar y de hablar. Quizás hemos olvidado cómo y cuando aprendimos a hablar y a caminar, pero hemos mantenido el *conocimiento de cómo* efectuar ambas acciones. Esta es la verdadera memoria: la posesión del conocimiento del pasado. Es la memoria la que nos conecta físicamente con el cuerpo, mediante todos sus cambios, los del ambiente y de las circunstancias, y sin ella viviríamos simplemente pasando de una impresión a otra, sin alguna conexión con el pasado y sin el sentido de auto-identidad.

La memoria existe también en otras esferas interiores de nuestra naturaleza. Al vivir en el plano físico, nuestras ideas están enteramente envueltas en el nivel "tridimensional" de la materia, y no estamos conscientes de dichos estados interiores; de igual manera, cuando dormimos no estamos conscientes de lo físico, de lo que sucede a nuestros amigos, a la nación y al mundo en general, puesto que en aquel momento no existen para nosotros. Aún en estas esferas interiores de la naturaleza hay una vida activa y una memoria de ésta. El pensador que usa el cerebro en el estado de vigilia, simplemente está actuando sobre otro plano de materia, utilizando un plano diferente de memoria. Cada plano de conciencia tiene su propia memoria.

Que esa conciencia nunca cesa y está continuamente activa, lo demuestra el hecho de que nadie ha experimentado el sueño. Al mismo tiempo no estamos sujetos a la muerte como tampoco al sueño. Podemos darnos cuenta de que el sueño o la muerte del cuerpo se están acercando, pero *conocemos* tales estados solamente porque los vemos producirse en los demás. La frase: "estaba dormido", indica que el cuerpo se hallaba en aquel estado, mientras que nosotros, en dicho período, salimos de este plano completamente. Luego, a través de los planos interiores volvimos a éste, recogiendo la memoria del estado de vigilia donde la habíamos dejado, abandonando la memoria de lo que sucedió en el otro lado. En este instrumento físico nada se grabó de los planos interiores, porque el cerebro no ha sido entrenado adecuadamente en esa dirección, por lo tanto no puede traducir esos planos de conciencia, excepto como recuerdos parciales, como sucede en los sueños.

Los sueños demuestran que estamos vivos y activos en los planos interiores, porque en ellos pensamos, hablamos, gustamos, olemos, oímos y nos movemos como individuos, y nunca dudamos de nuestra identidad, aun cuando la personalidad en el sueño sea la de una previa encarnación. El estado de sueño está muy cercano al despertar, siendo el estado intermedio entre vigilia y sueño, así podemos grabar en las células cerebrales los acontecimientos sucedidos antes de despertar y recordarlos. Más allá del estado de sueño, que es una condición muy breve durante el descanso, existe una vasta esfera de pensamiento y de acción humana. Nosotros la penetramos más y más, hasta que nos acercamos a la fuente de nuestro ser, donde el Pensador está trabajando, sabe todo su pasado, cada encarnación precedente, se ve y se conoce a sí mismo como es en realidad. Allí está el recuerdo de todas las experiencias previas que él ha vivido como ser individualizado, presentándose como un todo consecutivo. En verdad, aquello era el paraíso del hombre cuando caminaba con la Divinidad y poseía un conocimiento real de sí mismo. La verdadera memoria es el paraíso que todos los hombres deberían esforzarse por conseguir nuevamente. El verdadero trabajo hacia la "salvación" consiste en recuperar esa memoria integral y procurar que ese gran conocimiento pasado sea utilizable aquí y ahora en nuestro cerebro y cuerpo. Sólo cuando entendamos quienes somos verdaderamente, podremos tomar parte activa, consciente y significativa en la evolución de nuestra raza. Sólo cuando nos demos cuenta de que somos el Espíritu Eterno, que la muerte no nos alcanza nunca, que podemos vivir conscientemente en el espíritu y no en la materia, entonces, comenzando a pensar y a actuar según esas ideas, la verdadera memoria fluirá por medio del cerebro y sólo en ese momento seremos la fuente de nuestro conocimiento, no necesitaremos hacer preguntas a nadie, y podremos darlo todo a los demás. Esa memoria verdadera es accesible a todos los seres humanos.

No es la memoria la que constituye una barrera para el ser humano, sino las ideas falsas según las cuales él actúa. No obstante la gran memoria del alma, si usamos el cerebro en dirección opuesta a su naturaleza, éste no podrá traducir sus impresiones. El Pensador debe transferir la memoria del alma al cerebro y la única manera de efectuarlo es pensando, actuando y comportándose correctamente en la vida diaria, hasta que el cerebro responda a las ideas y *aprenda* a transmitir lo que sucede mientras el cuerpo está inactivo. Entonces, la verdadera memoria del pasado, en el alma, fluirá como conocimiento en el cerebro.

Los Maestros son aquellos que han preservado la verdadera memoria de cada condición experimentada, el conocimiento de todas las civilizaciones pasadas, la comprensión de todo lo que un ser humano tiene que experimentar y el reconocimiento de todas las leyes que gobiernan la evolución. Como custodios de ese conocimiento, como hermanos mayores, están listos para ayudar a la humanidad como pueden: grabando todo el conocimiento que podemos asimilar, guiándonos hacia su uso correcto para beneficiar a todos los seres humanos y para permitir al mundo avanzar ordenadamente en dirección de la verdadera meta. Los propósitos de la evolución consisten en una individualización siempre más profunda, y una esfera siempre más vasta de percepciones, pero existen dos senderos para alcanzar la meta. Uno conduce a una individualización egoísta y egocéntrica, un estado de separación de todos los demás seres humanos, mientras en el otro, el trabajo por la humanidad nunca termina. El Hermano mayor alcanza el nivel más elevado posible, pero se detiene antes de entrar por la puerta final que lo separaría de los demás. Entonces él vuelve y adquiere un cuerpo de la raza, como hizo Jesús, para ayudar a quienes saben menos que él. Nunca estamos solos y estos Seres grandiosos jamás cesarán de trabajar, siendo una obra de amor. Tarde o temprano determinaremos por nosotros mismos si vale la pena continuar por muchas edades más sufriendo, pasando innumerables vidas en la ignorancia o seguir el camino que ellos nos muestran, el cual conduce a la meta directamente. Esto implica el poder del conocimiento directo de la verdad sin error alguno, incluyendo, también, la verdadera memoria.

La Causa del Sufrimiento

El mundo nunca estará libre del dolor o del sufrimiento. Los placeres van y vienen con mucha facilidad, pero el dolor y el sufrimiento permanecen siempre con nosotros. Si pudiésemos ver y comprender la causa del dolor que existe por doquiera en el mundo, no sólo en la vida cotidiana sino lo causado por la acción colectiva, como las guerras, dejaríamos de engendrarlo. Creemos que todos estos sufrimientos dependen de causas externas, de cualquier ser o seres superiores, o de algunas leyes del universo, pero nunca de nosotros. Como no nos hemos convencido que estamos de algún modo atados a las causas del dolor que experimentamos, continuamos buscando algo exterior capaz de darnos aliento. Ninguna de las religiones que existen en la tierra, ningún descubrimiento presente o futuro de la ciencia, nos dará ese conocimiento, porque la causa del dolor no yace en el exterior, sino dentro de cada uno de nosotros. Cada individuo contiene en sí mismo el poder de causar el dolor y también el de eliminarlo.

La sabiduría del pasado explica la causa del dolor. Según sus enseñanzas cada ser es un espíritu, el poder del espíritu es ilimitado aunque lo limitemos, por suponer que así es, tras de cada forma está el espíritu inmutable en el corazón de cada ser, la causa y el sustentador de todas las formas, el espíritu es la fuerza tras la evolución que gobierna y une a todas las cosas de grados distintos, cada ser es el resultado de un despliegue del interior hacia el exterior, de un *deseo* de expresarse en maneras siempre superiores. Pero nosotros que hemos alcanzado este estado de auto-conciencia, en contraste con los reinos inferiores, tenemos ya el *poder de elegir* y de extraer de aquella fuente ilimitable de nuestro ser, y realizarla mientras vivimos en un cuerpo mortal que cambia continuamente.

El *deseo*, en manera limitada, relativa a la personalidad, es la causa de todo pecado, sufrimiento y dolor. Tal deseo se basa en un pensamiento egoísta, no es lo que los otros desean, sino únicamente responde a sus propios estímulos. Lo que nos lastima son los deseos no realizados, pero los realizados ¿nos dan felicidad? Nunca, porque tan pronto como los logramos, surge otro deseo hacia algo más, algo superior. Entonces con muchos deseos conflictivos vivimos robándonos, devorándonos y dañándonos. No es necesario todo esto y nunca fue el plan original, ni la naturaleza original del desarrollo del ser humano. Nunca es necesario desear. Todas nuestras penas son auto-infligidas, el verdadero poder inherente del espíritu nos ha hundido en ellas, manteniéndonos ahí.

Sin embargo el dolor, el sufrimiento y la desesperación tienen su misión. Por lo regular, sólo la desdicha que nos causamos nos hace cesar de comportarnos de manera errada, obligándonos a mirar alrededor, preguntar y ver lo que es justo. Por medio de nuestros errores aprendemos a ver la diferencia entre lo justo y lo erróneo y este proceso es la historia completa de la evolución. *Tenemos que ser capaces de distinguir la diferencia*. Un ser puede crecer únicamente mediante "los opuestos," sus percepciones y sus aplicaciones. En la naturaleza habrá siempre dualidad. Todos los seres humanos son Uno en espíritu y duales en su expresión. Siempre existe el actor y algo sobre lo cual actuar. Siempre hay los dos: *Purusha* el espíritu, y *Prakriti* la materia, que no son dos cosas separadas, sino dos *aspectos* del único y mismo todo. No es posible tener percepción alguna sin esa dualidad. Debemos experimentar primero la obscuridad para distinguir la luz, lo mismo sucede con los opuestos del placer y del dolor. Sin dolor no podríamos entender el placer y sin este último no podríamos entender el dolor. Lo que subyace en el adelanto total, en la inteligencia, de lo inferior a lo superior, es la *percepción* adquirida mediante el actor y la cosa que él afecta.

La ley es lo que gobierna en cada esfera de la naturaleza de acuerdo con la base de la dualidad. Nosotros la llamamos periodicidad, pero es simplemente una expresión del karma o de la acción y de la reacción. Lo que nombramos las leyes de los elementos, en realidad son sólo las percepciones de las acciones y de las reacciones de los diversos grados de inteligencia. Esa ley incluye lo que llamamos nuestras estaciones y todos los ciclos del tiempo o de los individuos, la reacción de una acción ejecutada previamente. Las personas que pertenecen a una nación deben haber estado juntas en otros tiempos y sus acciones colectivas les han llevado las mismas reacciones colectivas. Cada pensamiento que engendramos tiene un retorno de impresión y lo mismo sucede con los sentimientos. Cada cosa reacciona sobre nosotros y vuelve, ya sea empobrecida o enriquecida. De este modo, con la facultad de producir cada clase de efecto presente en nosotros, podemos comprender el poder de las ideas equivocadas. Gracias a la ley del retorno de la impresión, podemos sostener estas ideas en forma interminable, sufriendo continuamente sus reacciones. El poder total del espíritu, usado en una dirección errónea, ignorando nuestra naturaleza y la de los seres en general, crea toda clase de dolor.

Nadie puede detenernos en nuestro camino equivocado hasta que eliminemos esas ideas falsas. Nosotros, bajo las leyes de nuestra manera de obrar: acción y reacción, somos la causa de nuestra evolución. Es un error creer que el bien nos venga de esferas exteriores, pues esto no sucede nunca. Cualquier clase de bien o de mal es nuestra cosecha de semillas sembradas en cada circunstancia y manera. No hay excepciones. Buscamos la "justicia" y la recibimos según nuestro pensamiento y acción. Pues debemos tener presente que el pensamiento mismo, las ideas, es el verdadero plan de la acción que es simplemente la secuencia de la concretización del pensamiento. Por lo general es necesario eliminar las ideas inútiles que tenemos. Nuestras "mentes" están constituidas por un núcleo de ideas que alguien nos comunicó. Aceptamos las ideas de la raza, de la gente que está alrededor de nosotros, con sus "ismos" y "logías" (como en teología, psicología, fisiología...), llamándolas *nuestra* mente, mientras en realidad carecemos de mente propia. La mente es el poder de recibir y de rechazar. Lo que aceptamos y lo que rechazamos depende de nosotros, de nuestra ignorancia o sabiduría. Nada hay fuera de nosotros que debamos aprender, porque todo está en el interior. La tarea que nos espera es comprender nuestra naturaleza.

Si un gran número de seres en este mundo comprendiese su naturaleza, ejercitando así sus poderes espirituales inherentes para ayudar a la humanidad, en un tiempo muy breve la infelicidad del mundo desaparecería prodigiosamente. Como un antiguo adagio dice: "un poco de levadura hace fermentar al todo." Uno de nuestros Maestros declaró: "Dadme quinientos hombres y mujeres buenos, diligentes, sinceros y devotos, y moveré el mundo." Nuestro éxito no depende de alguna evolución física ni de algún adelanto científico cualquiera. Esos son simplemente medios y no el fin en sí mismo, porque si conociésemos nuestros poderes reales, podrían llevarse a un nivel no soñado hasta la fecha. Debemos y eventualmente llevaremos a la civilización del mundo a un estado más elevado de lo que haya existido, pero esto no sucederá hasta cuando los seres humanos realicen su naturaleza y actúen de acuerdo con ella. Podemos continuar indefinidamente repitiendo la manera de pensar y de actuar presente, pero mientras sigamos comportándonos así, en el mundo existirá el pecado, el dolor y el sufrimiento sin tregua, además de las guerras, las enfermedades, las pestilencias, los huracanes, los ciclones y los terremotos, procediendo, todos, de las faltas humanas.

Nunca lograremos una expiación por medio de otra persona, debemos tomar los resultados de lo que hemos sembrado. Al admitir que somos responsables por nuestras condiciones, debemos hacer lo que podamos para corregirlas. La única solución posible consiste en asumir nuestro derecho de nacimiento, mediante la realización de nuestros deberes dondequiera que estemos, cada vez que la oportunidad se nos presente en lugar de creer que somos cuerpos desgraciados que nacen, viven un rato y luego mueren. En verdad no podemos alcanzar nuestra salvación, vivir y progresar, solos. No podemos elevarnos más allá de los otros, sino que debemos ayudarlos a alcanzar el estado que ocupamos, y continuando nuestro desarrollo podremos ayudar y enseñar mejor a los demás. Jesús y Buddha se convirtieron en lo que eran. En un tiempo fueron seres mortales como nosotros, pecando y cometiendo faltas, pero vieron el verdadero camino, al cual cada ser, a la larga, deberá llegar, y cambiaron su dirección para seguirlo.

Mientras pensemos que somos seres físicos, y nos dejemos llevar por los diferentes deseos que tenemos, pospondremos el día del reequilibrio y sufriremos por las causas que hemos establecido. Cuando comencemos a basar nuestro pensamiento y nuestra acción sobre ideas correctas, en lugar de falsas, el cerebro empezará a ser más claro y receptivo al conocimiento inmenso del ser interior, que no se queda grabado a causa de la forma equivocada en la que educamos el cerebro. Este último tiene que convertirse en un buen conductor para el conocimiento espiritual.

¿Si el verdadero conocimiento fuera nuestro, tendríamos deseos? ¿Buscaríamos los varios objetos en la vida física, gastando nuestras mejores energías para alcanzarlos? No. Además sabríamos que, no importa lo que exista en el universo, nada puede impedir nuestro desarrollo espiritual, nada puede dañarnos ni confundirnos. *Confiaríamos* en la ley de nuestra naturaleza espiritual, intentando hacer el bien donde pudiéramos, sin buscar recompensa para nosotros, sino sirviendo en todo modo posible a los demás. Así deberíamos estar en armonía con la naturaleza del todo, y las naturalezas y las fuerzas de todos los seres que nos llevarán a lo largo del flujo que no tolera alguna clase de obstáculo. ¿Estaríamos tristes? Nunca, porque estaríamos desempeñando el papel del propósito verdadero del espíritu y del alma, ayudando a todas las otras almas en el camino, según las oportunidades que se nos presentaran. En este curso no es necesario luchar y forzarse, debemos solamente tomar aquellas oportunidades que nuestras reacciones nos traen. Nuestro mal es algo que necesitamos arreglar y equilibrar. Además nuestro bien es el resultado de nuestras acciones. Por lo tanto debemos aceptar lo bueno y gozarlo, enfrentando el mal sin temor o resistencia cualquiera para intentar evitarlo.

El único dolor de los grandes Maestros de Sabiduría, es ver a la humanidad ahogarse perpetuamente en el pecado, en el dolor y en el sufrimiento que Ellos no pueden evitar. En una ocasión a uno de ellos le preguntaron: "¿Por qué, con todo vuestro profundo conocimiento y poder, no empujáis a los seres a pensar como deben?" El contestó: "la constitución del alma humana no es así, tiene que comprender y actuar por sí misma." Porque la acción se da del interior hacia el exterior y el poder va con la acción. Nadie puede salvarnos más que nosotros mismos.

¿Qué Sobrevive Después de la Muerte?

Cada día debemos enfrentar el hecho de que todos estamos sujetos a la muerte. No importa como vivamos, ya sea que la existencia nos proporcione fracasos o las posibilidades más grandes de éxito ante los ojos del mundo, al final nos espera siempre la muerte. Por lo tanto estemos seguros de que, como hay nacimiento, análogamente hay muerte. Cada uno sabe que tarde o temprano deberá morir, pero ¿qué se conoce del estado después de la muerte? Si existe algo que sobrevive, ¿qué es? Las religiones que profesamos nada nos dicen acerca de este tema que es muy serio y la ciencia materialista no nos da alguna solución. Por lo tanto, ni la religión ni la ciencia nos han ofrecido algo que nos dé seguridad cuando el gran conquistador de los cuerpos humanos aparezca. ¿Hay alguna esperanza en esta vida de que aquello que estamos haciendo tenga algún valor después de la muerte? Sea que podamos contestar o no a ésta pregunta, antes de morir, debemos aún encarar la muerte. El momento vendrá.

Si existe una solución para los problemas que la muerte representa, capaz de tener un valor para nosotros como seres humanos, deberá ser perceptible durante la existencia y ser una solución razonable para nosotros que vivimos ahora, a fin de convencernos de que es correcta. Antes de que aceptemos una explicación cualquiera, concerniente a lo que ocurre después de la muerte, debe haber una evidencia clara, relativa al entendimiento de los sucesos de la *vida*. Cuando conozcamos el sentido del nacimiento, de toda la vida manifestada, el por qué obramos aquí en cuerpos físicos, entonces podremos entender porque pasamos unos cuantos años en cada existencia física, y que fue de nuestros amigos, padres y abuelos que vivieron como nosotros y ahora transitaron. Podríamos saber si la vida cesó para ellos o si la vida podrá terminar para nosotros.

En la existencia humana hay un hecho que debería guiarnos en nuestros pensamientos: el de la ley, la cual gobierna todo lo que hacemos. ¿No es quizá nuestro conocimiento y percepción de la *ley*, la que nos permite dominar los elementos naturales? Nosotros controlamos las substancias y los varios elementos, entendiendo la ley y sus operaciones. Sabemos que en la naturaleza prevalece la ley de acción y de reacción y reconocemos la ley de causa y efecto. ¿No sabemos, pues, que la ley rige en nosotros mismos? Sabemos que existe una ley bajo la cual el cuerpo crece de la concepción hasta el nacimiento, del nacimiento hasta la madurez y al final llega la declinación gradual. Como en el ser humano hay un ciclo de nacimiento, juventud, madurez, envejecimiento y muerte, lo mismo ocurre en la sucesión de eventos en la naturaleza que nosotros percibimos como una ley universal. A la mañana le sigue el medio día y al medio día, la noche y luego otra vez la mañana, y lo mismo sucede con las estaciones del año. Debemos, pues, ser capaces de percibir que, así como en el esquema natural, nuestro nacimiento es una sucesión ordenada de una muerte previa, así tenemos que continuar volviendo a vivir sobre la tierra, como regresamos al día, después de una noche de descanso. Debemos haber pasado por muchas existencias para haber alcanzado esta vida presente, que depende también de la operación de la ley. La elección yace entre la ley y el caos, no puede haber ley aquí y caos allá. O todo está bajo la ley, o todo es caos. Nuestra experiencia completa demuestra que la ley gobierna, por lo tanto es necesario llegar a la conclusión de que la ley rige cada cosa y circunstancia y también ambas esferas de la muerte.

¿Existe un Ser todopoderoso que nos impone esta ley? Si respondemos afirmativamente no hay alguna esperanza. ¿Quiénes somos nosotros que obramos bajo esta ley inclusiva? Si somos simplemente cuerpos, somos seres pequeños y limitados. Si toda la vida consiste en lo que sentimos y experimentamos en nuestros cuerpos, la vida equivale a nada. Reflexionando un poco más, nos convenceremos de que *no* somos nuestros cuerpos, pues estos cambian continuamente del nacimiento hasta el presente y dichas alteraciones seguirán hasta la desaparición del vehículo físico, pero *nosotros* no cambiamos. El mismo "Yo" fue pequeño, joven, adulto y viejo. La identidad no se ha alterado a través de todos los cambios que el cuerpo ha experimentado. Tampoco somos nuestras mentes, como creen muchos, las cuales son sólo un conjunto de ideas relativas a la vida, pero nosotros debemos ser mucho más elevados que esas mentes *porque podemos cambiarlas*, y aquel cambio no tiene algún límite imaginable. No importa la cantidad de conocimiento alcanzado, podemos siempre continuar aprendiendo. No importa que clase de mente tengamos, poseemos el poder ilimitable de continuar incrementándola. Si una persona duda de la existencia de algo superior a la mente, debe darse cuenta que el dudar, muestra una acción y un propósito que yace mas allá de la idea. Podríamos *rehusar, pensar* y *aún existir*. Para encontrarnos debemos ir mas allá de la mente y del cuerpo, pues estos son sólo instrumentos que usamos.

¿Por lo tanto qué podemos ser? En el interior de cada uno hay algo que vive, piensa, es la vida misma, que recoge las experiencias y es inmutable. Es más pequeño que lo pequeño, y como los antepasados decían: es más inmenso que lo inmenso. No puede pesarse ni medirse, no podemos decir donde está ni donde no está, y, sin embargo, es la cosa única en nosotros mismos, nuestro verdadero ser que nos permite experimentar todos los acontecimientos y tener cualquier idea o un conjunto de ideas. Llamadlo espíritu, vida o conciencia si queréis, pero nosotros sabemos que no podemos tener alguna experiencia sin ser *conscientes* de él. Los antepasados decían: "El alma es el perceptor, la visión misma, pura y simple y observa directamente las ideas." El espíritu ve la idea; las acciones fluyen de las ideas adoptadas. Nuestras diferencias son relativas a la mentalidad y de acuerdo con la clase de ideas, pero todos provenimos del mismo origen y tenemos una misma base, una naturaleza esencial común, que es el Espíritu y la Vida misma.

Nuestros días y nuestras noches ilustran el hecho de que podemos dejar el cuerpo, *separarnos de éste* y *aún existir*. Durante el día, cuando estamos despiertos, actuamos en el plano objetivo mediante los órganos del cuerpo que sirven para transmitir y recibir impresiones. En la noche estas actividades descansan y decimos que dormimos. ¿Pero cómo es que estamos *conscientes* durante estas horas nocturnas? Porque cuando nos despertamos, podemos decir "anoche soñé," y no dudamos de nuestra identidad en el sueño. Estuvimos conscientes también de tener todos los sentidos; y aparentemente poseímos los poderes de movernos. No importando la condición dormida del cuerpo, en aquel estado que llamamos sueño profundo, estuvimos conscientes, actuando y viviendo. No será difícil concebir que estamos conscientes durante la gran porción del descanso nocturno, transcurrido en lo que llamamos "sueño sin soñar" del cuerpo; que nuestra acción es de una forma más elevada y refinada que la del estado de vigilia; que es posible para nosotros mantener conciencia de aquella acción, para traer hacia este cerebro, que utilizamos durante el día, la memoria de cada acto en cada plano interior del ser. El alma, el Ser Verdadero, con todas sus experiencias pasadas, está plenamente despierto cuando el cuerpo duerme. La noche del alma es el día del cuerpo. Sólo en casos excepcionales un ser humano *sabe* que siempre es consciente y que la Conciencia nunca puede cesar. Aún más, cada uno puede ver por sí mismo que si la conciencia cesara, no habría posibilidad de que empezara de nuevo. Podemos ver la conciencia continua en el hecho de que cada día empezamos de nuevo el trabajo de la vida de los días anteriores.

La teosofía se presenta con el propósito de enseñarnos que esta plena conciencia diurna, operante a través del cuerpo, es alcanzable por cada ser humano. Si tuviésemos esa conciencia, ¿que fuera la muerte para nosotros? Nada más que un sueño. La muerte será simplemente un abandono del cuerpo que ahora es inútil. Debemos saber que la muerte no podrá tocarnos más de lo que nos alcance el sueño; que nuestra conciencia es continua, aunque el cuerpo esté dormido o despierto, así que cuando el cuerpo muere, nada cesa para *nosotros*.

¿Qué, sobrevive entonces después de la muerte? El *ser en sí mismo*, con todas sus tendencias, con todas sus experiencias. Lo que sobrevive es el *Pensador*, el Alma, lo que nunca se puede extinguir, nunca sufre por sí mismo, nunca puede estar involucrado, siempre es de su propia esencia, no importando en cuales condiciones se encuentre un ser humano. Las situaciones, ya sean de júbilo o sufrimiento, deben tener un término; pero el *Uno* que goza, el *Uno* que sufre, el *Uno* que siente, nunca cambia. Lo que sobrevive es nuestro verdadero ser; todo lo que llamamos nuestro ser es eso que despierta, sueña, goza y entra en los diferentes estados a través de todos los mundos. Podemos decir que esta vida es un sueño en el cual experimentamos sufrimiento y júbilo. Cuando despertemos tendremos otras experiencias, pero lo que es *permanente* en nosotros es lo que las asimila, llegando a cualquier campo de operación, acumula experiencia de acuerdo con las tendencias que él ha engendrado en aquel plano del ser. Así, el ser no tiene alguna otra experiencia sobre la tierra salvo lo que es suyo, salvo lo que se *ha integrado a sus acciones sobre la tierra*. La ley de acción y reacción, de causa y efecto, del sembrar y del cosechar, es, entonces, *su propia ley*.

¿Qué es lo que sobrevive? NOSOTROS, como seres conscientes, con todos los poderes de percepción, con todo lo que hemos logrado, y así será siempre. Nosotros nunca cesamos. Como sabemos, los cuerpos se desgastan en una vida, volviéndose incapaces e inútiles. ¿Desearíamos verdaderamente continuar viviendo en ellos? No, el alma pide un instrumento superior. Demolemos la casa vieja para construir una mejor o quizá peor. Si somos egoístas, si trabajamos sólo para este cuerpo y si nos oponemos a nuestros compañeros, entonces recibiremos la reacción de nuestro comportamiento egoísta. Esta es la ley, no sentimiento. Las acciones de otros seres humanos no son la fuente de nuestro sufrimiento, sino el mal que hemos sembrado, el cual vuelve oprimiéndonos con todo su peso. Hasta que el ser humano asuma su derecho de nacimiento, y se de cuenta de que el curso entero de la evolución consiste en enfrentar las leyes de la justicia, no dará el primer paso hacia el verdadero progreso que conduce a la inmortalidad *consciente*.

¿Pueden Comunicarse los Muertos?

Desde la mitad del siglo pasado, los espiritistas han contestado afirmativamente a esta pregunta, declarando suficientes pruebas para corroborar la supervivencia de la inteligencia, del estado conocido como muerte. El espiritismo no es algo nuevo. Hace quinientos años o más, y durante todas las etapas pasadas de la civilización, las personas han practicado el culto del *Bhut* (según se le llama en India), o sea la adoración de los "espíritus" de los muertos. El espiritismo actual es sólo la repetición de un error previo, aun cuando haya resurgido entre los que consideramos muy inteligentes, "pensadores profundos" y hombres de ciencia. Las "comunicaciones" actuales, como las otras durante los diferentes períodos, no contienen alguna naturaleza espiritual verdadera. Son absolutamente físicas, como lo demuestran las del señor Oliver Lodge, provenientes de su hijo Raymond, (por vía de un médium). Según las declaraciones de Raymond, su vida póstuma es muy parecida a la que ha dejado: allí las personas beben, fuman cigarros y de hecho (?) los espíritus mismos los producen en fábricas-espirituales, usando un material de cigarro perteneciente a ese estado de materia. Cada persona puede aceptar lo anterior como una comunicación "espiritual," pero demuestra solamente que, después de abandonar la existencia física, no estamos necesariamente en un estado espiritual, como normalmente suponemos.

La pregunta es: ¿qué cosa *aprendemos* de estas "comunicaciones"? ¿Hay algo o alguna vez procedió algo del plano de la comunicación espiritista, que haya beneficiado a la humanidad? ¿Algo proveniente de esa fuente nos ha quizás mostrado el gran propósito de nuestra existencia? ¿Nos comunica el sentido de la *vida* y por qué en el mundo parece haber tanta injusticia? ¿Nos informa de las guerras futuras y como evitar ser víctimas de numerosas grandes catástrofes? ¿Nos informa de la conexión o causa común, relativa a todos los seres distintos en el mundo? ¿Nos muestra la naturaleza del desarrollo de los seres que son más inteligentes que nosotros al igual que de los seres que son inferiores a nosotros? ¿Nos muestra por qué y cómo, este sistema solar llegó a existir junto con las leyes que lo gobiernan? No. Estos son temas que necesitamos conocer. Los llamados "espíritus" nos comunican cosas *contradictorias*, que no nos dan bases para comprender estos asuntos. Toda esta información contradictoria, nos prueba que no hay conocimiento en aquella esfera. Lo que necesitamos no son las *hipótesis* de un "espíritu" o entidad, sino una declaración lógica, razonable y justa de las leyes que *cada persona puede comprobar por sí misma.*

Consideremos la enseñanza teosófica relativa a la manera en que el ser humano ha alcanzado su nivel actual, la historia real de la evolución adquirida por medio de la observación y de la experiencia durante las largas etapas pasadas. La base de esta evolución es la misma para cada ser y corazón humano, en cada vida animal y fragmentos de materia, en todo está el Espíritu, la misma Vida e Inteligencia únicas. Todos son rayos provenientes de la Vida Única, la Inteligencia única y cada uno expresa las posibilidades existentes en la Fuente Infinita. Las diferencias relativas en los seres, la humanidad y las varias razas, representan diversos grados de inteligencia, teniendo, cada uno, el mismo poder que el ser más elevado y el mismo poder de todos los seres, cuyo uso y empleo causa la producción de un instrumento capaz de representar este poder de manera más o menos completa. La evolución es Espíritu que se expresa ya sea en este sistema solar o en los precedentes. La inteligencia estuvo en el inicio de este planeta en su condición nebulosa, o niebla ígnea y tras los procesos de enfriamiento y de materialización durante muchos milenios. Existimos como seres espirituales en todos esos estados y en todas esas substancias relacionadas con nuestro planeta sin habernos abandonado. Al final de cada vida, mediante todos esos estados, volvemos a lo más elevado y luego bajamos de nuevo a lo terrestre para cosechar los efectos de causas que activamos en vidas previas. No, la muerte no tiene algún poder transformador, cuando un árbol cae así debe yacer. Es durante nuestra vida terrestre que debemos reconocer y despertar nuestra verdadera naturaleza. La muerte no abre puerta alguna al conocimiento.

Nuestra experiencia nocturna nos prueba la existencia de estos estados de conciencia. Cuando dormimos, aunque solo el cuerpo duerma y nunca *nosotros*, no estamos conscientes de este plano físico. Ignoramos completamente lo que le esté sucediendo a nuestros amigos o parientes, y cuando no usamos el cuerpo no nos damos ni mínimamente cuenta de lo que pasa sobre la tierra. En este caso es una "muerte" del cuerpo, pero más pequeña y temporal. Luego pasamos a otro estado, el de los sueños. En el sueño el alma humana continúa estando consciente de sí misma, puede oler, escuchar, hablar, moverse y hacer todas las cosas como cuando está en el cuerpo despierto. Las personas solían decir que tomando el dedo gordo del pié de un individuo dormido, él empezaría a hablar. Así recibiríamos una comunicación de un "espíritu" pero ¿qué clase de comunicación sería? La persona nos diría sólo lo que su mente conoce y en el estado de los sueños no tendría conocimiento superior al de sus pensamientos, ideas y actividades personales.

Aplicando esta analogía al momento de la muerte, veremos que en realidad la hora de la muerte nunca viene. Al final nos quitamos este cuerpo que vuelve a la tierra: su lugar de origen, pero NOSOTROS no estamos muertos, todavía estamos vivos, conscientes en otros planos y grados, aunque no utilicemos ni el cuerpo ni el cerebro. ¿Qué clase de conciencia y de inteligencia usamos en ese estado? La misma que teníamos cuando estábamos vivos. Nuestros pensamientos, sentimientos y deseos, continúan por una temporada en la misma manera de cuando teníamos el cuerpo, a causa de la energía que les impartimos. La energía, al no renovarse, se consume, y el individuo, como ser espiritual real, entra en un estado muy diferente, donde nadie sobre la tierra puede perturbar la acción de su inteligencia y el gozo de su felicidad. ¿Como podría tratarse de un estado de gloria, si en cada instante los dolores abandonados en la tierra tuviesen la capacidad de perturbarnos? ¿Podría existir un infierno peor para las personas que ver, desde su "paraíso", el alivio de dolor del marido con otra mujer a su lado que asume el papel de madre? Tenemos que entender que cuando un ser humano abandona la vida, pasa a través de algo parecido al estado de sueños, un estado confuso, y luego alcanza el nivel mejor que puede expresar. Por lo tanto los acontecimientos terrestres no perturbarán al ser humano espiritual, pues ya había realizado su misión en la tierra cuando la dejó y pensar de otra manera sería una locura. Volverá en otro cuerpo para empezar otro día de trabajo. ¿Entonces, no podemos ver que la idea de la comunicación con los "espíritus" que han dejado el cuerpo es una *tontería*?

No imaginemos que haya sólo seres humanos desencarnados. No imaginemos que los muertos, o los muertos vivientes, sean los únicos que existen del otro lado del mundo físico. Hay muchísimas clases de seres que no viven en cuerpos como los nuestros, sino que moran en planos donde el hombre pasa después de la muerte. Junto a nuestro plano vive cada tipo de ser: subhumano y elemental humano. ¿Podemos pensar que son comunicantes deseables? ¿Cómo podemos estar seguros de que cada comunicación exterior no esté conectada con cualquier espíritu diabólico que ama disfrazarse, y, para engañarnos, asume la ropa abandonada del hombre, a causa de su atracción hacia los deseos y la naturaleza del difunto? Para entender la naturaleza del hombre es necesario mucho conocimiento, tampoco podemos alcanzarlo por medio de "comunicaciones," sino solamente penetrando en nuestra naturaleza. El Padre en secreto se oculta en lo interno, no en lo externo y todo nuestro conocimiento presente y futuro, tenemos que alcanzarlo en nosotros y por nosotros. Nunca lo conseguiremos mediante otros o un espíritu cualquiera. El Espíritu de Dios dentro de cada uno, el conocedor en todos, es el último recurso, el tribunal superior, la última eminencia que alcanzaremos.

Ahora estamos viajando juntos por la materia terrestre, cuando dejemos la tierra, lo haremos solos. Por lo tanto, cuando viajamos en la materia astral, no confabulamos con sus habitantes, sino que nos movemos siguiendo nuestras líneas. Los estados después de la muerte son simplemente los *efectos* de la vida que acaba de terminar. Pasamos del lugar de nuestras pruebas para cosechar lo que hemos sembrado, expulsando primero el mal y luego experimentando nuestras aspiraciones mejores y más elevadas. En cada uno de estos estados, el ser se da cuenta de que es la misma persona, nunca en su percepción y conciencia se siente diferente de lo que era en la tierra, tampoco sabe que la muerte ocurrió. En su estado más elevado él está con todos los que él amó y en la condición que desearía para ellos. Experimenta la gloria porque su espíritu ha conseguido el equilibrio entre la causa y el efecto, aún por sus sufrimientos en la tierra. Todos estos estados moran dentro de nosotros y no fuera. En cada uno de ellos encontramos siempre a NOSOTROS, primero como pensamos que somos y en fin como realmente somos.

Un "muerto" no puede comunicarse con una persona viva, salvo quizás en un momento muy breve antes que el verdadero individuo se haya desembarazado de las ideas sostenidas durante la vida. A veces un deseo muy intenso de compartir algo desarrollará una clase de comunicación, pero después del segundo gran cambio denominado "segunda muerte," toda conexión con la tierra se interrumpe. Una persona viviente de mente pura, por medio de su aspiración y amor puede *ascender* a un lugar celestial y aparentemente hablar y sentirse con los que amó, pero sus palabras y sus sentimientos no perturban al ser en aquel estado. La verdadera esencia del estado espiritual excluye todo disturbio, aunque podamos experimentar los tipos de sentimientos presentes en esa condición. El médium capta simplemente los reflejos y las repeticiones de los acontecimientos grabados en la naturaleza del participante a la reunión espiritista. Un médium describirá el estado después de la muerte de una persona muy *viva*, demostrando así que él puede equivocarse fácilmente. En el estado mediumnístico pasivo, no se puede ejercer control alguno, existe simplemente un canal por medio del cual algunas cosas pueden pasar o "filtrar."

La mayoría de las entidades "espirituales" que se comunican con los médiums son los suicidas y las víctimas de "accidentes," porque no siempre hay una muerte total cuando el cuerpo cesa de vivir. A menos que la muerte coincida con el fin de la vida, que se establece al nacimiento, el ser humano está todavía atado a la tierra hasta la conclusión de su tiempo.

Pero hay comunicaciones con seres en el mundo, casi en nuestra esfera, que no tienen cuerpo físico, que se mueven y viven en otro plano de substancia y es muy difícil que entren en contacto con un médium ordinario. Estos seres se llaman Nirmanakayas. Son hombres que han alcanzado toda la perfección posible y si lo quisieran, podrían conseguir y mantener el estado de beatitud más elevado, pero lo rechazan porque sería abandonar para siempre toda posibilidad de ayudar a sus compañeros: los seres humanos. Cuando la naturaleza de una persona es verdadera y aspira a mejorarse, si es necesario se comunican con ella. Pero estas comunicaciones son claras y no hay manera de equivocarse, porque son personales y se proponen ayudar directamente a dicho individuo. Lo que está en lo *interno* induce cada ayuda exterior que recibimos. El reconocimiento de nuestra naturaleza espiritual y la de todos los seres crea la verdadera condición. La fuerza proviene de lo espiritual y todas las Encarnaciones Divinas trabajan para realizar la perfección de la humanidad.

Dormir y Soñar

En cada uno de nosotros existe algo que experimenta el estado de soñar, dormir y morir. Es imposible tener alguna clase de comprensión de los estados a los cuales pasamos y de los cuales salimos, salvo postulando la existencia de un Ego, un pensador, un perceptor, un conocedor, alguien que experimenta, entra en los estados y sale de ellos, reteniendo, este Ego, el verdadero ser humano, su integridad a través de todos dichos estados.

Somos más que cualquier estado en el cual entramos, no importa que tan elevado lo consideremos. Aún si imaginamos haber alcanzado o poder alcanzar el estado más elevado de inteligencia y acción, lo que llamamos divino, *nosotros* somos los que entramos en aquella condición. Entonces, la comprensión de los estados en los cuales entramos, no se puede tener hasta que reconozcamos la existencia de Aquello en nosotros que pasa a través de todo. Por lo tanto, debemos procurar entender qué es aquello, empezando este esfuerzo aquí y ahora mismo. No podemos comenzar de algún otro punto o posición que éste en donde nos hallamos.

¿Qué descubrimos entonces? Que somos una *identidad continua*. Hemos pasado por muchos cambios desde que nacimos hasta ahora, pero nuestra identidad no se ha alterado, no importando por cuales cambios hemos pasado o vamos a pasar. Cuando entendamos lo anterior con nuestras mentes, comprenderemos que existe una naturaleza inmortal en cada uno de nosotros, cuya esencia es divina, y, siendo inmutable, no está sujeta al cambio.

Entramos en el estado de sueños cuando el cuerpo está dormido, antes de pasar al estado de sueño sin ensueños. El primero es el estado de transición al cual volvemos antes de despertarnos. Todos sabemos que durante los sueños nuestros *sentidos* se hallan activos aunque el cuerpo esté quieto y los órganos de los sentidos inactivos. Podemos ver, sentir, oir, hablar y actuar como cuando estamos despiertos, sin utilizar los órganos fisicos asociados con estas sensaciones y acciones. Lo anterior nos prueba que estamos conscientes, vivos, que existimos aunque el cuerpo no lo sepa. Además sabemos que la entrada en el estado de los sueños no perturba nuestra identidad. Nadie, sino nosotros, experimenta aquella condición.

El estado de los sueños es muy corto en contraste con el de estar despierto. Se sabe que podemos soñar y tener experiencias a través de lo que parece ser un período muy largo en un sueño, aúnque el estado dura sólo unos segundos. Hay una etapa del "descanso nocturno," que dura más tiempo y la llamamos (cuando estamos despiertos), "sueño sin ensueños." Se trata del dormir del cuerpo, el cual está como si uno lo hubiera abandonado completamente. Pero la entidad tiene que mantenerse en contacto en alguna parte, porque existe en todo el tiempo, está consciente y tiene la misma identidad. Si esto no fuera cierto, no despertaríamos, o, despertando, habría entonces un nuevo ser.

Los psicólogos occidentales no han ido más allá de estas ideas de dormir y despertar. Ellos ignoran lo que se conocía en el pasado y lo que muchos conocen hoy, es decir, durante el sueño sin ensueños, el Ego, el ser, el pensador, está ocupado plenamente, siendo su verdadero Ser más que en cualquier otro momento. Por eso se ha dicho que el día del cuerpo es la noche del alma, y la noche del cuerpo es el día del alma. Cuando el cuerpo duerme, el ser verdadero está más activo con el máximo grado de inteligencia, pensando y actuando en otro plano, en un estado diferente de cualquiera otro conocido en la existencia ordinaria del despertar.

Nada sabemos acerca del dormir, aunque decimos que lo experimentamos. Lo que sabemos es que nos sentimos soñolientos, o sea que el cuerpo está exhausto, pero el sueño no viene a nosotros. Durante el día estamos despiertos, conscientes y pensamos. Pero nuestro poder de ver y de conocer, estando despiertos, se aplica casi exclusivamente a las cosas externas de naturaleza material, entonces, lo que llamamos conocimiento despierto es, prácticamente, una aplicación de todos nuestros poderes de la existencia física y nada más. ¿Qué sucede cuando dormimos?

Durante aquel intervalo sabemos que el cuerpo está absolutamente insensible a lo externo. No sabemos, ni sentimos lo que ocurre a nuestras amistades. Las calamidades más espantosas podrían producirse alrededor de nosotros sin darnos cuenta de ellas, hasta tomar de nuevo el control del cuerpo. Sin embargo deberíamos de haber estado vivos, conscientes con una identidad inmutada. Esto hace surgir en nuestra mente la pregunta acerca de por qué o cómo, estando despiertos, nada sabemos de aquella actividad en el plano superior y plenamente distinto durante el sueño profundo del cuerpo.

Latente en nosotros, existe todo el conocimiento que no hemos olvidado y que tampoco está inaccesible, por haberse grabado e impreso en nuestra naturaleza imperecedera como un archivo en donde encontramos nuestros eventos: cada experiencia de la cual adquirimos conocimiento. Cuando dormimos, o sea, cuando el cuerpo duerme, nosotros regresamos a aquella fuente de conocimiento que está dentro de nosotros, y "despertamos" en la mañana sin recordarlo. ¿Cómo es posible que si poseemos semejante conocimiento y los poderes que pertenecen al Espíritu inmortal y a la Inteligencia Divina, no los usemos, no estando conscientes de su existencia en nosotros?

Existe una ley, conocida con el nombre de karma: la ley de acción y reacción, de la que se ha dicho: "Lo que un ser humano siembra, *eso* cosecha." Hemos pensado y actuado mientras estamos en el cuerpo, de manera que ha producido un instrumento que no está de acuerdo con nuestra naturaleza real. Hemos concentrado nuestra inteligencia en la consideración y el uso de lo material, que pertenece a un estado más bajo que el nuestro, y así nos hemos involucrado en ello. El cerebro que usamos está receptivo casi enteramente a estas ideas inferiores, por lo tanto cuando regresamos a este estado, al despertar, nada hay en el cerebro que esté afectado por la más pequeña impresión o recuerdo de los estados de conciencia a través de los cuales hemos pasado.

Si somos seres que experimentaron estados superiores durante el sueño, ¿cómo podríamos recuperar el conocimiento de aquellas posesiones? ¿Qué cosa despierta en nosotros, si nos dicen que somos divinos en nuestra naturaleza y no terrenales, que tenemos un pasado inmenso, planos de conciencia superiores a este y poderes de acción sobre esos planos? ¿En qué nos beneficia? ¿Nos hace ver la vida desde una perspectiva distinta a lo que nos hemos acostumbrado a ver?

Todo lo que hacemos en la vida, cada resultado que experimentamos, está gobernado por alguna actitud mental que sostenemos en referencia a la vida. Si uno es ateo, digamos, o materialista, que piensa que la vida empezó con este cuerpo y terminará con él, entonces todos sus pensamientos y actos se basarán en eso. Pero si cambia esta idea, como quizá lo haga, substituyéndola con la que es inmortal en su naturaleza fundamental, entonces, esto empieza a *transformarlo*.

No es por lo que pasamos lo que importa, sino lo que aprendemos de ello. El conocimiento es lo que debemos desear, no goces materiales, ni posición. Deseamos saber porque en el saber percibimos lo que es correcto hacer y pensar. Como pensamos todo el tiempo pensamientos buenos, malos o indiferentes, nuestras acciones serán buenas, malas o indiferentes, de acuerdo con nuestras ideas. Si empezamos a pensar correctamente dirigiremos esta Fuerza Espiritual que es la verdadera esencia de nuestra naturaleza. Que una persona piense y obre con justicia y altruismo, seguramente este comportamiento abrirá los canales de su cerebro permitiéndole una percepción y la realización siempre mayor de su naturaleza. Cuando alcance un nivel dado, puede percibir que *él nunca cesa de existir*, ya sea que el cuerpo esté despierto, dormido, soñando o haya pasado por el estado de la muerte.

Suponiendo que fuéramos capaces de pasar del despertar al soñar, del soñar al dormir, del dormir a la muerte, de la muerte al renacimiento en otro cuerpo, sin alguna falla de memoria, así no sólo podríamos llevar la memoria intacta de los planos inferiores a los superiores, sino también podríamos traerla con nosotros de los niveles más elevados a los más bajos, con el conocimiento en éste u otro cuerpo ¿qué seríamos? Entonces sabríamos lo que somos. Conoceríamos las relaciones de este plano con los demás. Podríamos leer los corazones de otros seres. Podríamos ayudarlos a tomar una posición más amplia y más elevada. No estaríamos ilusionados por las ideas que impelen a la mayoría de los seres humanos. No batallaríamos más por un lugar o posición. Nos esforzaríamos sólo por el conocimiento, y toda clase de posesiones para que pudiésemos ayudar y enseñar mejor a los demás. Nos quedaríamos con la *Deidad* todo el tiempo, en un cuerpo o fuera de él.

Es para despertar al ser humano a la comprensión de su propia naturaleza y al uso correcto de sus poderes, que la Teosofía ha sido traída nuevamente, como ha sido de período tras período por aquellos seres más adelantados, nuestros hermanos mayores, los Cristos de todos los tiempos, las encarnaciones divinas, aquellos que han pasado por las mismas etapas por los que estamos pasando ahora. Son ellos los que vienen para recordarnos nuestra propia naturaleza, para recordarnos y despertarnos a la acción, para que lo que realmente somos pueda ser conocido y expresado por nosotros aquí sobre este plano físico inferior, en el cual plasmamos nuestro destino que nosotros mismos engendramos y sólo nosotros podemos cambiar por medio del poder del Espíritu que somos.

Nadie puede aprender algo por otro. Cada uno tiene que saber por sí mismo. Cada uno tiene que buscar su propio aprendizaje. El objeto de la Teosofía es enseñar y mostrar al ser humano lo que verdaderamente es, demostrándole la importancia de conocerse a sí mismo. Ninguna persona puede pagar las deudas de otro, nadie puede adquirir el conocimiento por otro, pero puede indicar la dirección, en la cual este conocimiento se encuentre, los pasos que guían en esta dirección pueden ser mostrados como sólo los que han pasado por ahí previamente, pueden hacerlo. Esto es exactamente lo que se está haciendo. Es el curso de acción de todos los salvadores de la humanidad. Es la doctrina de Krishna, de Buddha, de Jesús de Nazaret y nada menos que la doctrina de H.P.Blavatsky. Las dos enseñanzas que el Occidente más urgentemente necesita son las de Karma y Reencarnación, las doctrinas de la esperanza y la responsabilidad. El karma, la doctrina de la responsabilidad, quiere decir que lo que un ser siembra, esto mismo cosecha. Reencarnación, la doctrina de la esperanza, significa que, no obstante nuestra cosecha, siempre podremos sembrar mejores semillas. El mero hecho de sufrir es una bendición. El karma y la reencarnación nos muestran que el sufrimiento deriva de nuestros pensamientos y acciones equivocadas. Por medio de nuestro dolor llegamos a la comprensión de que se ha seguido un curso equivocado. Aprendemos a través de nuestro sufrimiento.

La vida es la gran escuela del Ser, y hemos llegado a esa etapa donde ya es tiempo de que aprendamos a comprender el propósito de la existencia, que tomemos a nuestra naturaleza firmemente, que usemos cada medio a nuestro alcance, en todas las direcciones: despiertos, soñando, dormidos o en cualquier otro estado, para armonizar nuestra naturaleza, de forma que nuestro instrumento inferior pueda estar "alineado" para reflejar, de manera continua y más completa, nuestra naturaleza interior divina.

El Instinto y la Intuición

El instinto es una percepción directa de lo que está bien dentro de su propio campo. La intuición es un conocimiento directo de la verdad en todo. La Razón es el equilibrio entre el instinto y la intuición. Los animales cuentan con el instinto correcto, relativo a lo que comen y a lo que es peligroso, siendo su instinto y la experiencia adquirida, pero no razonan acerca de sus instintos, sólo los sienten. Nosotros razonamos acerca de ambos: instintos (pues tenemos algunos) e intuiciones; al razonar normalmente asumimos una posición equivocada a causa de una base falsa de pensamiento. La razón es un instrumento que utilizamos, pero si empezamos con premisas equivocadas, estamos destinados a llegar a conclusiones falsas, no importando lo perfecto que haya sido el razonamiento. Trabajando lógicamente, podemos llegar a conclusiones correctas sólo si empleamos una premisa eterna. No hay otra manera de determinar lo justo en nuestro modo de ver las cosas.

A fin de entender los instintos y la intuición, debemos discernir sus verdaderos fundamentos; y seguramente debe haber un sentido y una causa muy profundos para su existencia. Mirando el reino animal actuar para el bien de otros animales, llamamos sus acciones instinto, sin realizar que *algo* lo produjo. No podría manifestarse por sí solo. Tuvo que haberlo producido algo, pues todas las cosas en este universo o en cualquier otro, son el resultado de algo. Según la declaración de la antigua Religión-Sabiduría, en la raíz de cada ser de cualquier grado o formas de cada tipo, hay una única realidad: el Espíritu, y solamente el Espíritu, la fuente de toda producción y causa de toda evolución. El Espíritu es lo mismo en todo, la adquisición difiere de acuerdo con el grado de progreso del individuo o del ser, porque la evolución procede sobre líneas individuales. Todos los seres son de la misma naturaleza, pero como el pensamiento, el ideal y la acción difieren, encontramos en un gran universo como el nuestro, muchos tipos de inteligencia, evolucionados de la gran Raíz de la evolución entera o sea el Espíritu en cada ser.

Todos los seres inferiores a la humanidad son evoluciones, cada uno en su propio grado. La forma existe aún en el reino mineral, ya sea un cristal o un átomo, es algo espiritual con una naturaleza psíquica, que se expresa según su naturaleza adquirida. Los cristales tienen sus simpatías y antipatías particulares, sus atracciones y repulsiones. ¿Son éstas mecánicas? Absolutamente no. Son instintos inherentes, una facultad perfecta que es la chispa de lo divino que se oculta en cada partícula de materia inorgánica. Si el reino mineral no tuviera inteligencia psíquica, el hombre no podría usarla nunca. La misma idea es válida para el reino vegetal y animal, cada uno de los cuales añade algo limitado a la inteligencia psíquica del reino mineral. Pasando ahora al ser humano, descubrimos que él tiene el poder de trascender sus condiciones, es capaz de alejarse de ellas y examinarlas como un ser autoconsciente, separado de aquellas y de una naturaleza enteramente distinta. Lo que en los reinos inferiores es sólo una chispa de divinidad, en los seres superiores viene siendo una llama.

Las formas provienen de siete estados dinstintos de materia nebulosa hasta nuestras formaciones concretas actuales. Las diferentes vidas en cada estado de materia, las distintas inteligencias adquiridas, producen la existencia condicionada. La humanidad desempeñó un papel importante en la determinación de los procesos y de los grados descendentes emprendidos. Su conocimiento y los procesos que ella estableció engendraron el estado y las condiciones de los reinos inferiores al suyo, siendo, el Ser Humano, ya autoconsciente cuando esta tierra empezó. La humanidad se encuentra en el punto intermedio entre el espíritu y la materia, el punto decisivo de la evolución, cuyo futuro depende de él. El hombre tiene instinto e intuición. Nosotros impelemos instintivamente cada célula en nuestros cuerpos, y ese instinto las hace evolucionar, ya sea que nos demos cuenta o no. Las vidas en nuestros cuerpos han sido entrenadas, vida tras vida, hasta que su acción se ha vuelto automática y refleja. Las células de los diferentes órganos tienen sus impulsos especiales, obtienen de los alimentos lo que es necesario para la composición de la sangre, de los huesos, de los diferentes tejidos, y del cerebro, que también es otro producto de lo que comemos, el cual, estando siempre en disociación, cambia constantemente, como cada una de las partes del cuerpo. Pero el Hombre Verdadero no es su cuerpo, ni su cerebro y la intuición es su pertenencia.

Ambos el instinto y la intuición se han ganado por la observación y experiencia. El instinto de los animales es una ganancia en aquella especie particular a lo largo de sus líneas de crecimiento en la inteligencia y en la expresión corporal. Así la intuición del hombre lleva consigo todo el conocimiento existente en su naturaleza real. El ser humano ha vivido muchas vidas antes de ésta, incluso en un planeta que habitó antes del nacimiento de este globo, o sea antes de que nosotros empezáramos con esta tierra. Las innumerables experiencias obtenidas durante muchísimas existencias están aún con nosotros, nunca las hemos perdido. Residen y son todavía potencialmente activas en nuestro ser más interior, en nuestra naturaleza real que cada uno de nosotros alcanza cada 24 horas cuando el cuerpo está dormido y el estado de los sueños ha pasado. Ahí yace la intuición, la suma total de todas nuestras experiencias pasadas. A veces algo se filtra, dándonos una sugerencia acerca de lo que es la verdadera naturaleza. La voz de la conciencia es la visión de aquella verdadera naturaleza en lo que concierne a la acción contemplada. Algunas personas, escuchando esa "voz del silencio," piensan que Dios está hablando con ellas o que cualquier otro ser exterior está "impresionándolas." Pero en realidad vino de su naturaleza interior, nació y provino de la acumulación de la sabiduría pasada. Era "la voz" de su propia naturaleza espiritual.

Cada uno de nosotros puede liberar el canal por donde fluye la intuición. ¿Cómo? ¿Deseando perpetuar la personalidad? Nunca, ni en este mundo ni en otro. Debe de haber un *reconocimiento* de lo que nuestra personalidad es realmente. No es el cuerpo, sino las *ideas* que tenemos, las cuales transforman al cuerpo en un vehículo ideal para ellas, controlando su acción. Nuestras ideas, lo que nos gusta y disgusta, nuestras atracciones y repulsiones, las pequeñas exigencias personales que fortalecen la noción según la cual todo esto es para *mí*, componen nuestras personalidades y no son el Verdadero Ser Humano. No podemos retener la personalidad, pues: las ideas actuales no son las mismas del pasado. Antes, como ahora, actuamos según las ideas que teníamos. En el futuro tendremos otras y obraremos según ellas. Nuestro *pensar* limita nuestra acción. Tenemos que entender, entonces, que internamente somos *seres espirituales reales*, y sólo es el aspecto exterior, la personalidad, que necesita ser aclarada. Esta clarificación es posible sólo actuando para y como el Ser único. Entonces expresaremos nuestra naturaleza real claramente en este mundo de cosas materiales y sabremos lo que algunos hombres solamente sospechan, porque la intuición es un *conocimiento directo de la verdad*.

Nos dieron el mensaje de la Teosofía para que alcanzáramos aquella porción de nuestra naturaleza que sabe, percibe y conoce. Esta no es una tarea imposible, porque *no* somos pobres pecadores miserables, y otros la han logrado. Ellos siguieron este sendero y lo probaron por sí mismos, ya que es la única forma de conocer la verdad para cada individuo. Reconocieron que recuperar todo este conocimiento o intuición interior es un hecho absoluto. Ellos saben que nuestras ideas, nuestros pensamientos, nuestra manera de razonar, nuestra comprensión limitada de nuestra naturaleza, constituyen nuestras dificultades, saben que ni el cuerpo, ni las circunstancias son perjudiciales, sino que cada medio ambiente es una oportunidad, pues, mientras mayores son los obstáculos y las circunstancias difíciles, más grande es la oportunidad. Si pudiésemos ser lo suficientemente sabios, si pudiésemos abrir nuestros ojos ampliamente para ver, podríamos aprender algo de los varios instintos percibidos en los reinos inferiores al nuestro. Todos esos seres, usando el *instinto*, están avanzando en aquel largo camino que conduce al lugar donde nosotros nos encontramos. Si somos sabios, utilizando *la intuición*, también pasaremos por aquel sendero viejo y pequeño que nos conduce muy lejos, el Camino que los Predecesores de todas las épocas pasadas han recorrido. Todos los Seres que han aparecido en el mundo como nuestros Hermanos Mayores, Encarnaciones Divinas, han alcanzado, en civilizaciones pasadas, aquel estado hacia el cual nos estamos dirigiendo consciente o inconscientemente.

Nuestra intuición no está tan dormida como creemos, está brillando en nosotros todo el tiempo. Si sólo pudiésemos eliminar las ideas falsas que ahora nos impiden ver, entonces, quienes están obrando en el lado obscuro del velo podrían quitarlo, dejando brillar la luz.

La Voluntad Creativa.

La evolución, que es un despliegue del interior hacia el exterior, la expresión del espíritu o conciencia por medio de la inteligencia adquirida, es la única manera para entender o explicar la naturaleza de cada ser. La voluntad del espíritu en acción ha generado todo lo que existe.

Al comprender que la voluntad inteligente tras de todo lo existente, es la causa de todo lo que es, siendo el Creador en el universo, podemos quizás entender lo que necesitamos saber para usar nuestros poderes correctamente.

Somos todos creadores en medio de nuestras creaciones. Hay creadores a un nivel de inteligencia inferior al nuestro. Nosotros estamos en un nivel diferente, tenemos una visión más amplia y muchas más experiencias, así podemos ver que a un nivel infinitamente inferior al nuestro, existen seres tan pequeños que podrían acumularse en la punta de una aguja. Aún los científicos que los han examinado bajo muchas condiciones, no pueden negar que estos organismos infinitamente pequeños tienen una clase de inteligencia, una facultad de buscar lo que quieren y evitar lo que les disgusta. Desde el punto de percepción y de acción más pequeño posible, hay una gama de expresión y de evolución en crecimiento continuo, un desarrollo siempre dirigido hacia una escala mayor del ser. Esta evolución de inteligencia o alma, procede muy lentamente en los reinos inferiores, más rápidamente en el reino animal, mientras el humano alcanza aquel estado en el cual el ser mismo sabe que es, es consciente, puede comprender parcialmente su naturaleza y la de los seres inferiores, captando, además, la relación que hay entre ellos.

El hombre ha alcanzado un nivel donde empieza a investigar, preguntándose: ¿qué más debo saber? Ha dejado de pensar solamente en lo material, está percibiendo su naturaleza y pregunta: ¿quién soy, de dónde vengo, a dónde voy?

Si tenemos estas ideas, es evidente que en el pasado hubo algunos seres humanos que hicieron las mismas preguntas, y tomaron pasos que los llevaron a niveles de experiencia y de conocimiento más elevados que los nuestros. Estos seres superiores a nosotros, forman el estrato de conciencia, conocimiento y poder que nosotros no tenemos, pero ellos también pasaron por las mismas etapas en las cuales nos encontramos. Son los salvadores que de vez en cuando aparecen sobre la tierra.

Como cristianos consideramos sólo el advenimiento de Uno de ellos, creyéndolo especial. Aún él vino en su tiempo únicamente a una nación pequeña, él mismo declaró haber llegado sólo para los Judíos. ¿No sabemos que en cada civilización y en cada tribu existe una tradición semejante, concerniente a un gran ser que vino entre ellos?

Tras de cada gran religión mundial, hay el testimonio y la tradición de algún gran personaje. Estudiando las escrituras y las enseñanzas del pasado, descubrimos el hecho asombroso de que todos los grandes maestros han enseñado las mismas doctrinas. No hay diferencia alguna entre las enseñanzas de Jesús y las de Buddha, aunque estén grabadas en idiomas diferentes y haya un lapso de 600 años entre los dos grandes maestros. Lo que es verdadero para estos dos, lo es también para todos los otros mesías que aparecieron en épocas distintas y poblaciones diferentes: todos enseñaron las mismas ideas fundamentales.

Este hecho sugiere la existencia de un conjunto de Seres perfectos, producto de civilizaciones y de evoluciones pasadas, nuestros Hermanos mayores en realidad, que han adquirido y son los custodios del conocimiento y de la experiencia alcanzada durante millones de años. Su conocimiento es, verdaderamente, la real Ciencia de la Vida, pues penetra cada esfera de la existencia y de la naturaleza. Ellos conocen la naturaleza y los procesos de los seres inferiores y superiores a la humanidad, al igual que nosotros conocemos los de la experiencia cotidiana. Ellos grabaron, preservaron y recuerdan este conocimiento, como nosotros recordamos los eventos y las experiencias del día anterior.

Ellos no extendieron su poder de conocimiento. Cada uno de nosotros tenemos el mismo poder de conocer que ellos. Pero estos seres superiores han extendido las facultades de sus instrumentos, han mejorado los que poseen, tienen cerebros y cuerpos mejores. ¿Cómo los adquirieron? Cumpliendo cada deber que enfrentaron y siendo indiferentes a los resultados. Ellos no tenían interés en adquirir poder y conocimiento para sí mismos, sino que pensaban solamente en obtener el poder que luego usarían para el bien de cada criatura viva. Esta actitud les permitió abrir las puertas a la fuerza completa del espíritu interior.

Nosotros nos comportamos de manera opuesta, contraemos en agujeros de deseos personales y egoístas el poder divino interno. ¿No podemos darnos cuenta de esto? ¿No podemos entender que nosotros somos los obstáculos para la aplicación del poder interior, porque nuestras ideas son egoistas, limitadas y malas?

La gran obra evolutiva procede del interior hacia el exterior. El alma es el perceptor y contempla directamente las ideas. La voluntad obra mediante las ideas, las cuales imparten la dirección. A ideas pequeñas les corresponden fuerza pequeña, a ideas grandes, fuerza grande. La fuerza misma es ilimitable por ser la del espíritu infinito e inagotable. Carecemos de ideas universales, necesitamos despertar en nosotros el poder de percepción que nos abra el campo completo del ser. Un rio no puede elevarse más que la fuente de donde proviene.

Las ideas y los métodos seguidos por los psicólogos, los científicos modernos y las religiones más populares, no pueden ayudarnos en lo más mínimo a entender la naturaleza del hombre, porque se basan en la vida física y muchos de ellos toman como base una sola vida. Elaboran experiencias de muchos tipos sin una base firme sobre la cual fijar sus pensamientos y sus razonamientos, por lo tanto nunca llegan a una conclusión definitiva ni al conocimiento real de lo que es el hombre ni de los poderes que él puede expresar. Este es el modo en que usan el poder creativo, siendo, sin embargo, un modo limitado y equivocado. A los que siguen este camino generalmente los motiva un deseo egoísta, algo que quieren alcanzar para sí mismos o desean obtener algún beneficio. Esta no es la manera de proceder.

Según las enseñanzas teosóficas, si el deseo o la aspiración son altruistas, nobles y universales, entonces la fuerza que fluye a través del individuo tendrá un carácter grande, noble y universal. Además, en cada ser humano existen los mismos elementos y las mismas posibilidades que en los seres más nobles y elevados que moran en este sistema solar o en cualquier otro. Este concepto ubica al ser humano en una posición muy diferente en la que nuestras religiones, ciencia y filosofía occidental lo colocan, considerándolo sólo como cuerpo y mente, como si fuera la criatura y no el creador.

El cuerpo y la mente cambian, pero hay Algo en nosotros que es inmutable y no depende del cambio del cuerpo, de la mente o de las circunstancias, siendo el creador, el gobernador y el experimentador de toda clase de cambio. Esta parte de nosotros, el verdadero Ser interior, es la que debemos conocer. Si logramos alcanzar ese nivel de percepción y entendemos que en cada uno está el Espíritu, habremos llegado a un punto donde es posible obtener el conocimiento de nosotros mismos y mediante esto, el conocimiento de todos los seres.

Las enseñanzas de los grandes maestros puntualizan que la verdadera base de la naturaleza del hombre es la Divinidad, el Espíritu y Dios. La deidad no es otro ser sin importar lo elevado que sea, tampoco algo externo, sino la parte superior en nosotros y en todos los demás. Eso es el Dios, y todo lo que un ser humano puede conocer de este Espíritu es lo que conoce en sí mismo, de sí mismo y por medio de sí mismo. Esta es la idea a la que todos los filósofos de la antigüedad se referían cuando decían que existe un Ser único y que debemos ver el Ser en todo, y todo en el Ser. Eso es lo que nosotros hacemos hasta cierto punto, vemos al Ser más o menos. Nada es visto fuera de nosotros, todo lo que vemos o conocemos está dentro de nosotros. Pero pensamos del Ser en nosotros como si fuese mortal, perecedero y sin existencia, separado de este cuerpo, mente y del Ser en todas sus formas. Si tuviéramos dentro y tras de nosotros todo el poder que existe en el universo y no tuviésemos un canal, aunque pequeño o torcido, mediante el cual este gran Poder pudiera fluir, no podría beneficiarnos y sería inexistente para nosotros. Para abrir el canal es necesario que comprendamos la verdadera base: el Dios interior, inmortal y eterno, la Fuente de todo ser, nosotros mismos, y que toda acción procede de esta Fuente, Centro de nuestro ser y de todo ser.

Entonces: ¿quién es el constructor de todo esto? ¿Cómo se llegó a esta evolución? Todos los seres involucrados en esto, constituyen el mundo y sus habitantes. Lo que existe es autoproducido y autodesarrollado, es la creación de seres Espirituales que actúan en, sobre y a través del uno y el otro. La fuerza total de la evolución y el poder completo tras de ésta, es la voluntad humana en lo que a la humanidad concierne. No nos damos cuenta de que todas las formas utilizadas por cada ser están compuestas de Vidas, teniendo, cada una, una evolución propia, ayudada, empujada u obstaculizada por la fuerza de la forma superior de conciencia que evolucionó estas formas. En realidad este universo es Conciencia *incorporada*, o Espíritu. Como una gota de agua contiene cada elemento y característica del océano, así cada ser, no obstante su nivel de inteligencia, contiene en sí mismo la potencialidad y las posibilidades del ser superior. La voluntad del Espíritu en acción ha producido todo.

El gran mensaje de la Teosofía ofrece a cada persona interesada los medios por los cuales puede conocer la verdad acerca de sí misma y la naturaleza. Tal como los Hermanos Mayores pusieron el mensaje a nuestra disposición en el pasado, hoy han vuelto a divulgarlo. Nos han dado todo lo que la humanidad necesita. ¿Podemos ofrecer algo a quién no lo quiere? ¿Podemos hacer entrar en la mente de otro lo que no quiere recibir?

Antes de que pueda haber alguna esperanza para nosotros, debemos tener una mente abierta, un corazón puro, un intelecto vivo y una percepción espiritual develada. Mientras seamos egocéntricos y estemos satisfechos con lo que sabemos y tenemos, este gran mensaje no es para nosotros. Es para los hambrientos, los cansados, los sedientos de saber, para quienes ven la absoluta escasez del conocimiento que nos han ofrecido los que se consideran nuestros maestros, para quienes no se conocen ni se comprenden y no encuentran explicación alguna acerca de los misterios que nos rodean. Para esas personas existe una forma y hay abundante alimento, todo este Movimiento se mantiene vivo mediante una voluntad única, la de los Hermanos Mayores, que han llevado estas verdades eternas a través del bien y del mal para beneficiar a la humanidad, sin desear alguna recompensa ni reconocimiento. Ellos quieren solamente que sus compañeros, los seres humanos, sus hermanos menores, puedan conocer y realizar lo que ellos saben.

El Hombre Visible e Invisible

"En el mundo existen dos clases de seres: uno divisible y el otro indivisible. El primero es todas las cosas y criaturas, el segundo se llama Kutastha o el que está en lo alto, impasible. Pero existe otro espíritu llamado Espíritu Supremo, Paramatma, que penetra y sostiene los tres mundos." *Bhagavad Gita.*

Al considerar estas declaraciones, la primera tendencia mental es la de dividirlas, sin embargo, a fin de comprender la naturaleza y a nosotros mismos, no debemos efectuar dicha separación. Tanto lo divisible como lo indivisible y el Espíritu Supremo, existen en el interior de cada ser. Los "tres mundos" moran en la naturaleza del hombre como ser. El hombre "visible e invisible," *es* el hombre "divisible e indivisible." Hay diferentes clases de seres visibles e invisibles, pero todo lo que podemos saber acerca de estas distintas clases, debe venir de una percepción en nuestro interno, porque sin importar lo elevado que aquella percepción sea, nunca cesa y puede llegar a los confines más remotos del espacio. El poder de percepción en cada uno *es* el Espíritu Supremo.

Observando a un ser humano con nuestros ojos físicos, vemos sólo la forma, escuchando las palabras de una persona, entendemos sólo los sonidos que oímos o las ideas que las palabras transmiten. Viendo o escuchando a un ser humano, no podemos decir lo que es, cuales son sus posibilidades o su conocimiento. Podemos tener este o aquel presentimiento o las circunstancias por las cuales hicimos contacto, podemos sacar ideas de estos contactos, pero ningún pensador físico es capaz de tener un conocimiento esencial y total de otro ser. Por lo tanto, en el ser humano existe lo que es invisible, aquel poder de percepción y de expresión acerca del cual nosotros percibimos sólo una parte. El lado invisible del hombre no ha sido sondeado nunca, aunque exista en cada uno de nosotros y sea el origen de todo lo visible.

El Espíritu es invisible y aun así ¿podríamos imaginar un lugar donde esté ausente? El Espíritu se encuentra en todo sitio, en todas las cosas, es la causa y el sustentador de todo lo que fue, es y siempre será. El Espíritu no es algo fuera de nosotros, está presente en todos, cualquier diferencia que podamos captar entre las personas, no depende del Espíritu sino del grado de percepción. La Naturaleza Espiritual Unica es la base de todos nuestros poderes. Las limitaciones que impiden el poder de expresarse no dependen de una fuerza externa sino interna: las ideas que tenemos acerca de nosotros mismos de la naturaleza y de la vida alrededor nuestro, las cuales gobiernan y controlan nuestras vidas físicas y mentales. En realidad, nuestras mentes son nuestras propias limitaciones. Aunque sean variadas: elevadas o ínfimas, su verdadera permanencia yace en el Espíritu y cada una emerge de las percepciones del Espíritu. La Verdad y el error provienen de las percepciones del Espíritu, cuyo poder las sostiene. Las ideas gobiernan las acciones y como las ideas, al igual que las acciones, tienen su ciclo de retorno, creamos un círculo vicioso en el cual nos involucramos a causa del simple hecho que nos identificamos continuamente con las diferentes condiciones. Pero incluso este poder de autoidentificación viene del Espíritu.

Sólo el hombre visible, su cuerpo, su instrumento físico, es un desarrollo del inferior hacia el superior. El cuerpo físico es simplemente una envoltura cuyos constituyentes son la materia y la tierra de los tres reinos inferiores: mineral, vegetal y animal. Cada día se renueva y se consume. El ser mismo es aquel poder invisible y la entidad que habita en el cuerpo, que es la *causa* de su construcción y desarrollo de las formas inferiores de conciencia. El Hombre mismo es superior a toda condición física. Desde un punto de vista físico, el verdadero hombre es absolutamente invisible. El es lo que actúa y ninguna forma puede limitarlo ni contenerlo. Cada forma es el foco de donde puede obrar y en verdad obra.

La verdadera Enseñanza nos dice que el hombre mismo, como ser espiritual, desciende, gradualmente, del plano de la espiritualidad o autoconciencia espiritual, pasando por todos los estados de condensación de la materia. Él encuentra la oleada emergente de la forma, proveniente de los reinos inferiores, y cuando la forma más perfecta ha alcanzado su desarrollo más elevado, él entra en ella. No hay humanidad hasta cuando el hombre *invisible* penetra en el instrumento físico. Entonces nosotros, como seres humanos, somos el producto del Espíritu Divino Superior, de todo el conocimiento de un periodo de tiempo pasado inmenso y también de todo lo que yace en los reinos inferiores que constituyen nuestra naturaleza inferior.

La naturaleza superior del ser humano no es divisible, es constante, eterna y verdadera. La naturaleza inferior es impermanente y cambiante, pero el hombre invisible interno es el que engendra los cambios, los impone, acumulando conocimiento y experiencia a través de estos.

Ningún instrumento en todos los reinos, mundos y sistemas, se encuentra en una condición estática. El derecho de nacimiento de cada ser humano es la moción incesante, el poder de continuar moviéndose con una percepción siempre más amplia. Somos como el que abandonó la casa de su padre y se fue a vivir con los cerdos, nutriéndose de cáscaras. Ahora, como el hijo pródigo, debemos decir: "Me levantaré y volveré a mi Padre." Me levantaré y asumiré nuevamente mi verdadero lugar en la Naturaleza, usando todos los instrumentos a mi disposición, trabajaré para que todos los seres puedan compartir el conocimiento, puedan progresar a pasos consecutivos siempre adelante y hacia arriba sin las trabas y los obstáculos causados por un falso concepto de nuestra naturaleza. Este es el objeto de la antigua Religión-Sabiduría, para que el hombre pueda reasumir su derecho de nacimiento. Ningún ser o seres del grado que sean, puede *conferir* al hombre el conocimiento que sólo él puede alcanzar y que está acumulado en la parte invisible de su naturaleza: el resultado de cada experiencia de su inmenso pasado. Está ahí con él, aunque el vehículo físico que engendró tiene una naturaleza que no es capaz de grabar lo que él, como ser real, el hombre invisible, conoce.

El ser humano, el ser invisible, es eterno; para él la conciencia no cesa nunca. El telón baja sobre una escena y se alza sobre otra. Cuando el cuerpo está dormido, el hombre sigue todavía actuando y pensando de manera distinta, en una forma más sutil, sobre planos que no son tan limitados como el físico. Allí él está libre, ve, siente, oye, habla y actúa (cómo sucede en el plano físico), pero puede estar en cada sitio donde su pensamiento lo lleve y donde su deseo more. Puede moverse libremente sin ser obstaculizado por la materia burda. El poder de percibir toda clase de substancias y de seres, es el poder de cada uno de nosotros, pero esta facultad de ver yace tras el ojo físico, pertenece al ojo interior, el ojo del alma.

¿Cómo podremos reconocer este poder? Actuando y basándonos en nuestra naturaleza eterna y divina, asumiendo nuestra identidad, dejando de depender de cualquier filosofía, ciencia, religión o declaración, dependiendo de la realidad del ser interior, verdadero y espiritual, clarificando nuestros conceptos mentales, pensando ideas correctas y actuando según ellas. Con esta actitud cada canal en el cuerpo se abrirá a lo que sucede cuando, como seres espirituales, durante la noche abandonamos el instrumento físico y nos activamos en los planos interiores espirituales del ser. Cada individuo debe abrir estos canales de su naturaleza superior por sí mismo. Él debe conocer por sí mismo y sólo dentro de sí mismo puede alcanzar el conocimiento. En realidad, cada uno está en el centro del universo y todo lo demás son imágenes, sonidos y experiencias en las cuales puede reconocer el papel del espíritu.

¿Como podemos alcanzar de nuevo la divinidad? No puede obtenerse hablando mucho y tampoco argumentando, sino sólo tomando la posición correcta, actuando siempre de acuerdo a ella. Entonces tomamos el punto de vista más elevado, lo que toda la naturaleza nos muestra. Lo más elevado de lo elevado es nuestro. Debemos asumir esta alta posición. ¿Cómo podríamos alcanzar el conocimiento de la inmortalidad sin asumir la posición de que somos inmortales? Es muy simple para nosotros actuar de acuerdo a la posición de la maldad. Tomando la posición elevada, no sólo obramos en armonía con su grandeza, sino que la realizamos dentro de nosotros mismos donde se encuentra toda su percepción y cumplimiento.

¿Qué clase de conocimiento podemos tener de la inmortalidad desde el punto de vista mortal? ¿Cual idea de perfección podríamos alcanzar desde la base de la imperfección? Ninguna, sino aquella errónea. La idea más elevada de aquel punto de vista sería simplemente el concepto de una imperfección menor. La perfección real no es la perfección relativa, sino un conocimiento íntimo de la base fundamental de todo lo que existe en la naturaleza. La verdadera espiritualidad no es una condición vaga, ni una simple existencia sin acción, sino el poder de conocer, de actuar y de tener lo que en la antigüedad llamaban: "el conocimiento total." Su alcance nos vuelve verdaderamente divinos, divinos en el conocimiento, en el poder, en la acción a través de cada estado concebible de la materia y de cada instrumento. Este es nuestro gran destino. ¡Tomémoslo! la vida, el Espíritu, la Conciencia y la Existencia eterna son nuestros, aferrémoslos.

El conocimiento más grande existe. Todas las experiencias del pasado, todas las civilizaciones que existieron, engendraron seres que ahora son los custodios del conocimiento alcanzado. Este último nos espera, tan pronto como tomemos los pasos necesarios para ser sus idóneos depositarios. Este conocimiento incluye todo el saber intelectual, y espiritual de cada fuerza natural. No obstante que hoy conocemos algunas fuerzas grandes y poderosas, hay todavía otras que son superiores. El que toma el paso justo puede alcanzar el poder para destruir el mundo, pero el que está en un sendero justo nunca destroza, sólo construye. Usará todo su poder para elaborar un camino por el cual la humanidad pueda seguir el mismo sendero que él tomó.

Entonces, si nos consideramos seres eternos e invisibles, que obran por medio de instrumentos perecederos y visibles, conseguiremos una percepción de la vida mejor y más verdadera, y si intentamos alcanzar la parte más interna nuestra, el corazón de los corazones, obtendremos una visión más amplia, un poder de percepción más profundo, inclusivo y efectivo, inalcanzable para los órganos visuales. Como uno de nuestros Grandes Maestros dijo: "Frente a vosotros está toda la naturaleza, tomad lo que podáis." Toca a cada uno escuchar, aprender y poner en práctica.

La Renuncia a la Acción

Sería un gran error pensar que quedándose inactivo, una persona pueda liberarse de las consecuencias de la acción. Esto sería un punto de vista totalmente equivocado acerca de "la renuncia a la acción." El Universo entero *es* acción. El movimiento incesante está siempre tras de todo lo que es. Entre todas las criaturas, la acción es el impulso de progresar y de avanzar y proviene de la verdadera naturaleza del Espíritu mismo, no podemos negarla. Al mismo tiempo una persona, aunque lo piense, nunca puede cesar de actuar, no cumpliendo lo que debe hacer, pues en el mismo pensar hay acción y además el pensamiento es el verdadero plano de acción, el que induce toda clase de acción. Sin ésta última no hay vida manifestada, mientras vivimos actuamos constantemente. La acción no cesa por un sólo instante, ya sea a través de una mente en un cuerpo o después del abandono temporal de este último, momento en el cual la actividad continúa en los instrumentos interiores, los conductos del alma.

El movimiento es la base de la existencia física del hombre. No existe átomo o molécula en el cuerpo que no esté en movimiento constante, por eso el cuerpo es capaz de registrar los diferentes efectos que la materia física misma presenta. Pero en el cuerpo está lo que imparte dirección: la mente, o el conjunto de ideas que cada uno tiene. En último análisis, cada individuo reconoce que él es su propio juez, jurado y ejecutor de la justicia. En verdad, si sus ideas son pequeñas y concentradas sólo en la existencia física, el movimiento engendrado se dirige hacia una dirección equivocada, personal y física. Aún así, si entendemos que las ideas aceptadas y transformadas en la base de nuestras acciones no son verdaderas, podemos cambiarlas y ampliarlas o rechazarlas completamente. ¿Entonces, quiénes somos nosotros que tenemos el poder *detrás del cuerpo y la mente*, capaz de generar el cambio?

Somos la verdadera *fuerza propulsora* tras las ideas y la voluntad, el Experimentador, el Espíritu mismo, eso que observa con nuestros ojos y siente por medio de nuestros órganos. Es el mismo Ser en todos y cada instrumento. El Espíritu tiene la facultad de identificarse con los asuntos sobre los cuales la mente se concentra, involucrándose con sus instrumentos y confundiéndose por su involución. Aunque somos Espíritu, divino, eterno, sin principio ni fin, hemos creado ideas correctas o equivocadas acerca de nuestra naturaleza y de todo lo que experimentamos en cada dirección y en cada plano del ser. Somos la Realidad Única tras de todas las experiencias, todos los planos del ser, cuya naturaleza es perecedera, mientras que el Hombre mismo, despojado de cada medio de comunicación con ellos, se convierte en el creador de sus proprios medios. Latente en la naturaleza espiritual existe cada poder posible, fuerza y los medios para crear un instrumento más y más perfecto, pero a causa de nuestras acciones y de la creación de ideales falsos como base, hemos producido las condiciones en las cuales nos encontramos.

Podríamos superar los problemas que nos afectan, si cesáramos de tratar en cada caso con efectos. Estamos constantemente rodeados de un océano de efectos, intentando relacionar uno con otro sin retroceder nunca a la base de la causalidad: el Ser, el Espíritu interno. En el Espíritu no hay diferencia entre seres humanos o seres de distintas clases, ya sean superiores al hombre, hombre o inferiores a él. El Espíritu Unico en todo, es el poder que percibe y ejecuta. Es el poder creativo, conservativo y regenerativo en cada ser. Nada existe fuera de nosotros sino la percepción, pero dentro de nosotros yace el poder de la realización del Espíritu mismo y de las facultades que moran en ese Espíritu. Nuestras diferencias radican en nuestro progreso espiritual y conocimiento discriminativo, de acuerdo con nuestra naturaleza autodesarrollada de la mente y el cuerpo, una evolución que siempre ocurre bajo la misma ley que gobierna la vida más pequeña, hasta el ser espiritual superior, aquella ley inherente que es el *poder de actuar*. La acción es la simple ejecución de la ley espiritual.

Estamos aprendiendo sin interrupción porque actuamos constantemente. En cada nueva combinación, la comprensión y su uso correcto, nos empujan adelante, permitiéndonos avanzar más, hacia mundos superiores y combinaciones más amplias. Cada uno de nosotros es un instrumento sensitivo, la personificación de todo lo que existe en la naturaleza. En realidad, usando instrumentos de substancia homogénea, hemos desarrollado otros más concretos que empleamos como seres espirituales desde un pasado remoto, para que en nuestro flujo evolutivo sea posible alcanzar todas las diferenciaciones y combinaciones. No debemos olvidar que al principio de nuestra evolución no sólo estábamos involucrados con los seres superiores a nosotros y con los de nuestro mismo nivel, sino con todos los seres inferiores a nosotros en los reinos minerales, vegetales y animales. Todos son interdependientes. Realizaremos el propósito de nuestra vida aquí, que incluye seres de toda clase, sólo cuando comprendamos nuestra naturaleza y actuemos de acuerdo con ellos. Nosotros los afectamos de alguna manera por medio de nuestro pensamiento y acción, al mismo tiempo el efecto vuelve hacia nosotros, mediante seres semejantes, superiores o inferiores. Pues la justa comprensión: las ideas correctas como base para actuar, yace dentro de nosotros y no fuera.

Es un error imaginar que nuestra existencia aquí es el fruto de la casualidad, que no hay ley sino accidentes, que no somos responsables por nuestros sufrimientos, mientras otros satisfacen todos sus deseos. Nosotros somos los que engendramos la condición presente, habiendo hecho cosas semejantes previamente. En vidas pasadas hemos seguido un camino que nos ha aislado del conocimiento de nuestra naturaleza. Por medio del poder inherente en nosotros hemos actuado de tal manera causando un bloqueo entre nuestra percepción elevada y nuestras vidas físicas. Hemos afectado a otros en manera semejante y ellos vuelven para influir en nosotros sobre el mismo plano de pensamiento y acción. Efectivamente podemos notar que nuestros pensamientos son acciones más que los actos mismos. Nuestra manera de pensar engendra la acción y los demás son *susceptibles* a nuestros pensamientos, ya sean buenos o malos.

El ser humano tiene la facultad de identificarse con cada condición en la cual se encuentra. En el *Bhagavad Gita* este poder se llama *Ahankara*, o egoísmo. Tan pronto como nos involucramos en ciertas circunstancias felices o tristes, nos identificamos inmediatamente con la condición prevaleciente, olvidándonos de que previamente hubo otras y que habrá más en el futuro con las cuales deberemos identificarnos, si no hemos aprendido a actuar de manera diferente. Así continuaremos pensando que somos este cuerpo, esta nación, estos acontecimientos y esta epoca. Dichas ideas son contraproducentes para alcanzar el entendimiento de nuestra naturaleza, sin embargo son extirpables porque nosotros las creamos y las sostenemos.

La verdadera comprensión puede alcanzarse por medio de lo que en los antiguos escritos del "Mundaka Upanishad" llaman el proceso de rasuración, o sea la eliminación de todo lo que no es el Ser. En efecto, nada de lo que podemos conocer, ver, gustar y oler es el Ser. El Ser, mediante sus instrumentos, percibe todo, pero no es ni una de estas cosas, tampoco nosotros somos las experiencias que tuvimos, tenemos o tendremos. Somos lo que experimenta y ninguno de los cambios. No somos los procesos que enfrentamos cada día de acuerdo con la ley universal: dormir, despertar, vivir y morir. Nunca dormimos ni nunca morimos. El Sueño es solamente la reacción del cuerpo y cuando duerme nosotros aún pensamos, percibimos y experimentamos en el estado de los sueños y en aquellos más allá del sueño profundo, donde tenemos autoconciencia espiritual completa.

¿Por qué recordamos tan poco de la acción de la conciencia durante el sueño profundo? Porque nuestro aparato grabador es muy limitado. El cerebro físico, el registrador de nuestros pensamientos, el instrumento manipulador en este plano, está formado, como cualquier otra cosa en nuestros cuerpos, por la alimentación y así cambia constantemente con nuestras impresiones. Se convierte en un instrumento receptivo sólo mediante la constante influencia de nuestro pensamiento mundano. Pero, cuando estemos despiertos, pensamos sobre una base espiritual, lo cual nos empuja hacia la acción justa, pensando y *actuando* en la vida cotidiana reconociendo que todos los humanos provienen de la misma fuente y se dirigen hacia la misma meta, aun cuando cada peregrino tenga su camino, entonces, durante el descanso del cuerpo, el cerebro se convertirá en un órgano susceptible a estas formas diferentes de conciencia. De esa manera lo que aprendemos en los planos elevados del ser puede penetrar y expresarse en buena parte de nuestra existencia física.

En todos los procesos hay siempre algún cambio. Por lo tanto, la acción proveniente de la base del pensamiento superior del ser, imparte una acción en el cuerpo mismo, cambiando la naturaleza de las vidas que moran en éste, haciéndolas receptivas al lado interior de la naturaleza, así que al final llegan a ser translúcidas y permeables a todas las influencias superiores y más sutiles. Cada forma que existe: mineral, vegetal, animal, humana y mas allá de la humana, tiene su lado superior e interior y transformándonos en seres más universales en nuestra manera de pensar y de actuar, tocamos más aquel lado superior e interior. Al elevarnos a niveles superiores, vemos el mundo de modo diferente que antes, cuando seguíamos el camino de la simple existencia terrestre. Nos damos cuenta de que las ideas y acciones equivocadas han causado las aversiones, las guerras, las divisiones entre individuos, las pestilencias, las enfermedades, los ciclones, los terremotos, los insectos y los animales peligrosos.

Los grandes errores del concepto mental que ofuscan la mente del ser humano lo mantienen *siempre en actividad*, creando las condiciones que le causan dolor y enfermedad. Si en el mundo no hubiese ser humano que lastimara a otro, no habría daño y todo lo nocivo desaparecería. Pero como existen seres perjudiciales y no podemos cambiar su naturaleza, podemos entonces transformar nuestra actitud de modo que no nos lastimen. Si sufrimos daños, quiere decir que en nosotros también hay la capacidad de dañar. El Yogi oriental puede estar rodeado de criaturas peligrosas y quedar intacto, siendo, él, inofensivo. Cuando nuestro pensamiento se concentra en ideas falsas, las criaturas peligrosas lo captan por medio del instinto de la autoconservación que las empuja a atacarnos, porque reconocen en nosotros un peligro. Sólo el hombre es capaz de cambiar la naturaleza de los seres inferiores a él, no pudiendo, ellos, transformarse a sí mismos. Las vidas que usamos en nuestros cuerpos, que son *movimiento* y acción, después engloban las constituciones de los seres en los varios reinos, porque las hemos dotado de nuestros pensamientos, acción, dirección y en cada momento vuelven a su propio plano. Nosotros somos sus creadores y su providencia, o las retrasamos, equivocándonos acerca de nuestra naturaleza y por consiguiente, la de ellas.

Las situaciones futuras dependerán de quienes pueden actuar en cada estado de materia. Nosotros creamos la civilización actual, por eso tras el progreso *verdadero* debe existir un concepto universal del Espíritu, de la mente y de la acción. Quitemos toda idea de renuncia a la acción. Actuemos siempre. Debemos actuar. Cada principio de nuestra naturaleza nos obliga a actuar. Si tememos o no logramos actuar en una situación que requiere intervención, habremos obrado de manera equivocada, perdiendo una oportunidad; además, un error de omisión es peor que uno de comisión. Por lo tanto actuemos por y como el Ser de todas las criaturas. No renunciemos a la acción sino al *interés egoísta* en cada pensamiento y obra.

La Ley de las Correspondencias

"La Ley de las Correspondencias" es un tema más amplio de lo que la gente puede imaginarse. Aun así en hechos simples de la naturaleza conocemos las correspondencias: en los siete colores del espectro y las siete notas de la escala musical. Cada color de cada octava corresponde al mismo color de otra octava. Podemos ver sólo ciertas vibraciones mientras las que están en un nivel perceptible superior al de nosotros son demasiado sutiles para que nuestros sentidos físicos las capten. Lo mismo sucede con las inferiores que son excesivamente burdas para nuestra percepción. Estamos en medio de una amplia gama de percepciones y somos conscientes sólo de una porción del universo en el cual vivimos. Lo mismo sucede por lo que concierne a los sonidos: de la nota *do* hasta *si. Do* corresponde a cada otro *do* en las siete octavas que podemos percibir físicamente, pero éstas son simplemente una parte de todas las grandes octavas de la naturaleza superior e inferior a nosotros. En la naturaleza entera existe una correspondencia entre lo alto y lo bajo, porque el gran Centro de la Vida, de la Conciencia y de la Percepción, es *lo mismo* en cada ser de cada grado y porque toda acción procede del interior de aquel Centro. La causa de toda manifestación es el uso del *poder de actuar inherente* en aquel Centro.

Todo lo visible proviene de lo invisible. La evolución de un planeta empieza en la materia homogénea y radiante, como la que constituye la Vía Láctea, que es la base de todas las formas subsecuentes engendradas o producidas por los *seres* que existen en ese estado homogéneo. Cada ser es un Centro y cada Centro es análogo al Gran Centro Único. Todos los seres, proviniendo de la misma Fuente, necesariamente proceden bajo las mismas leyes. La misma Ley gobierna a todos los seres, los cuales activan el poder de obrar y la subsecuente reacción, la ley entre las leyes, que nosotros conocemos como Karma, para producir el universo manifestado y todas las diferenciaciones en las formas y las substancias. Entonces, cada ser está conectado al otro y hay una correspondencia entre ellos, entre los constituyentes de cada ser y los de otro.

La ley que gobierna los átomos de nuestro mundo y de los seres espirituales más elevados, aquella ley inherente en el Centro de cada ser, procede en una forma definida y ordenada. Sabemos que este progreso está dividido en siete grados, o la naturaleza septenaria, desde los estados de la materia sutil, hasta aquella que compone el cuerpo. No sólo todos los seres pasan por varias formas en los diferentes estados, sino que los poseen en este momento. El ser humano incluye cada cuerpo que él tomó en cada estado de materia. Nuestro planeta es uno de los varios y existe en un sistema solar que es uno de los tantos que hay. Algunos habitantes de otros planetas están en un nivel de desarrollo inferior al nuestro, mientras otros, en uno muy superior y si conociésemos su grado de progreso, los consideraríamos como seres divinos. Todos los seres de cada planeta provienen del mismo Centro y proceden bajo la misma ley universal de manifestación. Por lo tanto, hay una correspondencia entre cada planeta: por medio de ciertas correspondencias estamos relacionados con Marte, Mercurio, Venus, Júpiter, Saturno y la Luna, en realidad hay órganos en nuestros cuerpos que corresponden a los diferentes planetas.

En la raíz de estas correspondencias con los planetas, los seres, y los estados de materia y más allá de todos estos puntos de contacto con cada cosa: desde la más pequeña a la más burda, yace una CIENCIA formidable y casi inconmensurable, relacionada con cualquier porción del universo, con cada estado de materia y plano de conciencia. Podemos alcanzar esta ciencia *dentro de nosotros* mediante esfuerzos auto-inducidos y auto-concebidos, pues el conocimiento no existe fuera de nosotros, ni existe sin aquellos que sean sus depositarios. Los que han alcanzado una sabiduría profunda la consiguieron mediante la observación y la experiencia. Estos Seres más elevados que nosotros, que nos han transmitido la Teosofía, la ciencia de la vida y el arte de vivir, en un pasado muy remoto tuvieron que enfrentar las mismas experiencias en las cuales nos encontramos hoy. Nuevamente vemos que hay también una correspondencia entre nosotros y estos Seres superiores e inferiores. Debemos manifestarnos como varios tipos de seres: algunos en planos superiores, otros en inferiores. Las formas de los reinos inferiores al nuestro son la encarnación de grados de conciencia menores que se están elevando a nuestro estado, el cual alcanzarán cuando hayamos avanzado a niveles todavía superiores bajo la ley de la evolución. La causa de la evolución de la forma depende de la extensión de la conciencia del ser que la ocupa y nuestro propósito, como seres espirituales conectados con todos los estados de materia, consiste en desarrollar un instrumento cada vez mejor en este plano del ser para corresponderse y penetrar en aquellos estados interiores del ser y planos superiores de conciencia que en realidad todos poseemos.

Nos parecerá extraño el hecho de que poseemos algo acerca del cual nada sabemos y que en nosotros existen poderes latentes que en nuestra condición actual no somos capaces de manifestar. Pero debemos darnos cuenta de que tenemos la facultad de aprender: aprender las diferentes ciencias e idiomas totalmente distintos de los nuestros. La capacidad de aprender está dentro de nosotros. No podríamos aprender estas cosas si fueran nuevas o sea de una naturaleza separada de nosotros. Hay un poder que podemos conseguir sobre toda la naturaleza y *usarlo*, pues, en realidad, todo el conocimiento viene siendo inútil si no ayuda, prácticamente, a la verdadera evolución del hombre, al progreso de la humanidad. Existen seres que son los depositarios de un conocimiento sobre las ciencias ocultas, los poderes que por el momento no hemos desarrollado, y sin embargo están latentes en nosotros. El por qué de su posesión o de su estado latente, depende del hecho de que esta vida es el resultado de lo que sucedió previamente. Como el día sigue a la noche, la vida a la vida, el planeta al planeta, el sistema solar al sistema solar, así provenimos de un pasado inconmensurable llegando, entonces, a las condiciones presentes en las cuales no debemos de olvidarnos esto: existe la unión de espíritu y materia y el hombre puede alcanzar un nivel superior al de cada otro ser en nuestro sistema solar, porque está junto a los reinos inferiores, pudiendo, así, extender su conocimiento hacia ellos, elevándolos y usando los poderes que existen allí, producidos por seres de cada nivel. Debemos tener presente que aun en este plano físico existen otros seres diferentes a los que normalmente vemos en los reinos mineral, vegetal, animal y humano. Hay seres invisibles que viven en el aire, el éter, la electricidad y el fuego, pues en cada parte de este universo hay vida, no hay un centímetro de espacio vacío ni "muerto" en alguna parte.

Las formas de vida, por pequeñas, visibles o invisibles que sean, son Centros de Conciencia, comienzo de percepción e individualidad, que van creciendo de forma en forma hasta que alcanzan la humana y luego siguen adelante. Nosotros, como seres humanos, no somos el producto de esta tierra, sólo nuestros cuerpos lo son, mientras que como seres espirituales estuvimos presentes antes de la formación de esta última. Descendimos nuevamente por la escalera de los siete mundos, desde el estado primordial que es el verdadero Centro del ser, con todas las experiencias obtenidas previamente en otros mundos. Traemos con nosotros lo que hemos aprendido en estados previos y en planos de substancia semejantes y *seguimos adelante* en el mundo, en cada estado, como seguimos adelante diariamente atendiendo nuestras múltiples tareas. Por lo tanto podemos notar que hay una continuidad durante el curso evolutivo completo. Sin embargo debemos aprender que no podemos adquirir el conocimiento de este proceso por la línea de las verdaderas correspondencias, simplemente estudiando, o recibiendo información por medio de otros seres.

El verdadero conocimiento es alcanzable mediante una percepción siempre creciente de la universalidad de toda la ley y línea universal de progreso para cada ser de cada grado. Debemos pensar y practicar el *altruismo* antes de poder alcanzar y usar los poderes más elevados y recónditos del universo. El pensamiento y el propósito deben tener en cuenta el bien de todos los seres. Lo que recibimos en la filosofía de la Teosofía, tiende a elevar la atención de aquel Centro en nosotros que ve, sabe y actúa, cuando reasume su naturaleza y estado. Pues el alma de cada ser humano tiene un conocimiento profundo de estas cosas y ella sabe lo que necesita, puede comprender cuando el cerebro no es capaz y puede sentir cuando los sentidos no pueden transmitir el sentimiento. Cada ser humano puede adquirir este conocimiento, sin embargo empezamos a ver, de lo interno hacia lo externo, todas las líneas de correspondencia y relación que existen entre nosotros y los otros seres, sólo cuando nuestra mente está en armonía perfecta con la naturaleza del Espíritu dentro de nosotros. Sólo cuando reconozcamos que pertenecemos a la Gran Cadena del ser, que ninguno es innecesario, y nadie puede retirarse, que el desarrollo es el mismo para todos y que venimos todos de la misma Fuente y nos dirigimos hacia la misma meta, pensando y actuando así avanzaremos con la gran fuerza que proviene desde el Centro, hacia aquella verdadera dirección que lleva a la luz y al poder.

La ley de las correspondencias constituye una ciencia que a lo mejor sobrepasa la idea de cada uno de nosotros. ¿Podemos reconocer que todos los seres son fuerzas y todas las fuerzas proceden de los seres? ¿Podemos comprender que en la naturaleza hay fuerzas o seres que son capaces de mover objetos sin levantar un dedo, solamente usando el pensamiento o la voluntad de alguien que conoce la ley de las correspondencias? ¡Es una fortuna que hoy los seres humanos, gobernados por ideas falsas, no posean estos poderes, porque podrían utilizarlos contra sus semejantes! ¿No es quizás verdadero que si los tuviésemos los usaríamos para exterminar a muchos seres humanos que se oponen a nuestras ideas? Estos seres, esclavos como nosotros de ideas extrañas al verdadero progreso del todo, deben de enfrentar los resultados exactos de sus pensamientos equivocados. Quizás, aun sin saberlo, podamos combatir para el bien de la humanidad, teniendo una sola idea universal de la Teosofía hacia la libertad del alma y sosteniéndonos en esa ayuda. Pero debemos dirigirnos más allá de eso, que es sólo un paso en el sendero. Debemos darnos cuenta, dentro de nosotros, de la clase de cuerpos internos y externos que tenemos, y sus poderes. A través de este cuerpo físico debemos hacer activos los poderes superiores. Debemos de construir una civilización superior a las que han existido y al final tenemos que llegar a esta meta, en una vida o a lo largo de 10 millones de vidas, ya sea que nos dirijamos a la meta directamente o pasando de un sufrimiento a otro.

Estamos aquí por un gran propósito, una gran misión y frente a cada uno de nosotros existe un gran conocimiento. Estamos aquí como seres autoconscientes que saben, sumergidos e identificados con este cuerpo y esta materia. Estando así involucrados en el trabajo que tenemos que cumplir en este plano del ser, hemos olvidado nuestra verdadera naturaleza. Es menester que comprendamos lo que es, actuando y pensando en armonía con ella. Tengamos presente también que "la verdadera naturaleza" no está lejos, sino dentro de nosotros, en nuestros corazones, en cuyo silencio pulsa la Vida Única que late en correspondencia con la acción de los pulmones, de las mareas, del flujo y del reflujo que ocurre en cada instante y en cada parte de la naturaleza. ¿No podemos ver acaso que las leyes de correspondencia son las mismas que hace millones de años? Tampoco la humanidad ha cambiado. Hemos transformado el ambiente que nos rodea, pero nosotros experimentamos los mismos deseos, sentimientos y estupideces que cometimos hace millones de años. Desde el punto de vista espiritual no hemos avanzado más que las civilizaciones desaparecidas, y en lo que nosotros llamamos "progreso", simplemente hemos establecido otro vínculo estrecho con la existencia física. Entonces, hay mucho que hacer todavía.

Pasamos por un ciclo continuo de muertes y renacimientos hasta que realicemos nuestra verdadera naturaleza y sigamos el curso que los Sabios de cada periodo nos han indicado, el mismo camino por medio del cual Ellos ganaron la sabiduría. La Teosofía ha sido traída al mundo para despertar a las almas susceptibles, aunque mínimamente, al despertamiento, para unirse al grupo de peregrinos que se mueven con la mirada en dirección de los maestros de Sabiduría, sin importar sus condiciones presentes, eliminando lentamente o de prisa sus defectos, convirtiéndose en los pioneros, los ayudantes y los guías de la humanidad futura. Moviéndose con valor y confianza en los Grandes Seres, gradualmente aprenden y reasumen aquellos poderes que todos poseemos, pero que todavía no expresamos. Mientras estamos encarnados, no podemos explicar en palabras el poder, la felicidad y la sensación de libertad de todos los miedos de cualquier tipo y la realización de la inmortalidad, que el conocimiento espiritual nos otorga. Este conocimiento y estos poderes son alcanzables por todos nosotros. Tal como los antepasados solían decir: "El Gran Ser brilla en todos, pero su resplandor no irradia igual en todos." Podemos alcanzar el Ser Único, el Espíritu Único, de donde provienen todas las leyes y las posibilidades, aquel que tiene el poder de engendrar todos los cambios, sin nunca cambiar, siendo, siempre, lo que experimenta, goza y sufre los cambios. El poder proviene de este conocimiento que emerge espontáneamente dentro de nosotros porque mora en las partes más recónditas de nuestra naturaleza.

El Cultivo de la Concentración

Hace tiempo que la concentración, o sea el uso de la atención con coherencia y persistencia hacia alguna cosa que deseamos realizar, ha sido estimada como el medio más eficaz para alcanzar la expresión total de nuestros poderes y energías. Los antiguos utilizaban la expresión "enfocarse en un solo punto" para indicar el poder de concentrar toda la atención sobre un tema o un objeto, excluyendo cualquier otro pensamiento y sentimiento, durante el tiempo que fuera necesario. La verdadera concentración es muy difícil de alcanzar en nuestra civilización, porque la tónica principal de esta época es, de hecho, la *distracción* más bien que la concentración. Constantemente y en todas las direcciones se nos presentan a nuestra mente sujetos y objetos, una cosa tras otra, llamando nuestra atención, distrayéndola de eso en lo que estábamos concentrándonos. Así, nuestras mentes han adquirido la tendencia de saltar de una cosa a otra, a volar de una idea placentera o una desagradable y luego a permanecer pasivas. Normalmente permanecer pasivo es dormir, pero si llegara a ser anormal, conduciría a la locura. Cada uno puede probar por sí que nos hemos acostumbrado a esas distracciones y no somos capaces de concentrar nuestra mente sobre algo por un tiempo determinado. Si un individuo se sienta e intenta pensar en una cosa, en un objeto o sujeto, por solo cinco minutos, se dará cuenta que en unos segundos habrá vagado mentalmente muy lejos de eso sobre lo cual originalmente quería reflexionar.

Antes de alcanzar la concentración verdadera y pura, pudiendo utilizar la mente superior y sus poderes, debemos, primero, comprender lo que es el ser humano, su verdadera naturaleza y la causa de su condición presente. Pues los poderes que usamos en el cuerpo son *transmitidos* y extraídos de la naturaleza espiritual, pero están tan perturbados y limitados que no son poderosos. Debemos conocer nuestra mente y *controlarla*, o sea, la mente inferior, llamada en Teosofía *Manas* inferior, interesada sólo en los asuntos personales y físicos. Los sabios del pasado decían que este "órgano interno," el principio pensante, es el gran generador de la ilusión, lo que perturba la concentración. No es posible alcanzar la concentración verdadera mientras que el dueño de la mente no sea capaz de colocarla donde desea, cuando quiera y por el espacio de tiempo deseado.

Escrito está en "La Voz del Silencio": "La mente es el gran Destructor de lo Real. Destruya el discípulo al Destructor." El discípulo, que es el Ser Real, el hombre espiritual, debe obrar como tal. Tiene que poner fin a los cambios continuos de su principio pensante, llegando a la tranquilidad en aquel conocimiento hacia el cual la consideración de su verdadera naturaleza lo atrae. El objeto del desarrollo total es la realización de la verdadera naturaleza de cada uno y el uso de sus poderes. Lo que obstaculiza este proceso es el principio pensante. Nosotros somos los pensadores, pero no somos lo que pensamos. Si nuestra manera de pensar es equivocada, todos los resultados de nuestros pensamientos y acciones deben conducirnos a una conclusión errónea o parcial, en el mejor de los casos; pero si nos percatamos de que *somos* el pensador y el creador, el que desarrolla todas las condiciones en las cuales nos encontramos y enfrentaremos en un futuro, habremos alcanzado el punto de vista del hombre Real, el único al cual pertenece el poder de la concentración.

Para alcanzar la concentración necesitamos comprender la clasificación de los principios humanos. Todos tenemos los mismos principios, las mismas substancias y el mismo espíritu en nuestro interior. Cada elemento que existe en todo sitio y en todo ser, está en nosotros. Así cada uno posee, aunque sean latentes, todos los poderes presentes en cualquier parte y en sí mismo. Provenimos todos de la misma Fuente y somos parte de un Gran y Único Entero, chispas y rayos de la Vida y del Espíritu infinito o Principio Absoluto.

El segundo principio es *Buddhi*, o la sabiduría adquirida de las vidas pasadas y de la presente. Es la esencia de todas nuestras experiencias previas. El principio siguiente es *Manas*, la mente Superior, el verdadero poder de pensar, el creador que no se involucra en la fase física de la existencia, sino del espíritu y la sabiduría adquirida. El conjunto de estos tres principios: *Atma-Buddhi-Manas*, constituye el Ser Verdadero y cada uno de nosotros es, en su naturaleza interior, esta triada.

El *Manas* inferior es el aspecto transitorio de la mente Superior, o sea, la porción de nuestra atención, pensamientos y sentimientos, interesada en la vida física. Pero si nuestra facultad pensante se concentra sólo sobre el ser personal, el cuerpo, los poderes que moran en la Tríada, el Ser Real y la sabiduría pasada adquirida, no pueden penetrar aquella nube de ilusión. El *Manas* inferior es el principio del equilibrio, es el centro desde donde el ser encarnado se dirige hacia su naturaleza superior o desciende hacia la terrestre, compuesta por los deseos de la existencia sensoria. La vida alrededor de nosotros nos envía impresiones y energías continuas; mientras nuestras ideas, nuestros sentimientos y emociones nos exponen y conectan constantemente con éstas, por lo tanto la mente interior se halla siempre agitada, condición que obstaculiza la calma y la concentración absoluta.

Luego tenemos el cuerpo astral, un aspecto del cuerpo real interior, que ha perdurado por todo el amplio pasado y deberá continuar por un largo futuro. El cuerpo astral es el prototipo, o la base, que sirve para la formación de lo físico, considerándolo desde el punto de vista de los poderes, es el cuerpo físico real. Sin éste, el cuerpo físico sería simplemente un conjunto de materia, un agregado de vidas inferiores. Los órganos o centros donde se han desarrollado los físicos, en armonía con las necesidades del pensador interno, moran en el cuerpo astral, que es la verdadera residencia de los sentidos reales del ser humano. El cuerpo astral dura un poco más que el físico, no muere junto a este último, siendo el vehículo en los estados inmediatos después de la muerte.

Tan pronto como comencemos a hacer un esfuerzo para controlar la mente y deseemos conocer y tomar la posición del ser interno, dicho esfuerzo y la posición asumida nos permitirán alcanzar el poder y la firmeza. Hemos despertado algo en el cuerpo astral. Los que previamente eran centros de fuerza alrededor de los cuales se formaban los órganos, ahora empiezan a desarrollarse como órganos astrales distintos, cuya construcción gradual ocurre dentro de nosotros hasta que, al final de nuestro esfuerzo, tengamos un cuerpo astral con los órganos físicos totalmente sintetizados y las vicisitudes de la vida no nos afectarán más, pues, tendremos el poder de obrar del cuerpo astral. Esto, en su plano, es más completo y eficaz que nuestro instrumento físico en la esfera objetiva, teniendo un campo de acción más amplio, gracias a sus siete super-sentidos, mientras que físicamente solo tenemos cinco sentidos.

Tan pronto como empezamos a hacer el esfuerzo, surgen los obstáculos. Las viejas maneras de pensar y de sentir nos asaltan de cada lado, porque no somos todavía capaces de controlarlas y estamos sujetos a ciertos sentimientos y emociones que pueden destruir el cuerpo astral que estamos construyendo. La cólera es la primera y la más poderosa, posee un efecto explosivo y no importa cuanto hemos progresado en nuestro crecimiento, el choque interior incontrolable que proviene de la ira, destroza el cuerpo astral, así que debemos empezar nuevamente desde cero. La otra emoción enemiga es la vanidad, en todo tipo, concerniente a la realización de algo, nosotros, nuestras familias, nuestro país, etc. La vanidad tiende a crecer hasta que ya no ponemos atención en las palabras de nadie y somos demasiado engreídos para aprender alguna cosa. Entonces, la vanidad puede desintegrar el cuerpo interior aunque sea menos devastadora que la cólera. Otros obstáculos son la envidia y el miedo, pero este último es el menos peligroso porque puede disiparse mediante el conocimiento. El miedo es siempre el fruto de la ignorancia, tememos lo que ignoramos, pero, al desarrollar el conocimiento, el miedo desaparece.

Somos víctimas de estos miedos que tienden a destruir el instrumento mediante el cual podemos alcanzar la verdadera concentración que, sin embargo, es asequible. El poder y la naturaleza especial de la concentración es que, una vez alcanzada, podemos dirigir la atención sobre cada objeto o sujeto deseado, excluyendo todo lo demás por un cierto período de tiempo. Además podemos usar nuestro principio pensante, la mente, que es de fácil mutación, para transformarse en el objeto observado y en la naturaleza del asunto en el cual pensamos. Mientras la mente asume la forma del objeto, nosotros extraemos de esta forma todas las características que fluyen de ella y al final de nuestro examen tenemos una comprensión completa referente al sujeto o al objeto. Está claro que no podemos alcanzar una concentración tal mediante esfuerzos intermitentes, sino por medio de esfuerzos provenientes de "una posición firme," teniendo presente la meta final. Todos los esfuerzos producidos de aquella manera serán productivos, cada esfuerzo que proviene del ser espiritual es importante por someter el cuerpo al principio pensante.

Aquel verdadero poder de concentración es campo de acción de otras cosas. Empezamos a abrir los canales que, de nuestro cerebro, alcanzan al cuerpo astral y de este último al ser interior, de modo que lo temporal tienda a convertirse en una parte de lo eterno. Todos los planos, desde el superior al inferior se sintetizan y todos los vehículos del alma que hemos desarrollado desde el pasado, se armonizan. Por lo tanto, tenemos que equilibrar en exacto acuerdo los instrumentos del alma, tarea posible sólo tomando la posición del ser espiritual y obrando como tal.

Podemos alcanzar la cumbre de la concentración no actuando de una manera egoísta. La concentración del cerebro-mente está al lado de la verdadera concentración, como una luz débil está al lado del sol. En primer lugar, la verdadera concentración es una posición asumida para unirse al Ser Superior. Esto es el *Yoga* más elevado. La verdadera concentración es la que concierne al Ser. Debemos alcanzarla antes de poder conseguir aquel estado donde poseemos el conocimiento eterno y completo de todo y antes de recuperar y usar, nuevamente, los poderes que pertenecen a la humanidad.

La Cura Mental y la Hipnosis

La cura mental, metafísica, espiritual y la Ciencia Cristiana, pertenecen, todas, a la misma categoría y no hay diferencia alguna entre ellas en lo que concierne a sus maneras de obrar o sus fundamentos. Son formas de auto-hipnotismo. Pero la hipnosis es algo particular que necesita un estudio amplio por basarse en una clase de catalepsia artificial. Una persona hipnotizada cesa de funcionar siguiendo su percepción normal, el hipnotizador le cierra sus percepciones externas y ve sólo lo que el operador le presenta. Los sanadores mentales, los científicos cristianos, utilizan ideas y abstracciones para quitar la mente del cuerpo, pues, por lo general, las personas creen que es el "pensamiento" el que cura. El *pensamiento* se diferencia en su naturaleza y en su relación, según el conocimiento del pensador, por lo tanto usar una fórmula precisa, como hacen los partidarios de estos cultos curativos, no significa absolutamente emplear el *pensamiento*. Lo que ellos consideran "pensamiento" es la idea de que las enfermedades provienen por pensar en ellas y la única manera para vencerlas es evitando que la mente se concentre en ellas. Por supuesto, ésta es sólo una fórmula.

¿Curan verdaderamente estas prácticas? Ciertamente, cada sistema parece funcionar, no importa la diferencia que exista de uno a otro en sus declaraciones. Lo mismo sucede en el caso de cada remedio presentado y ofrecido a la humanidad, pues tienen testigos que declaran que funciona. Los practicantes de medicina elaboran sus curas también, incluso los remedios de los charlatanes publicados en los periódicos son confirmados por muchas personas que han sido curadas después de que los doctores no sabían más que hacer. Así, numerosas son las maneras de curar, pero ni el hecho de recobrar la salud ni todos los testigos, demuestran verdaderamente que cada uno de estos sistemas es el *verdadero*.

Debemos examinarlos desde el punto de vista teosófico, teniendo presente que el *Teósofo* no ataca alguna forma de creencia ni de filosofía, él las compara simplemente con la Teosofía. Si tal comparación muestra una carencia en las teorías explicativas de los demás, y una imposibilidad de ofrecer a los seres humanos una base verdadera desde la cual analizar y realizar su naturaleza y las leyes que gobiernan cada cosa en todas partes, no podemos decir que la Teosofía se equivoca, sino que la filosofía *parcial* examinada, ha fallado la prueba.

Estos sistemas de pensamientos parciales atraen a personas por prometer la cura de toda enfermedad. Lo que ellos deben buscar no es la cura, sino la *causa* de la enfermedad. El hecho de que no existe un sólo método capaz de curar todo, demuestra la existencia de diferentes clases de enfermedades. Algunas son el resultado de malas costumbres, carencia de ejercicio, una dieta equivocada y el no observar las leyes de la higiene común, mientras otras enfermedades nerviosas son el efecto de una manera de pensar errónea y de las varias preocupaciones. Existen también enfermedades mecánicas y orgánicas a causa de las cuales algunos órganos están tan afectados, que no pueden responder más a la acción normal de los demás órganos. La materia de los tres reinos inferiores: mineral, vegetal y animal, constituye el aspecto objetivo de estos órganos, fruto de la transformación de los alimentos. Por lo tanto, donde notamos la carencia de un elemento, podemos añadir algo de tipo material que muy a menudo restablece el órgano a su condición normal. Por supuesto, las enfermedades que dependen de malas costumbres se pueden curar corrigiendo los malos hábitos. Los sanadores "mentales" tienen gran éxito en los casos de irritación o de una condición nerviosa que dependen del continuo pensar en alguna enfermedad presente en el cuerpo, porque, por lo general, una vez que la mente cesa de pensar en ésta, el cuerpo tiene en sí mismo el poder de recuperar la salud y volver a una condición normal. Si la mente se concentra en la enfermedad, no permite al cuerpo recuperar su actividad normal, empeorando la situación, pues el poder de la conciencia del ser se enfoca en ésta. Si se deja el cuerpo en paz, tiene su poder de inmunización.

El cuerpo es un instrumento mecánico, engendrado y activado por el pensador que mora en él. Pero los individuos que divulgan las ideas acerca de la cura mental, nunca han pensado en investigar porque la humanidad tiene estos cuerpos y nació con ellos aquí en la tierra. No indagan de donde vinieron, a donde se dirigen, y cual es el propósito de la vida. Todos estos remedios para las enfermedades no reconocen absolutamente la operación de la ley, de la causa y el efecto. Para ellos no es necesaria la comprensión, ni presentan una base para el pensamiento correcto, la justa conducta y el verdadero progreso, por lo tanto, las personas que siguen estas líneas no llegan a lugar alguno. Si separando la mente de la enfermedad, el cuerpo recupera su salud, la experiencia no les brindó algún conocimiento, sino que estarán más convencidos en continuar con estas líneas de conducta falsas y mueren sin saber más que cuando nacieron, creyendo que esta existencia física es la única que tendrán.

Para las mentes comprometidas con las ideas universales, como el Ser de todas las criaturas, la Ley Divina de Justicia, la evolución de todos los seres en sus diferentes grados, los grandes ciclos humanos, planetarios y universales, las ideas de curar estos cuerpos transitorios aparecen muy pequeñas. ¿Que quiere decir curar? Librarse de los efectos que nosotros mismos producimos consciente o inconscientemente. Un cuerpo enfermo significa simplemente que hemos ignorado nuestra naturaleza, obrando como si fuésemos únicamente cuerpos, transgrediendo toda ley higiénica conocida. Si viviéramos según las leyes higiénicas que conocemos, no tendríamos estas enfermedades. El salvaje ignoraba la Ciencia Cristiana; el Indio Americano, la cura mental, sin embargo ambos tenían cuerpos muy sanos. ¿Dependía de sus pensamientos? No, porque eran violentos también. La salud de ellos no dependía de sus pensamientos, sino de la manera en la cual vivían, porque llevaban una existencia muy natural. Nuestro estilo de vida nos enferma y nuestra manera de pensar nos hace asumir esta forma de vivir. No hemos descubierto lo que somos, por lo tanto, obramos con ignorancia.

Estos sistemas curativos se presentan con el único propósito de liberarnos de la responsabilidad de nuestras acciones. En Ocultismo esto es un crimen. Podemos emplear métodos corporales naturales, pero no podemos arrastrar al Espíritu, la raíz de todo ser, para que mitigue las enfermedades que nosotros hemos causado. Cada pensador profundo considerará una blasfemia y una negación del Ser Real, la sola idea de traer hacia abajo el Espíritu, para que nos libere de las enfermedades que hemos engendrado. El cuerpo es una máquina que representa los efectos de causas activadas ignorante o conscientemente, pues es necesario reconocer que, como tal, siendo un instrumento constituido por la materia de la tierra, puede ser mantenido en equilibrio restableciendo los elementos faltantes. No deberíamos pensar demasiado en el cuerpo, sino considerarlo un instrumento, nuestro carro físico actual, por decirlo así, y el deber es mantenerlo en buenas condiciones y en funcionamiento. Para que el cuerpo sea un instrumento perfecto debemos emplearlo según sus leyes, manteniendo nuestra conciencia en el plano al cual pertenece, sin encadenarla al cuerpo.

Estos procesos curativos mentales son muy peligrosos. Los poderes espirituales son más amplios que cada facultad conocida, más poderosos que la dinamita o la aplicación de la electricidad. Si se siguen ciegamente estas líneas, como muchos hacen, se puede incurrir en frecuentes fracasos como la locura. Nos presentan la "demostración" de las curas, pero no los numerosos fiascos. La cura mental puede echar atrás la enfermedad a su sitio de origen: la mente; sin embargo emergerá en cualquier otra forma y más fuerte que antes. La naturaleza espiritual misma no nos permitirá evitar los resultados de las causas que hemos activado. Las expresiones abstractas como "Dios es Bondad infinita," "No existe imperfección," que separan la mente del cuerpo, activan algunas corrientes en el cuerpo pránico o astral. Estas actúan, reaccionan y obran recíprocamente entre el cuerpo interno y externo, siendo, finalmente, nocivas, a pesar del beneficio transitorio adquirido. En el mejor de los casos sólo hemos retardado el desarrollo de la enfermedad.

La única manera para armonizar y colocar en sus correctas relaciones los acontecimientos de la vida, es comprender nuestra naturaleza y realizarla. Esto transformaría la presente civilización en un paraíso, comparada con lo que es ahora. Eliminaría los nueve décimos de las enfermedades generales, particulares, esporádicas y epidémicas que nos afligen, siendo, todas, engendradas por el ser humano, individual y colectivamente. Aun las catástrofes naturales dependen de la comprensión errónea de la verdadera naturaleza humana y de la acción y pensamientos que derivan de ésta. El poder espiritual presente en el pensamiento del individuo tiene un campo de acción más amplio que su simple formulación. Cualquier error que él comete, repercute sobre todas las partes de la naturaleza: el fuego, el aire, la tierra y el agua, siendo, los elementos, la encarnación de grados de inteligencias diferentes, además influimos en la naturaleza del todo, que es una evolución sincrónica. Obstaculizamos las vidas elementales y ellas se resienten. Vidas de distintas clases constituyen nuestros cuerpos también, varias vidas elementales componen los órganos, teniendo, todas, sus relaciones con las diferentes partes de la naturaleza.

Todos estos remedios curativos e "ismos", tienden a hacernos evitar nuestra responsabilidad. Nuestras quejas acerca del ambiente en el cual vivimos, son intentos para esquivar nuestra responsabilidad. Creemos en este Dios o en otro, en este sistema y salvación para evitar tomar nuestra responsabilidad, pero tenemos que aceptarla y vivir con ésta por siempre, porque estamos todos juntos en un gran todo y no podemos separarnos de los demás. Los seres superiores que ya pasaron por nuestros estados se encuentran muy conectados a nosotros más de lo que estamos entre nosotros, porque ellos desean ayudarnos en todo modo posible si sólo lo permitimos. Muchos salvadores descendieron a la tierra para beneficiarnos, pero pueden solamente indicarnos las verdades divulgadas en todas las épocas. Debemos aprovechar de aquel conocimiento para avanzar y salir del estado en el cual vivimos. Ningún salvador puede salvarnos, ningún Dios protegernos y ningún diablo atormentarnos, pues tanto el Dios como el Diablo, están dentro de nosotros. Dios es aquel lugar en nosotros que llegamos a conocer y a realizar para luego verlo reflejado en los ojos de cada ser. El Dios en nosotros nos pide desarrollarnos por medio de esfuerzos autoinducidos, autoideados y una *aceptación completa de la responsabilidad.*

El Lado Oculto de la Naturaleza.

La palabra Naturaleza, empleada en su sentido más amplio, como la Gran Naturaleza o la Madre Naturaleza, incluye todo lo externo: árboles, espacios abiertos, y el mundo de los seres humanos. En realidad no sabemos lo que ésta es, porque presenta algo externo a nuestras percepciones. Hablamos de "las leyes de la naturaleza" y comprendemos que ésta obra siempre ordenadamente, pero ignoramos el origen y la base de sus leyes. Aun así la naturaleza no puede existir por sí misma y provenir de la nada, sino que debe tener su origen en una causa suficiente. Debe existir, necesariamente, un lado oculto de la naturaleza. En realidad, "la causa suficiente" reside en los planos que son invisibles para nosotros, aunque constituyan parte de la naturaleza. El lado invisible es lo que genera lo que vemos: su aspecto causal. Todas las leyes visibles en nuestro mundo existen y provienen de la esfera invisible de la naturaleza.

En primer lugar procuremos comprender lo que constituye la base de la naturaleza, lo que existe detrás de todo. Seguramente no hay un Creador que genera las cosas y los seres según sus deseos, haciéndolos mover en lugares establecidos. ESO en el cual yacen todos los poderes, posibilidades e infinidad, es superior a cualquier Ser por elevado que sea. Eso es una Divinidad impersonal. Si queréis, llamadle Espíritu o Dios, lo divino en cada uno de nosotros, lo importante es no personificarlo, limitarlo o definirlo. Este Espíritu único no está dividido, aunque parece ser distinto en todas las criaturas, es como los rayos del sol que son simplemente extensiones del mismo y no se disipan cuando el sol desaparece, sino que se retiran a la fuente de donde provinieron. El Espíritu es lo que vive, piensa, percibe, sufre y goza en cada uno de nosotros. Todo lo que una persona puede saber de lo Superior, de Dios, es lo que conoce en sí misma y por medio de sí misma. Ninguna información exterior puede darnos esa percepción, sino el penetrar en la esencia de nuestro ser, el centro que es lo mismo que el Gran Centro de donde proviene.

Ningún ser o seres nos imponen las leyes que nos gobiernan. En el centro de cada ser, cualquiera que sea su forma, existe el poder de la acción, pero esta última engendra siempre una reacción y esta Ley, o Karma, obra desde lo *interno* en todo individuo, incesante e infaliblemente. Por lo tanto, las acciones y las reacciones colectivas de todos los seres de cualquier grado, componen el mundo y sus habitantes. Estas acciones colectivas constituyen las leyes de los diferentes elementos y reinos y están sujetas e incluidas en la única ley universal del karma, que desde el punto de vista ético es sembrar y cosechar.

Desde el principio la ley gobierna continuamente en la materia más sutil y radiante, constituida por seres de cada nivel y clase. Ellos pertenecieron a un mundo anterior a éste, donde se desarrolló su evolución y luego fueron inhalados nuevamente en el Centro del Ser. Cuando el alba de otro Gran Día se manifestó, todos estos seres estaban ahí, con las potencias, las ideas y sus experiencias pasadas, preparados para salir y continuar la obra que comenzaron. La acción y la reacción entre diferentes clases de seres causan un cambio y una materialización en la substancia primordial y este proceso se produce, estado tras estado, por siete grados en la escala de la materia. En cada plano los seres asumen la substancia de ese y nosotros somos los seres que provienen de todos dichos estados. Por lo tanto, oculta en nosotros existe una naturaleza que nunca sospechábamos, algo que no se puede captar claramente por medio de nuestras percepciones. Aun así, esta naturaleza nos pertenece, no es independiente de nosotros y no la hemos abandonado en algún sitio en la escala de los siete mundos. La naturaleza exterior, que percibimos por medio de los sentidos físicos, es sólo el aspecto exterior de estados y etapas de conciencia ocultos a la mayoría de la humanidad.

No sólo existe un lado oculto de nuestra naturaleza, sino de todo ser, una realidad que siempre debió ser evidente si hubiésemos puesto atención, pensando independientemente, sin dar por seguro lo que otras personas nos han transmitido como religión o revelación, pues existen estados, en nuestra vida diaria, que son invisibles. Cuando estamos despiertos actuamos por medio del cuerpo, mientras que cuando dormimos no lo usamos, y para la mayoría de las personas aquel aspecto permanece escondido. Ellos podrían saber que están soñando, pero no piensan que el sueño se relacione con su manera de actuar cuando están despiertos. No comprenden que el soñar es un estado transitorio que antecede la entrada en nuestra naturaleza espiritual y precede el retorno a la actividad del cuerpo. Generalmente, el estado de los sueños es una repetición de los acontecimientos del diario vivir, pero a veces experimentamos en el sueño cosas que no pertenecen a las experiencias objetivas en este cuerpo. Muy a menudo los sueños que ocurren cuando nos despertamos nos traen un flujo proveniente de nuestro ser interior, transmitiéndonos algunas experiencias de un amplio pasado. En los sueños tenemos premoniciones, presentimientos y a veces "iniciaciones menores." Nunca cesamos de ser conscientes ya sea en los sueños, en la conciencia completa de los vehículos más sutiles del alma, más allá del estado del sueño, o en aquello del "soñar" después de la "muerte", por lo tanto, ¿cómo podemos conocer la muerte?

En cada dirección en el aire que nos circunda existen vidas que son invisibles para nosotros. No hay un espacio vacío, cada punto del universo está lleno de vidas. Todo es vida y ser de una clase u otra. Cada vez que inspiramos penetran en nuestros cuerpos muchas vidas pequeñas invisibles que son diferentes clases de seres y poseen leyes que pertenecen a sus propias acciones y reacciones. Para comprender nuestra naturaleza debemos entender las leyes que gobiernan en estos planos del ser al cual nosotros pertenecemos y ninguno está separado de los demás. Este conocimiento inmenso nos respalda, está dentro de nosotros y debe ser despertado nuevamente. Siempre existirá una expresión superior e inferior, completa y parcial. Nuestra expresión completa yace en el plano superior, mientras la parcial en lo inferior. Hemos alcanzado el fondo de la escala junto a todas nuestras experiencias, pero si queremos llegar al estado del cual descendimos, sin equivocarnos, debemos comprender las verdaderas leyes ocultas que gobiernan todos los diferentes estados de nuestro ser.

Existen personas que fingen conocer estas leyes ocultas, porque desgraciadamente no se pueden impartir enseñanzas positivas sin abrir, al mismo tiempo, las puertas a una cantidad igual de mal. Consideremos por ejemplo el poder de la dinamita, es positivo para el hombre que lo usa apropiadamente, mientras que en malas manos puede representar un serio peligro para la humanidad. Entonces, el conocimiento de las leyes ocultas ofrece al hombre la posibilidad de beneficiar o de dañar a los demás en cada esfera que él elija, sin mover un dedo. Los medios empleados para hacer el bien o el mal, consisten siempre en el control de seres invisibles, los mensajeros de quien sabe emplearlos y comprenderlos; él debe solamente soltar, en sí mismo, el poder que impulsa a estos seres a ejecutar su misión, cualquiera que sea. Dichos poderes están latentes en los vehículos de cada hombre y en el cuerpo humano, cuya formación siguió las mismas leyes que produjeron las del sistema solar y cada órgano físico corresponde a alguna de las mansiones celestes, o a algún plano o envoltura de conciencia y a todos los poderes que les pertenecen. Debemos preguntarnos si estamos listos para aceptar la responsabilidad que el conocimiento de estas leyes implica. ¿Podemos confiar en nosotros mismos, y recibir las enseñanzas de estas leyes que solamente nuestro pensamiento y sentimientos activan?

Para emplear dichos poderes correctamente, debemos sostener una actitud universal y todas las acciones deben basarse en esta naturaleza universal. La teosofía presenta esa actitud y base universal, mostrando que cada uno es el Ser, cada persona considera e integra de los demás la comprensión y el conocimiento posibles. Cada uno debe actuar para el Ser y cómo el Ser, que incluye a todos los demás seres. Asumiendo esta concepción cómo base para nuestras acciones, abandonamos todas las ideas egoístas, personales, el deseo de recompensa y el miedo al castigo. Esta actitud corregirá los defectos y activará la fuerza completa de lo que llamamos naturaleza en su sentido total, todos sus grandes poderes fluirán en quien se mueve en esa dirección y obra desde esa base. Comprenderemos todas las leyes, porque, al progresar, éstas se presentarán espontáneamente dentro de nosotros. Mediante el pensamiento tenemos la capacidad de conseguir muchas cosas, hablar, ser oídos, vistos y conocer todo lo que queramos desde lejos. No existen secretos para la persona que coopera con la naturaleza y si nuestro propósito es el bienestar de los demás, el Todo nos sostiene.

Los poderes de Jesús, presentados en el "Nuevo Testamento" y los de los profetas mayores, descritos en el "Antiguo Testamento," no eran dones de Dios, sino que provenían de un conocimiento de las leyes ocultas de la "naturaleza." Los milagros de Jesús: la transformación del agua en vino, la resurrección de los muertos, el obrar donde su cuerpo no estaba, pertenecían a su conocimiento oculto. Cada ser que sigue esa línea universal, aprende la manera de obrar de estas leyes. H.P.B y W.Q.J. efectuaron los mismos prodigios y aún más que Jesús. Conocían las leyes ocultas de la naturaleza, su manera de obrar en sí mismos, y por lo tanto, en todas los otras naturalezas. Dichos poderes están latentes en cada ser humano y no son característicos solamente de grandes seres. H.P.B. y W.Q.J. conocían la historia de "Abandona tu vida si quieres vivir." Si deseamos vivir la vida de un ser espiritual, todos nuestros vehículos estarán a nuestro servicio y, poseyéndolo todo, nada desearemos. Podríamos cumplirlo todo, pero no emplearíamos estos poderes para nuestro beneficio. Si queremos conocer la doctrina debemos vivir teosóficamente y si queremos conocer las leyes de la naturaleza debemos "vivir la vida."

Las leyes menores que producen los fenómenos en este plano son una pequeña porción del estudio del ocultismo en su aspecto universal, porque esto incluye cada ciencia, las leyes y los poderes totales del todo, cada plano de existencia y todos los estados de conciencia que existen. Nunca estamos solos, en algunos de nuestros vehículos físicos o etéreos estamos junto a otros seres, estados de sustancia y planos de conciencia. En este sentido nunca estaremos perdidos, pero podremos sufrir mucho, cometiendo errores concernientes a nuestra naturaleza, empleando el poder de nuestra naturaleza espiritual erróneamente, creando, como los antiguos decían, "las palomas negras de la muerte y del dolor." Toca a nosotros levantarnos y seguir el sendero indicado, explorando por nosotros mismos. Entonces cada uno conocerá la verdad acerca de sí mismo y de los demás, obteniendo, así, lo que todos buscamos, el poder de ser una fuerza benéfica en la naturaleza.

Una Liga de la Humanidad

Ahora que la guerra más espantosa y destructiva en la historia humana ha terminado, cada pensador se preguntará: ¿Qué aprendimos de este combate? ¿Nos ha enseñado *algo*? ¿Creemos que el fin de la guerra haya puesto fin a nuestros problemas? ¿No vemos nubes que se acumulan en el cielo de la humanidad?

Hay personas que nos presentan revelaciones como remedios a todo esto. Algunos individuos desean claramente despertar a los seres humanos a un "sentido moral" que según ellos yace en la religión cristiana. Así procuran amalgamar las iglesias, imaginándose que este plan pueda ser el remedio para impedir las guerras e impulsar a los hombres a ser más humanos entre ellos. El sentido moral existía antes de la religión cristiana, en otras religiones y en verdad la moralidad es la base de todas las religiones. Si el Cristianismo pudiese ser el remedio, ¿cómo es posible que, siendo la base del pensamiento y de la acción, desde hace casi dos mil años, las naciones cristianas combaten tan duramente entre ellas? ¿El cristianismo promete lo que debería ser? ¿Hay algún beneficio en volver al Cristianismo, cuya historia está caracterizada por la intolerancia y la persecución? Si hoy la iglesia cristiana tuviese el poder, ¿sería menos dogmática o intolerante que durante el período de la inquisición española?

En la dirección de la iglesia no existe esperanza, porque, en primer lugar, está ausente en las personas, pues la iglesia no ha satisfecho sus mentes, ni ha contestado a sus preguntas. En vez del conocimiento pedido, ha dado sólo esperanza y miedo. La iglesia ha perdido su dominio sobre las personas, pues la mayoría ya no se adhiere a alguna iglesia cristiana a causa de sus dogmas, credos y su carencia de ideas. Los individuos han experimentado sus ideas descubriendo su deficiencia. Sólo seguirán lo que interese a su buen juicio, sentidos discernidores y sus propias percepciones espirituales.

Hay personas que sólo confían en una liga de naciones, sin embargo comienzan a ver que, si bien este ideal es bueno, no se concretiza en la práctica porque los miembros de esta liga desean tomar para sí mismos todo lo posible dando en cambio muy poco. Ahora, después de la paz, entre las naciones existe el mismo espíritu que prevalecía durante el conflicto; en realidad, las mismas naciones continúan tan egoístas y acaparadoras como lo eran durante la guerra. Muchas figuras públicas de este país defienden, todavía, los intereses particulares de esta nación contra otras. Una Liga de naciones podría conseguir su meta mediante un propósito y un ideal común. Esto, sin embargo no sucede, las naciones no son semejantes, ninguna tiene ideales elevados, tampoco la nuestra, que debería sostener los ideales superiores de la humanidad y de la naturaleza. Por el contrario, nuestro ideal es una idea muy común acerca del comercio, de la ganancia económica, del poder y del prestigio sobre las otras naciones. Este ideal nunca generará la paz, felicidad y el verdadero progreso, siempre habrá luchas hasta que lo cambiemos. Una liga de naciones formada entre otras igualmente egoístas, sólo traerá desastres, el resultado del interés propio, que contiene las semillas de la guerra.

¿Dónde podemos encontrar la verdadera base para una civilización nueva, diferente, visible a los seres humanos y en la cual podamos vivir? No necesitamos filosofías, religiones, ni remedios políticos, sino el Conocimiento y una visión más amplia de las vicisitudes de una breve vida física. El conocimiento superior a cada forma de religión inventada es el conocimiento de la verdadera naturaleza del ser humano, pues no estamos aquí cómo objetos separados, sino ligados por medio de una gran Causa sustentadora, infinita y omnipresente, inseparable de nosotros y de los demás. Es la misma en todos los seres superiores e inferiores a los humanos, siendo la raíz esencial de nuestra naturaleza, el verdadero ser humano. Es la Fuente de todos los poderes y las acciones buenas o malas. Las acciones de cada uno afectan a todos los demás y todo lo que existe ha sido causado por seres, repercutiendo en cada uno según su participación en la causa. Lo que el pasado fue, lo estamos experimentando ahora, nuestras vidas son repetición de las anteriores. Hoy estamos construyendo nuestro futuro y las existencias próximas dependerán enteramente de las decisiones y la dirección de nuestros pensamientos y acciones actuales.

Cada clase de guerra es el resultado del espíritu guerrero del egoísmo humano, cuando no entiende el gran propósito de la vida, la naturaleza de nuestra mente, el poder total de realización en cada ser, la Ley única de justicia absoluta en todos los seres, la Divinidad única en todo y tras todo y la única Meta para cada peregrino aunque el sendero sea diferente. Tan pronto como los individuos perciban que cada persona cosecha exactamente lo que ha sembrado, ningún ser perjudicará a otro y las guerras terminarán. La miseria actual desaparecerá porque la realización de nuestra responsabilidad hacia los demás y el obrar en conformidad, implica ser altruistas y haber eliminado la primera causa del pecado, del dolor y del sufrimiento.

Detrás de la incapacidad para comprender nuestra verdadera naturaleza, yacen ideas, conceptos e ideales falsos de la vida; herencia de nuestra civilización cristiana. Creemos que nacimos en este ambiente o condición por la "voluntad" de algún Dios y nos hemos imaginado un Dios, un Diablo y un Salvador personales. Hemos supuesto un paraíso y un infierno imposibles, una "creación", en lugar de una evolución, hemos creído que somos unos pobres pecadores débiles y miserables y actuamos así. Hemos colocado todos nuestros problemas, dolores y maldades, en algún otro Ser imaginario. Así permanecemos siendo criaturas irresponsables, simples animales racionales y no almas inmortales. Hemos evitado nuestra responsabilidad. Debemos guiarnos según la realidad de nuestra naturaleza, *ayudarnos* todos, no solamente viviendo desde el punto de vista personal seguido por ésta y las demás naciones actuales.

La liga de la humanidad será una realidad sólo cuando percibamos las antiguas verdades de la Religión-Sabiduría, o sea, cuando tengamos una sola meta y una sola enseñanza. Sus verdades son evidentes y no deben aceptarse porque están en un libro, ni porque son la doctrina de una iglesia en particular. Son las verdades únicas que vale la pena considerar, porque poniéndolas en práctica *demuestran* ser auténticas y la Verdad, tal como deberíamos saberlo, siempre explica. Cuando tenemos la explicación, tenemos la verdad. Cada persona tiene que averiguar la verdad por sí misma, ya que ésta *existe* y siempre existió. La recibimos de Seres superiores a nosotros, porque alguna vez miraron en la dirección correcta y siguieron el camino que se les mostró, el cual conduce a la perfección espiritual divina. Ellos son los depositarios de todo el conocimiento, por lo tanto nos conocen aunque nosotros no los conozcamos, conocen nuestras necesidades aunque nosotros las ignoremos. Ellos descienden a la tierra periódicamente para presentar al ser humano las verdades de la vida, esperando que despierten en su alma un eco, de modo que él también pueda percatarse del Ser, del Espíritu, que *es* Conocimiento.

Los que pueden ver el curso de la humanidad todavía perciben solamente muchos problemas para el mundo en general. Sólo los desastres severos impulsan al ser humano a pensar y detenerse. La guerra no ha terminado, continúa siempre entre nosotros. Consideremos nuestros deseos egoístas, nuestras condenaciones, juicios, críticas, leyes insensatas, las cuales intentan transformar a los hombres en "buenos," por medio de la legislación, sin despertar su verdadera naturaleza, sino reprimiendo lo que consideramos "malo." Las prohibiciones exasperan solamente la naturaleza negativa del individuo, no debemos *prohibir* sino *educar* y, en primer lugar, debemos educarnos a nosotros mismos. Quitemos la viga de nuestros ojos antes de remover la que está en los ojos ajenos. Recojámonos en el templo de nuestro ser, *seamos* ese Ser y obremos por y cómo ese Ser. Sigamos las líneas de la ley de nuestro ser: compasión, amor y ayuda para todos, así podremos comprendernos a nosotros mismos y a la naturaleza de nuestros semejantes. Entonces, seremos capaces de ayudar a las personas de manera tal que ni ellas mismas se darán cuenta que estamos afectando al grupo entero; pues, un poco de levadura hace fermentar toda la masa.

Nuestras condiciones no son peores porque existen seres que desean ayudar el adelanto humano. Muy a menudo las ideas divulgadas por hombres en posiciones elevadas no son el resultado de sus pensamientos, aunque nosotros creemos que lo son. Los individuos que el público escucha y sigue pueden recibir ideas de seres que tienen un conocimiento mucho más profundo acerca de temas importantes, pero sus voces serían ignoradas. Así, aunque exteriormente los discípulos teosóficos no aparentan obrar mucho, en los planos internos del ser hay una acción constante, la cual tiende a beneficiar a toda la humanidad. Si al menos una vez en su vida un número considerable de personas asumiera una posición verdadera y obrara de acuerdo con la verdadera naturaleza, esas ideas correctas se expandirían en toda la tierra. Una vez sembradas en nuestra mente, podríamos ayudar al mundo hablando de ellas y poniéndolas en práctica. Podemos hacer todo esto aunque el egoísmo humano es intenso.

Una verdadera liga humana podría ser formada sin distinciones sociales, nacionales o de clase, reemplazándolas con una percepción y realización común del universo, ofreciendo un sendero común para la humanidad. Debemos percatarnos de que somos todos interdependientes y provenimos de todas las civilizaciones que han existidos anteriormente. De acuerdo con la ley kármica hemos pasado por todo oriente, Europa y ahora estamos aquí en el lejano occidente. La civilización debe recorrer nuevamente el sendero de donde vino, y durante este retorno en espíritu, palabra, acción y ejemplo hacia el oriente, su origen, el poder de nuestro conocimiento y ejemplo disiparán las ideas erróneas acerca de las religiones y otras ideas.

Estamos aquí como los mejores representantes de la población mundial, los más inteligentes y los más libres desde el punto de vista de la acción, mente y criterio. Todo esto significa algo bajo la Ley, y cada ser que entra en contacto con la Sabiduría Antigua recibe una nueva oportunidad. No es la primera vez que nos encontramos, ni la última, estamos nuevamente unidos, escuchando lo que *conocemos* absolutamente dentro de nosotros. Hay algo en cada ser humano que ve y sabe cuando la palabra es emitida, presentando una señal de la vida en la vida, una existencia superior a ésta. Entonces empezamos a recorrer ese pequeño y viejo sendero que se extiende muy lejos, el Sendero que nuestros grandes predecesores, los Maestros, siguieron antes que nosotros.

Las Resoluciones de Año Nuevo

Es indudable que todos hemos hecho decisiones de año nuevo y sin duda alguna no todas las hemos realizado. Debe existir una explicación para nuestros fracasos y para el hecho de que en cierto período del año tendemos a formular resoluciones. La razón de esto yace oculta en la profundidad de nuestro ser. Quizás, aunque no lo notamos, tenemos una percepción natural de la ley oculta al observar este período particular del año. Las antiguas civilizaciones celebraban y comprendían lo que ellos llamaban "el nacimiento del Sol," o el retorno del Sol a su curso nórdico que comienza el 21 de Diciembre. Ellos sabían que en este período, todas las fuerzas ocultas en la naturaleza tienden a crecer con el retorno del sol. Cuando los rayos solares se hacen más intensos y cálidos, todas las fuerzas que se encuentran tras el Sol y nosotros adquieren vigor. En la ola ascendente de la renovación espiritual y psíquica, todo lo que deseamos realizar alcanza un mayor impulso que en otros períodos del año.

Fracasamos porque no comprendemos nuestra naturaleza. Por lo tanto, mientras nuestros intereses sean materiales y encontremos dificultades en realizar nuestros propósitos, seremos incapaces de usar la fuerza y la influencia que yacen en nosotros. El primer error que cometemos consiste en expresar propósitos *negativos*. Por lo regular decimos: *no* tomaré, *no* mentiré y *no* haré esto ni eso. Mientras, en realidad, la resolución apropiada es: *haré esto*, o sea, lo opuesto de lo que estamos haciendo. En tal caso expresamos nuestra *voluntad* directamente, mientras que la otra forma de propósito nos pone en una posición negativa. Quizás hemos pensado de los demás y de nosotros, que si evitamos *hacer* una serie de cosas cuestionables somos "buenos," todo lo contrario, somos simplemente *no malos*, nuevamente, una posición negativa. La verdadera bondad es una posición positiva.

Para cumplir con nuestros propósitos debemos apelar a la *voluntad* humana, porque ningún obstáculo puede limitarla. Por voluntad no queremos decir lo que comúnmente llamamos voluntad. Solemos pensar que cuando una persona está determinada a lograr sus fines, tiene una "fuerte voluntad," y un carácter positivo, pero esto muestra sólo una clase de voluntad. En realidad lo impulsan *deseos* muy fuertes que él sigue, más bien que la Voluntad misma.

La voluntad se presenta en muchas maneras distintas, algunas de las cuales ignoramos. La mera voluntad de vivir es un aspecto recóndito de la Voluntad y en realidad, si no tuviésemos la voluntad de vivir, no viviríamos. No es el cuerpo lo que nos tiene aquí, sino el *deseo* de vivir. Detrás de la Voluntad siempre está el Deseo. Cada uno de los órganos y de los procesos físicos humanos se desarrollaron previamente mediante un esfuerzo consciente, aún el proceso de la digestión, de la asimilación, el latido del corazón, de las distintas cualidades y funciones de todos los órganos, fueron evolucionados conscientemente. Nuestros cuerpos ahora pueden obrar automáticamente, mientras usamos nuestra conciencia, percepción y atención en otras direcciones. Nuestra voluntad en realidad funciona en cada parte de nuestra vida física, aunque no podamos percibirla ni entenderla. Existe también una fase mental de la voluntad que puede cultivarse por medio de la práctica: la atención constante o la concentración en cierta dirección capaz de lograr ciertos resultados deseados.

Pero la Voluntad verdadera y real es la Voluntad Espiritual que vuela como la luz y elimina todos los obstáculos como una afilada espada. Esta Voluntad que proviene de la parte más espiritual de nuestra naturaleza hace que el hombre evolucione del interior hacia el exterior por medio de todas las formas de substancia que han existido, y continúa desarrollando vehículos en ese estado de materia. Todos los poderes que existen o pueden existir son latentes, aunque estén mal expresados en la naturaleza espiritual, de la cual extraemos, de modo gradual y limitado, porque, como la mayoría de nosotros nos concentramos exclusivamente en la existencia física, concluimos que ésta es el sentido de la vida.

Alguna vez estuvimos conscientes de nuestra naturaleza espiritual, pero al descender por los planos de materia llegando a éste, nos desarrollamos intelectualmente a expensas de la percepción espiritual. La manera de obrar de nuestro intelecto es razonar de premisas a conclusiones, mientras que la naturaleza espiritual tiene el poder del conocimiento directo de la naturaleza de lo examinado. Así nuestro intelecto creció a expensas de la intuición espiritual. Es un esfuerzo inútil para la teología, la ciencia y la psicología, basarse en las percepciones personales y físicas para comprender lo que el ser humano realmente es, pues sus causas psicológicas son solo *reflejos* de las ideas físicas. Si queremos entender nuestra naturaleza, debemos empezar desde su punto más elevado, asumiendo que es, y sosteniendo el poder de ésta suposición. Comenzamos a ver la luz afirmando la naturaleza espiritual.

Actualmente empleamos nuestra voluntad siempre según los deseos, las simpatías o antipatías que tenemos, creyendo que son la base correcta para pensar y actuar. Lo que necesitamos es desarrollar un fundamento correcto para el pensamiento y la acción, una *base* adecuada para pensar. Debemos eliminar las ideas falsas de que somos débiles, pecadores, con todas las faltas de nuestros padres y abuelos, porque esa fue la forma en que nacimos. Tenemos que liberarnos del ídolo mental de un creador externo y comprender el propósito de la vida, para ver que somos el resultado de nuestras existencias anteriores y reconocer una evolución que procede bajo la ley verdadera y misericordiosa, que obra en todas partes. Como la ley actúa en una esfera de impresión, tendemos, cada año, a hacer nuevas resoluciones. Comprendiendo y empleando esta ley de repetición, podríamos realizar estos propósitos.

Muy a menudo sucede que expresamos algunos propósitos sólo porque es "correcto" socialmente sin proponernos mantenerlos. Los tenemos presentes por unos días y nos afectan por un período de tiempo, pero gradualmente los antiguos deseos reaparecen y nos colocamos nuevamente en el viejo sendero. Las resoluciones servirán muy poco si no las sostenemos. Un simple deseo no es una condición y no nos conducirá a algún sitio. Debemos sostener el deseo, *mantener* la resolución, ejercer nuestra voluntad y unirnos al objeto de la voluntad, siempre. No podemos eliminar el mal en nosotros pensando en éste ni podemos liberarnos de algo desagradable pensando en ello, pues, es cierto nos atamos a las cosas mediante el pensamiento. Mientras menos pensemos en los aspectos negativos en nosotros, mejor; pensemos en los opuestos y el mal no podrá volver. El pensamiento es lo que nos apega a algo, el deseo existe primero y luego actuamos. Debemos tener una base firme de pensamiento, si queremos expresarnos como seres espirituales.

¿Por qué tenemos nuestras teorías favoritas acerca de la vida, nuestras religiones o filosofías? Porque se conforman con nuestros *deseos*, y no porque corresponden a la verdad, ofreciendo una explicación de todos los misterios que captamos alrededor de nosotros. Esta es la razón por la cual después de miles de años no hemos aprendido mucho de lo que llamamos civilización y vivimos siguiendo el mismo ciclo de vida, de muerte y de dolor. Aún así no estamos atados a ello, si no nos apegamos por medio de nuestros pensamientos y acciones. No es necesario seguir en estos planos erróneos como hacemos ahora.

Si comprendemos nuestra naturaleza tendremos una posibilidad. Entonces, propongámonos una gran cosa: conocer, pensar y obrar justamente, adquirir un poco del conocimiento que siempre ha existido: el del hombre como ser espiritual a través de todos sus ciclos en la esfera objetiva. Si confiamos siempre más en el Ser interior, empezamos a expresar y emplear el poder que ya tenemos y esto es más de lo que podemos imaginar. Debemos ayudarnos siguiendo las sugerencias presentadas en las enseñanzas teosóficas, las cuales provienen de los Maestros. Tan pronto como sostengamos el poder de la voluntad en el sendero que deseamos recorrer, los Hermanos Mayores nos ayudarán más directamente, porque a diario y a toda hora "están dispuestos y ansiosos de encontrar a quienes tienen una mirada suficientemente clara para ver su verdadero destino y un corazón noble para trabajar a favor de la gran humanidad huérfana."

El Conocimiento Oculto

El conocimiento oculto tiene dos sentidos: el conocimiento "escondido" y el conocido. En este segundo caso, deben existir quienes lo conocen, no hay sabiduría sin sus depositarios. Sólo los que siguen el sendero hacia el conocimiento oculto pueden obtenerlo. Los Sabios indicaron el camino y todos los que quieren, tienen la posibilidad de obtener este conocimiento. No es un sendero abierto sólo a ciertas personas, sino que a todo ser humano y sus limitaciones dependen de nosotros, de nuestras elecciones e ignorancia.

Actualmente, lo que pasa por "conocimiento oculto" recibe mucha publicidad, y se clasifica con este nombre a distintos experimentos en varias esferas, pues existen sociedades de investigación psíquica y psicológica y las "experiencias" y "comunicaciones" astrales con los muertos son temas muy discutidos. Estos métodos de investigación proceden desde el nivel inferior hacia el superior y nunca alcanzarán la meta. Los métodos científicos, psicológicos y espiritistas van de lo particular a lo universal, sin embargo, lo particular es infinito y las personas que siguen este sendero inevitablemente se perderán en sus innumerables ramificaciones, sin alcanzar algún conocimiento real. La meta es realizable empezando *desde el nivel superior hacia el inferior*, de lo universal a lo particular y no viceversa.

El Camino del verdadero conocimiento oculto comienza donde todo empieza, es el Sendero de cada ser, y debemos comprender por qué es una vía abierta a todos. Nos encontramos en medio de una amplia evolución, constituida de varios niveles de seres inferiores a nosotros desde el punto de vista de la conciencia y la inteligencia; también hay seres superiores y más grandes que nosotros, los cuales provienen de una Fuente común y cada uno parece diferente, sin embargo existe supremo, en todos, el mismo poder de percibir, conocer y aprender.

Debemos entender el por qué de las diferencias en los seres y nuestras limitaciones. Busquemos, entonces, el principio de las cosas, pues todo lo que existe tuvo un comienzo y naturalmente tendrá un final. Si esta vida representa nuestro único principio, su término será nuestra completa extinción, por lo tanto no necesitamos interesarnos en nada más. Pero existe un conocimiento que se extiende a un período anterior al nacimiento y más allá de esta vida y en ese conocimiento oculto podemos encontrar la clave para entender, no sólo nuestra naturaleza, sino la de todos los seres dondequiera.

Nuestra primera base firme consiste en la percepción de que todo el conocimiento debe yacer y ser sostenido por la Fuente común, de la cual somos una parte y una expresión. Esa Base común no puede ser algún Ser supremo, porque la palabra "Ser" implica limitación y algo finito, por lo tanto fuera de eso debe existir todavía lo que no puede ser contenido. Debemos retroceder más allá de los seres, de las creaciones y de las criaturas, hasta esa Causa que se encuentra detrás de toda vida, de toda conciencia, de todo espíritu y de todo ser. *Esta* no es diferente en algún ser, sino la misma; por lo tanto tiene que ser la Divinidad esencial en cada ser de cualquier grado. Existe un solo Principio Absoluto que es el origen, el sustentador, el contenedor de todo lo que fue, es y será. Lo llamamos Principio porque nombrarlo quiere decir definirlo, limitarlo y minimizarlo. El intentar darle atributos es una limitación y si queremos entender lo Omnipresente y lo Inmortal en nosotros y en cada cosa, debemos ir más allá de toda limitación.

Nuestra búsqueda del conocimiento consiste, casi universalmente, en buscar fuera de nosotros. Buscamos información e instrucción en los pensamientos e ideas de otros hombres y pueblos, que, según esta escuela de Conocimiento Oculto, no es conocimiento. El único *conocimiento* alcanzable es el que obtenemos por medio de nuestros esfuerzos dentro de nosotros, como experiencia real. Los hechos externos y la información externa nunca nos darán comprensión de las partes superiores y más divinas de nuestra naturaleza.

Es imposible comprender y explicar los misterios de nuestra existencia basándonos en una sola vida. Debemos ir más allá y detrás de todo esto si queremos entender lo que es la evolución, la cual es un desarrollo de lo interno al externo y es la forma en que todos los seres crecen física, intelectual y espiritualmente. Los seres inferiores a nosotros están desarrollándose, son almas todavía en un estado embrionario, que no han alcanzado el nivel humano de autoconciencia y de autorealización, pero están dirigiéndose hacia nuestra condición. Lo mismo sucede con los seres superiores a nosotros, ya han pasado por nuestros estados. La parte interna, lo que es Permanente en cada ser, es ilimitable e infinito en su poder de desarrollarse y expresarse, siendo lo Inmortal.

Alguien podría decir que en esta vida hubo un principio, así cómo este día, esta experiencia y este cuerpo y es verdad, pero, en cada caso, el comienzo era la repetición de otros principios y fines de las experiencias, de los instrumentos y de las percepciones, sin embargo no del Perceptor, el verdadero ser.

Todo esto nos conduce a la percepción de la Ley, la Ley de Periodicidad, de los Ciclos, ilustrada en cada esfera de la naturaleza. Toda persona inteligente debería entender que el estar aquí, bajo la ley de evolución, demuestra que nadie alcanzó su estado actual, sino por medio de otras etapas anteriores. Lo que "nos" impele, la base de todos los poderes que mostramos y expresamos, es el Espíritu en nosotros, nuestro Ser real. El Espíritu del ser humano posee los mismos poderes de todo Espíritu, que es universal e ilimitado. En el hombre es individualizado, por lo tanto es el verdadero Ego en cada uno de nosotros. Como Ego, tenemos la dirección de la corriente de la fuerza universal que llamamos Espíritu, dirigiéndola en varias maneras: positiva y negativa, porque es necesario comprender que el bien y el mal no existen por sí mismos, sino como resultados de la acción.

Solemos imaginar que de los demás nos vienen el bien y el mal, pero como directores de las fuerzas del Espíritu, como Egos, nos damos cuenta de que fuimos los causantes de todo lo que nos sucede. Muy a menudo oímos el dicho: "Lo que el hombre siembra, cosecha," y quizás creemos en esto. ¿Lo hemos aplicado alguna vez de otro modo, o sea, todo lo que cosechamos debemos de haberlo sembrado?

La Ley de Periodicidad, de los Ciclos, siendo universal, debe ser aplicada en cada particular y en cada ser particular, ésta es justicia. Si la Ley no es universal, entonces, éste no es un universo gobernado por la ley, sino por la casualidad. Si la ley gobierna al universo, nuestras condiciones, posesiones, inteligencia, creencias y ambiente, son el resultado de nuestros pensamientos y acciones. Así como cosechamos continuamente, así debemos haber sembrado en algún momento, y cómo sembramos constantemente, debemos cosechar en un momento dado. Nuestro nacimiento y nuestras circunstancias son nuestra cosecha, mientras la actitud con la cual las enfrentamos y las usamos, es nuestra siembra. Nacemos en el cuerpo y en las condiciones en las que nos encontramos, a causa de lo que sembramos en vidas previas. Esto es justicia, por sí sola explica las diferencias entre las personas.

Somos seres responsables y el sentimiento de responsabilidad es el primer paso hacia el altruismo. El reconocer que la Ley es inherente en nosotros, o sea, cuando actuamos afectamos a los demás y recibimos la exacta reacción, destruye el concepto de que algún ser o seres nos imponen la ley.

En las ideas fundamentales que tenemos yacen las diferencias entre las personas y las contradicciones en nosotros, porque como pensamos así actuamos. Si una persona cree que ésta es su primera y única vez que estará en la tierra, que algún ser lo engendró, lo gobierna durante su vida aquí y lo cuidará cuando muera, obrará de acuerdo con estas ideas, recibiendo, entonces, la reacción inevitable.

Pero si vemos que el Espíritu yace detrás de todo, que toda la Ley es la acción del Espíritu y que somos Espíritu, alcanzaremos una verdadera percepción de nuestra naturaleza y empezaremos a pensar en términos de edades, y no solo de días de una breve existencia. Nuestras acciones se basarán en esas Verdades Eternas probadas una y otra vez por los Seres Superiores que pasaron anteriormente por nuestro estado y ahora son los Conocedores de lo Eterno. Son los depositarios de este conocimiento y lo que han divulgado como Teosofía es la declaración parcial de su conocimiento y es todo lo que podemos asimilar, comprender o usar.

Por lo tanto, siendo Espíritu y obrando de acuerdo con la Ley de nuestro Ser, realizamos el sentido del Universo entero, es decir, el Universo existe sólo para la evolución del Alma. Las almas inferiores a nosotros a nivel embrionario, las parcialmente desarrolladas entre la humanidad y las superiores, perfectamente desarrolladas, están todas ocupadas en ascender la gran escala del desarrollo y de la autoevolución. Nadie puede obligarnos a subir la escala. Podemos permanecer por millones de vidas en el mismo nivel, o descender, pero si queremos pasar del estado humano al sobrehumano, de alma a gran alma, debemos realizar las condiciones que nos permitirán llevar a cabo este propósito.

El Conocimiento Oculto yace a lo largo de estas líneas, existe y está más allá de lo que llamamos razón, porque esta última consiste simplemente en razonar de premisas a conclusiones, mientras el conocimiento real es la cognición directa. No razonamos sobre lo que ya *conocemos* y tampoco sobre el conocimiento que hemos alcanzado en el pasado. Cuando estamos en el plano del conocimiento sabemos sin raciocinar. Esto es más profundo de lo que las personas imaginan. El ser humano puede alcanzar ese estado en el cual es suficiente observar algo para captar su naturaleza entera desde el origen, todos los procesos a través de los cuales pasó y las relaciones incidentales que tuvo. Esta es la cognición directa, Conocimiento Oculto, alcanzable por medio del reconocimiento y el uso consciente de los poderes del Ser Interno. No se puede conseguir razonando, ni mediante las suposiciones alcanzadas examinando las cosas desde un punto de vista externo, basando nuestro juicio sobre lo que somos capaces de percibir. Es alcanzable por medio de la Intuición, el conocimiento adquirido de todo el pasado. El Conocimiento Oculto permite determinar, definitivamente, la naturaleza y la esencia de lo observado.

Podemos recibir, como una luz constante, la Intuición verdadera y completa sólo si eliminamos las ideas falsas que tenemos y usamos. Lo único que se necesita es corregir la base desde la cual pensamos.

La Teosofía nos ofrece el fundamento verdadero para pensar y actuar correctamente. El esfuerzo coherente y persistente de pensar y obrar desde la base justa, extrae de nosotros un cierto poder que se manifiesta primero como la facultad de la concentración, la habilidad de mantener la mente sobre un único tema u objeto, excluyendo todos los demás.

¿Cuantas personas tienen este poder? Me atrevo a decir que nadie. Por lo general nuestra mente no es *estable* y primero debemos alcanzar eso, la estabilidad. No *podemos* emplear la facultad de la concentración si nos consideramos seres cambiantes y perecederos. Pensamos que para "desarrollarnos" debemos cambiar, no es verdad. Tenemos que alterar nuestras ideas fundamentales, nuestra mente, instrumentos y maneras de pensar. Aquí es donde ocurre el desarrollo. Si deseamos aprender a concentrarnos debemos empezar desde la base del punto estable en nosotros, el Perceptor, el Espíritu, nuestro Ser real Inmortal e inalterable. No podemos realizar ese Poder en nosotros hasta que nos demos cuenta que toda la vida es Unica y que todos los seres como nosotros vamos por el mismo sendero. De esta manera realizamos la Hermandad Universal en un sentido espiritual, el Altruismo debería actuar en nosotros en cada pensamiento, palabra y acto.

Al considerar todos estos asuntos nos percatamos de lo lejos que estamos para comenzar a dar los primeros pasos en la dirección del conocimiento oculto. De todos modos debemos empezar y entre más pronto lo hagamos, mejor. Es necesario despertar la Voluntad Espiritual, que no es una cosa o un poder en sí. La voluntad es conciencia en acción, y debe diferenciarse de la conciencia inactiva. Tan pronto como tenemos un pensamiento o un deseo hacia una dirección dada, la "voluntad" empieza a obrar. Esta es débil o fuerte según las ideas que tengamos acerca de nosotros mismos, nuestros pensamientos, deseos, aspiraciones, limitaciones y consideraciones sobre nuestras debilidades. Al darnos cuenta de que somos seres *Espirituales* capaces de pensar y actuar en la dirección correcta, la Voluntad Espiritual empieza a funcionar, el poder de la Concentración se fortalece, el sentimiento de responsabilidad crece, la naturaleza entera comienza a cambiar y a transformarse y la Gran Transición empieza a tener lugar.

Estas son las Verdades Eternas que debemos entender. Primero tenemos que comprenderlas y luego ponerlas en práctica en nosotros y para nosotros, entonces descubriremos que estas ideas son verdaderas, porque hemos *realizado* su verdad en la medida que se han convertido en algo evidente como el sol en el cielo.

El Poder de la Sugestión

El poder de la sugestión significa cosas distintas para muchas mentes. Está ligado a la idea de la hipnosis, condición en la cual el operador hace que el sujeto piense, diga, actúe o imagine cualquier cosa que él elija. Esto es posible por la condición anormal en que se encuentra el sujeto. Generalmente no se conocen las teorías y métodos que inducen a esta condición anormal, aunque algunos practicantes hayan encontrado varios métodos para inducir la hipnosis en algunas personas.

Aquí nos proponemos discutir la sugestión misma desde el punto de vista general y como afecta a nuestros semejantes. Las personas no se percatan de que actúan, casi siempre, bajo sugestión. Desde que nacemos estamos rodeados de personas que nos sugieren que ciertas ideas son verdaderas y nosotros las seguimos. Existe poco pensamiento *original*, y esto es particularmente cierto en aquellas ideas a las que el público presta mayor atención: la religión, la política y la ciencia. Adoptamos cualquier sistema de pensamiento que nos presentan y seguimos la sugerencia impartida sin intentar alcanzar su esencia. Tomamos por hecho la base sobre la cual yace, incluso en los asuntos más importantes de la vida.

Nuestra religión, por ejemplo, se dice que es una "revelación." En la infancia aceptamos esto como un hecho sin examinar lo que es o sobre lo que se basa. El hecho de que nuestros poderes de pensamiento y acción estriben en una sugestión falsa no los inhibe, pero el resultado es que todas nuestras posibilidades de pensamiento y acción, nuestras creaciones mentales y toda la superestructura de nuestra existencia son falsas, porque pensar, partiendo de premisas falsas, nos conducirá, inevitablemente, a conclusiones falsas.

Esto es tan cierto como en el caso del sujeto hipnotizado. Se le ha puesto en una condición anormal, su mente está vacía, el operador le presenta cierta idea y con ésta la sugestión de como actuar. Inmediatamente el sujeto la adopta, la pone en práctica y continúa siguiendo la dirección sugerida acumulativamente hasta que sea cambiada.

Aquellos que han nacido en una secta particular deben saber esto. Tan pronto como empieza nuestro entendimiento nos presentan ideas, instilándolas en nuestra mente como realidades absolutas. Procedemos según aquella base y mientras continuemos con ella, no podremos alcanzar alguna conclusión o comprensión verdadera. ¿Qué sabemos en nuestra infancia de la verdad o falsedad de estas ideas? Absolutamente nada. ¿Qué conocimiento tienen nuestros padres y nuestros maestros de las mismas? Absolutamente nada; nos pasaron sólo las sugestiones que recibieron durante la niñez y que han obrado en ellos, acumulativamente, desde entonces.

Debemos aprender a no aceptar las afirmaciones, sin importar de donde provengan, simplemente porque nos las hacen. Debemos llegar a la esencia de lo que nos presentan, conocer sus principios, si son *evidentes*. Si no lo son, ¿cómo pueden ser básicos?

La idea que existe un creador de este universo es común en el mundo occidental. ¿Qué sabemos al respecto? Si es verdad que un ser creó el universo y todas sus criaturas en él, entonces no somos responsables. A esta idea la siguen otras, como el ser humano vive aquí solo una vez, éste es su único nacimiento y de aquí desconoce a donde va. Hemos seguido la sugestión que el ser humano solamente vive una vez, es fundamentalmente irresponsable de su estancia aquí y hemos elaborado nuestros pensamientos y acciones sobre esta base. ¿Nos hace esto más sabios y felices mientras vivimos? ¿Produce paz y felicidad para los demás? ¿Terminamos nuestra existencia más sabios y mejores? Sabemos que al final de nuestra vida abandonamos los objetos terrestres que obtuvimos.

Pero esta tierra es solo una de las muchas que hay. ¿Qué pasa con los otros planetas y sistemas solares que llenan nuestro espacio? Basándonos en las sugestiones recibidas, ¿tenemos algún conocimiento vital acerca de estos o de la razón de su existencia?

Cuando nuestras impresiones religiosas cambian y recibimos otras ¿no nos las divulgan en la misma manera? Cualquiera que éstas sean: "Ciencia Mental," "Nuevo Pensamiento," "Ciencia Cristiana," etc., las adoptamos y las seguimos de acuerdo con las direcciones recibidas y ¿qué aprendemos realmente? Nada. Terminamos nuestra vida encasillados en la ignorancia, no obstante todas las "revelaciones" dadas. ¿Qué sabemos de sus bases? ¿Son verdaderas o sólo en parte? Nunca nos piden que examinemos sus fundamentos para ver con nuestros ojos si son verdaderas o evidentes. No, se nos pide que aceptemos lo que nos dan y que obremos de acuerdo a estas ideas, lo cual es sugestión.

Nuestra vida municipal, nacional y política, está sujeta a la sugestión y pocos son los que intentan alcanzar la esencia de las cosas y comprender lo que es la naturaleza del ser, de tal modo que puedan saber por sí mismos, para luego actuar con poder y conocimiento. Al examinar la esfera en la cual vivimos, encontramos que estamos todos presos en el poder de la sugestión, en cualquier dirección.

¿Qué criterio deberíamos aplicar a cada sugestión que se nos presenta? Simplemente ésto: si tenemos la verdad, tiene que explicar lo que anteriormente era un misterio y como estamos rodeados de misterios, la Verdad debe aclararlos todos.

Este poder de la sugestión tiene que ser empleado aún sin importar cual sea la dirección que nos indican. Si la Verdad en la religión, en la ciencia y en la filosofía existe y es alcanzable, debe llegarnos, por sugestión, de Aquellos que saben. Si este proceso fuese imposible, y no pudiésemos emplearlo, sería inútil hablar de tales temas. Pero cuando nos sugieren la verdad, siempre se presenta un medio por el cual podemos verla y verificarla. Dicho medio no está en la autoridad o la aprobación de nadie, sino en el hecho de que podemos percibirlo y examinarlo personalmente. *La autoridad final es el ser humano mismo.*

Un Dios externo es un ídolo. Debemos llegar a las partes más recónditas de nuestro ser y comprender que es nuestro mismo ser quien elige lo que debe aceptar o rechazar. El poder divino: la facultad de elección, está en cada uno de nosotros. Cuando empezamos a comprender esto, obtenemos la primera clave de nuestra *inmortalidad*. Por lo tanto nos percatamos de que Eso que vive y piensa en el ser humano es el Eterno Peregrino. Si se prefiere usar la palabra *Dios*, se puede decir: "Tantos hombres en la tierra, tantos Dioses en el cielo."

Existen muchos seres inferiores a la humanidad y tal vez alguien pudiera admitir que hay seres superiores a ella. Ninguno de ellos puede ser omnipresente, ni lo Supremo. ¿Qué es lo omnipresente y supremo en cada ser: en el ser humano, en los seres inferiores y en los seres superiores a él? ¿No es quizá este Poder de percibir, pensar, elegir y actuar sobre el pensamiento, la elección, la inteligencia que el ser tiene? Ese Poder transciende todo ser y toda concepción, siendo el poder que yace en la raíz de la evolución y la verdadera esencia de cada ser. Nadie está separado de Aquello ni carece de Aquello. Todos son rayos de y uno con Eso. No hay posibilidad de *existencia* separada de Aquello.

El ser humano yace en medio de una vasta y silenciosa evolución: la de la inteligencia y del Alma. Todos los seres inferiores al ser humano deben subir la escala del ser hasta nuestro estado y cualquier ser más allá de lo humano debe haber pasado por nuestro estado y haberse elevado más en la escala. Son nuestros Hermanos Mayores que han vivido en diferentes civilizaciones anteriores a la nuestra, muchas edades antes que la nuestra, alcanzando un nivel de desarrollo superior al nuestro. Fueron Ellos quienes adelantaron todo su conocimiento adquirido durante esa vasta evolución que precedió a la nuestra.

Estos Hermanos Mayores de la familia humana no son espíritus en el sentido común del término ni seres etéreos, "dioses" o "ángeles," sino *seres humanos*, Mahatmas (Grandes Almas), seres perfeccionados desde el punto de vista físico, mental, moral, psíquico y espiritual. Ahora ocupan la posición que un día nosotros también alcanzaremos, cuando nos hayamos perfeccionado del mismo modo que Ellos, mediante esfuerzos auto-inducidos y auto-pensados.

Estos Maestros, con Su conocimiento y poder, Su habilidad y esfuerzo para ayudarnos y guiarnos, representan la sugestión más grande y poderosa que el ser humano pueda recibir. Están dispuestos y preparados para ayudarnos cuando y donde estemos listos y dispuestos para recibir. Nunca piden; están siempre dispuestos a *ofrecer* a aquellos que quieran seguir las líneas indicadas, de modo que podamos llegar a ser como Ellos, y alcanzar el conocimiento mediante nuestros esfuerzos.

Si tomamos Su filosofía como la teosofía nos la presenta, si la consideramos como una teoría para ser examinada según sus méritos, nos daremos cuenta de que nos *explica* por qué existen muchas clases de personas, naturalezas diferentes e individuos que sufren más y otros que sufren menos. Explica por qué cada uno nace en un sitio particular, en una familia, nación y período, la desigualdad en la vida, cada misterio e injusticia. Esto capacitará al hombre a *realizar* su propia inmortalidad, a vivir una existencia consciente en el Espíritu aun cuando esté encarnado en un cuerpo en la tierra. Actualmente vivimos en la materia, pensamos que existimos en la materia y dependemos de ésta para existir. Pensamos en la materia, nuestra religión, ciencia y filosofía son materialistas. Lo anterior depende del mal uso del poder de la sugestión y de haber aceptado ideas de cualquier autoridad ciegamente, sin examinarlas y compararlas primero. Nosotros *creemos*, no sabemos.

No existe Divinidad, sino aquella que se ha desarrollado del Espíritu Unico. Cada ser Divino es una evolución. Cuando se habla de la divinidad esto significa la evolución de un ser. Toda inteligencia se basa en el Poder de percepción que existe en todos los grados de ser. La inteligencia es la extensión del poder de conocer. Esta idea elimina muchas sugestiones de las cuales tal vez hemos dependido. Sería mejor no depender de nada, salvo de nuestra facultad inherente de aprender para liberarnos de las dificultades. Todos nuestros poderes nacen con nosotros, todas las experiencias anteriores están con nosotros, oscurecidas sin embargo, por las sugestiones que recibimos desde pequeños y por las ideas falsas que aún sostenemos. Solo la Verdad puede liberarnos y cada uno de nosotros puede descubrirla, seguirla y conocerla por sí solo.

La Verdadera Clarividencia

Desde que el Movimiento Teosófico asumió una expresión externa en 1875, muchas personas se han familiarizado con el término *clarividencia* (visión clara). Al final del siglo pasado y principio de éste se han observado y experimentado muchas clases de clarividencia. La clarividencia misma tuvo su desarrollo y facilidad particular: los varios tipos de clarividencia relativos a los diferentes grados de percepción de materia donde no existe algo tangible que ver y los eventos que ocurren muy lejos de donde está el vidente. Desgraciadamente, todos estos tipos de clarividencia tenían un propósito limitado, siendo una clarividencia parcial.

Sociedades de investigación psicológica y psíquica están intentando descubrir lo que es o lo que no es el poder de la clarividencia, basándose en el cerebro o en la simple existencia física. Buscan las causas necesarias en efectos que se activaron mediante causas ocultas, por consiguiente sus investigaciones son limitadas. Mas aún, la clarividencia misma muestra que en el hombre yace latente el poder de ver, oír, sentir y contactar desde cualquier distancia. Además, este poder es común a toda la humanidad y no es una facultad exclusiva de un individuo o personas en especial.

Existe una verdadera clarividencia y una verdadera escuela de ocultismo, pero también clarividentes falsos. Hay muchas escuelas falsas de ocultismo, todas van en una dirección particular que resulta atractiva a la mente humana común, deseosa de obtener algo personal porque se cree separada de los demás. Lo mismo sucede con los diferentes tipos de clarividencia, si deseamos encontrar el poder en nosotros para alcanzar algo *personal*, la clarividencia conseguida no nos guiará en la verdadera dirección. Sólo el estudio de la naturaleza del ser humano, del mundo en que habita y del sistema solar que lo incluye, nos impartirá una verdadera comprensión de la clarividencia, permitiéndonos entender su esencia.

La naturaleza septenaria del ser humano nos da la llave de la clarividencia real. Existen siete planos de conciencia distintos, siete estados de materia diferentes, siendo el físico, uno de ellos. Estos siete planos distintos de acción son los varios campos de la naturaleza del ser humano, pero en todos actúa el mismo *Uno*. Por lo tanto, el verdadero sentido de clarividencia es la visión clara en cada una de estas siete esferas de la naturaleza humana. Toda la demás clarividencia parcial, no puede ayudarnos, y seguramente tampoco revelarnos un gran conocimiento.

Existen muchas personas que permanecen sentadas "creyendo alcanzar el desarrollo" e intentan penetrar en el estado del "plano astral" para poder ver y oír a distancia. Pero esta dirección está repleta de peligros. El ver y oír cosas no nos imparte alguna comprensión de su naturaleza, y muchas de estas atracciones astrales pueden tener una naturaleza peligrosa y venenosa. Los esfuerzos hechos a fin de alcanzar estos planos son siempre pasivos y cuando permitimos ser pasivos, nos abrimos a cualquier influencia fuera de las normales percepciones físicas. Así somos víctimas de efectos positivos y negativos, pero en ambos casos no somos el agente que elige activamente. Lo que hay en nuestra naturaleza atrae el bien y el mal o una combinación de los dos, pero el ver u oír simplemente no nos impartirá algún conocimiento, ni nos ayudará en nuestra evolución. Por ejemplo, si nos llevaran al planeta Marte y pudiésemos ver cómo estos seres obran y oyéramos los sonidos de sus palabras, si fueran una clase de seres diferentes a nosotros, no podríamos comprender absolutamente su manera de comportarse. Sólo la comprensión de las leyes y los principios nos permite conseguir el conocimiento y el entendimiento real. Como existe una ley que desde el principio de nuestro ser nos ha impulsado hacia nuestro desarrollo gradual, así hay una ley que nos conduce por la escala del conocimiento pasando por los diferentes niveles y ninguno de estos puede ser omitido. Es imposible intentar alcanzar la cumbre saltando desde el fondo, porque cada paso depende del precedente y lo superior yace en la cima de los demás, mientras que lo inferior antecede a lo superior.

Para una clara explicación de la naturaleza septenaria del hombre es mejor considerar los tres grandes principios que son la base de la vida, de cada religión y filosofía que ha existido y podrá existir. Podríamos resumirlos en tres palabras: Dios, Ley y Ser. Con respecto a Dios, según las civilizaciones del pasado, existe un *Principio Unico y Absoluto*, Inefable, Intraducible Indefinible, Infinito y Omnipresente, la Causa y el Sustentador de todo lo que fue, es y será. La Deidad, lo Omnipresente, yace en cada punto del espacio y no estamos separados de Eso. Cada uno de nosotros es Aquello, un rayo del Principio Absoluto y uno con El. El poder interior de percibir, conocer y experimentar, apartado de lo que vemos, conocemos y experimentamos, es el Ser Unico, la Vida Unica, la Conciencia Unica, que todos compartimos, es el Origen, la Vida y el Poder de cada ser. Tras del percibir, conocer y experimentar, reside el Ser Unico indivisible, la verdadera base de la hermandad: el vínculo que unifica todo lo que es superior e inferior al hombre. El verdadero desarrollo en la vida divina es la realización creciente de la plenitud de aquella Vida en cada ser. Al actuar por y cómo el Ser en cada ocasión, dándonos cuenta de que el Ser obra en y por medio de todos y al percatarnos siempre más que cada uno de nosotros *es* aquel Ser, empezamos a notar, apreciar, entender y ayudar a la plenitud de nuestra naturaleza y la de los demás.

La Ley es el segundo gran principio y muestra que el universo es un plano ilimitado en el cual ocurren manifestaciones periódicas. Esta tierra y este sistema solar tuvieron un principio y seguramente terminarán, pues, lo que tiene un comienzo en el tiempo necesariamente tiene un fin. Todos los planetas, los sistemas solares y los seres de todo grado han alcanzado sus niveles actuales mediante la evolución, que sigue la ley exacta, inherente en la naturaleza de los seres involucrados. Toda la evolución procede de estos seres. Los resultados individuales y colectivos dependen de la fuerza de los seres en acción. La ley principal es Karma, la ley de acción y reacción, de causa y efecto, son los aspectos de la acción y no pueden ser separados. Todo el progreso prosigue de acuerdo con esta ley, según la sucesión natural de períodos de actividad y descanso. Como el día sigue a la noche y las estaciones las unas a las otras, después del nacimiento hay la juventud, el estado de adulto, la muerte y de nuevo el nacimiento. El proceso de la reencarnación o el retorno en un cuerpo es natural como entrar en un nuevo día que todavía no ha empezado. Esta vida es; la anterior era y la próxima será. Como los planetas o los sistemas solares terminan, se reencarnarán junto a los seres que los poblaban, por lo tanto tendremos un nuevo comienzo.

Según el tercer principio fundamental: todos los seres del universo se han desarrollado desde puntos de percepción inferiores, alcanzando una individualización siempre mayor, los seres superiores a los hombres han pasado por nuestros estados, es imposible detener la evolución en un universo infinito con posibilidades ilimitadas, no importa el estado de perfección alcanzado en cada raza, en cada planeta y sistema solar, porque existen siempre posibilidades mayores más allá.

Al principio, este sistema solar era simplemente la continuación del precedente. En otro conjunto y planeta seres de todos grados correspondientes a nuestros reinos minerales, animales humanos y sobrehumanos, cooperaban. Aquel gran día de operación terminó, ese mundo se detuvo en cuanto a la acción, así como nosotros nos detenemos cuando la conciencia de vigilia se interrumpe y dormimos. Luego aparece el alba del nuevo día, la actividad recomienza. Todos los seres que se habían expresado hasta ahora y habían sido inspirados en el estado de la materia primordial emergen otra vez para un nuevo período evolutivo.

En el inicio de este mundo éramos autoconscientes, envueltos en aquel estado primordial de materia, desde el cual provinieron todos los sucesivos y en el cual las posibilidades de cambio son infinitas. Como nuestro planeta empezó en un estado nebuloso, tendiendo luego a concretizarse, refrescándose, solidificándose y condensándose, así cada ser humano se ha transformado en una concretización gradual de substancia, hasta alcanzar este plano más denso y la materialización final en el cuerpo físico actual. Los escalones por los cuales descendió son siete, y en realidad, según la enseñanza, el sistema solar, la tierra y el ser humano, tienen una naturaleza septenaria. Observen las siete notas de la escala musical y los siete colores del prisma, su existencia no es "casual", sino que son evoluciones y diferenciaciones de la única substancia. El sonido y el color son dos grados de vibración distinta que el oído y el ojo o ambos captan. Según unas personas, mientras ahora tenemos sólo cinco sentidos, estamos gradualmente adquiriendo otro. En realidad tenemos cinco órganos que nos presentan cinco características diferentes de la materia. En el futuro percibiremos la sexta característica de la materia y más allá yace el séptimo sentido sintético que incluye todo y pertenece a los planos superiores del ser.

Si somos aquel ser que es el perceptor, el conocedor, el espíritu, la Vida, la Conciencia misma, ¿qué sería la verdadera clarividencia? ¿Podríamos definir la clarividencia verdadera como el simple mirar con los ojos físicos un estado de materia un poco menos concreto que lo terrestre? Existen verdaderos clarividentes que no sólo captan lo que es evidente a todos, sino que pueden ver todo lo que yace en cada ser. En su presencia no es posible moverse sin activar cada uno de sus nervios, exhibiendo, por las líneas de estos siete sentidos, cada cualidad o propósito que el individuo haya tenido. Existen seres capaces de leer los corazones humanos y captar las verdaderas razones que los impulsan. En el estado de auténtica clarividencia, el ser real está absoluta e incondicionalmente despierto. Usa cada uno de sus instrumentos con precisión y en armonía recíproca. Tiene una visión clara y conoce los propósitos de los seres humanos porque lo ve *todo*. ¿Cómo es posible que lo vea todo? Cada centro en el hombre, o sea cada órgano, se ha desarrollado siguiendo las leyes que gobiernan el sistema solar. Estas leyes pueden ser conocidas. Cada centro tiene su color y sonido característicos y presenta también un símbolo y una forma particular. Si una persona conociera las leyes de los sonidos y los colores de los símbolos y de la forma, sería capaz de decir exactamente la causa de la naturaleza de cada moción y su propósito básico. A este ser no le podríamos ocultar el engaño, el mal y los motivos. Dicha adquisición, sin posibilidad de fracaso, sería divina: la verdadera clarividencia.

La verdadera clarividencia es inalcanzable "estando sentado esperando desarrollarse." Una persona puede estar sentada por millones de años y al final habrá desarrollado sólo la capacidad de estar sentada. El verdadero poder es alcanzable si intentamos realizar nuestra naturaleza divina y *obrar* como divinidad, colocando todo lo que poseemos al servicio de la humanidad. La única manera de alcanzar este poder es sacrificándonos, pues lo divino en nosotros se expresa en su totalidad en el sacrificio personal. Mientras el ser humano vive estando siempre más consciente de su naturaleza y dedicándose al trabajo a favor de la naturaleza de sus semejantes, el conocimiento espiritual emergerá espontáneamente en su interior. Nada busca por sí mismo, sino que el poder y el conocimiento para ayudar a las personas menos dotadas. Jesús dijo: "Que el más grande entre vosotros, sirva al menor." Así ha sido siempre en esta gran obra, los más adelantados que servían a los menos desarrollados eran los más humildes y nunca buscaron preferencia, ni reconocimiento.

El altruismo, el sacrificio espiritual, la devoción para los intereses más elevados de la humanidad constituyen santo y seña para la verdadera clarividencia. Si fuese alcanzable de otra manera, muchos acontecimientos que han pasado y desastres que han tocado a numerosas personas ¿no hubieran sido evitados? Si pudiésemos comprar este conocimiento ¿no serían saqueadas las instituciones, las personas robadas, la bolsa explotada y toda clase de ventajas personales adquiridas? El verdadero conocimiento nunca se emplea para el adelanto personal ni siquiera para la defensa. Los que crucificaron a Jesús dijeron: "Que él se salve a sí mismo y descienda de la cruz. Salvó a los demás, ¿acaso no puede salvarse a sí mismo?" ¿Quizá creemos que no hubiese podido descender de la cruz? Absolutamente no. Habían descargado sus naturalezas sobre Él y sufrió. Si hubiese querido, habría podido destruirlos a todos, pero dijo: "Padre, perdónalos, porque no saben lo que hacen." Tampoco los seres capaces de leer los pensamientos más íntimos de una persona curiosearían ni intentarían descubrir lo que los demás desean ocultar. Nunca pondrían sus miradas donde no han sido pedidas. Consideran a la persona por lo que es, y si engaña lo enfrentarán en su campo, buscando siempre ofrecerle un punto de vista más elevado.

Existen seres que vienen a la tierra, de edad en edad, y que, sin mostrar características particulares que nosotros podamos captar, son depositarios de un conocimiento que deseamos alcanzar. Excepto unas pocas personas, nadie los reconoce cuando viven entre nosotros, sino que, cuando mueren, lo que nos han dado expresa lo que eran. La característica de las enseñanzas de Jesús nos indica la naturaleza del ser que las divulgó. El mismo concepto es aplicable a las enseñanzas teosóficas, un conocimiento absolutamente científico que cubre cada esfera de la naturaleza explicando todo lo que ahora son misterios. Esto demuestra la naturaleza de los seres que han presentado la Teosofía, nuestros Hermanos Mayores, los cuales, aunque se han elevado de nuestra condición, no nos abandonan en la obscuridad y en la ignorancia. Desean que nos conozcamos y comprendamos y que podamos obrar cómo seres divinos corrigiendo nuestras ideas acerca de la vida y que actuemos justamente a partir de ideas correctas. No obstante nuestra ceguera e ignorancia no se nos ha abandonado, sino que recibimos la ayuda que merecemos y deseamos, hasta que empleemos lo que aprendimos para ayudar a los demás que saben aún menos que nosotros. Sólo el altruismo nos ofrecerá todos los regalos que existen. Jesús dijo: "Buscad primero el reino de los cielos y el resto os será dado."

La Verdadera Moralidad

La verdadera moralidad no consiste en palabras, frases o maneras de actuar, ni su base se encuentra en las diferentes ideas comunes al respecto, porque estos conceptos varían según el período y el lugar. Lo que es "moral" en un tiempo es "inmoral" en otro. Esta actitud cambiante hacia las acciones y la clasificación del mal y del bien en una "división del universo" que varía constantemente, carece de base y seguramente su resultado será la intolerancia. En realidad, las personas que se enorgullecen de sus ideas especiales sobre la "moralidad," suelen ser muy intolerantes con los que no comparten su opinión. La verdadera moralidad consiste en una comprensión y realización del poder de la naturaleza espiritual humana, de la cual debe necesariamente fluir, prescindiendo de los convencionalismos. Debemos conocer nuestra naturaleza interna para entender lo que es la verdadera moralidad.

El consenso de opiniones entre los seres que viven en un lugar en un período dado establece las convenciones de la vida externa que no se basan necesariamente en la verdad ni, ciertamente, en la percepción de la verdad completa. Es evidente que las ideas comunes no sirven a los mejores intereses de la humanidad. El mundo se encuentra en un estado de maldad y egoísmo tremendos. No obstante las ideas comunes acerca del progreso, la moralidad y la religión, no es un sitio más feliz que en siglos anteriores. No es un lugar mejor para vivir si lo comparamos con las civilizaciones más inocentes y menos complejas de las naciones antiguas. Evidentemente tiene que haber algo equivocado en nuestras ideas, si reconocemos que el mundo, en lugar de mejorar, empeora, y la vida, en vez de llegar a ser más simple, se hace siempre más compleja. No nos encontraríamos en la condición actual si nuestras ideas religiosas y morales, provinieran de las ideas básicas de todas las religiones, filosofías y sistemas de pensamiento.

La mayoría de las poblaciones occidentales aceptan como base para comprender la vida, una religión revelada y un Dios personal que según ellos la reveló. Éste es el origen de todos nuestros conceptos erróneos, y explica el gran énfasis puesto en la existencia física. En realidad podemos decir que, generalmente, el pensamiento humano se concentra en la existencia objetiva. Las personas no se preguntan: "¿Por qué nací en este período, en estas condiciones y civilizaciones y no en un tiempo anterior o futuro, cuando el mundo era o será mejor? ¿Por qué estoy aquí? ¿Cuál es la causa preexistente que nos ha llevado a esta relación? ¿Dependió del deseo o del capricho de un ser especial o de la operación de una ley interna e inherente en nosotros?" Si la causa de nuestra existencia actual, con nuestras cualidades y dificultades, no depende de nuestro comportamiento pasado, sino del deseo o capricho de algún ser, no debemos considerarnos responsables de cualquier acontecimiento. Si fuimos creados así, nada existe que pueda anular esta creación, por lo tanto sufriremos las consecuencias, cuyas causas no activamos.

Las verdaderas ideas de la antigua filosofía nos alivian de dos conceptos erróneos: el primero acerca de un Dios vengativo que nos castiga por lo que no podemos evitar hacer y el segundo, acerca del Diablo, al cual se nos entrega si no seguimos las direcciones que algunas personas nos han impartido. Conocer la Teosofía nos permite comprender que nunca hubo "creación," en el sentido de producir algo de la nada, sino que todo lo que existe ha *evolucionado* y continúa evolucionando. Los seres inferiores a nosotros están evolucionando para alcanzar nuestra etapa, mientras los seres superiores, en un pasado muy lejano, experimentaron nuestras mismas condiciones. Todos los seres han alcanzado su estado por medio de la evolución de lo interno hacia lo externo, la cual procede según la Ley.

La ley obra en todas partes y en cada ser, porque no es algo separado de él, o sea del ser espiritual interno. La ley es la ley de la acción del ser humano. Por lo tanto, actuando según las lineas que afectan a los demás para el bien o para el mal, necesariamente experimentamos los efectos buenos o negativos que afectaron a los otros. Cada individuo es el operador de la Ley y recibe las reacciones según sus acciones: cosecha en armonía con lo que sembró. Por lo tanto, sustituyamos la idea de un Dios vengativo con el concepto de Justicia y de responsabilidad individual absolutas.

Si desde el punto de vista de la ley nos preguntamos cual es la razón o motivo preexistente de lo que ahora nos ocurre, notaremos que la situación actual debe ser el resultado de nuestras acciones y la condición presente y la pasada debían ser similares. De inmediato en nuestras mentes se presenta la idea que ésta no es la primera vez que encarnamos, la reencarnación es el proceso por medio del cual los seres humanos alcanzan niveles siempre superiores y es el único medio para aprender todas las enseñanzas de la vida física entre nuestros semejantes.

Entonces llegamos a otra fase de nuestro ser, porque notamos que en nosotros existe algo que es continuo en su operación, nunca nació y nunca muere. Si continúa por muchas vidas, esto implica que en nosotros existe algo permanente que ningún cambio de condición, cuerpo o circunstancia puede alterar, ni por un instante. Al pensar desde el punto de vista de las edades, en vez de los días de una vida breve, obtenemos una visión momentánea de la realidad que yace en nosotros, abrimos la puerta de modo que las percepciones internas, reales y más permanentes, puedan obrar en nuestros pensamientos diarios, porque cada ser humano proviene de la Gran Fuente Única, que en realidad lo anima, y es, en su esencia, *Eso* donde yace su poder de percepción y de acción que es espiritual y permanente. En cada ser existe el poder de percepción y acción, la dirección de esta percepción y acción yace en cada persona. Cada individuo tiene el poder de elegir el sendero que considera mejor, sembrando y cosechando según la naturaleza de sus acciones. Cada ser en este universo de ley experimenta lo que es, a causa de sus pensamientos, palabras y actos. Cada circunstancia, día negativo o positivo, dolor o gozo que experimentamos, depende de nuestros pensamientos y acciones pasadas. En cada encarnación encontramos amigos y enemigos, por lo tanto podemos tranquilizar nuestra mente en cuanto a lo que concierne a Dios o al Diablo. Cada uno de nosotros representa el Espíritu, la naturaleza divina superior, y también la inferior, la naturaleza infernal. En realidad el ser humano es espiritual, pero al considerarse a sí mismo como algo físico y separado, y actuando según estas ideas, causa la lucha entre sus dos naturalezas.

El gran error cometido por los devotos religiosos de nuestra época consiste en la clasificación del bien y del mal. No existe nada bueno o malo de por sí, sino que depende de cómo el ser humano usa eso que puede resultar en lo bueno o lo malo. ¿Cómo podemos hacer una distinción sutil entre el bien y el mal en cada caso? Por lo general juzgamos el bien y el mal mediante los efectos que se derivan de la acción, sin embargo lo que *parece* negativo en un caso podría ser, en realidad, algo muy positivo y viceversa. Una línea muy sutil separa lo divino de lo satánico y no consiste en las varias maneras de comportarse, sino en el *propósito* o intención clara detrás de quien actúa. Un buen motivo nunca podrá producir resultados negativos, pero no es suficiente. Podemos ser impulsados por la mejor motivación, sin embargo, si carecemos de conocimiento y sabiduría, podríamos, sin intención, cometer una acción errónea aunque nuestro propósito fuera hacer el bien; mientras a veces podemos hacer el bien cuando queríamos lastimar a alguien. Por lo tanto la verdadera moralidad no yace en la acción misma, sino en el motivo y depende del conocimiento y de la inteligencia del ser que actúa.

Las líneas de la verdadera moralidad pueden difundirse por todas partes, pero *no* significa que haciendo el mal, quizás cosechemos el bien! ¿Cómo podríamos dañar a los demás si nuestra percepción es buena, nuestro conocimiento claro, nuestro propósito incuestionable y altruista? En estas condiciones, siendo las del espíritu, el mal no puede fluir. Para no provocar efectos negativos, cuando intentamos hacer el bien, es necesario una inteligencia y sabiduría muy amplias. Ésta última es siempre obligatoria, siendo la verdadera esencia de nuestro ser, la sabiduría, el objeto de la sabiduría y lo que esta última nos ayuda a alcanzar. Nada hay superior a esa esencia de nuestro ser y podemos obtenerla conscientemente eliminando las ideas que se le oponen y luego actuar desde la base de nuestra naturaleza espiritual, de la Ley absoluta e infalible. Sustituyendo las ideas de separación con éstas, alcanzaremos la unidad de espíritu, pensamiento y acción.

La gran filosofía teosófica presenta una base por medio de la cual podemos percibir la moralidad más verdadera que no depende de palabras, frases o convenciones, sino de la percepción *universal* de todo, mediante la cual cada acción, sentimiento y pensamiento se concentran en el bien de nuestros semejantes y no en nuestro beneficio personal. Una percepción clara de nuestra naturaleza espiritual y el propósito de beneficiar siempre a la humanidad sin intereses personales son los dos aspectos esenciales de la verdadera moralidad, que es, en realidad, una *existencia universal* y empieza con el deseo de vivir para el bien de nuestros semejantes sin interés o recompensa personal y ayudando a los que saben menos que nosotros.

Estas ideas son lo opuesto de los conceptos religiosos concernientes a la salvación personal, sin embargo esta existencia universal *es* nuestra salvación. Tan pronto como comprendemos y realizamos, aunque sea parcialmente, dichas ideas universales, disipamos toda clase de miedos.

A la persona que ha alcanzado este nivel no la afectarán el cambio, la muerte, ni los acontecimientos pasados y futuros. Enfrenta las condiciones como se presentan, hace lo que puede y permite a otras situaciones desarrollarse. Vive su vida sin ser infeliz, y es capaz de gozar todos los placeres y la alegría que hay en el mundo, que son la razón por la cual sus semejantes existen o esperan existir. Se mueve entre la humanidad comprendiendo lo que ésta experimenta, compartiendo sus gozos y sus dolores, aún cuando se encuentra libre de ambos. Cuando alcancemos esta condición nuestro sentido de moralidad se basará en la naturaleza del ser humano. Por lo tanto consideraremos cada ser como nosotros, difiriendo sólo respecto al grado de comprensión, y en nosotros sentiremos sólo tolerancia y compasión, sabiendo que no podemos juzgar a los demás en sus luchas. No podemos decir que en este caso hay bien y en el otro mal. Debemos comprender que la bondad y la maldad en los seres humanos son relativas y mientras ellos no perciban la realidad, comprenderemos que lo mejor que podemos hacer por un individuo es ayudarlo a conocerse a sí mismo, de manera que pueda alcanzar el punto de percepción, conocimiento y poder que es verdaderamente suyo y debe solamente estar consciente de ello.

Los falsos conceptos que el ser humano tiene sobre la vida, le impiden conocer la verdad y es evidente que el primer paso hacia la verdadera percepción consiste en abandonar los prejuicios y las predilecciones. La ayuda está siempre disponible, nunca estamos solos. En la evolución existen siempre seres superiores a nosotros que vuelven a esta esfera de existencia física para ayudarnos y despertarnos a la percepción de nuestra naturaleza. Esta ha sido la misión de las encarnaciones divinas en todas las épocas. Estos seres han vivido entre nosotros y han llegado a ser nuestros "semejantes en cada aspecto", como Jesús, para que todos comprendiesen las palabras humanas que divulgaban. Nos tratan en base a nuestras ideas, procurando clarificarlas y colocarlas en un verdadero sendero. Nada pueden hacer para detener nuestras acciones pasadas, o lo que queremos hacer en el presente; no pueden interferir, sólo pueden ayudarnos a ver la dirección correcta si así lo deseamos. Nos asisten cuando asumimos la posición que nos indican, el mismo Sendero que siguieron en un pasado muy lejano. Procuran ayudarnos siempre, aún cuando proseguimos por un camino erróneo, experimentando el sufrimiento pertinente a este curso, y, aún en dicha situación, intentan dirigir los resultados en un canal mejor. Detienen el Karma espantoso que perturbaría al mundo y permiten a sus efectos fluir gradualmente para que podamos soportarlos y enfrentarlos. Esta es una parte del poder protector de la naturaleza espiritual y obra en todas las direcciones.

Nos toca a nosotros decidir que sendero seguir, no somos criaturas de las circunstancias ni de nuestro ambiente, sino que somos sus creadores. Es nuestra tarea procurar pensar y edificar correctamente, construir sobre el sólido fundamento de las verdades eternas, manteniendo nuestros ojos fijos en el Sendero que los grandes Maestros de sabiduría procuraron abrir ante nosotros. Así debemos mostrar el Camino a las personas que están perdidas y yacen en la ignorancia; mientras ayudamos a los demás, nos ayudamos a nosotros mismos. Al ayudarnos, *asistiendo a los demás*, contribuimos a la evolución del todo.

El Almacén del Pensamiento

Al tomar en consideración la idea del pensamiento, debemos tener presente que esto no existe sin un pensador. No existen pensamientos que emergen por sí mismos, siendo los productos de seres inteligentes, sin importar la clase de pensamientos.

Todos somos pensadores dotados de mente ¿en qué consiste esta última? Lo que llamamos mente, en realidad no es la mente, pues ésta es el *poder de pensar*. El conjunto de ideas que llamamos mente, es el resultado de la facultad pensante y los efectos de la ideación inteligente, por lo tanto debemos ir más atrás de los efectos percibidos para acercarnos a sus causas.

La mente en sí no es limitada, cada persona tiene el ilimitado poder de pensar en todos los campos, pero nacemos en, o contactamos, diferentes clases de ideas que adoptamos, aferrándonos a ellas consciente o inconscientemente. Aún así debemos reconocer y realizar, desde el principio, que no somos dichas ideas porque tenemos el poder de cambiarlas, si fuéramos verdaderamente éstas, no podríamos variarlas, adoptar nuevas o expeler las antiguas.

Pensamos que las ideas que tenemos son nuestras, pero tan pronto como nos autoanalizamos, descubrimos que en realidad, casi nadie es un Pensador independiente capaz de crear sus pensamientos por medio de la realización de la universalidad de la naturaleza y de la fuente común de donde provienen los que parecen ser nuestros poderes separados. Es extraño que no captemos que nosotros y todas nuestras facultades provenimos de la misma fuente y que la única diferencia consiste en el *uso* de la vida y de los poderes vitales, según las ideas de cada uno. Todos tenemos el poder de pensar y como todos pensamos de manera distinta, aparentemente *parecemos* diferentes.

Vivimos en un mundo de efectos que nos aturden mentalmente y nos sentimos incapaces de liberarnos de ellos. Por lo tanto lo que necesitamos es realizar la esencia de nuestra verdadera naturaleza, pues, al descubrirla, comprenderemos lo que es la verdadera naturaleza de cada ser humano, sea que esté en un nivel inferior o muy superior al nuestro.

Si llegáramos a conocer algo relativo a la Fuente común de todos los seres y poderes, dicho conocimiento brotaría dentro de nosotros, pues nadie se halla separado de Esto, cada uno proviene del mismo Supremo, siendo uno con El en Su naturaleza más interna. La idea se extiende más allá de cualquier concepto de la divinidad o de Dios que la gente tiene actualmente, o tenía en el pasado.

Lo Supremo trasciende la forma y la expresión. ¿Existe un hombre capaz de decir que es Eso que ve, conoce, siente, experimenta y acumula los resultados de todas las experiencias en sí mismo? Cada individuo proviene de esta Fuente Infinita, porque cada uno tiene la misma raíz infinita y es una expresión de Ella.

Si un ser humano no comprende cual es su Origen y naturaleza reales, y supone ser lo que no es, su poder de pensar, sus pensamientos creativos y sus acciones subsecuentes, seguirán las líneas de sus bases erróneas de pensamiento y de acción. Si piensa que es un pobre miserable pecador, incapaz de hacer algo consigo mismo y por sí mismo, entonces permanecerá en este nivel. Mientras al darse cuenta de que todos los efectos que lo rodean, dependen de sus pensamientos y que puede crear efectos mejores y alcanzar todo el conocimiento, obtendrá una nueva visión interior y una mayor fortaleza. Trasciende los efectos y penetra en el campo de las causas, empezando a darse cuenta de que todas las cosas son semejantes en la naturaleza esencial. Al partir de esta consideración descubre que el universo está *gobernado por la Ley*, la cual afecta al ser superior como al inferior. Esta ley no existe fuera de nosotros ni la activa un ser o seres externos a nosotros, sino que es inherente en cada uno. Según como actuemos, experimentamos la reacción; y somos conforme a los pensamientos que tenemos. La expresión que experimentaremos de acuerdo a nuestros actos estará en armonía con la inteligencia de estos. "Cosechamos lo que hemos sembrado" y nuestra cosecha depende de nuestra siembra.

Este concepto representa la expresión primera y final de Justicia, porque cosechamos lo que hemos sembrado. Cualesquiera que sean las condiciones en las cuales nos encontramos, debemos admitir que las producimos. ¿Cómo fueron creadas originalmente? Mediante los pensamientos del pensador basados en falsas conclusiones. El poder de lo Supremo se halla en cada persona. No importa lo que un individuo piense, ahí hay poder y si continúa en esta dirección mental, seguramente producirá los efectos derivados de las líneas de su pensamiento particular. Si crea cosas perecederas, sin relación con su verdadera naturaleza, si su poder de pensar se concentra sólo en lo físico y objetivo, no debemos sorprendernos si a la larga nos encontramos en una situación compleja que normalmente producirá consecuencias desastrosas para nosotros. Estamos confundidos por los efectos que engendramos mediante nuestro pensamiento basado en ideas erróneas.

Debemos tener cuidado en no activar el poder de nuestra naturaleza espiritual hacia una dirección personal, para alcanzar metas egoístas, porque tal manera de comportarse causará, necesariamente, una reacción que nos afectará. Cada individuo ha seguido su sendero individual, como si estuviese separado de los demás, creando las condiciones en las cuales vive: las experiencias que le causan placer o dolor.

Hemos considerado el bien y el mal como cosas en sí mismas, pero en realidad no lo son. Nada es bueno o malo por sí solo. El bien y el mal son los efectos que sentimos. Lo que es bueno para una persona puede ser negativo para otra, depende del individuo involucrado y de su actitud mental. Si vemos que la ley gobierna y reconocemos que engendramos los efectos alrededor de nosotros, que recibimos lo justo por las causas que activamos, entonces notaremos que alguna acción afecta a nuestros semejantes positiva o negativamente y según la naturaleza de las cosas, a la larga debemos pagar la deuda que contrajimos o recibir el beneficio conferido. El bien que experimentamos es lo que hemos ganado ayudando a los demás, al mismo tiempo, el mal que nos ocurre, lo hemos merecido por haber negado nuestro servicio o lastimado a alguien. Cada efecto es la continuación de la causa que activamos.

Debemos establecer en nosotros la verdadera idea acerca de nuestra responsabilidad individual hacia los demás, que deriva del empleo de nuestros poderes. Esto implica la identidad espiritual con todos los seres, la *divinidad* de cada ser que existe, no sólo humano, bueno o malo, sino que de todos los seres superiores e inferiores a nosotros. Este concepto nos presenta el hecho de que todos los poderes de percepción, experiencia, conocimiento y sabiduría, yacen en nosotros, en nuestra naturaleza más interna. Esta idea presenta en la mente el concepto del desarrollo, de evolución, que incluye a cada ser inferior y superior. Abajo de nosotros existen almas en un estado embrionario que se hallan en diferentes condiciones de evolución, existen las almas de los seres humanos con sus distintos niveles de desarrollo y Grandes Almas, *Hombres* que han pasado por las mismas etapas que estamos viviendo. El universo entero está compuesto de seres. La forma es la habitación, el instrumento de alguna inteligencia inferior o superior. Sin inteligencia no existen formas, acciones ni responsabilidades. Donde hay acciones y condiciones existe la inteligencia y donde hay inteligencia, existe la responsabilidad ya sea que la reconozcamos o no. Por lo tanto el universo existe para un único propósito: la experiencia y la emancipación del Alma.

Alma quiere decir la experiencia adquirida del Ser Espiritual. ¿Dónde se encontraría, o cuál sería el almacén de pensamiento en el vasto universo, inmenso, repleto de una gama infinita e innumerable de seres inteligentes, infinitamente distintos en sus niveles de inteligencia adquirida o Alma?

En este amplio conjunto de seres existen muchas clases de pensamiento, las ideas de toda la humanidad terrestre actual y de todos los que se han muerto, los pensamientos o las expresiones de los seres inferiores a los humanos y las ideas más amplias de los seres superiores a nosotros. Todo esto constituye un almacén muy grande y no podemos extraer de este más o menos de lo que nos preparemos a recibir. Debemos crear un lugar para esto. Todo lo que percibimos directamente son ideas y los pensamientos de cualquier tipo están detrás de cada acción. Nuestro comportamiento positivo o negativo depende de las ideas que tenemos.

Así nos damos cuenta de la importancia de saber quienes somos verdaderamente y de familiarizarnos con nuestra propia naturaleza, considerándola como la base de nuestros pensamientos y acciones. De la *calidad* de nuestros pensamientos dependerá la calidad de nuestras acciones. Todo está interconectado, por lo tanto necesitamos una sucesión ordenada de pensamientos basados en nuestras verdaderas naturalezas y acciones que los reflejen. Entonces, todo fluirá por las líneas del desarrollo y de la evolución divina; entonces, trabajaremos en armonía con la naturaleza y los demás.

El Lenguaje del Alma

Las enseñanzas antiguas describen al Alma como el verdadero Ser del hombre. Existen muchos conceptos relativos a lo que son el ser humano y el alma. Estudiando las escrituras cristianas desarrollamos la tendencia a creer que el individuo *tiene* un alma, por lo tanto puede salvarla o perderla, siendo la idea común en occidente. Mientras es diferente el concepto que tenían las antiguas civilizaciones y la teosofía: una representación de esta idea universal. Según dicha enseñanza el Hombre *es* un Alma, en realidad el Alma es la que percibe, es la visión misma, pura y simple, inalterable, no sujeta a cambios y observa directamente las ideas.

Lo anterior presenta el hecho de que el verdadero Hombre, en cualquier condición que exista: dormido o despierto, en un cuerpo físico durante su vida y en otra forma o cuerpo después de la muerte o antes del nacimiento o antes de la existencia de este planeta o sistema solar, ha sido siempre el mismo Perceptor, constantemente la misma Alma, el Creador de toda condición, el Creador *inteligente* de este universo, ligado a todos los seres inferiores y superiores a él. Por lo tanto el Hombre pertenece a una gran Hermandad cuyo vínculo se extiende por toda la escala del ser, desde el inferior hasta el superior.

Son todas Almas, aún las formas más ínfimas de materia son Almas, en tanto que en la forma inferior de materia existe el poder de percibir, de actuar y de ganar experiencia. La potencialidad es la misma en todos y se transforma en una potencia constantemente en expansión cuando el Alma amplía la esfera de su experiencia. Todas las formas y los cuerpos que constituyen el universo son los resultados de la experiencia y de la acción de las almas que lo pueblan. Son los instrumentos del Alma y actuamos siempre en conjunto con los demás seres de cualquier clase. Existe una unidad de acción que engendra un instrumento semejante. En estas semejanzas de instrumento, influenciamos y estamos afectados totalmente por seres de la misma clase, mientras que, los tipos de seres inferiores o superiores nos afectan en un grado más o menos elevado.

Por lo tanto, al asumir este concepto de que el Ser es el mismo en todo ser, no importa cuan grande o pequeño sea, llegamos a otra idea según la cual el alma representa la experiencia que cada ser de cualquier clase adquiere por medio de la evolución. Cada ser individual no es simplemente el Ser, sino la experiencia ganada mediante los contactos con los demás seres. Al realizar que existen almas individuales, nos percatamos de que las únicas diferencias entre ellas consisten en los grados de la experiencia adquirida. Considerando el alma como la experiencia ganada de los individuos, cuando hablamos de Dios o de la Gran Alma, la Gran Alma Universal, queremos simplemente decir las experiencias o la sabiduría de cada alma y de toda alma. Este sería el sentido de la frase en el "Bhagavad-Guita" según la cual el Ser es "la Sabiduría misma, el objeto de la Sabiduría y lo que es asequible mediante la Sabiduría," o sea la conciencia total de la unión de todas las almas o la Identidad Espiritual.

Si intentamos expresar estos conceptos oralmente, deberíamos eliminar muchas ideas que tenemos ahora. Suponiendo que exista un idioma verdadero del alma, ¿qué podría transmitir? *Seguramente cada experiencia por la cual pasó.*

La teosofía enseña la doctrina de la reencarnación o las vidas sucesivas en esta tierra y en otros estados de substancia y conciencia. Todas estas condiciones y ambientes preservan la continuidad de la Conciencia o Espíritu, y, en cada vida en la manifestación, existe siempre el registro de todo lo que sucedió en las vidas anteriores, porque el Ser, el Espíritu, está presente. El idioma del alma sería capaz de expresar *todo* lo que experimentamos.

En esas existencias pasadas seguramente hablamos idiomas diferentes de los de ahora, en esas vidas anteriores empleamos lenguajes que ahora hemos dejado en el olvido. Pero su memoria tiene que permanecer ahí, si somos un Ser que continúa, preservando la continuidad de la experiencia adquirida y la conciencia. Estos idiomas antiguos que usamos en el pasado equivalen, por sí mismos, a nada, porque todo idioma es únicamente la expresión del sentimiento y del pensamiento del alma individual, sus emociones, esperanzas, miedos, ideas y aspiraciones. Por lo tanto, detrás de cada idioma debe existir siempre la base para el Alma y sus experiencias. ¿Donde está grabada? En la parte imperecedera de la naturaleza del ser humano. No puede ser un idioma hablado. Por lo tanto: ¿cual es su naturaleza?

Para comprender estas proposiciones debemos considerar la filosofía de la Teosofía, según la cual la materia se encuentra en siete estados o niveles de substancia y cada uno tiene siete sub-estados, partiendo desde el más sutil, más elástico y durable, hasta el más burdo, que podemos denominar el plano material o materia, como nosotros sabemos y sospechamos, con todas sus diferentes graduaciones y combinaciones. El ser humano, siendo la entidad más evolucionada y superior en la evolución de este sistema solar, está envuelto en estos siete estados de substancia derivados de la substancia original primordial: la materia homogénea de la cual toda forma se desenvuelve. Los siete colores del prisma y las siete notas musicales indican estos grados de substancia.

Las notas y los colores, no son exactamente lo que pensamos que sean, sino que representan los siete distintos estados de materia. El sonido o la luz de por sí simbolizan el estado homogéneo del cual se derivan las siete notas y los siete colores del prisma. Nuestros colores y notas musicales son únicamente sus réplicas, sus reflejos o correspondencias en el estado de materia y del sonido que conocemos. Sabemos que existen siete colores y otras octavas de colores más allá de estos, que nuestros ojos están incapacitados para transmitirnos, por no poder captar sus vibraciones, siendo algunas muy altas y otras muy bajas. En el caso del sonido sucede lo mismo. Estamos capacitados para captar varios, pero existen otros grados de sonidos que se extienden más allá de los más altos que percibimos, y, al mismo tiempo, otros que son demasiado bajos para oírlos.

Llamemos al Alma el Ego, quizás para nosotros sea la expresión más concisa de lo que queremos decir con el término Alma, en cuanto incluye al perceptor y a sus percepciones, el conocedor y sus experiencias. Por lo tanto el Ego tiene su propio idioma caracterizado por el color, el sonido y el símbolo. Es un lenguaje que puede verse, oírse y sentirse. Por medio de este idioma del alma podemos conocer *directamente* las experiencias de los demás y comprenderlas, no importa que lenguaje las personas hablen. Por eso en un pasado remoto, como menciona también la "Biblia," se decía que los Sabios comprendían a todo individuo que hablara su idioma, aunque, tanto en aquel entonces como ahora, existía una profusión de lenguajes. La explicación de todo esto es el hecho de que tales Sabios podían leer detrás del idioma hablado, en cuanto conocían los pensamientos, sentimientos y las naturalezas de los oradores. Por eso el conjunto de colores y de sombras engendrado en una acción, muestra claramente la cualidad del pensamiento y la naturaleza verdadera del individuo que actúa, aún en el simple movimiento del cambio de silla. Lo mismo sucede con las palabras o los sonidos emitidos, ya que sin importar cuales sean, los centros en el cuerpo se activan y cada uno tiene colores reveladores y grados de vibración.

Aunque nos parezca extraño, los colores pueden ser oídos; los sonidos, vistos, y las formas, experimentadas, siendo, todos, sólo las distintas gamas de vibraciones: el movimiento de la Conciencia Inteligente o Espíritu. Están todos relacionados y uno no existe sin el otro. Son simplemente los aspectos de lo que es la verdadera propulsión del alma misma, o el ser consciente. Por lo tanto nuestros pensamientos tienen una gran combinación de colores y sonidos que cambian su forma o apariencia constantemente. Nuestro cerebro es el instrumento material más fino que empleamos, el cual, junto a todo lo que usamos, está en evolución. Es el órgano del pensamiento en este plano de substancia donde nos encontramos. Al pensar ideas nobles y elevadas, nuestros cerebros se vuelven susceptibles a ese tipo de uso. Cada pensamiento, tiene su tipo y su propio nivel de vibración y color. Si nos conociéramos verdaderamente, podríamos leer los pensamientos como si fueran un libro y como ahora oímos los sonidos. Si disciplinamos nuestros cerebros con pensamientos elevados mientras estamos despiertos; si intentamos comprender quienes verdaderamente somos mientras ocupamos este instrumento físico, lo que este cuerpo representa y lo que puede realizar, gradualmente el cerebro empezará a responder a algo de nuestro conocimiento superior. Expresará más y transmitirá siempre más del Lenguaje del Alma de toda la acumulada experiencia pasada.

Incluso las ideas que tenemos, relativas aun al Espíritu, al Alma, a la Vida, aquí y después, son las que hemos aprendido. Son casi todas personales y nos mantienen enteramente en el plano personal, el de la existencia física, sin darnos alguna idea verdadera concerniente al ser interno. Todavía no hemos *empezado a pensar* en el sentido verdadero y hacia una dirección real. Sólo las ideas verdaderas nos comunicarán el conocimiento del ser interno humano. Nuestros hábitos son simplemente la memoria impactada en nuestra naturaleza, ya sean costumbres físicas o mentales. El conocimiento lo acumulamos en nosotros, pero a veces olvidamos donde lo hemos ocultado o lo cubrimos con mucha basura inútil, el resultado de la simple actividad mental, que, en la mayoría de los casos, se concentra únicamente en lo físico y corporal, por lo tanto la humanidad continúa moviéndose a lo largo de un sendero falso. Ningún ser, por elevado que sea, puede impedir esto, porque cada individuo *es* Alma, Espíritu, Conciencia, es lo Superior sin importar como use y aplique sus poderes.

La Teosofía se propone presentar al ser humano lo que es su verdadera naturaleza, siendo, esencialmente, ESPIRITU, lo cual quiere decir Vida y Conciencia, el *poder* de ver, conocer y experimentar. Todos lo tenemos, en cuanto es la propiedad común de cada ser. No está separado en sí mismo, siendo la Vida Única en todo ser de cualquier grado. Nos hemos desarrollado, como individuos, del gran Océano de la Vida. Somos Espíritu Individualizado, por lo tanto cada uno tiene una existencia individual separada, pero continua. En este sentido somos una evolución, una evolución de Espíritu, no de Materia, una evolución del Conocimiento y no sólo de la forma. Hemos conseguido todo esto por medio de la observación y la experiencia. Las diferencias que existen dependen de una cantidad menor o mayor de experiencia o su mejor adaptación o aplicación. No existe diferencia en la Fuente o Potencialidad de cada ser.

Descubriremos todo esto si seguimos el Sendero indicado, en cuanto no es un camino sin direcciones porque otros seres lo han recorrido previamente. Ellos son nuestros Hermanos Mayores: Jesús y Buddha por ejemplo y todos los Salvadores que vinieron en períodos distintos entre los diferentes pueblos. Todos adquirieron el Idioma del Alma y tenían un conocimiento común. De vez en cuando han venido entre los seres humanos, cuando la inteligencia de la humanidad progresa, divulgando una cantidad de conocimiento que la humanidad de ese período puede comprender. Ellos vinieron en nuestra propia época, y no han existido Seres superiores a Los que han venido. ¿Por qué afirmar esto? Porque otros salvadores han venido para pueblos separados y distintos, pero el Mensaje de la teosofía no pertenece a alguna nación en particular ni a alguna clase de ser, sino al mundo entero.

Cada ser autoconsciente puede alcanzar este conocimiento, en cuanto no depende de nuestras ideas, de nuestras percepciones actuales acerca de la moralidad o del éxito, ni del poder externo, sino de la *percepción Espiritual del Idioma del Alma*. Podemos cometer todos los errores imaginables del mundo mientras vivimos y mediante el cuerpo y en él, sin embargo, aún así, poseer un poder de percepción Espiritual capaz de eliminar todos los "errores." No necesitaríamos alguna expiación mediante tercero, sino que podríamos actuar de manera apropiada con todo ser. Nuestros pensamientos y actos serían armoniosos. Para lograr todo esto deberíamos pasar por la crucifixión de nuestras ideas falsas y elevarnos, como hizo el Salvador, a la mano derecha del Padre: el Ego libre de toda ilusión que causó su estancia en el pecado, dolor y sufrimiento.

Cada ser humano desea el conocimiento Espiritual, pero la mayoría de las personas no sacrificaría una pequeña parte de su interés físico y mental de cosas terrestres por conseguir el conocimiento espiritual que ellos dicen anhelar. Deberán sufrir hasta cuando verdaderamente desean conocer la verdad relativa a sí mismos. Si un ser humano piensa que puede alcanzar ese conocimiento simplemente deseando poseerlo, o deseando obtenerlo sólo para sí mismo, no se encontrará en la posición que le permitirá conseguirlo. Podemos adquirir el Idioma del Alma solo cuando el ser se percata de que su deber no se limita a sí mismo, sino a los intereses más elevados de la humanidad y no consiste en "salvar su alma," sino en conducir a los más compañeros posibles en la dirección de la Verdad, deseando nada para sí. Esta actitud abre las compuertas del conocimiento espiritual interno. Entonces, el ser humano se convierte en quien verdaderamente goza, al usar todo poder y conocimiento que tiene para beneficiar a los demás. El individuo que ha alcanzado ese conocimiento y está recorriendo el camino para realizarlo descubrirá que "el conocimiento espiritual brotará en él espontáneamente con el transcurso del tiempo." No necesita algún libro que se lo diga, no se interesa en las religiones pasadas, presentes y futuras, conoce la verdad acerca de sí mismo y por lo tanto de los demás.

¿Por qué no todas las personas toman el sendero hacia esta realización? ¿Dependerá del hecho de que carecen de órganos de percepción y no pueden ver? No, es porque no quieren escuchar, no aceptan y no examinan prácticamente lo que se les comunica. Prefieren seguir algo que prometa algún éxito en esta vida. Aún así están conscientes del hecho de que no pueden llevarse consigo "triunfo" terrestre alguno. Cuando el momento llega, abandonan en la tierra toda cosa objetiva acumulada y deben irse porque no pertenecen a esta esfera, son Espíritus, no tierra, trabajan en la materia solo por un cierto período. Cada individuo sabe todo esto y aun así sueña con las "posesiones."

Nadie nos condenó a la condición en la cual muchos nos encontramos. Ninguna condición nos obliga a permanecer en un estado de inquietud mental, inactividad o ignorancia. Nuestras conclusiones inflexibles y rápidas concernientes a los seres humanos, a las cosas y a los métodos, nos imponen estas situaciones y nos vinculan a nuestras condiciones actuales y continuarán hasta que mantengamos esa actitud mental, atándonos a las ideas falsas de Dios, la Naturaleza, y el Ser Humano. Queremos tener las puertas cerradas. ¿A causa de la ignorancia? Si, pero: ¿quienes permanecen ignorantes? Solo los que no quieren oír, solo los que dudan del Idioma del Alma.

La Teosofía en la Vida Diaria

Según muchas personas, la religión significa una preparación para la muerte o para los estados sucesivos. En realidad, su verdadero sentido consiste en prepararse para la *vida*, conocerla y vivirla como debe ser vivida. Lo que prepara para la muerte es la *vida* y siempre la vida. Las religiones formales no contestan a la pregunta: ¿por qué existe la muerte? ni a las demás interrogantes importantes de la vida diaria: ¿por qué sufrimos? ¿Por qué estamos aquí? ¿Cuál fue el origen del ser humano? ¿Por qué existen tantas condiciones diferentes en la humanidad? ¿Por qué unas personas nacen en el dolor, mientras que otras en la bienaventuranza, algunas en condiciones miserables, mientras otras en la opulencia? ¿Por qué unos individuos nacen dotados de grandes facultades, mientras que otros carecen de ellas y las que tienen están limitadas? La justicia exige una respuesta que la religión, con su "Creador", no puede dar, porque si el ser humano es la criatura de un creador, no puede evitar ser lo que es, por lo tanto es absolutamente irresponsable. Cualquier ser, si fuera "perfecto," mantendría la justicia, pero, por el contrario, en la humanidad existen muchas injusticias. El capricho de un creador no explica la dificultad. Todo ser, no importa cuan elevado sea, debe necesariamente ser limitado, finito e imperfecto, algo fuera de nosotros, algo que no contiene el universo, sino que se halla contenido en éste.

Debemos trascender cualquier idea de *un* Ser y asumir la del origen de *todo* ser, como base común del ser superior e inferior. No es posible encontrar esta base y origen buscando *afuera*, sino que *es* el verdadero poder de percibir donde hay vida. El Espíritu, la Vida y la Conciencia indivisibles son lo mismo en cada ser, no importa cuantas percepciones diferentes existan. La evolución no es una fuerza que nos impulsa del *externo*, sino que la fuerza *impelente* del Espíritu de lo *interno*, empujándonos hacia una expresión siempre mejor. Todo adelanto, conocimiento y experiencia que adquirimos provienen del *interno* y se mantienen ahí. Por lo tanto cada individuo es el Vidente y todo lo demás es lo visto. De esa manera, el conocimiento que debemos alcanzar no es la información externa, ni los pensamientos ajenos, sino una comprensión de nuestra naturaleza esencial que representa cada elemento en el gran universo, desde la base de la vida entera hasta cada expresión externa y cada posibilidad de expresión ulterior, análogamente a cada gota de agua que contiene todo el aspecto del gran océano de donde provino. Tampoco la Ley existe fuera de nosotros, sino que está siempre *inherente* en el Espíritu. Es la acción que engendra la reacción en cada caso individual y, colectivamente, en la humanidad. Estamos aquí según la ley y la justicia. No existe injusticia en el universo. Al saber algo relativo a nuestra naturaleza esencial, sobre el propósito de la existencia y que la vida consiste en aprender, que el universo está vivo y que no existe injusticia salvo la que nos infligimos por medio de la reacción, consideraríamos la vida de manera diferente y pondríamos en práctica diariamente estas ideas. Asumiríamos la posición que deberíamos tomar principalmente, es decir, reconocer nuestra responsabilidad que las religiones nos han enseñado a colocar en cualquier Dios o diablo. Al admitir que todo ser proviene de la misma fuente, y se dirige hacia la misma meta, aunque el sendero varíe para cada peregrino, nos comportaríamos con los demás como si fueran parte de nosotros. Cada persona está en movimiento, quizás ascendiendo o descendiendo y posiblemente se halla arriba de nosotros. Los seres superiores pueden ayudarnos, mientras que a los inferiores les podemos ofrecer nuestra ayuda. Tal es la interdependencia que debería existir entre todo ser consciente, y bajo este concepto, la civilización no se encontraría en la situación actual. No deberíamos ver la mano de un individuo levantarse contra sus semejantes. No deberíamos ver a los pobres renegar de sus condiciones difíciles, sino reconocer sus relaciones erróneas con los demás cuando abusaron, en algún momento, del poder que tenían. Deberíamos ver a cada persona intentar *disciplinarse* a sí misma y poniéndose en armonía con todo lo que le rodea, no particularmente desde el punto de vista externo, sino interno, en cuanto podamos estar seguros de que: al limpiar lo interno del tazón, lo externo se arreglará sólo. Nuestra tarea más importante consiste en limpiar nuestra naturaleza, hacerla *verdadera* y ponerla en armonía con el gran propósito de la vida, la evolución del alma.

No podemos esperar que la nación se percate de la teosofía para empezar a seguir ésta dirección, en cuanto el país se despertará sólo cuando todo individuo perciba lo que está en su interno, y, por medio de su pensamiento y acción, infundir un pensamiento y una acción semejantes en otros seres humanos. Supongamos que cada persona elija hacer lo posible por sus semejantes donde pueda, ¿Crees que *alguien* sufriría? ¡Nadie! Habría más ayuda que sufrimiento. Pero tememos ser los únicos que actúen así, por lo tanto no seguimos absolutamente esta conducta. La mayoría de las personas piensan en otros asuntos, se dedican al santuario de sus dioses de la comodidad, intentando obtener de la vida lo mejor a expensas de cualquier otro, o buscan adquirir "el poder de la voluntad" para poder obtener algo de otra persona a cambio de nada. Generalmente ésta es la clase de "voluntad" deseada, y su propósito es alcanzar lo que nos da placer. ¿No es esto, quizás, bandidaje psíquico? Lo que obtenemos empleando este método lo estafamos de otro ser, y tendremos que pagarlo por completo, si no en ésta vida en cualquier otra, la balanza de la justicia es infalible.

¿Acaso no vemos que podemos *fiarnos* en un universo que se mueve infaliblemente siguiendo la ley de la justicia perfecta? Ciertamente que sí. Podemos confiar completamente en la ley de nuestro ser espiritual, en cuanto sabemos que, cualquier condición en que nos encontramos es necesaria y lo que nos afecta tan profundamente son lecciones, porque indican una tendencia errónea o un defecto y la aflicción presente nos ofrece la oportunidad de arreglar y fortalecer nuestro verdadero carácter. Al momento de la muerte todo lo que tenemos: el carácter bueno, malo o indiferente, lo hemos adquirido. Los seres humanos pasan la vida intentando evitar lo que no les gusta, y tratando de obtener lo que desean y lo que pueden, mientras pueden. Aunque poseyeran toda la riqueza del mundo satisfaciendo todo deseo posible, ¿cómo les ayudaría? En el momento de la muerte deberán abandonar todas sus posesiones porque no pertenecen al espíritu. La idea de acumular riquezas para nosotros es uno de los conceptos falsos que impiden al ser humano comprenderse como entidad espiritual y emplear el poder que es de su propiedad, en cuanto toda facultad de cualquier clase: eléctrica, dinámica o explosiva, proviene del Espíritu Unico Universal y todo ser humano tiene latente en sí mismo los poderes del universo.

La vida física no es necesariamente un valle de lágrimas. Vendrá el momento en que a nada le tendremos miedo ni les temeremos a nuestros compañeros, por lo tanto nuestra vida será como debiera ser. Se recuerda que cuando Daniel entró en el cubil de los leones, estos no lo tocaron. ¿Por qué? Porque su corazón era puro y no tenía malos sentimientos. Confió en la ley espiritual de su propio ser y toda la naturaleza se sometió a ésta. Si confiásemos en la ley de nuestra naturaleza podríamos morir felices, con calma, y valor. Al comportarnos de tal manera, armonizaríamos nuestra vida diaria con esa naturaleza, en cuanto no hay nada en nuestras acciones que no derive de la mente, tras de la cual yace el *motivo* de nuestro acto, siendo lo que hace nuestras acciones realmente "buenas" o "malas." Si somos rectos y deseosos de comportarnos correctamente, todo lo que hagamos fluirá justamente de nosotros y cada función será justa. Toda acción se deriva y está afectada por el propósito que tengamos al ejecutarla.

La Teosofía es la única filosofía que podemos emplear en cualquier dirección arriba o abajo de la vida diaria, porque este uso proviene de una comprensión del espíritu mismo, por actuar a favor de y como este Ser, en cuanto el Ser obra sólo mediante las criaturas. Al actuar por y como el Ser en toda dirección, todos los demás asuntos se armonizan. Nuestra negación del Espíritu Santo, el Espíritu en nosotros, causó toda la destrucción a nuestro alrededor y la infelicidad que vemos. Lo negamos cuando actuamos como si fuéramos nuestros cuerpos o nuestras mentes. ESO *no podrá negarse*. Por lo tanto el ser humano, al enfrentar todos los resultados de esa negación y al verlos tan malos, aprenderá que éste no es el sendero justo. Entonces buscará la verdad, y, al encontrarla, obtendrá todo lo que desea: esperanza, felicidad y una comprensión mejor de su propia existencia y de la general. Los Seres conocidos como encarnaciones divinas han descendido aquí voluntariamente para dar al ser humano todo lo que pueda aprender acerca de la naturaleza del alma para salir de este valle de lágrimas. Ellos, edad tras edad, han divulgado este conocimiento de la naturaleza, del ser humano y del propósito de la vida, que aprendieron por medio de muchas civilizaciones. Esta sabiduría nos hace percibirlos como dioses en su gloria y poder.

Tres Tipos de Fe

Todo ser humano tiene fe, fe en algo: algún ideal, concepto, religión o fórmula. Aunque los tipos de fe de las diferentes personas tienen uno u otro objetivo, la fe misma proviene de lo Supremo y se encuentra inherente en el corazón de cada ser. La fe es la base misma de nuestra verdadera naturaleza. Cualquier sendero que sigamos depende de la fe que tengamos en él y la convicción de que es el mejor camino. Si el mundo está lleno de falsas fes se debe a las diferentes creencias, ideas y filosofías que limitan la fe misma a los medios que se han pensado necesarios para obtener un particular objeto de fe.

En el capítulo diecisiete del "Bhagavad Guita," leemos que la fe es de tres clases: la fe de la cualidad llamada *sattva*: lo que es bueno y verdadero; la fe de la cualidad llamada *rajas*: lo que pertenece a la acción y a la pasión y la fe de la cualidad llamada *tamas*: lo que pertenece a la indiferencia y a la ignorancia. En realidad, estas tres cualidades dadas a la fe son tres limitaciones que cada ser humano coloca en ésta, pues, el poder de la fe es ilimitado en su esencia, aunque circunscribimos continuamente la operación de ese poder dentro del campo de algún objeto o ideal menor basado en lo externo. "El alma encarnada, estando dotada de fe, ocasiona que cada ser humano esté constituido de la misma naturaleza del ideal en que concentra su fe." Una persona tiene la cualidad de fe según su predisposición; además, se convierte continuamente en la naturaleza del ideal en que se enfoca su fe. Por lo tanto es evidente que debemos estar seguros de la naturaleza de la fe en que colocamos nuestro ideal.

Si una persona deposita su fe en algo *externo*, ya sean dioses o seres humanos, religiones o sistemas de pensamiento, la ha colocado sobre un junco roto, limitando así la expansión del verdadero poder de su espíritu, que puede ir más allá del lindero de su ideal. Cuando, por ejemplo, aceptamos la idea de que nada es real, salvo lo que podemos ver, oír, paladear, oler y tocar, estamos depositando nuestra fe en un nivel muy bajo. Existe una razón por la falsedad de nuestras acciones y pensamientos cuando suponemos que el momento presente es lo único que existe, el mundo terrestre externo y esta existencia, la sola vida desde la cual procedemos, sin saber adonde vamos e ignorando el propósito de todo lo que ha sido. Considerar a todo ser, según nuestras limitaciones mentales y campo de percepción, observando sólo sus exterioridades de palabra y de acción, no implica ver lo que verdaderamente es. Un Dios o un diablo externos, una ley externa, una expiación externa por los pecados, siendo la idea del pecado nada más que una negación de nuestra naturaleza espiritual (el pecado imperdonable), son fes externas, cuya naturaleza pertenece a *tamas*, la ignorancia, la cual conduce siempre a la superstición; ésta, a la falsa creencia y esta última a una fe igualmente falsa.

Todos estamos constantemente en conflicto recíproco a causa de bases falsas en nuestra fe. La fe en *algo* engendrará ciertos resultados, y los resultados de una fe falsa impiden a los seres humanos ver la fe verdadera y real. En tanto que mantengamos una falsa fe, continuaremos creando infelicidad en nuestras vidas. Los resultados de una falsa fe en un ideal egoísta, deben producir efectos negativos en condiciones erróneas. Son las limitaciones que hemos impuesto a nuestras existencias por medio de fes externas en otras vidas, por lo tanto debemos continuar encarnando, una y otra vez, hasta que nos liberemos de los defectos de nuestra naturaleza, engendrados por esas fes externas. Debemos tener una mejor base para pensar y actuar, que la falsa fe en simpatías y antipatías que hemos heredado. Hemos producido los efectos que vemos, pero no hay necesidad de continuar repitiendo los mismos errores, vida tras vida, si sólo cambiamos nuestros ideales. Debemos encontrar una base verdadera de fe, colocando nuestra fe en lo que es *interno* y no externo.

Lo interno es la fuente verdadera de los poderes de todo tipo que poseemos y es la misma en cada ser. En la raíz esencial de nuestro ser yace el Ser inmutable que sólo podemos conocer en nuestro interno. Para alcanzarlo y penetrarlo, debemos, primero, abandonar todas nuestras ideas: todo lo que es cambiante. En primer lugar, debemos lograr que el hombre abandone la idea de que es su cuerpo. Él lo ocupa, pero sabe que se transforma constantemente y no permanece ni por un instante siendo lo mismo. Debe abandonar también la idea de que él es su mente, porque puede cambiar las ideas que la componen, eliminándolas y tomar las ideas opuestas si quiere, y, aún así, actuar con otras ideas. No somos cuerpos, mentes, ni siquiera ambos, sino Eso que usa y sostiene a los dos. Seremos siempre nosotros a través de todos los cambios pasados, presentes y futuros. Aún así en el momento de la muerte obraremos de manera diferente a la física. La base del Ser Inmutable coloca al universo entero al alcance de la mente de todo ser, una base estable para el pensamiento, la acción y la realización interna.

Debemos saber estas tres cosas: todo individuo en su naturaleza interior es el Ser, todo poder que tiene emerge de ese Ser, todo ser de cualquier clase es consciente y dotado del poder de extender su campo de percepción y acción, mientras que cada instrumento depende del concepto limitado de la verdadera naturaleza del individuo. El ser humano puede realizar su unidad con la Gran Vida Unica, examinando su naturaleza y no observando a los demás seres o siguiendo alguna clase de fe. El es capaz de realizar su naturaleza examinando lo que *no* es la naturaleza del Ser. En realidad, todo lo que vemos, oímos, sentimos, tocamos y percibimos, no es el Ser, sino una percepción de éste. El Ser percibe lo que puede captarse según sus ideas y fe, pero lo que percibimos nunca es el Ser. El Ser está en cada entidad que actúa, o desde la cual captamos algo, pero no Lo percibimos. Podemos captar Su existencia en todo ser sólo si Lo realizamos en nosotros. Entonces, ¡honrad la naturaleza espiritual de todo ser y procurad ayudar a ese ser a ver por sí mismo el verdadero sendero mediante el cual pueda realizar su verdadera naturaleza! Debemos pensar y actuar teniendo como guía esa naturaleza real.

Al asumir la posición de la verdadera naturaleza, nos encontramos obstaculizados por todos lados, pero es sólo una ilusión proveniente de nuestra falsa fe. Hemos establecido ideas, simpatías, antipatías, y sentimientos que, bajo la ley del retorno de las impresiones regresan continuamente. Al decidir intentar una táctica opuesta, encaramos los resultados de la acción combinada de todas nuestras fuerzas internas. Podríamos llamarle "la guerra en el cielo", la guerra en la naturaleza del ser humano que, si permanece fiel a su naturaleza espiritual, seguramente ganará y si confía en la ley de su naturaleza, avanzará y gradualmente los obstáculos desaparecerán. Debemos entonces resistir con fuerza y tener confianza y fe sólo en Eso que es Real en todas partes, es decir, la Vida misma, la Conciencia y así los impedimentos que hemos engendrado desaparecerán. Cada fuerza natural empieza a actuar por y con nosotros, porque no tenemos algún deseo personal, sino por el bien y la salvación de todos. Cada alma y cosa parecerán obrar para nuestro beneficio, pero no porque lo deseamos. Comenzaremos a ver el sentido espiritual del dicho según el cual el ser humano que desea salvar su vida, debe perderla. Entonces, abandona toda adquisición personal, dedicando cada uno de sus poderes y provecho al servicio de los demás, por lo tanto el universo entero estará enfrente de él. Podrá tomar todo, pero que nada toque sino para compartirlo y nada acepte sino para colocarlo a los pies de los demás.

No es cuestión de pecado o pecador, de bien o mal, sólo la interrogante: ¿Estás trabajando para tí mismo, como tú lo entiendes, o estás trabajando para el Ser, como *deberías* considerarte y por nada más? Si nada quieres para ti y nada necesitas para el cuerpo, sino piensas sólo en obrar para los demás, lo que es necesario *vendrá* de acuerdo a la ley de la fuerza que atraes. La ayuda proviene de todas las direcciones. La naturaleza entera: espiritual, intelectual, psíquica, astral y física se fortalece e incluso el ambiente mejora. Nuestra carencia de fe, nuestra no fe en Eso, nos pone donde no deseamos estar. Negar al Cristo, Krishna y al Espíritu interno *es* "el pecado imperdonable." Mientras crucifiquemos al Cristo interior, sufriremos sobre la cruz de las pasiones y de los deseos humanos. El servicio, sólo para nosotros, es una creación que nos ata a condiciones erróneas. Podemos esforzarnos en conseguir toda clase de posesiones, un cuerpo, una posición, unas cualidades y una mejor comprensión, *con una sola condición*, que nos propongamos ayudar y enseñar mejor a los demás.

La única fe verdadera es aquella en lo Superior, en lo Inmutable, en Eso que cada uno es en su naturaleza interna. El único sendero verdadero consiste en confiar en la ley de nuestra naturaleza espiritual. Los seres humanos pueden pasar de una fe a otra, moviéndose vida tras vida y obteniendo algunos resultados de acuerdo a la naturaleza del ideal sobre el cual se concentra su fe, pero sólo la fe en la naturaleza espiritual esencial de todo ser nos permitirá salir de esta situación. No existe regalo más grande para un ser humano que el hecho inalienable de que él y cada uno, tienen el poder de realizarlo. Ésta es una porción del conocimiento antiguo conocido y seguido por unos cuantos que lo trajeron al mundo de la falsa fe, intentando enseñarlo a las personas en general.

El que sigue el Sendero de la fe verdadera no es indiferente a los seres humanos. Para él sus compañeros llegan a ser más importantes de lo que eran precedentemente. Ve más cosas en ellos y nota más claramente las dificultades bajo las cuales funcionan y desea ayudarlos en todas las formas. Por lo tanto es más que un ser humano que vive, en cuanto actúa con un conocimiento mayor que el de los demás. Obtiene más de la naturaleza que ellos, porque él ve el entero y los aspectos de los individuos que lo componen. Extrae de esta vida mucho más de lo que obtiene la persona interesada en vivir únicamente por el gozo y la felicidad, cuyas ambiciones son absolutamente personales. Pero él no vive para sí mismo, pues, el propósito de su vida consiste en divulgar a los seres humanos estas verdades, porque sabe que el conocimiento implica la destrucción de la falsa fe y por lo tanto del dolor y horrores de la existencia física. Entonces, la evolución proseguirá con grandes avances y los individuos se desenredarán de las condiciones en las que se encuentran, avanzando sin límite en un universo de posibilidades infinitas.

Cuando tiremos nuestras falsas creencias, deseos, pasiones, simpatías y antipatías, cómo ropa vieja y reasumamos nuestra naturaleza divina, seremos capaces de erigir una civilización mucho más avanzada que la actual. No podemos escapar al karma de la raza a la cual pertenecemos y los efectos que hemos engendrado en forma colectiva, los debemos solucionar unidos. El mejor método, el superior y el más seguro, consiste en avanzar por la línea de nuestra naturaleza interna y este comportamiento servirá de sugerencia para los demás, a fin de que puedan realizar su naturaleza interna. Por lo tanto, al concentrarnos en Eso que es inmortal, inmutable, ilimitado, nuestro verdadero ser y el Ser de toda criatura, alcanzamos la realización poco a poco, pero con seguridad.

Influencias Planetarias

La filosofía teosófica considera todo lo presente en la manifestación, señalando la relación recíproca entre cada cosa. Nuestra visión personal se concentra en nuestros propios intereses: religiones, los sistemas de pensamiento y las ideas. Por lo tanto, nos movemos por estas líneas dentro de límites estrechos, alcanzando, finalmente, el lugar donde vivimos sólo para nosotros mismos, usando todo esfuerzo, pensamiento e idea de los demás, únicamente para nuestro beneficio. Debemos alzar los ojos y la mente y alcanzar una visión más amplia de lo que es el gran universo.

Como todos sabemos, esta tierra es un planeta, pero existen otros que muy probablemente están poblados. De modo análogo, este sistema solar es uno de los innumerables en el universo. Todos son partes del gran todo y en consecuencia están conectados. En el pasado se conocían estas relaciones, en cuanto pertenecían a la enseñanza de los templos antiguos y eran parte de la Gran Iniciación. Me estoy refiriendo a la verdadera Astrología, no a la actual, que ha perdido el antiguo conocimiento, igual que con el tiempo se ha perdido el verdadero sentido de la religión. De la misma manera que hoy existen fragmentos miserables del conocimiento religioso, análogamente, los del conocimiento astrológico se concentran, casi exclusivamente, en la personalidad y en la vida física, empleando diagramas y esquemas de influencia planetaria concernientes simplemente a los aspectos objetivos de la vida humana. El lado físico representa sólo una línea de efectos, que se trasforma en la única, si consideramos a los planetas simplemente cómo objetos físicos. Pero la naturaleza de los planetas consta de otros apectos que debemos entender si deseamos alcanzar una verdadera idea de la influencia planetaria.

Toda forma y ser de cualquier clase están constituidos por muchos "principios" diferentes. Por ejemplo, el ser humano está conectado a su cuerpo, a la mente que usa, a los poderes que ejercita y a sí mismo, el perceptor, el conocedor y el experimentador, que aprende mediante su mente, sus poderes y su cuerpo. Por lo tanto es evidente que en este último existen más esferas que la física, las cuales son afectadas por cualquier influencia y si existe un efecto físico de influencia planetaria, cómo debe necesariamente existir, deberemos investigar sus resultados en *todas* las esferas de nuestra naturaleza.

No sólo siete principios distintos constituyen al ser humano, sino que todos los planetas tienen una naturaleza septenaria. En cada planeta encontramos "algo" espiritual, psíquico, intelectual, astral y físico. Los planetas no son simples cosas físicas, como nosotros no somos simplemente nuestros cuerpos. Existen seres de clases distintas que constituyen cada planeta y sus habitantes, análogamente a nuestra tierra, que es compuesta de seres distintos que pertenecen a los cuatro reinos desde los cuales deriva su influencia particular. Si deseamos tener una idea acerca del verdadero sentido de la influencia planetaria consideremos la naturaleza de estos planetas más íntimamente relacionada con nosotros.

El sol da vida a nuestro sistema solar particular. Brilla en todos los planetas, pero sus efectos difieren en cada uno según las condiciones presentes. El sol es la fuente central de nuestro sistema y el foco de la existencia física, pero tiene otros constituyentes que son aplicables a nuestros componentes intelectuales, psíquicos, astrales y espirituales. Por lo tanto podemos decir que el sol da la vida física y espiritual, si entendemos que no nos estamos refiriendo simplemente al sol objetivo, que corresponde a lo que es nuestro cuerpo, o sea ese principio que percibimos objetivamente. Aun así todos los otros principios están presentes y su influencia fluye en nosotros y de ellos podemos extraer lo que podamos. Por eso notamos que el sol no sólo afecta directamente la tierra, sino también las personas que la pueblan.

La luna, el planeta más cerca a nosotros, nos afecta física, astral y psíquicamente, en cuanto sus fuerzas tienen una naturaleza de este tipo. Incluso las fases lunares ejercen una influencia particular en nosotros, evidente en los casos de "lunáticos," cuya condición se exacerba durante ciertos periodos. La influencia de la luna es observable tanto en los reinos inferiores: mineral, vegetal y animal, como en el nuestro, de seres auto-conscientes.

Otros planetas, por ejemplo Mercurio, aún más cerca del sol, tienen todavía una influencia mayor. Mercurio recibe del sol una cantidad de luz siete veces superior a la de la tierra, y tiene siete veces más cosas que ésta última. Venus, el segundo planeta más cerca del sol, recibe una cantidad de luz doble que la de la tierra y brilla con luz propia. La conclusión de los científicos según la cual, cualquier planeta más cerca al sol que nosotros, tiene condiciones climáticas que impiden la vida en estos, es errónea. La vida se ajusta siempre según las condiciones existentes, por lo tanto los cuerpos y las ideas relativas al estado de materia que dependen de la cercanía del sol, serán exactamente adecuadas a esas condiciones. Consecuentemente podríamos considerar a los planetas cómo nuestros hermanos, miembros de una gran humanidad diseminada en diferentes porciones del universo, componentes de la misma familia, pero trabajando en condiciones diferentes. Todos ejercen efectos directos sobre nosotros, la influencia de un planeta domina sobre otro según el ángulo de su posición. Algunos planetas ejercen una influencia benéfica, mientras que otros producen efectos negativos en los seres humanos. Como individuos nos encontramos en medio de una gran masa de seres en cada parte de nuestro sistema solar y más allá, todos se mueven hacia la misma dirección y provienen de la misma Fuente. Por diferente que sea el *camino* de cada humanidad e individuo, todos tienen la idéntica Fuente y Meta.

Los demás planetas nos afectan como nos influencian las demás personas en la vida diaria. ¿Qué causa que los otros nos afecten contra nuestra buena voluntad, nuestras percepciones correctas? Únicamente nuestras ideas erróneas relativas a lo que somos y a nuestras suposiciones según las cuales esto nos puede afectar, nuestra actitud concerniente a las ideas, las personas, las cosas y la vida en general. Pensamos que las condiciones y las circunstancias son la causa del estado en que nos encontramos, pero esto no es verdad. Lo que importa no son las condiciones ni las circunstancias, sino la actitud que tenemos al respecto. La verdadera actitud relativa a nuestra naturaleza nos permite resistir cualquier influencia. Nosotros, los reales pensadores, recibimos los efectos de cada planeta según nuestra actitud y comprensión de que cada cosa material y física se desarrolla y está gobernada por el espíritu. No podríamos experimentar el bien y el mal si estos no existieran en nosotros. Si somos buenos, ningún tipo de mal puede afectarnos. Si somos malos, por un cierto período seremos impermeables al bien. Todos los estados yacen en nosotros, y lo podemos comprender viendo que las mismas circunstancias producen efectos buenos para un individuo y negativos para otro. No somos víctimas de las circunstancias salvo que nos hagamos las víctimas.

Una verdadera comprensión de la influencia planetaria implicaría una realización absoluta de la naturaleza del ser humano en todos sus constituyentes en cada principio y elemento, que son los mismos del sistema solar al cual pertenecemos. Cada uno de nosotros es una copia del gran universo y está relacionado con toda clase de seres. En nuestro interno yace cada forma de conciencia y estado de substancia, y si comprendemos quienes somos, podremos movernos en armonía con los demás; toda influencia que venga, aunque sólo sea perceptible para nosotros, será únicamente una ayuda para beneficiar a los demás. Por lo tanto ninguna influencia debería elevarnos u oprimirnos, nos sentiremos reprimidos u oprimidos sólo a causa de nuestros pensamientos, voluntad, acciones o sentimientos erróneos. Hemos creado un tabernáculo diario que tiene sus particularidades, somos sus artífices: es el resultado de nuestros pensamientos y acciones y de nadie más. Ningún "Ser" nos lo impuso y en realidad no era necesario; pero, siendo ignorantes, los efectos provinieron de nuestra ignorancia. Ahora podemos *aprender* o mantener nuestra condición permaneciendo en la ignorancia.

El hecho de que en cierto momento o lugar estemos sujetos a influencias positivas o negativas, que nazcamos en un cierto período y sitio bajo ciertas conjunciones planetarias, indica simplemente la realización de la ley Kármica. Nosotros no hemos podido venir de algún "agujero en el cielo," salvo los que nosotros hayamos abierto. No habríamos podido nacer en ciertas conjunciones planetarias, salvo que las condiciones para nosotros fuesen justas en ese momento y no en otro. Sí, las influencias planetarias expresan nuestras *tendencias*, pero no existe un "Dios" arriba que nos obligue y es imposible ser empujados a seguir tendencias erróneas, a menos que deseemos ser impulsados. Si hemos decidido impedir a estas influencias de afectarnos, no lo harán: simplemente no seguiremos las tendencias equivocadas que hemos descubierto en nosotros. Por lo tanto podemos crear las posibilidades para otra clase de nacimiento.

Las así llamadas predicciones astrológicas actuales se relacionan principalmente con el cuerpo y su ambiente y con esta base las personas tienden a buscar sólo lo bueno, evitando las enfermedades y el mal. Basándonos en nuestra verdadera naturaleza no deberíamos buscar el bien ni *ser buenos*, sino que deberíamos *hacer* el bien y entonces *seríamos* buenos. No estamos intentando alcanzar alguna recompensa, sino transformarnos en ministros eficientes para el bien ajeno. Como no estamos creando el mal, no debemos evitarlo. Cada vez y en cada lugar que hacemos el mal, recibimos sus efectos; mientras que, cada vez que hacemos el bien, recibimos sus resultados. Cada individuo es absoluta e incondicionalmente responsable por la condición en la que se encuentra. Culpar a las influencias planetarias por nuestro estado, es tan absurdo como culpar al agua por ahogar una persona cuya irresponsabilidad fue la causa de su muerte y no el agua. Las mismas leyes gobiernan otros planetas y nos convertimos en imanes, atrayendo hacia nosotros cosas parecidas que obran en cada momento y en todo sitio. Por ejemplo, si tenemos la tendencia de sentirnos desanimados, seguramente recibiremos todos los efectos que estas condiciones de abatimiento atraen hacia nosotros. Ésta es la naturaleza de nuestra interdependencia e interrelación con cualquier otro ser en nuestro sistema solar.

Toca al ser humano ver y *darse cuenta de* que él tiene en sí mismo todos los elementos del gran océano de la Vida. Al comprender esto deberá *actuar* como una persona que entiende a todos los demás y que es fuente universal de beneficios para quienes saben menos que él.

¿Es la Teosofía un Sistema Progresivo de Religión?[1]

Esta es la pregunta contenida en una comunicación con los editores de la revista *Theosophy*, firmada "Un Estudiante". Su identidad no nos interesa, pero sí respetamos una opinión honestamente expresada y nos agrada contestar. No nos proponemos cambiar la opinión de "Un Estudiante", sino que ella (o él) y otros que comparten tal concepción, podrán penetrar en las causas y razones de los métodos de esta revista.

He aquí un extracto de la comunicación:

"No olvidemos que la Teosofía no es un presentimiento dogmático de la Religión-Sabiduría, un sistema presentado, por una vez, a los Santos, sino un sistema progresivo de Religión."

Lo anterior es algo confuso pues: si existe un conocimiento tal como la Religión-Sabiduría, es el resultado de la observación y la experiencia de los Maestros de Sabiduría, por ende existe por sí sola, sin que los estudiantes puedan ampliarla ni mejorarla. Lo que Blavatsky nombró "Teosofía" es esa misma Religión-Sabiduría, en cuanto fue promulgada por el Maestro. Con respecto a esto HPB escribió:

"La Doctrina Secreta (o la Religión-Sabiduría) no es una serie de teorías o tratados vagos, sino todo lo divulgable en este periodo. Pasarán siglos antes de que se presente mucho más."

William Q. Judge dijo algo parecido:

"La Teosofía no es una creencia ni un dogma formulado o inventado por el ser humano, siendo un conocimiento de las leyes que gobiernan la evolución de los constituyentes físicos, astrales, psíquicos e intelectuales de la naturaleza humana."

Al tener presente estas dos declaraciones y otras análogas por parte de Quienes nos trajeron la Teosofía, resulta que la suposición según la cual es un sistema de religión progresiva, puede ser fruto sólo de la ignorancia de los hechos y una falsa concepción que puede llevar a confundir a cualquier "estudiante". La Teosofía no es una religión, sino Religión misma, en el sentido más verdadero. Incluso el término "religión", sin calificación alguna, es extraviante, no siendo, la Teosofía, <u>"una creencia", como lo son</u> generalmente las religiones, sino Ciencia

1 Este artículo apareció en la revista "Theosophy" en Julio de 1919.

Religiosa; Religión-Científica y una Filosofía omniabarcante.

En cuanto a "un presentimiento dogmático", la Teosofía nunca se ha presentado como un dogma, sino como una relación de hechos fruto de observación y experiencia que, cada uno puede aceptar o rechazar sin condenación ni alabanza. Incluso se podría decir que la única ciencia exacta que usamos: la matemática, es dogmática o un dogma, por ser presentada como un conjunto de hechos que el estudiante puede estudiar, aplicar y probar por sí solo. La Teosofía ocupa, exactamente, la misma posición, siendo una presentación del Conocimiento obtenido durante eones. No hay que confundirla con las especulaciones de los estudiantes que, en los mejores de los casos, están sujetos a sus prejuicios personales, predilecciones y debilidades. También hay que entender claramente que cualquier escritor o guía teosófico, excepto Quienes trajeron la Teosofía al mundo son estudiantes más o menos expertos en la Ciencia, estando subordinados, por lo tanto, a ideas y a aplicaciones erróneas; la única posibilidad de discernir tales equivocaciones yace en *compararlas con la Ciencia según su Presentación original.*

En la misma comunicación se encuentra la siguiente crítica: "no están haciendo algún bien 'al ladrar contra el mal', como diría Emerson, que está ocurriendo en el mundo teosófico. Creo que estén enfatizando demasiado el mal que se está haciendo, minimizando, al mismo tiempo, el bien."

Entonces, se admite que se está cometiendo el mal. ¿Puede ser erróneo indicar dónde y cómo ocurre este mal? ¿De qué otra manera puede dar auxilio un estudiante sincero, cuyo único deseo es advertir a sus compañeros, los seres humanos, contra los obstáculos?

En cuanto al "bien" en cualquier presentación, éste se sostiene por sí solo, siendo, además, la única razón por la cual hay alguna posibilidad de aceptar el error o el mal. La combinación de Verdad y Error es lo que confunde y extravía al ignorante y al incauto; al remover el error y el mal que proceden de él, la Verdad resplandecerá claramente; en este modo de actuar no se "minimiza lo bueno."

Es un hecho desafortunado notar que entre los estudiantes-aspirantes de Teosofía imperan más concepciones y aplicaciones erróneas que entendimiento real. Esto se debe, principalmente, a seres que se auto-proclaman líderes de las sociedades y cubren un papel prominente en la opinión pública, pregonando y presentando sus ideas, interpretaciones y especulaciones como Teosofía pura y simple. De tales exponentes podemos esperar la idea falsa y extraviante de que la "Teosofía es un sistema progresivo de religión", pues tal declaración obnubila los hechos y sirve para atraer la atención a sus especulaciones como Teosofía "progresista" y a sí mismos, por haber progresado más y saber más que los Maestros originales.

Nadie diría una palabra si tales exponentes hubiesen escogido algún otro nombre bajo el cual promulgar sus ideas, sin embargo, presentarlas como *Teosofía*: *el Mensaje que los Maestros entregaron al mundo*, es, según nosotros, el más grande crimen imaginable contra la humanidad. Cada presentación de la Verdad dada al mundo en el pasado se ha viciado de manera análoga, siendo filtrada, a través de las mentes de los discípulos originales, a los del mundo y así sucesivamente por generaciones, hasta que muy poco permaneció del espíritu del Mensaje y también este poco fue oscurecido por los sistemas de conceptos materialistas bajo el nombre de religión. Debido a las condiciones del pasado esto era inevitable, no existiendo la manera gracias a la cual "la palabra escrita" pudiese duplicarse para colocarla al alcance de todo ser que la quisiere. Sin embargo, actualmente, es posible que cada investigador obtenga o estudie el Mensaje de los Maestros según lo escribió quien tenía las calificaciones para hacerlo. Se llevó a cabo de modo que no fuese necesario tener intermediarios entre quienes querían saber y el conocimiento mismo. Sin embargo es triste decir que quienes recibieron su inspiración e ideas del Mensaje entregado, y tuvieron la gran oportunidad Kármica de presentarlo y promulgarlo al mundo de modo puro y prístino, dirigieron la vista humana a sus personalidades como "sucesores" y "maestros", extraviando, así, no sólo miles de adherentes, sino transformando el nombre de la Teosofía en todo lo que es indeseable para las mentes humanas. H.P.B. y W.Q.J. conocían bien la probabilidad y el peligro de tal curso de eventos, pero sólo podían avisarnos. El último mensaje de HPB a los Teósofos reunidos en Convención, contenía las siguientes palabras: "Nunca el peligro es más grande que cuando la vanidad, la ambición y un deseo de liderazgo se ocultan tras de la máscara de las plumas del pavo real del altruismo."

¿Qué está en la raíz de los cismas que han arruinado a la Sociedad Teosófica que H.P.B. dejó? Siempre las personalidades.

¿Qué es lo opuesto y el antídoto de la Personalidad? Nada menos que la Impersonalidad, que nada busca para sí misma y todo lo hace en favor de la Causa de la Teosofía pura y simple. No hay fama, gloria ni beneficio mundanos en este curso de acción, siendo, sin embargo, el único que quita todo obstáculo que podría interponerse entre el Mensaje de la Teosofía y quienes desean estudiarla y ponerla en práctica según sus méritos. Esta es la sola razón por la cual la revista *Teosofía* y la *Logia Unida de Teósofos* funcionan anónimamente. La mente de la raza está obsesionada todavía por la idea que es importante y esencial conocer quienes son los agentes activos, mientras lo importante es el mérito de lo hecho. La sugerencia del Hombre de Nazareth: "Que tu mano derecha no sepa lo que hace tu izquierda", es tan vinculante como cualquiera de sus sugerencias. ¿Sin embargo los cristianos la siguen o la consideran insignificante? ¿Acaso los exponentes teosóficos la respetan o quizá respetan la más explícita que tienen: "Y el poder que el discípulo busca es el que lo hará aparecer como nada a la vista humana?" Que ellos contesten. Si tratan de encontrar una excusa a su comportamiento dirán que los seres humanos no escuchan a no ser que la personalidad del orador haya sido íntimamente investigada; ¿lo han intentado? La verdad no depende de quien la profiere, sino de su naturaleza auto-evidente, no quedando contaminada si la pronuncia un ser malo, ni elevada si la expone un ser recto.

Si los teósofos y los cristianos reconocen que el mundo ha perdido la cabeza por las personalidades, ¿acaso puede cobrar cordura ignorando la locura o defendiendo la conveniencia? Ellos saben que es imposible, sin embargo, siendo las criaturas de su generación, no tienen la valentía de poner en jaque a la personalidad, dando el ejemplo para una línea de esfuerzo más verdadera y menos egoísta. Sin embargo, si queremos que el cambio se realice, alguien tiene que comenzar, siendo el primer paso el que da inicio a la cuenta. Si la meta es correcta y verdadera, los resultados pueden dejarse al tiempo y al Karma. Confiamos en esto.

"Según se dice, un hombre se establece en el conocimiento espiritual cuando abandona todo deseo que entra en su corazón y está feliz y contento en el Ser, mediante el Ser. Su mente queda impasible en la adversidad;es feliz y satisfecho en la prosperidad, mientras la ansiedad, el miedo y la ira le son ajenos. A este hombre se le llama Muni. Cuando, en cualquier circunstancia, él recibe cada evento, favorable o no, con una mente ecuánime que no siente simpatía ni antipatía, su sabiduría se ha establecido y, al haber conocido el bien o el mal, no se deleita en el primero ni se deprime en el segundo."

Trabajar por la Teosofía

Es fútil aceptar ciertas revelaciones sólo porque provienen de una fuente particular, en cuanto no nos comunican algún verdadero conocimiento, que es lo que cada uno de nosotros necesita. Las ceremonias y las fórmulas son simplemente palabras y no un criterio por la verdad.

La teosofía existe para presentar los instrumentos mediante los cuales, toda persona pueda alcanzar el conocimiento individualmente. Su estudio y aplicación necesitan el discernimiento y la discriminación latentes en el ser humano.

La verdad no es un individuo, ni un libro, ni una declaración. La naturaleza de la verdad es universal y sus depositarios pondrán en práctica la universalidad en el pensamiento, la palabra y la acción. Sus esfuerzos serán dirigidos hacia la humanidad sin tomar en cuenta el sexo, el credo, la casta, ni el color. No los encontraremos nunca entre los que declaran ser los portavoces de la divinidad, exigiendo homenaje de la humanidad. La verdadera hermandad incluye a todos, desde los más desarrollados hasta los menos. Debemos intentar de ayudar a todos los que buscan la verdad. Nuestro valor y ayuda en este gran trabajo, dependerán de lo que será nuestro propósito, discernimiento y conducta.

Las personas con una mentalidad abierta, captaran el deseo sincero que sentimos por beneficiar a nuestros semejantes, no importa que sean pocas, en cuanto podrán ser los vehículos para despertar un mayor número de individuos. El esfuerzo y el sacrificio producen los resultados finales pero en nuestro entusiasmo será bien tener presente lo que los Maestros hicieron y hacen año tras año y época tras época. Hacen lo que pueden cuando pueden y cómo pueden, en harmonía con la ley cíclica. Preservan el conocimiento alcanzado y *esperan*. Por lo tanto, al saber todo esto, no hay espacio para la duda y el desaliento. La teosofía es para las personas que la *quieren*. Debemos resistir, esperar y trabajar por las pocas almas sinceras, capaces de comprender el plan y adelantar la causa. Muchas tienen los oídos embotados o su atención tan desviada, que no importa cuantas veces repitamos las doctrinas, no las alcanzan, aún debemos continuamente presentar la teosofía para todos los que quieren escuchar. Este es el trabajo que hemos asumido, y por lo que concierne al método y al modo, nuestros ejemplos son H.P.B. y W.Q.J., imitémoslos y realicemos su trabajo en su espíritu.

El "arco" teosófico ha sido lanzado a través del abismo de los credos y del materialismo y algunos han descubierto donde yace una base, en un lado o en el otro, algunos individuos han encontrado "piedras" que pertenecen al arco, pero la "piedra angular" ha sido "rechazada" por su forma irregular, como la historia antigua de la tradición masónica. Pero no debemos olvidar que vino el momento en el cual la piedra rechazada se trasformó en la "cabeza de la esquina," porque se descubrió que era la piedra angular. Siempre existieron individuos que conocían dicha piedra, pero eran muy pocos y sus voces eran sofocadas por el clamor y las declaraciones de los que encontraron unas partes del arco y deseaban ser reconocidos. Por lo tanto sólo pocos debían "trabajar, vigilar y esperar," en cuanto sabían que la historia se repite, y no hay nada nuevo bajo el sol.

La alegoría de la torre de Babel es adecuada al período en el cual vivimos. Todo está en confusión y cada individuo habla su propio lenguaje incoherente y nadie escucha. He dicho "nadie" pero algunos están poniendo atención y pocos han realizado que ningunas de estas cosas desarrollan el conocimiento. Todo lo que podemos hacer es dejar que la luz ilumine, de modo que las personas puedan buscarla y sembrar para una cosecha futura. Sería una tarea sin esperanza si no fuese por la reencarnación. Por lo tanto el gran esfuerzo consiste en promulgar los principios fundamentales de la unidad, de la hermandad, del karma y de la reencarnación.

En el trabajo que hemos empezado, no importa si tenemos resultados positivos o negativos: nuestro propósito ha sido y será que el Trabajo continúe. Cada uno de nosotros puede esforzarse lo más posible, el resto depende de otras, y más fuertes manos. Lo "mejor" que logremos realizar podría no ser algo grandioso, pero si el propósito está presente en algunos eventos es ya una victoria mantenerse firme.

Por lo tanto tenemos que llamar la atención a las enseñanzas y no a nosotros, que intentamos promulgarlas del mejor modo que podemos.

Si una persona se da cuenta que desde muchos puntos de vista no es capaz de realizar todo lo necesario, o lo que le gustaría conseguir, es una demostración de que ha emprendido el sendero para mejorarse. Nunca alcanzamos nuestros ideales, ellos nos *preceden* continuamente. Así cómo el ser humano piensa, en eso se convierte. El tiempo es un elemento en todo esto, y la *paciente* ejecución de *lo que podemos*, lo abrevia. Permitir que nuestras aparentes imperfecciones nos depriman, es una forma de impaciencia y de ignorancia de la ley. Todo lo que acontece es justo, hasta que algo mejor aparezca. Los defectos, si se observan cuidadosamente, desaparecerán, por lo tanto podemos soportar alegremente nuestras limitaciones y las de los demás, mientras continuamos con nuestro trabajo.

Una de las ayudas más grandes que la teosofía ofrece, consiste en el poder de una visión general más amplia posible del campo de acción: no nos limitamos sólo a esta vida, sino que nos concentramos también en las futuras durante las cuales "Vos y Yo y todos los príncipes de la tierra," viviremos y nos esforzaremos por la redención universal de la humanidad, siempre mirando adelante, hacia alturas superiores hacia las cuales podamos dirigir el espíritu que está despertándose. Entre los seres humanos hay muchas fuerzas y facultades que en la mayoría de los casos se usan sin la guía de una naturaleza permanente. Si se pudiese inculcar la filosofía justa, aún la sola idea de la naturaleza divina en el ser humano, impartiríamos un ímpetu mayor al vivir correctamente y los que han sido impulsados por esto, buscarían una filosofía de acuerdo con esta naturaleza.

No llevaría mucho tiempo, ni sería una tarea difícil, si las personas interesadas en la teosofía dejaran deducirla por *sí mismas* y se ocuparan en difundir la filosofía y la idea de servicio. Si se carece de la filosofía correcta, la fuerza y las facultades especiales son inútiles. Si todos estudiaran para poder ayudar y enseñar a los demás de mejor manera, el resultado sería una ayuda y un beneficio general superiores. Creo que la palabra "Teosofía" tiene poder, o de lo contrario, no muchas personas la emplearían erróneamente. A pesar de todo esto, la teosofía en sí permanece intacta. Nuestra tarea consiste en mantenerla pura cómo nos la han dado, para beneficio de aquellos que *pueden* ser ayudados y que siempre podemos encontrar. En periodos menos difíciles podremos hacer más y de mejor manera y más aún como consecuencia de las dificultades actuales. La teosofía pura y simple es un criterio mediante el cual podemos aplicar esfuerzos y combatir los errores, por lo tanto siempre debemos evidenciarla como fuente de todo anhelo justo. La perfección en la acción es imposible, por lo tanto, mientras que presentamos sólo el espíritu del Movimiento, aún así presentamos una base *necesaria* en cualquier trabajo exotérico. La "L.U.T." (Logia Unida de Teósofos, una asociación voluntaria de estudiantes de Teosofía), es el *nombre dado a ciertos principios e ideas*, y los que simpatizan con esos principios e ideas, se vinculan a través de ellas únicamente y no de sus compañeros que también hacen lo mismo o por aquellos que se detienen o cesan de considerarse vinculados de tal manera. La Declaración firmada por un socio, es muy diferente de todo lo que existe como organización.

No estamos interesados en "ver cosas", sino en despertar la conciencia superior, en cuanto sabemos que la teosofía presenta el conocimiento de los principios que deberían guiar a sus estudiantes en la esfera pública y privada de sus existencias. Deberíamos también encontrar direcciones explícitas: en el sentido que la teosofía indica claramente el modo para servir mejor a la humanidad. Por lo tanto es bueno buscar y mantener disponible para todos, las citaciones necesarias de las obras de los maestros que contienen sus *propósitos*. Si fuese imposible encontrarlas, tendríamos dudas profundas concernientes al sendero que se debe seguir. Si somos capaces de iluminar más claramente la intención, nuestro trabajo será positivo para el que aprende y para el que imparte el conocimiento.

La Unidad es la base para un trabajo exitoso y ésta es la petición constante de H.P.B. y W.Q.J. No es una tarea simple proporcionar una base para la Unidad a individuos y organizaciones, sin pedir que abandonen las afiliaciones y las creencias. Parafraseando una máxima del Maestro, podemos decir: "Al frente de vosotros está la teosofía entera, tomad lo que podáis."

El papel que desempeñemos, menor o mayor, no nos concierne. Nuestro *trabajo* debe llamar la atención a la verdadera base de Unidad entre los teósofos y debe establecer el ejemplo real y actual. La gente, ya sean estudiantes nuevos o viejos, deben comprender el mensaje de la teosofía por lo que es y no porque creen en cualquier persona u organización. Si los estudiantes consiguen entender y aplicar la filosofía, obtendrán la verdadera clarividencia relativa a los seres humanos, las cosas y los métodos, y la gratitud de ellos incluirá todo lo que contribuyó a la oportunidad que tuvieron y este agrado se expresará en reciprocar lo mismo para los demás.

Por lo tanto el esfuerzo debería ser para impulsar a las personas interesadas en participar, a asociarse en el trabajo y compartir la responsabilidad, sin empujarlos ni ganando prosélitos, sino manteniendo presentes las ideas en varias maneras. Como en todo, cada método debe ser probado pero sin poner líneas inflexibles. El propósito principal consiste en transmitir las ideas. Nos proponemos concentrar la atención en los maestros, en las enseñanzas y en nada más, por lo tanto se debe conservar y asegurar la impersonalidad de la "L.U.T.", cuya declaración expresa su meta, propósito y objetivo y además dirige la atención hacia el gran movimiento fundamental, que de vez en cuando produce los cambios. Por lo tanto, al seguir el plan declarado y estudiando la enseñanza, la amplificación práctica vendrá sola. Hasta que una persona no aclare sus percepciones, no podrá distinguir entre el oro y el burdo metal. Que la "L.U.T." florezca sólo en base de su valor moral.

El trabajo que nos espera y el conocimiento que debemos divulgar, dependen únicamente de los nombres de los verdaderos Maestros: H.P.B. y W.Q.J. [...] y de sus Maestros quienes Ellos sirvieron. Ninguna otra cosa restablecerá el Movimiento. La teosofía no emana de ninguna sociedad ni persona viviente. Por lo que concierne al mundo y a todos los teósofos, los portavoces de la teosofía son H.P.B. y W.Q.J. Por lo tanto, a fin de evitar ideas erróneas, volvamos al Mensaje y a sus Mensajeros.

Nuestros esfuerzos podrán parecer inadecuados, pero están en la dirección correcta y "un poco de incentivo, impulsa al grupo entero." Haremos lo que podamos y todo lo que sabemos hacer, soportando el mal del presente mientras intentamos lo que en el futuro florecerá en un gran bien. Al actuar un poco aquí y un poco allá, conduciremos la mente de los teósofos de cualquier grado y sociedad a una concepción de la filosofía lo más amplia posible. Todos estos esfuerzos serán educativos también para nosotros, en cuanto tendremos que tratar con todo tipo de mentalidad, ignorante y arrogante, dejando una impresión indeleble. En el pasado H.P.B. escribió: "Si una persona se atiene a la filosofía de Buddha, que hable y actúe como Buddha, si un individuo se define cristiano, que siga los mandamientos de Cristo, no las interpretaciones contradictorias de los varios padres y sectas."

Por lo tanto según estas palabras, si una persona desea ser un teósofo, que estudie las enseñanzas teosóficas originales divulgadas por los que las presentaron. En realidad, aceptar como verdadero lo que *cualquier* maestro decide impartir, sin que nos dé los medios mediante los cuales podamos verificar las declaraciones expresadas, o poder comprobar por nosotros mismos los hechos afirmados, implica simplemente creer en una fe ciega, como lo hacen tantas personas.

Nuestra difícil tarea consiste en evitar toda apariencia de autoritarismo de cualquier clase, aún estando al mismo tiempo seguros de nuestras ideas y preparados para declararlas sin temor. Debemos conceder a todo individuo una oportunidad de reconocer por sí mismo, que la base de nuestras ideas está bien fundada. Lo que debemos difundir son los puntos principales, claros y definidos, de manera que el lector no los descuide, sino que emerjan como realidades verificables para cualquier persona que desee comprobarlas. Hemos emprendido una misión elevada y una tarea importante, no porque nos consideramos eminentemente capacitados, sino porque vemos la necesidad.

———

La sola asistencia a las conferencias no es suficiente para despertar nuestra identidad con el trabajo. La presencia es únicamente preliminar para un paso ulterior que se evidencia cuando los participantes a las clases, empiezan a preguntar cómo pueden alcanzar una mayor comprensión. Seguramente ya tomando parte en las clases se desarrollará, pero no se deben olvidar el objeto de la ayuda que se les imparte, ni que ésta es simplemente un medio y una manera. El objeto del estudio y del trabajo teosófico, *no* es el desarrollo individual, sino que cada uno debe convertirse en una persona que verdaderamente ayude a la humanidad. Algunos entenderán. Al principio, es una tendencia común decir más de lo necesario a las personas nuevas, pero desaparece gradualmente cuando nos percatamos que minimiza la investigación. No deberíamos empujar nada, sino responder a cada pregunta. Aunque pudiésemos, no usaríamos la fuerza, porque cada mente tiene que ser libre de elegir, sino no existiría un verdadero progreso. Opino que ésta es una buena actitud que debemos asumir por lo que concierne a las cuestiones relativas a las declaraciones teosóficas y sus exponentes. Estas sanjas de diferencia deben tener su lugar en la gran economía de la conciencia, si no, no atraerían a las personas, asiéndolas y afectándolas. Cuando la "sanja" particular no proporciona al devoto el resultado esperado en el campo del conocimiento, a la mente tan involucrada se le indica una búsqueda ulterior. Toda persona que sea tocada por estas declaraciones y exposiciones despertará, a la larga nos contactará, si nos mantenemos en la línea recta.

Mientras menos palabras empleemos para expresar una idea, mejor. Nuestro esfuerzo consiste en diseminar entre los teósofos la idea de la *unidad sin apego a ninguna organización*. Que cada uno de nosotros siga su camino con las mejores intenciones, dando crédito a los demás por lo mismo, de esta manera no obstaculizaremos a nadie, no importa lo que ellos hagan. Simpatizamos con *todos* los esfuerzos para divulgar las enseñanzas teosóficas puras y simples, sin preferir ninguna organización o persona involucrada en el trabajo, reconociendo que, no obstante que los métodos difieran, la Causa de uno es la Causa de todos. Todos debemos cultivar esa caridad que simpatiza con cada esfuerzo para diseminar la teosofía, aunque el método y otras cosas no nos atraigan: el mínimo esfuerzo es mejor que nada.

Nosotros indicamos el mensaje, los mensajeros y su enunciación del trabajo. Cada vez que nos encontráramos debería ser nuestra costumbre declarar cuales son nuestros propósitos: diseminar los principios fundamentales de la teosofía y contestar a las preguntas del tema presentado durante la conferencia.

La autoridad que reconocemos, no es lo que la humanidad define como tal, la cual proviene del exterior y exige obediencia, sino un *reconocimiento interior de la importancia* de lo que fluye de cada punto dado, foco o individuo. Ésta es la autoridad del discernimiento, de la intuición y de la inteligencia más elevada del propio Ser. Si seguimos lo que reconocemos en ese modo y continuamos considerándolo positivo, naturalmente nos mantendremos en esa dirección. Esto no implica seguir servilmente a cualquier persona.

H.P.B. se mostró como una verdadera maestra cuando dijo: "No me sigáis a mí, ni a mi sendero, sino el camino que muestro y a los Maestros que están detrás." La sabiduría de este consejo emerge al observar el curso de los que juzgaron las enseñanzas basándose sobre el aspecto exterior de la maestra. La juzgaron según *sus* criterios y no por su adhesión a la teosofía que enseñó. Siempre evidenciamos que lo mejor que una persona puede hacer es imitar lo que Judge hizo: seguir las líneas que H.P.B. presentó, sin hacer caso a los demás. La fuerza de cada persona que trabaja por la teosofía, no es la de la personalidad, en cuanto no tiene alguna por sí misma, sino que yace en las palabras, las ideas y la convicción de la verdad del ser interior.

En primer lugar anhelamos la Unidad, omitiendo lo más que podamos los puntos que podrían antagonizar. La teosofía pura y simple es la gran "unificadora." Mientras más podamos impulsar a las personas al estudio y aplicar la teosofía, más se darán cuenta de los papeles que los diferentes individuos y personajes jugaron en el movimiento. Nuestro trabajo consiste en informar y no en hacer prosélitos.

Cuando nos preguntan acerca de personas en el movimiento, y cuando la ocasión lo requiera, se deben declarar los hechos claramente, *defendiendo la teosofía*, sin condenar a ningún individuo. Ésta es nuestra clave para una actitud justa en todos estos casos que la historia teosófica presentó, produjo o está engendrando. Puede ser una línea muy sutil, pero debemos encontrarla y mientras indicamos la verdad en la filosofía o en la historia teosófica, debemos evitar toda clase de condenación, aún cuando debiéramos mencionar ciertos nombres. Los que han cometido errores, se han transformado en una expiación mediante terceros, porque las personas habrían hecho lo mismo si no hubiesen aprendido la lección de las faltas pasadas.

Un individuo debe conocer la Verdad para poder captar sus falsificaciones. Por lo tanto indicamos el Mensaje y los Mensajeros como fuente en la cual todos deberían confiar para aprender lo que es y lo que no es, la teosofía original. Lo que todos necesitamos es una devoción inteligente en favor de la causa de los maestros. Las divagaciones personales son siempre las causas que despistan a los estudiantes de la filosofía. Tenemos que continuar realizando lo que parece justo en las circunstancias constantemente cambiantes y es aquí donde el discernimiento debe activarse. No es nunca lo que a una persona le gustaría hacer en ésta o en aquella condición, sino lo que debería haber sido hecho. Debemos trabajar mucho para llegar a estar preparados para lo que nos espera. ¿Podremos hacerlo? Podemos probar.

Si no asimilamos las ideas básicas, nada puede lograrse. Deberíamos ya estar felices al mantener estas ideas *vivas* en el mundo y entre los teósofos, pero no hemos terminado y mientras vivamos, continuaremos haciendo lo que podamos para dar a los demás una base sólida y una mejor comprensión del sentido de las grandes ideas teosóficas. Cada uno de nosotros tiene que encontrar su expresión en las mismas grandes verdades.

Ésta es una época de transición y nuestra tarea consiste en escuchar los principios básicos, promulgándolos y sosteniéndolos de la mejor manera posible, de modo que estemos preparados para los que lo necesitan, extrayendo nuestra inspiración del mensaje y de los mensajeros.

Cuando trabajamos por la teosofía, no debemos preocuparnos por nuestros errores, sino por los que son *evitables*. Es una actitud errónea permitir que en la mente de alguien se desarrolle la idea de que él es importante para la Teosofía. Ésta ha sido restablecida en el mundo para beneficiar a los que buscan la luz, y no para los que están satisfechos en las condiciones en las cuales se encuentran. Por lo tanto, intentar interesar a personas especiales no vale la pena. El mismo esfuerzo lo previene, en cuanto suscita la oposición o las nociones erróneas. El camino más sabio consiste en esparcir las ideas teosóficas al mayor número de personas posible, sin buscar a nadie en particular.

El karma de muchos individuos es tal que no deja abierta directamente ninguna puerta mental o física, aún así pueden ser alcanzados indirectamente por medio de los esfuerzos de personas que comparten ciertas afinidades que pueden establecerse y encontrar el camino. Nuestro deber entonces, consiste en comunicar la idea que sólo pocos, bajo la ley del karma, tienen la oportunidad de comprender y aplicar la teosofía, no porque se le detenga a alguien, sino porque la naturaleza de las tendencias prevalecientes no son propicias a una apertura mental para considerar verdades nuevas o capacitarlas para aprovechar los medios disponibles. En muchos casos, todo esto deriva del mal uso de las oportunidades en vidas anteriores y es especialmente verdadero en ésta época, en la cual, otra vez todos los que *quieren*, tienen la posibilidad de contactar la antigua sabiduría. Todos obtienen ésta posibilidad, algunos en condiciones más favorables que otros. Es la cumbre de la insensatez descuidar otra vez tal oportunidad, especialmente en casos en los cuales algunas personas la reciben sin esfuerzos. En nuestro diario vivir nos mezclamos con los individuos tal cómo son. Esto nos permite mostrar simpatía humana sobre sus vidas, comprender sus condiciones sin involucrarnos en ellas, mientras impartimos de manera indescriptible la impresión del lado serio de la vida y la necesidad del verdadero conocimiento tanto como su sentido.

Es sabio y necesario comprender bien los métodos y los medios concernientes a los procesos de tratar con las mentes de los demás, no simplemente para ser "buenos" y hacer el bien, sino para que ambos podamos aprender las reglas del conflicto del alma, y los deberes individuales y colectivos del Ego reencarnante, el "guerrero." Somos el Karma, porque somos la causa de *todo* lo que hacemos. Nuestro problema consiste en no percatarnos hasta que nivel se extienden las causas activadas por el bien o el mal. Por esto necesitamos conocer nuestra genealogía espiritual, intelectual y física. La herencia que tenemos es nuestra, son los efectos de las causas que engendramos en un pasado muy remoto.

Aunque todo lo que podemos decir es simplemente una re-declaración, una palabra o una aplicación a veces pueden infundir una luz diferente, capaz de ayudar y beneficiar a alguien. Las dos cosas que impiden la eficiencia son nuestra incapacidad de impartir una buena impresión como debería ser, y la del oyente de apreciar el sentido de lo que decimos. Muchas mentes se concentran sólo en las faltas y limitaciones de la persona, sin mirar más allá del individuo que ofrece el regalo y todo lo que este implica, por lo tanto esperan demasiado de la personalidad, en cuanto no expresa enteramente lo que divulga.

Si nos mantenemos fieles y firmes a nuestra meta, propósito y enseñanza, ofrecemos esta ayuda y guía que poseemos a todos los que estén interesados, así todos los planes necesarios acontecerán. Debemos sólo tener siempre presente en la mente y en el corazón las *líneas originales* que H.P.B. y W.Q.J. presentaron, o sea la UNIDAD como enfoque para el crecimiento espiritual y la mutua fuerza, el ESTUDIO, para obtener un conocimiento concerniente al Movimiento, su propósito, sus Maestros y su Mensaje, y el TRABAJO en nosotros, teniendo presente este estudio para beneficiar siempre y en toda ocasión a los demás. Todo lo que cada uno de nosotros puede ofrecer es la teosofía. No la hemos inventado, sino que la recibimos y en nuestro turno la pasamos como las personas durante los incendios pasaban los cubos de agua. Los individuos agradecen al que les pasa el "agua de la vida," pero el que la pasa, sabe a quien pertenece la gratitud y dice: "No me des las gracias a mí, sino a la teosofía, como yo lo hago. Me capacita para ayudar a los demás y los capacitará a vosotros también." Por lo tanto él ayuda a los demás y se ayuda a sí mismo a liberarse de la idea personal. La lucha contra la "idea personal" es larga y pesada y debemos tener cuidado que no se apropie *lo que* no le pertenece.

Los Mensajeros han divulgado todo lo que es necesario para nosotros y para los demás, por lo que concierne al método y a la dirección, toca a nosotros y a estos últimos aplicar la manera correcta en el momento adecuado y por el mejor camino. Todos los que consideran la filosofía, la lógica y los hechos según sus méritos, todos los que tienen o tendrán una mente abierta, empezarán a investigar, obteniendo un punto de vista y una mejor apreciación de la necesidad de Unidad en una base *filosófica*. Lo que la teosofía se propone, mediante los individuos que tienen confianza en ésta, sin ninguna reserva mental, es luchar para ser *reconocida*. La teosofía es útil para explicar el lado oculto y el sentido interior de las cosas, en cuanto es una amiga de la comprensión y una ayuda para el conocimiento. Por medio de la teosofía un ser humano adquiere un conocimiento de sí mismo siempre más profundo. Todas las religiones, sectas y dogmas, con sus intereses creados y sustentadores, existen a causa de una comprensión errónea del verdadero Ser. Es el karma de la raza que nos encara, por lo tanto no desesperaremos ni lo evitaremos cuando lo enfrentemos. Lo peor que pueda pasarnos podremos entonces considerarlo como la cosa mejor que habría podido acontecernos y si la encaramos con el mejor de los espíritus, limpiaremos nuestro Karma mientras proseguimos, y nos trasformamos en mejores instrumentos.

Nos liberaremos de nuestras imperfecciones sólo concentrándonos en nuestra perfectibilidad inherente. La última cosa que debemos dudar, es la perfectibilidad inherente de cada ser humano. H.P.B. expresó la siguiente e interesante declaración:

Cada Ego tiene detrás de sí el karma de los Manvantaras anteriores. El Ego empieza con una Conciencia Divina, no existe pasado, futuro ni separación. Pasa mucho tiempo antes de darse cuenta de que es sí mismo. Sólo después de numerosos nacimientos y por medio del conjunto de la experiencia, empieza a discernir que es individual. Cuando su ciclo de reencarnación termina, es aún la misma Conciencia Divina, pero ahora se ha transformado en Autoconciencia individualizada.

Sin este sentido de perfección inherente, no habría nada por lo cual valiera la pena vivir. Nuestra existencia se resumiría en unos años de "placer y dolor" y después todo desaparece, entonces: ¿qué habremos conseguido? Cualquier cosa que hagamos no podemos escapar a la vida porque *somos* siempre la vida, pero la mayoría de nosotros realiza sólo parcialmente sus posibilidades. En un futuro aprenderemos el verdadero sentido de la vida. Estamos trabajando hacia esa meta para los demás y para nosotros mismos, pero ahora en particular por los demás "que saben aún menos que nosotros," pero aún así nosotros estamos aprendiendo continuamente. ¿No vale la pena todo lo que cuesta? Existen seres humanos que se sacrifican aún más que nosotros por mucho menos: unos años de felicidad dudosa, seguida luego por el olvido por lo que sepan o vean. La posibilidad de comprender, aún poco, el propósito de la vida es mucho, sentirlo es todavía algo superior, mientras que realizarlo implica vivir. Es la escuela de la vida, y todo lo que nos pasa en cada momento, contiene las cosas necesarias, ya sea que nos parezca difícil, molesto o agradable.

Los teósofos deben indicar el error mediante la comparación con la Teosofía. Los métodos deben cambiar según el período de tiempo, el lugar y las condiciones. Tenemos que aprender que la manera de presentar la verdad consiste en emplearla en el examen de varias creencias. Las ideas que presentamos infunden un sentido de libertad completa de parte del que escucha y del que habla. En esta época de proselitismo y propaganda por toda clase de ismos, necesitamos ser aún más tolerantes si queremos encontrar en la mente de los demás la apertura que nos permita suscitar en ellos algunas preguntas. Podemos establecer el ejemplo de examinar algo según sus méritos y luego presentar el punto de vista teosófico, que está en armonía con la naturaleza entera. La manera para conocer la verdad consiste en considerar el mensaje de los maestros en el campo filosófico y del trabajo correcto. Los maestros nunca cesan de trabajar, y cada teósofo dotado de una vista clara de amor por la humanidad, puede ayudar siempre en sus esfuerzos. Necesitamos llevar continuamente a la atención de los teósofos deprimidos y confundidos lo que H.P.B. escribió a Judge en 1888:

Anoche se me mostró una visión panorámica de las Sociedades Teosóficas. Vi unos pocos teósofos serios y confiables en una lucha mortal contra el mundo en general y otros teósofos sólo de nombre y muy ambiciosos. Los primeros son más de los que creen ser, y *prevalecían*, como vosotros *prevaleceréis* en América, si permanecéis leales al programa de los Maestros y fieles a vosotros mismos.

Además: "Sólo cuando el Núcleo sea formado, *podrá comenzar* la acumulación que en los años futuros conducirán a la formación del cuerpo *que tenemos en perspectiva, sin importar lo que tarde*." No creo que hayan usado las palabras vagamente, por lo tanto toca a nosotros y a todos los que deseen servirlos, aplicar, aplicar y aplicar sus enseñanzas. No existe tiempo límite para el esfuerzo.

Si los principiantes estudian y se preparan, se convertirán ellos solos en propagandistas eficientes. Si intentamos ayudarlos, es esencial estimular sus iniciativas lo más posible, sugiriendo y arreglando cuando y donde sea necesario.

En todo nuestro trabajo, al estado inicial, en medio y al final, debemos siempre seguir las tres proposiciones fundamentales de "La Doctrina Secreta," en cuanto son la base de la filosofía entera y no podemos progresar mucho, si no las conocemos muy profundamente. En cada presentación teosófica es importante aclarar primero la *imposibilidad* del concepto común de un Dios personal o separado y la realización del Ser como todo y en el todo. Luego la Ley de la Periodicidad, los Ciclos o el Karma en todas sus aplicaciones, como "los modos eternos de ser del mundo". Esto muestra por analogía la Reencarnación y las sucesivas reincorporaciones de los sistemas solares, planetas y cada forma de la materia. Naturalmente esto nos conduce a considerar "la Gran Alma Universal," la inteligencia colectiva en cada sistema solar y en todos, en cuanto están conectados "hasta el átomo más pequeño concebible," y lo que afecta a uno, afecta a todos: Egos pequeños, grandes y embrionarios. Esto significa Unidad en el todo, interacción entre todo y responsabilidad individual.

En cada clase sería bien declarar el propósito de la reunión y tener voluntarios capaces de presentar las Tres Ideas fundamentales en sus propias palabras. Se debería liberalmente invitar a hacer preguntas para que los estudiantes, aún los principiantes, puedan formularlas por sí mismos. Éste es el único método para obtener una buena comprensión y asumir la posición en la cual sea posible ayudar a los demás, así como ellos recibieron la ayuda. En la clase de "El Océano de la Teosofía," los tres principios fundamentales constituyen la base de todo el trabajo. Capítulo tras capítulo, por medio de las preguntas y las respuestas, se pueden extraer sus aplicaciones y demostrar la coherencia de toda la filosofía. Los estudiantes individuales deseosos de aprender, deberían preguntar y contestar a las preguntas desde el punto de vista de la filosofía misma. Puede resultar difícil que todos comprendan la importancia de esta repetición contínua, pero es esencial en todo verdadero progreso.

———————

La teosofía muestra la manera correcta de interpretar las cosas. Cada individuo debe aprender, saber y dominar su naturaleza, si quiere adquirir el discernimiento, la habilidad de ayudar a los demás. Toda persona debe *aplicar* la filosofía, en cada error y acción que compliquen aún más la tarea, y así habrán contribuido a despertar el discernimiento necesario. Nuestros errores pueden ser trasformados en algo positivo y entonces nos tomaremos más tiempo para pensar lo que diremos y la manera de expresarlo. Superaremos la inconstancia y la indecisión, tomando tiempo y examinando totalmente las cosas, antes de actuar o prometer algo. Luego estudiaremos la manera de realizar lo que hemos dicho. Esta cautela aumenta la verdadera confianza en nosotros y también la que los demás depositarán en nosotros. Los seres humanos podrán ayudarse a sí mismos y a sus semejantes sólo si han alcanzado una completa confianza.

———————

Como base para expresar su juicio, la mente occidental tiende a considerar simplemente la forma literaria y las frases excelentes. Por lo general, los individuos no comprenden el *sentido* del contenido, y al mismo tiempo no extraen ningún *valor* de las experiencias propias, sino que llegan a deducciones y aplicaciones sólo superficiales. Por lo tanto, siendo limitados en la habilidad para aplicar la filosofía en el diario vivir, no podrán discernir su valor práctico. Deben ser ayudados a asimilar los fundamentos principales si quieren realizar las aplicaciones correctas. Cada individuo debe erradicar sus limitaciones en estas esferas y las otras y no en las de los demás. Mientras los estudiantes no decidan trabajar seriamente siguiendo estas líneas, no podrán alcanzar la seguridad, ni la felicidad. La teosofía y su aplicación deben ir unidas, si queremos avanzar verdaderamente. No tenemos derecho a decir "Haga esto" o "No haga aquello." Toca a nosotros presentar la teosofía y su aplicación individual, permitiendo a cada estudiante y persona interesada, llegar a sus conclusiones. Siguiendo los "consejos" las personas pueden encontrarse en situaciones difíciles en vez de ejercer su discernimiento, y cuando las cosas no proceden según sus expectativas, culpan invariablemente al "consejero."

"Entre miles de mortales, quizá uno solo anhela la perfección." Por lo tanto entre las personas interesadas en la teosofía, la filosofía de la perfección del ser humano, a veces un individuo puede despertarse. En esto yace la esperanza. Aún los que están suficientemente interesados en oir o leer atentamente, recibirán algo en la forma de una tendencia que algún día podría desarrollarse. Si continuamos intentando en toda forma correcta y medio a nuestra disposición, este mutuo esfuerzo dará sus frutos.

Las declaraciones fundamentales de los Maestros son axiomas que deben ser aplicados y el razonamiento que los teje es tal que puede afectar la manera de pensar. La ciencia, la psicología y los esfuerzos que las toman como base fracasan porque no asumen o no admiten la existencia del conocimiento verdadero y completo. Si la ciencia y la psicología occidentales continuasen sus esfuerzos y esmeros a la luz de la teosofía, la obscuridad mental e intelectual del mundo desaparecería muy pronto y la nueva civilización sería capaz de expresar de mejor manera la verdadera vida física. ¿Qué es lo que nos obstaculiza? El orgullo intelectual junto a los efectos entorpecedores de los falsos conceptos religiosos. Si sostenemos que vivimos aquí solo una vez, todo el estudio del ser humano y de cada época se confina a un grupo pequeño y limitado. Mientras que, si una persona asume la idea de una serie sucesiva de vidas en la tierra, todas según la ley Kármica, el aprendizaje asume un aspecto más amplio conduciendo al ser humano al concepto que toda clase de poderes proceden del Supremo, del Ser de toda criatura, que es en realidad un ser, espiritual por lo tanto debe pensar y actuar de tal manera.

A lo mejor, no podemos poner totalmente en práctica como nosotros y los demás desean, todos los axiomas y el razonamiento de la filosofía, pero ¿qué importa? Podemos aplicar lo que es posible y de lo que somos capaces y por medio de tal aplicación, emerge una comprensión y una facilidad más amplia. Cada individuo debe encontrar *su* camino. Las palabras no pueden conferirlo, *existe* un sendero para todos. La mayoría de nuestros problemas consisten en intentar ver, oir y "pensarlo" todo, en vez de aplicar lo que vemos verdaderamente. Toda habilidad proviene gradual e imperceptiblemente la sentimos, la tomamos y la realizamos más que percibimos en el sentido común [...]. Muchos estudiantes no conocen lo suficiente sobre la filosofía para sentirse bastante seguros a fin de dedicarse a la continuación del trabajo. Deberían haber comprendido que nadie es la teosofía, sino que aún los mejores estudiantes son simplemente vehículos para divulgarla. Por lo tanto como la recibieron, deberían empezar a compartirla con los demás, diseminándola.

Estamos tratando con *mentes* y no con personas. El alma, estando conformada a la mente, reacciona en la naturaleza entera. Si como personas, pudiéramos observar el mundo de las ideas en esa manera, aprenderíamos más, obtendríamos más discernimiento y seríamos más útiles a los demás, por lo tanto nos mereceríamos la guía de la influencia de los Maestros. Los estudiantes deberían realizar que todo esto es *karma* y beneficiarse de este conocimiento. El justo principio está en todo. Al mantener este concepto siempre presente, todo lo que una persona hace lo llevará a él y a los demás en la dirección apropiada. O la teosofía pura y limpia es la cosa más real en el mundo, o estamos perdiendo nuestro tiempo y energía. Si logramos comprender su realidad seriamente, nunca deberíamos cesar de intentar comprender y aplicar lo que la Mensajera de los Maestros escribió para guiarnos e instruirnos. ¿Que diferencia existe entre la teosofía y cualquier otra cosa? Ésta yace en los principios fundamentales. No existe nada capaz de impartir un punto de vista totalmente inclusivo de la existencia. Toda clase de esfuerzo sincero contribuye a su ayuda, todo sistema de pensamiento contiene algo verdadero, pero todos son parciales en cuanto excluyen o ignoran alguna parte de la naturaleza. Los teósofos de cualquier grado, deben realizar que bajo la ley kármica, los que han recibido mucho en oportunidades y conocimiento, tienen un gran deber. Podemos emplear nuestras oportunidades y conocimiento en la mejor manera posible procurando siempre hacerlo, si no queremos escasear el requisito de "la Ley de las Leyes, la Compasión absoluta." Lo que ha sido realizado ha beneficiado realmente a muchas personas, pero aún hay individuos no nacidos y todavía por venir. Este es el período en que a un individuo le gustaría ser como Brahma con "ojos, cabezas, bocas y orejas en toda dirección." Leed el artículo en el "Lucifer" "La Marejada" si queréis saber los sentimientos de H.P.B. El punto central de la discusión es la *naturaleza divina del ser humano*. La verdadera base del trabajo consiste en grabar este concepto en la mente de los que vienen. En la teosofía tenemos ésta base. El mundo necesita desesperadamente una filosofía justa. Sin ésta el poder y las facultades especiales son inútiles porque su aplicación es errónea. La teosofía no está constituida simplemente de palabras. Es la Vida y ésta incluye todas las cosas y todos los planos de existencia. Para alcanzar la hermandad entre todos, debemos primero realizar la hermandad en un núcleo, y la base de la hermandad es la divinidad inherente en el ser humano.

Toda impresión verdadera deriva del *interior*, desde nuestro principio superior, Atma, o la divinidad que es la única y la misma en todo. Si en el cerebro yacen sólo las impresiones provenientes de los principios inferiores, y nada que conecte al Pensador con los planos superiores, él oscilará en las esferas inferiores. Si el pensamiento debe emerger ulteriormente debe ser *pensado sin un cerebro*. La naturaleza obra por medio de procesos ordenados que llamamos ley, mientras que en el individuo es la Voluntad. Un acto de voluntad puede terminar todos los procesos mentales comunes, luego se puede trascender el centro habitual de la acción mental y realizar la subida al próximo plano sin perder la facultad de percibir en éste. Durante todos estos esfuerzos debemos tener en *mente* los fundamentos. Los problemas, las obras, sus frutos y los deseos no afectan al Espíritu en el ser humano. Según mi punto de vista, concentrarse en la idea del Perceptor, como si mirásemos en uno o en otro de sus "vehículos" descubriendo el testimonio de las acciones en uno o en todos, nos permitirá alcanzar una comprensión más clara de todo esto.

Al considerar o al intentar practicar la "concentración," todo depende de lo que un individuo tiene en su mente y de sus conceptos *fundamentales* de la Divinidad, de la Naturaleza y del Ser Humano. La idea general relativa a todo esto, análogamente a otros temas, es puramente personal, por lo tanto poner en práctica en la vida diaria el objetivo deseado y ser adecuados para poder ayudar y enseñar de mejor manera a los demás, no constituye autoexaminación de los propósitos, altruismo, ningún esfuerzo y ninguna observación de los efectos negativos causados por la precipitación en el "desarrollo psíquico". Según las palabras de H.P.B.: "Un individuo debe tener una fe *firme* en la Divinidad interior y una creencia ilimitada en su poder de aprender, si no, está destinado a caer en el engaño y el mediumnismo irresponsable." Estas palabras nos alertan contra todo intento de desarrollarnos psíquicamente, antes que hayamos aprendido a dominar al ser inferior personal. Lo que es indispensable es la correcta filosofía y su aplicación en la vida diaria. Muchos teósofos bien intencionados, teniendo una actitud errónea en esta esfera y en otra, fracasan, lastimándose y dañando a los demás. El sentido es claro. Dejad lo psíquico en paz, trabajad en la naturaleza inferior, visible e invisible, psíquica y física, desde el lado espiritual, primero empleando el análisis y la comprensión de los principios de nuestro ser, impartidos en la teosofía, luego guiándola por el conocimiento que se despierta en nosotros. Diariamente pasamos de un plano a otro, pero ligamos todo al círculo de la necesidad del cerebro, perdiendo entonces el verdadero sentido. La concentración real consiste en meditar en las ideas fundamentales de la teosofía y en ayudar a los demás. El Señor Judge escribió: "Por lo tanto la Voluntad se libera de la dominación del deseo y al final somete a la misma mente."

Si consideramos la teosofía una abstracción, o un simple punto de partida desde el cual debemos desarrollar un sistema completo mediante el examen individual, entonces debemos abandonar la idea de los Maestros como depositarios de la sabiduría acumulada de las épocas. Cada estudiante serio, sabe que H.P.B. divulgó al mundo un conocimiento que denominó "Teosofía," declarando explícitamente que provenía de los Maestros de Sabiduría.

Para ser justos con el Mensaje, con la Mensajera que lo diseminó y el ideal de los Maestros, sólo este Mensaje debería llevar el nombre de Teosofía. Cualquier persona que asuma una posición diferente, viola las primeras leyes del ocultismo, menospreciando al Mensaje y a la

Mensajera y no puede esperar beneficiarse de ellos.

Los que aceptan el Mensaje y menosprecian a la Mensajera, son igualmente desafortunados, porque menospreciando uno, menosprecian el otro. A estas personas debemos decir que es pura locura imaginar que los maestros de la sabiduría no pudiesen elegir un Mensajero capaz de presentar su Mensaje correcta y completamente. Al dudar de los maestros de la sabiduría, todo el edificio se derrumba.

Existe solo un sendero seguro. Debemos considerar la teosofía como un regalo que seres más adelantados que nosotros, han dado a la humanidad. Debemos aprender y *aplicar* los principios fundamentales que están en la base de esta gran filosofía y el funcionamiento de la ley que estos explican. Solo en ese momento podremos trasformar la teosofía en un poder viviente en nuestras existencias. Deberíamos preservar nuestra disponibilidad en dar y recibir instrucciones, pero en ambos casos debemos estar seguros que tal enseñanza está en perfecto acuerdo con los principios y las leyes que la filosofía teosófica presenta.

Si todo estudiante siguiera estas líneas, todos tendríamos un designio, un propósito, una enseñanza y una base segura para un esfuerzo unido. Todas las diferencias probables de opiniones individuales que pudieran emerger, las solucionaríamos adaptándolas cuidadosamente a la filosofía. Por lo tanto todos estaríamos unidos, preservando la máxima libertad de pensamiento y progresando rápidamente mediante esfuerzos inducidos y pensados individualmente. Nadie entonces cometería el fatal error de imaginarse que la teosofía es algo que debe ser desarrollado, sino que cada individuo concentraría su pensamiento y esfuerzo en crecer según las líneas que ella indica, de manera que pueda ayudar y enseñar de mejor modo a los demás.

Si el conocimiento de la Religión-Sabiduría existe, es el resultado de la observación y experiencia de los Maestros de Sabiduría, y como tal puede mantenerse en pie por sí sola, sus estudiantes no pueden ampliarla ni mejorarla. Además, lo que Madame Blavatsky denominó "Teosofía," es la misma Religión-Sabiduría que la Mensajera divulgó. Por lo que concierne a esta Religión-Sabiduría, H.P.B. escribió:

La Doctrina Secreta (o la Religión-Sabiduría), no es un conjunto de teorías o tratados vagos, sino todo lo que se puede divulgar en este siglo. Pasarán muchos siglos antes que se disemine más información.

La siguiente es una declaración semejante de W.Q.Judge:

La teosofía no es una creencia o un dogma que el ser humano inventó o formuló, sino el conocimiento de las leyes que rigen la evolución de los constituyentes físicos, astrales, psíquicos e intelectuales de la naturaleza y del ser humano.

La Teosofía no es una religión, sino la religión misma en su sentido más verdadero, aún emplear el termino "religión" sin calificarlo puede confundir, en cuanto la teosofía no es una "creencia," como lo son las religiones por lo general, sino una Ciencia Religiosa, una Religión Científica y una Filosofía que lo incluye todo.

AL PRINCIPIO

Carta Uno

Es fútil aceptar revelaciones porque alguien así dijo. No transmiten algún conocimiento, mientras lo que cada uno necesita es verdadero conocimiento. Los términos que sirven de santo y seña y las fórmulas son simples palabras y no un criterio para la verdad.

La Teosofía existe para presentar los medios a través de los cuales cada uno puede adquirir el conocimiento, independientemente. Su estudio y aplicación despiertan el juicio y el discernimiento latentes en el ser humano.

La Verdad no es una persona, un libro ni una declaración. La naturaleza de la Verdad es *universal;* se constatará que quienes la poseen en algún grado, aplican la universalidad en el pensamiento, la palabra y la acción. Sus esfuerzos serán en favor de la humanidad sin distinción de sexo, credo, casta o color. Jamás los encontrarás entre quienes declaran ser los portavoces de la Deidad, exigiendo homenajes humanos. La verdadera Hermandad incluye tanto los menos desarrollados como los más elevados. Debemos tratar de ayudar a *todos* los que están en busca de la verdad. Nuestro valor y ayuda en este gran trabajo serán proporcionales a nuestro motivo, juicio o conducta.

Por poco receptivos que los seres sean, captarán el sincero deseo de que nuestras vidas pueden beneficiar a otros, pudiendo ser, así, los vehículos del despertar ajeno. El esfuerzo y el sacrificio producirán los resultados últimos; sin embargo, en nuestro celo, es bueno considerar lo que los Maestros han hecho y hacen, año tras año, era tras era. Efectúan lo que pueden, cuando pueden y como pueden, en armonía con la ley cíclica. Conservan el conocimiento adquirido y *esperan.* Sabiendo esto y haciendo así, no puede haber espacio en nosotros para la duda o el desaliento. La Teosofía es para los que la *quieren.* Debemos mantenernos firmes, esperar y trabajar para las pocas almas sinceras que entienden el plan y contribuirán a adelantar la Causa. Muchos tienen sus oídos tan entorpecidos y su atención tan distraída, que son impenetrables a cualquier repetición; sin embargo, debemos presentar la Teosofía continuamente para todos los que quieren escuchar. Este es el trabajo que hemos asumido, tenemos el ejemplo de H.P.B. y W.Q.J. en lo referente a los medios, el método y la manera; imitémoslos, realizando, así, su trabajo en su espíritu.

El "arco" Teosófico ha sido lanzado sobre el abismo de los credos y del materialismo. Algunos han descubierto donde estriba una base en uno o en el otro lado; algunos han encontrado las "piedras" que pertenecen al arco, mas se ha "rechazado" la "piedra angular" por su forma irregular, análogamente a la historia de antaño en la tradición masónica. Sin embargo, se nos recuerda que llegó el momento en que la piedra rechazada se convirtió en la "principal de la esquina" por haber descubierto que era la piedra angular. Durante todo el tiempo, han existído quienes sabían de la piedra homóloga; pero eran muy pocos y sus voces no se oían entre el fragor de las declaraciones de quienes encontraron porciones del arco y querían que se les reconociera. Entonces, los pocos tuvieron que "Trabajar, Observar y Esperar", sabiendo que la historia se repite y que nada hay nuevo bajo el sol.

La alegoría de la torre de Babel se aplica a los momentos presentes. Todo está en confusión, cada cual habla sus insensateces y nadie escucha. Dije "nadie", sin embargo algunos están escuchando; unos pocos se han percatado de que ninguna de estas cosas es fuente de conocimiento. Todo lo factible es dejar que la luz brille a fin de que todos los que quieren puedan buscarla, sembrando para la cosecha futura. Sería una tarea sin esperanza si no fuese por la Reencarnación. Entonces, el gran esfuerzo debería dirigirse hacia la promulgación de los principios fundamentales de Unidad, Hermandad, Karma y Reencarnación.

Robert Crosbie

Carta Dos

En el trabajo que hemos emprendido juntos, no importa si "nosotros" fracasamos o tenemos éxito, nuestro propósito ha sido y será que el Trabajo continúe. Cada uno de nosotros puede esforzarse por dar lo mejor posible, el resto está en otras manos más fuertes. Nuestro "mejor" puede no ser grande, sin embargo, si la intención está presente, en ciertas circunstancias es una victoria incluso mantenerse firme; ya que, donde no existe un ejército listo para el combate, hay que aprender el arte de la lucha. Los reclutas deben combatir, mientras los más ancianos enseñan y guían a los más jóvenes. Sin preocupación alguna, excepto mantenernos en orden de guerra, nuestro mejor trabajo se lleva a cabo cuando se nos empuja y prueba más intensamente.

Entonces, la atención debe dirigirse hacia las Enseñanzas y no hacia nosotros, que simplemente estamos divulgándolas lo mejor posible. La demostración de que estamos adelantando consiste en darse cuenta de que no se puede hacer todo lo necesario ni eso que nos gustaría llevar a cabo. Jamás alcanzamos nuestros ideales; nos *preceden* continuamente. Un hombre se convierte en lo que piensa; el tiempo es un elemento en esto y se le abrevia haciendo, con *paciencia, lo que podemos.* Sentirnos deprimidos, en lo más mínimo, por nuestras aparentes imperfecciones, es una forma de impaciencia y de ignorar la Ley. Todo lo que ocurre está bien, hasta que aparezca algo mejor. Los defectos observados se difuminan bajo escrutinio, por lo tanto, podemos soportar alegramente nuestras limitaciones y las ajenas; mientras nos dedicamos al trabajo.

Una de las ayudas más grandes que la Teosofía ofrece es el poder de tomar una óptica más amplia del campo de acción de lo que, de otra manera, sería posible; no nos limitamos a mirar esta vida, sino las futuras durante las cuales: "yo, tú y todos los príncipes de la tierra" viviremos y nos esforzaremos a favor de la redención universal de la humanidad; mirando siempre adelante, viendo siempre alturas ulteriores hacia las cuales el espíritu que está despertándose puede dirigirse. Entre los seres humanos hay mucha fuerza, muchas facultades que se usan prevalentemente sin dirección de una naturaleza permanente. Si pudiéramos infundir la filosofía justa, aunque fuera sólo la idea de la naturaleza Divina en el ser humano, se impartiría un ímpetu más grande hacia el justo vivir. Entonces, los que fueron impulsados, buscarían una filosofía en armonía con esta naturaleza.

No llevaría mucho tiempo, ni sería tan difícil, si quienes están interesados en Teosofía se detuvieran a descifrarla *para su beneficio*, dedicándose a esparcir la filosofía y la idea del servicio. Sin la justa filosofía, la fuerza y las facultades especiales son inútiles. Si todos estudiaran para poder auxiliar y enseñar mejor a los demás, esto produciría un beneficio y una ayuda generales. Pienso que la palabra "Teosofía" tiene poder; si no lo tuviese no habría tanto abuso. A pesar de todo, la Teosofía misma queda intacta. Nuestro trabajo es el de mantenerla pura como se nos entregó para el bien de quienes *pueden* ser ayudados; y siempre econtramos algunos. Debido a las dificultades presentes, en días mejores podremos hacer más y de mejor forma. La Teosofía pura y simple es el parámetro a usar en nuestros esfuerzos y mediante el cual combatir los errores, entonces, hay que mantenerla siempre de relieve como la fuente de todo esfuerzo justo.

Cuando la sociedad teosófica madre fue establecida, era necesario darle la forma que sus contemporáneos entendieran mejor. Se sabía que muchos se aferrarían a la forma más bien que al espíritu del Movimiento Teosófico, imaginándose que tal espíritu no podía existir de alguna otra manera. Sin embargo, también se sabía que algunos percibirían el espíritu, interesándose sólo en éste. Los eventos han justificado todo esto, ahora nos encontramos en otro punto del ciclo. La perfección en la acción no es posible; entonces, mientras sacamos a relucir sólo el espíritu del Movimiento, aún presentamos una base *visible* necesaria en cualquier trabajo exotérico. "L.U.T." es un *nombre dado a ciertos principios e ideas*. Los que se asocian a estos principios e ideas son atraidos y *vinculados sólo por estos* y no por sus compañeros que hacen lo mismo, no lo hacen o cesan de considerarse así vinculados. LA DECLARACION, firmada por los Asociados, difiere mucho de cualquier organización existente.

Robert Crosbie

Carta Tres

No nos interesa "ver cosas"; sino despertar la Conciencia Superior; pues sabemos que la Teosofía ofrece el conocimiento de los principios que deberían guiar a sus estudiantes en el trabajo público y privado. Además: deberíamos poder encontrar direcciones explícitas en el sentido de que la Teosofía indica claramente el sendero para como servir mejor a nuestro prójimo. Entonces, es un buen trabajo buscar las citas necesarias extraídas de los escritos de los Maestros, haciéndolas disponibles a todos, en cuanto conllevan Su *intención*. Si dichas citas fueran inencontrables, se podrían tener graves dudas en lo referente al curso a seguir. Así, si somos capaces de arrojar una luz más clara sobre esta intención, nuestro trabajo resultará útil tanto para quienes aprenden y quienes ya saben.

La base de un trabajo exitoso es la Unidad: tal es el grito constante de H.P.B. y W.Q.J. Poder proporcionar una base para la Unidad a los individuos y a las organizaciones, sin exigir que abandonen su afiliación y creencia, no es poca cosa. La *Declaración* de la "L.U.T." hace esto, no es una teoría, sino la ejecución en la práctica del espíritu de los Mensajeros. Parafraseando las palabras del Maestro podemos decir: "Toda la Teosofía se encuentra ante ustedes; tomen lo que puedan."

El papel que desempeñamos, mayor o menor, no nos interesa. Podríamos decir, como lo hizo Judge en el pasado: "a veces la Logia usa un agente menor para llamar la atención de agentes más grandes al curso apropiado." Nuestro *trabajo* consiste en llamar la atención a la verdadera base de Unión entre los Teósofos, estableciendo, al mismo tiempo, un ejemplo. Tanto los nuevos estudiantes como los viejos deben comprender el mensaje de la Teosofía tal como es y no por creer en alguna persona u organización. Si los estudiantes logran entender y aplicar la Filosofía tendrán la verdadera clarividencia en lo referente a los seres humanos, las cosas y los métodos y su gratitud incluirá todo eso que contribuyó a darles esta oportunidad, expresando la gratitud al hacer lo mismo para los demás.

Entonces, el esfuerzo debería ser en inducir, a los que están interesados, a participar y a asociarse al Trabajo, compartiendo las responsabilidades. No se trata de hacer prosélitos o instar a la gente; sino de mantener la idea ante ellos en varios modos. Como en el caso de cualquier otra cosa, se debe probar todo método, sin establecer una línea demasiado neta y tajante. El trabajo principal es transmitir las ideas.

No cabe duda que las personas que apoyan la "idea de la sucesión" y de la organización se sentirán incómodas con la Declaración de la "L.U.T." Cualquier cosa que se pueda decir no los detendrá de pensar y expresar lo que quieren, ni su crítica influenciará los hechos. Si la Declaración deja constancia de estar directamente en línea con las enseñanzas, los maestros y las líneas originales asentadas, inducirá la persona observadora a pensar. No cabe duda que la Declaración puede ser ampliada, sin embargo, ¿acaso su dilatación no sustraería la atención de los puntos claves? Es directa y breve, por lo tanto, rápidamente asible. Todos pueden elaborar sus propias deducciones; pero para nosotros es una "posición firme que se asume al considerar el fin en perspectiva."

Nuestro propósito sólo consiste en atraer la atención hacia los Instructores, la Enseñanza y a nadie más; por lo tanto, mantener la impersonalidad de la "L.U.T." implica conservación y seguridad. La Declaración pone en relieve el campo de acción y propósito de la "L.U.T."; además: se llama la atención hacia el gran Movimiento subyacente que impulsa tales cambios de vez en cuando. Por lo tanto, si se sigue el curso, el plan declarado y se estudia la Enseñanza, la amplificación práctica surgirá espontáneamente. Hasta que cada uno clarifique sus percepciones, no se podrá distinguir entre el oro de Ofiro y el metal burdo. Lo que hemos evitado es la tendencia prevaleciente a decir demasiado.

Que la "L.U.T." florezca sólo por su valor moral. El trabajo que tenemos a la mano, el conocimiento que debemos divulgar, depende sólo de los nombres de los verdaderos Maestros: H.P.B. y W.Q.J. Los asociados deben aprender a dirigir su mirada a Ellos, indicándolos junto a los Maestros que ellos sirvieron. Nada más restablecerá el Movimiento. Unidad es la nota clave de nuestra tentativa y si convertimos a las personas vivas en personajes prominentes, esto distraerá la atención de la tentativa y serán atacadas a menoscabo del Movimiento. Por eso no tomamos en consideración sus nombres. Dejen que los curiosos y los antagonistas supongan lo que quieran, el individuo verdaderamente sincero e interesado juzgará por los frutos y no por las personas. La Teosofía no emana de alguna sociedad ni de algún ser viviente. En lo que atañe al mundo y a todos los Teósofos, la Teosofía procede de H.P.B. y W.Q.J. o mejor dicho, a través de ellos. Por lo tanto, a fin de evitar concepciones erróneas, nos enfocamos en el Mensaje y los Mensajeros y no las personalidades.

W.Q.J. no fue el "sucesor" de H.P.B.; fue su Colega y Colaborador, que mantuvo su cuerpo algunos años más que ella. El fue la "piedra rechazada por los constructores" que querían pretender ser los sucesores de H.P.B., contribuyendo a la confusión de todos los que dependían de ellos. La verdadera base de la "moda del sucesor" es el deseo intenso de *más instrucciones*, lo cual engendra la búsqueda de quienquiera que prometa "revelaciones" inéditas. Los teósofos en general no estudian lo que H.P.B. divulgó y W.Q.J. aplicó; de lo contrario, los estudiantes hubieran despertado un pensamiento y una realización plenas. Todas las insensateces teosóficas son el resultado de la ignorancia, la superstición y el egoísmo, que sólo el conocimiento puede conquistar. Nuestros esfuerzos parecen inadecuados, sin embargo están en la dirección correcta, "un poco de levadura hace fermentar toda la masa." Haremos todo lo posible y todo lo que sabemos hacer, soportando los males actuales mientras tratamos de hacer lo que producirá un bien mayor en el futuro. Un poco aquí y un poco allá, guiando a las mentes de los Teósofos de todo grado y de toda sociedad, hacia una concepción de la Filosofía más amplia posible. Estos esfuerzos serán educativos para nosotros también; pues encontraremos toda clase de mentes: ignorante y arrogante, entonces, nos expresaremos de forma tal que deje una impresión indeleble. H.P.B. una vez escribió: *"Si alguien profesa la filosofía del Buda, dejen que haga como el Buda dijo e hizo; si un ser humano se define cristiano, que siga los mandamientos de Cristo, no las interpretaciones de los numerosos sacerdotes y sectas que disienten entre ellos."*

La moraleja es la siguiente: si alguien desea ser un Teósofo, que estudie la Teosofía como la presentaron los que la enunciaron. Si acepta, como verdadero, lo que *cualquier* instructor escoge decirle, sin un medio a través del cual verificar las declaraciones expresadas o sin verificar, por sí solo, los hechos afirmados, su creencia es simplemente el fruto de la fe ciega como ocurre con muchas otras personas.

Nuestra difícil tarea es evitar todo aspecto de autoridad, mientras, al mismo tiempo, estamos seguros de nuestra base y no tenemos miedo a decirlo. Análogamente a los Fundadores, debemos dar a cada uno la oportunidad de ver, por sí solo, que lo que decimos estriba en buenos cimientos. Ahora la iniciativa se halla en nuestras manos, como pioneros. Debemos entonar la nota clave para la posteridad. Una vez entonada, la sostendrán quienes la aferren. Los demás la considerarán "demasiado absorbente y elevada" para ellos y no tratarán de asirla. En otras palabras, tenemos que mostrar la razón de ser de la "L.U.T.", así que otros puedan verla de forma tan clara como nosotros. Hemos emprendido una misión elevada y una tarea seria, no porque nos consideramos muy idóneos, sino porque vemos la necesidad, no hay alguien más que la haga y también sabemos que no nos dejarán solos en su realización. Entonces, lo que tenemos que presentar son los puntos principales, claros, definidos y, al mismo tiempo, concisos; de manera que el pensamiento se dirija a estos. Tenemos que hacer los puntos tan llamativos que incluso el lector desatento no los pasará por alto. Pues: deberían erguirse, ante la mente, como hechos y sólo hechos, verificables por quienquiera que le interese averiguarlos.

Robert Crosbie

Carta Cuatro

La simple asistencia a las reuniones no es suficiente para sentirnos identificados con el trabajo. La asistencia es sólo el paso preliminar para el sucesivo, el cual se devela cuando los concurrentes empiezan a preguntar cómo pueden obtener una comprensión ulterior. Por supuesto, al tiempo que participan, se desarrollan; sin embargo no se les debe permitir olvidar el objetivo de la ayuda que se les otorga, ni que tal ayuda es sólo un medio y un modo. El objetivo del estudio y del trabajo Teosófico *no* es el desarrollo individual, sino que cada uno y todos se conviertan en verdaderos asistentes de la Humanidad. Algunos agarrarán tal actitud.

Al principio tendemos a explayarnos más de lo necesario con las personas nuevas; sin embargo esto se supera gradualmente al percatarnos de que reduce la investigación. No deberíamos empujar nada, mientras que contestamos a todo. No usaríamos la fuerza aunque pudiéramos; pues cada mente debe ser libre de escoger; de otra forma no habría un verdadero progreso. Según mi punto de vista ésta es una buena actitud a asumir en el asunto de las preguntas acerca de las pretensiones teosóficas y sus exponentes. Estos varios matices deben tener su lugar en la gran economía de la conciencia y deben tenerlo, si no las personas no se sentirían atraidas por ellos, ni los aferrarían, quedando cautivas. Cuando, para el devoto, el "matiz" particular no tiene el resultado esperado en el campo del conocimiento, a la mente así interesada se le indica una búsqueda ulterior. En realidad, toda persona que ha sido despertada por tales pretensiones o exponentes, llegará a la larga a nosotros, si nos atenemos a la línea recta. Una vez Judge escribió sobre esto: "Si no nos enfocamos en sus errores, el Maestro podrá aclararlos, haciendo que todo marche bien."

Mientras menos palabras se usen para expresar una idea, mejor. Nuestro esfuerzo consiste en diseminar entre los Teósofos la idea de *unidad, a pesar de la organización.* Muchos "estudiantes antiguos" no se darán cuenta de la necesidad, pero quienes sienten disgusto por las pretensiones y las disputas de las organizaciones, se alinearán siguiendo la verdadera base de unión: "la similitud de meta, propósito y enseñanza", percatándose de que el fracaso de las varias sociedades consiste en esta carencia básica. Que cada uno siga su camino y con la mejor intención, dando crédito a los demás para lo mismo: de esta forma no producimos obstáculos, no importa lo que los demás hagan. La actitud libre deja una entrada y no hay manera de decir lo que puede suceder aun entre los que apoyan la separatividad. Nosotros apoyamos *todos* los esfuerzos por difundir las enseñanzas de la Teosofía pura y simple sin profesar preferencia por organización o individuo alguno en particular, reconociendo que, si bien los métodos difieren, la Causa de uno es la Causa de todos. Mientras tanto, seguimos adelante con nuestra línea de trabajo que, estando libre de cualquier complicación organizativa, presenta un espíritu católico (universal). No atraemos la atención a nosotros como grupo, sino a los principios que, como grupo, apoyamos. La *Declaración* es un bosquejo de la posición que todos los teósofos deberían asumir, hacia el trabajo y sus prójimos. Todos debemos cultivar esa caridad que simpatiza con cada esfuerzo por esparcir la Teosofía a pesar de que no nos atraigan los métodos y otras cosas: cualquier esfuerzo es mejor que ninguno.

Esta tolerancia no significa "fraternizar" con cualquier cosa y quienquiera que lo pida; sino sólo que no deberíamos condenar a nadie por sus opiniones. Podemos no estar interesados en gastar tiempo y energía en su dirección, siendo, éste, nuestro derecho; si tal individuo fuera tolerante, no desearía que nosotros lo hiciéramos. Muchos hablan de "tolerancia", imaginando que todos deberían aceptar lo que ellos quieren decir o hacer. La tolerancia que consiste en la tentativa egoísta de reclutar el apoyo de quienes tienen su deber al cual atender, tiene poco valor.

Muchos compararán la "L.U.T." y su Declaración a las pretensiones de las varias sociedades y sus exponentes, afirmando, cada uno, tener la razón. Se nos preguntará: ¿Cuáles son nuestras aserciones? Ninguna, sólo indicamos el Mensaje, los Mensajeros y su enunciación del Trabajo, llevándolo a cabo en conformidad. No tenemos alguna "revelación" que ofrecer, simplemente divulgamos lo que se conocía en el pasado. La posición es única e inexpugnable por no pretender otra autoridad excepto el Mensaje y los Mensajeros. En cada reunión deberíamos declarar cuáles son nuestros propósitos, es decir: diseminar los principios fundamentales de la Teosofía y contestar a las preguntas acerca del tema presentado.

La Autoridad que reconocemos no es la designada por los seres humanos, la cual procede de lo externo y exige obediencia. Nuestra Autoridad es un *reconocimiento interno del valor* de lo que fluye a través de cualquier punto dado, foco o individuo. Es la autoridad del discernimiento del Ser de cada uno, la intuición y la inteligencia más elevada. Si seguimos lo que reconocemos de esta forma y aún lo consideramos bueno, por supuesto no cambiaremos de rumbo. Esto no significa seguir rastreramente a quienquiera, distinción, ésta, que algunos no parecen entender. H.P.B. escribió: "No me sigan a mí ni a mi Sendero; sino al sendero que muestro y a los Maestros que están detrás." Siempre indicamos que lo mejor y todo lo que se puede efectuar es hacer lo que hizo Judge: seguir las líneas asentadas por H.P.B. a pesar de cualquier otra. Todo lo que hacemos es ayudar a los demás para que encuentren estas líneas. No queremos que se preste atención a nosotros. Es cierto que la "L.U.T." se enfoca, necesariamente, alrededor de los que son más activos, quienes nada podrían hacer si la historia, la evidencia y las energías no se encontraran en las líneas adoptadas. Por eso las indicamos como eso que se debe ver y saber; pues nosotros somos sólo quienes pueden aferrar y aplicar y al mismo tiempo ayudar en la orientación. Esto impedirá a la "L.U.T." degenerarse en algunas de las condiciones que ahora existen en todo el mundo teosófico, puesto que, si se otorga atención a los trabajadores vivos, se sustrae del verdadero asunto. Sin embargo, uno debe tener confianza sin cometer el error de endiosar a nadie. La fuerza que cualquier trabajador muestra no es la de la personalidad, la cual no la posee en sí; sino que yace en las palabras, en las ideas y en la convicción de la verdad a la cual el ser interno se adhiere.

Robert Crosbie

Carta Cinco

H.P.B. mostró ser una verdadera Maestra cuando dijo: "No me sigan a mí ni a mi sendero sino el sendero que muestro y los Maestros que están detrás."

La sabiduría de este consejo es evidente al observar el curso de los que juzgaron la enseñanza, valiéndose de lo que podían ver de la maestra. La juzgaron según *sus* criterios y no por su adhesión a la Teosofía que ella enseñó. A W.Q. Judge se le juzgó de la misma forma; en primer lugar por haber siempre apoyado a H.P.B. en toda ocasión. Esta fue la causa fundamental de las acometidas que le lanzaron aquellos que habrían debido ser sus defensores. Ellos temían la "autoridad" a tal punto que dieron la impresión de poder minimizar a H.P.B., diciendo donde acertó y donde se "equivocó"; arrogándose una autoridad que ella nunca pretendió. Minimizaron la única fuente posible en la cual se podía depositar la confianza; mientras Judge indicaba siempre a H.P.B. como la Maestra hacia la cual todos deberían dirigirse.

Los que siguieron su ejemplo y consejo o los que lo seguirán ahora, descubrieron y descubrirán *a donde H.P.B señalaba.* En síntesis: quienes profesaron o profesan dirigirse a H.P.B. como su *Maestra*, no lo pueden hacer a menos que consideren a Judge como ella Lo consideraba. Si minimizan o vituperan a Judge, *tienen que* minimizar y vituperar a H.P.B.

Primero nos esforzamos hacia la Unidad, omitiendo, lo más posible, los puntos que podrían ser fuente de antagonismo. La teosofía misma, pura y simple, es la gran "unificadora"; mientras más podemos animar a las personas a estudiar y a aplicar la *Teosofía*, más individuos verán, independientemente, los roles desempeñados por las varias personas y personajes en el movimiento. Nuestro trabajo consiste en informar y no en hacer prosélitos.

Los Maestros emplearon al Coronel Olcott porque era idóneo al trabajo que se le proporcionó, siendo el único, en aquel momento, que podía hacerlo. Además: no obstante sus limitaciones, estaba dispuesto a llevar a cabo su tarea sin esperar recompensa alguna. Es cierto que no se percató mucho de lo que hubiera podido tener, dejando, al final, que la Sociedad cayera en las manos equivocadas, debido a su incapacidad de discernir. El sólo fue el culpable de todo esto; sin embargo la ley ajusta y ajustará. No podemos juzgar lo que había entre él y Los que lo emplearon. No condonaron sus limitaciones, sino que usaron sus virtudes, dándole toda oportunidad para aumentarlas. Quizá su atención meticulosa e incesante al trabajo exotérico que debía cumplir le impidió cuidar su naturaleza, al punto que pensó tener el derecho de gozar algún esparcimiento del tipo que él entendía. Puede ser que algunos, aun conociendo sus limitaciones, sabían que habría llevado a cabo un buen trabajo prominente para el Movimiento y por lo tanto, pensaron que las limitaciones no contaban y podían perdonarse o pasarse por alto; así como sucede con muchas personas públicas por el servicio rendido. Este es un error, porque el sendero del verdadero Ocultismo y el de la inmoralidad no coinciden. Los Maestros no juzgan a nadie ni pueden "perdonar" a nadie por los pecados de omisión y comisión.

Naturalmente deben tomar la posición del Maestro esenio cuando dijo: "Quien, de entre ustedes, esté exento de pecados, lance la primera piedra." Los Maestros *tienen que* emplear el material existente. Si una persona tiene limitaciones, peor para ella y el trabajo. Además se debe tener presente que: mientras un individuo esté dispuesto a quedarse en el trabajo, podrá permanecer. Cada uno se queda o se va según sus propios deseos. La Ley jamás le cierra la puerta y las leyes del Ocultismo no permiten "remoción por alguna causa." Es extraño que muchos de los que han estudiado Teosofía no logren entender estas cosas, sin embargo nunca pasan por alto una ocasión para criticar y juzgar.

Lo anterior no se refiere sólo al Coronel Olcott ni a alguna persona en particular, sino a todos en los diferentes casos, incluso nosotros. Los escritos de H.P.B y Judge y sus conductas siempre enfatizaron no condenar a los demás; sin embargo, quienes eligieron ser sus estudiantes prestaron poca atención al aviso o al ejemplo, lo cual indujo a condenar las personas o a adorarlas; dando lugar, sucesivamente, a desacuerdos y separaciones que terminaron con una completa ausencia de discernimiento. El Sendero de la Hermandad y del Ocultismo son Una Senda.

Por supuesto, aquí y allá, los que profesan ser teósofos han cometido todos los crímenes posibles, sin embargo, la mayoría, tanto en el pasado como ahora, está constituida por hombres y mujeres buenos, muchas veces extraviados por su ignorancia, ideas erróneas, a veces por sus deseos y pasiones; sin embargo se han siempre esmerado, con honestidad, por superar sus enormes dificultades. Olcott no era joven cuando se le "extrajo del fuego", tenía los vicios de su período y posición en el mundo. Sin embargo, hizo lo que nadie más, en aquel momento, hubiera hecho. Los Maestros lo asistieron, sabiendo su debilidad y nosotros deberíamos juzgarlo por lo que hizo a favor de la Teosofía. Lo mismo vale para la señora Besant, que es sincera, aunque se equivoque; sin embargo, en el caso de la señora Tingley hay una aparente falta de sinceridad y muchos aspectos antitéticos a la conducta teosófica. Si se formulan preguntas y si la ocasión lo requiere, se deben expresar declaraciones fácticas claras *en defensa de la Teosofía* y no para condenar a alguna persona. Esta es nuestra clave hacia la justa actitud en todos los casos presentados por la historia teosófica presente o futura. Puede ser una línea sutilísima, mas debemos encontrarla, y, mientras indicamos la verdad, ya sea en la filosofía teosófica o en la historia, evitamos la condenación, aun donde los nombres deben mencionarse. Los errores y los extravíos de los demás se convierten en una advertencia para los que hubieran hecho lo mismo si no fuese por la lección aprendida de los errores ajenos.

Robert Crosbie

Carta Seis

Los teósofos que enfatizan la organización externa tienen la idea "de sucesión" en sus mentes, así como ocurre en el mundo en general, simplemente por las varias declaraciones hechas sobre este asunto. Esto debe aclararse de manera firme, aunque, al mismo tiempo, sin la más mínima huella de intolerancia o condenación, señalando la necesidad de conocer la Verdad para captar sus artefactos falsos. Por eso indicamos el Mensaje y los Mensajeros como la Fuente en la cual deberían confiar todos los que desean aprender lo que es y no es la Teosofía pura y simple.

Hay muchas preguntas que considerar en conjunción con la "L.U.T.", si el movimiento debe expandirse: ¿cómo dar un justo comienzo a este trabajo en otros lugares, adhiriéndose a las directivas? Se puede llevar a cabo sólo por medio de una comunicación íntima con algún punto seguro y sólido de ayuda y guía. En la situación actual, quienquiera puede tomar el nombre de "L.U.T.", y, consciente o inconscientemente, confundir las cosas como sucedió en la Teosofía misma. ¿Qué medios, si es que algunos, deberíamos adoptar para conservar el nombre "L.U.T." relacionado con este esfuerzo particular? A nosotros nos toca elaborar los modos y los medios. Hay tiempo suficiente, pero el campo debería dilatarse; por ende, hay que considerar el futuro. ¿Acaso una revista no serviría de guía y medio de comunicación, a través de la cual puedan crecer el discernimiento y el juicio de todos? Lo que necesitamos es una devoción inteligente a la causa de los Maestros, lo cual implica la subordinación del yo personal. Las distracciones personales son las que descarrian a los estudiantes de Filosofía y del "sendero recto y angosto." Tenemos que seguir adelante haciendo lo que nos parece justo en toda circunstancia cambiante, y aquí entra en juego el discernimiento. No se trata de lo que a uno le gustaría hacer en esta o en aquella condición; sino lo que se debería hacer. Hay mucho que hacer para prepararnos a lo que se nos depara. ¿Podemos hacerlo? Podemos probar.

Si no asimilamos las ideas básicas, nada es realizable. Si como agentes humildes no podemos hacer más que mantener estas ideas *vivas* en el mundo y entre los Teósofos, deberíamos sentirnos contentos. Sin embargo esto no es todo y mientras vivamos, seguiremos haciendo lo posible para dar a los demás una base sólida, una comprensión mejor de lo que significan las grandes Ideas de la Teosofía. Cada uno de nosotros debe encontrar el modo para expresar las mismas grandes Verdades.

Vivimos en una era de transición y nuestro trabajo consiste en volver a los principios primarios, promulgándolos y apoyándolos lo mejor posible; de manera que estén listos para los que los necesiten, libando nuestra inspiración del Mensaje y de los Mensajeros. Esto constituye el trabajo justo para todos los *Arjunas*. El peligro no es la "personalidad", sino lo que representa para nosotros. En el caso de algunos puede degradar el ideal; entonces, dejemos que el ideal exista, mas dejemos que el foco visible quede desconocido, excepto en el caso de quienes tienen el derecho a conocerlo.

Debe haber "alguien" que conteste a las preguntas; una revista llenaría esta tarea sin un responsable para las opiniones expresadas allí. Hay que empezar una, mas necesitamos lectores, ¿dónde podemos encontrarlos? Esto también es para el futuro. Adelantaremos intrépidamente sin ellos, sin basarnos en nuestra fuerza, sino en la de los contenidos que exponemos. Debemos ser como el señor Galahad: "cuya fuerza era la de mil hombres porque su corazón era puro." Entonces, no habrá terror de la derrota personal ni ansia por el éxito personal; sino sólo el trabajo de los Maestros y nuestro esfuerzo continuo en éste. Si lo anterior implica fracaso, tendremos el derecho de pronunciar la palabra y entender su sentido. En la peor de las hipótesis, no habremos "fracasado" en vano. No tenemos alguna idea de fracasar; ya que el único fracaso verdadero es cesar de trabajar y nosotros no lo haremos.

No podemos ni deberíamos impedir a los demás usar la *Declaración* de la "L.U.T."; pero deberíamos ver que empiecen correctamente. Si se da origen a otros centros y sus fundadores tienen el justo espíritu, *querrán* estar en contacto íntimo con el resto. No sólo tenemos el deber de promulgar; sino de salvaguardar, donde sea posible, el *espíritu* de nuestra Declaración. La "L.U.T." es, declaradamente, una asociación de voluntarios; por ende, una Logia que no quiere asociarse con el resto sería una anomalía. ¿Será posible que cualquier grupo que esté en simpatía con la Declaración, tenga la opinión de que la unidad es sólo local? Es posible; mas la Registración ayudaría. ¿Si algunos no quisieran registrarse, estarían aun en acuerdo? Las Logias, como los Asociados, deberían convenir sólo por el simple hecho de la registración.

El movimiento debería crecer y crecerá lentamente, sin embargo no se le puede confinar y esperar que crezca. Al surgir nuevos centros, quizá muy lejos, podrían caer en la confusión muy fácilmente sin la ayuda de asociados entrenados. ¿Qué medios deberíamos usar para mantener estos centros en contacto con los que estudian desde hace más tiempo? Una revista ayudaría mucho si todos los asociados se inscribieran; sin embargo, no olvidemos que en el pasado en las revistas teosóficas había un pequeño número de suscriptores. Esto puede suceder también con nosotros; sin embargo debemos tratar de poner cimientos firmes para todos los que entrarán. Este es nuestro deber hacia ellos, los Maestros y nosotros mismos, siendo el propósito servir la causa de los Maestros.

Robert Crosbie

Carta Siete

En el trabajo teosófico no se necesita estar alerta contra nuestras fallas; sino contra las *evitables*.

Es un error permitir que, en la mente de quienquiera, crezca la impresión que él o ella es importante para la Teosofía. La Teosofía fue restablecida en el mundo para el beneficio de quienes buscan la luz y no para los que están satisfechos con las cosas como son y la vida como la encuentran. Entonces, no vale la pena esmerarse por tratar de atraer el interés de personas particulares; ya que el mismo esfuerzo funge de obstáculo, fomentando la oposición o las nociones erróneas. El curso más sabio es el de dejar que el número más grande de personas sepa acerca de la Teosofía, sin, al mismo tiempo, buscar a nadie en particular.

El Karma de muchos es tal que no deja una puerta mental o física abierta directamente; sin embargo, se les puede alcanzar, indirectamente, mediante los esfuerzos de otros afines a ellos, los cuales pueden entender y encontrar el camino. Lo que deberíamos hacer es transmitir la información según la cual: la oportunidad de entender y aplicar la Teosofía llega, bajo el Karma, a unos pocos, no porque se le niegue a nadie; sino porque la naturaleza de sus tendencias prevalecientes no deja la mente abierta a la consideración de nuevas verdades ni les permite beneficiarse de los modos y los métodos proporcionados.

En muchos casos esto procede de la negligencia o del mal uso de las oportunidades en vidas anteriores; lo cual es particularmente verdadero en esta edad cuando, una gran cantidad de la Sabiduría antigua está, una vez más, disponible para todos los que la *quieran*. Esta oportunidad se ofrece a algunos de manera más favorable que a otros. Es el colmo de la imprudencia descuidar la oportunidad de nuevo, especialmente en los casos en que se lleva a domicilio sin esfuerzo. En nuestro diario vivir nos mezclamos con las personas como son. Esto nos permite mostrar la comprensión humana con respecto a su vida, entender sus condiciones sin involucrarnos; mientras que, de manera indefinible, damos la impresión del lado serio de la vida y la necesidad del verdadero conocimiento en lo referente a su sentido.

Es cuerdo y necesario tener una buena comprensión de los modos y los métodos, de los procesos empleados en tratar las mentes ajenas, no sólo para hacer el "bien" o ser "buenos", sino para que, tanto ellos como nosotros, aprendamos las reglas de la lucha del Alma, los deberes individuales y colectivos del Ego encarnado, el "guerrero". Somos Karma, siendo la causa de *todo* lo que hacemos. Nuestro problema es que no nos damos cuenta hasta que punto llegan las causas que hemos activado, tanto para el bien como para el mal. De aquí la necesidad de conocer nuestra genealogía espiritual, intelectual y física. Nuestra herencia nos pertenece: los efectos presentes de causas que pusimos en movimiento en el pasado lejano.

A pesar de que todo lo que podemos decir es sólo una repetición, a veces, una palabra o una aplicación puede arrojar una luz diferente, resultando útil a alguien. Las dos cosas que impiden la eficacia son: nuestra incapacidad de dar una buena impresión y la inhabilidad del oyente de apreciar el sentido de lo dicho. La mayoría de las mentes no pueden ir más allá de la persona, con sus fallas y limitaciones, más allá del que obsequia el regalo, juzgándolo por la persona que lo entrega; entonces: esperan demasiado de la personalidad, la cual no representa plenamente lo que se ofrece.

En el caso de la "L.U.T.", esto será verdadero con respecto a los trabajadores que constituyen su vida, siendo, el curso de la "L.U.T.", lo que sus Asociados hacen de éste, nada más, nada menos. Su "base de unión" se dejó intencionalmente indefinida desde el punto de vista exotérico o personal, a fin de hacer más prominente la base verdadera y duradera para la unidad entre todos los que se definen Teósofos. Una oficina central de registro servirá para mantener un archivo de todos los Asociados y para recibir y entregar información y ayuda a todas las Logias y a todas las personas interesadas, de alguna forma, en la Teosofía y en el Movimiento Teosófico, a prescindir si están afiliadas o no con nuestra Asociación.

Este medio de intercomunicación Teosófica será muy importante; sin embargo, se debe hacer todo esfuerzo por mantenerlo impersonal, asectario y sin proselitismo; siendo, al mismo tiempo, una fuente *fehaciente* de información sobre la historia y la filosofía Teosóficas. Se debe conducir de manera tal que jamás pierda su centro, cayendo en algún tipo de fuerza controladora. Esto puede siempre evitarse y prevenirse, repitiendo y aplicando continuamente el principio de la unión; ya que el "control mental" de algún tipo es contrario a la letra y al espíritu de nuestra Declaración y mientras las Logias y los individuos pueden buscar información, consejo y sugerencia, no están obligados, de alguna forma, a hacerlo.

Los que son leales a este principio permanecerán siempre en unión, aun cuando estén conscientes de que tienen opiniones distintas, si los estudiantes más ancianos toman esta posición y si ellos mismos establecen el ejemplo. En ningún momento, ninguno de nuestros cursos de acción y práctica debería transformarse en conclusiones netas y tajantes acerca de los seres humanos, las cosas o los métodos de trabajo. Si permanecemos leales y firmes a nuestra meta, propósito y enseñanza, proporcionaremos la ayuda y la guía a nuestro alcance, a todos los que quieren investigar, y todos los arreglos necesarios tomarán forma. Debemos tener siempre presente, en la mente y en el corazón, las *líneas originales* asentadas por H.P.B. y W.Q.J., es decir: UNIDAD, primero, como enfoque para el crecimiento espiritual y fuerza mutua; ESTUDIO, a fin de tener un conocimiento del Movimiento, su propósito, sus Maestros y su Mensaje; TRABAJO, en nosotros, a la luz de este estudio y para los demás, en primera y última instancia, siempre.

Todo lo que cada uno de nosotros puede ofrecer es Teosofía. No la inventamos. Se nos dio, nosotros estamos en la línea y la pasamos, como las personas solían hacer cuando había un incendio, pasando los baldes llenos de agua. Los individuos se sienten agradecidos hacia quien les pasa el "agua de la vida"; sin embargo, "el que la pasa", sabe donde la gratitud pertenece y dice: "no me la agradezcan a mí, sino a la Teosofía; así como lo hago yo. Me permite ayudar a los demás y permitirá también a ustedes." Entonces: él ayuda a ellos y a sí mismo, liberándose de la idea personal. La lucha contra la "idea personal" es larga y áspera. Se debe estar alerta para que no se apropie de eso que no le pertenece. Lo que los demás piensan de nosotros les sirve de lección objetiva, mas nuestro ideal va más allá de toda personalidad y personalidades. No importa lo que las personas piensen de "nosotros", siempre que vengan y reciban la Teosofía original. Debería haber más y más personas acercándose para el bien de la Teosofía, formando nuevas unidades en el cuerpo de Trabajadores.

Los Mensajeros han dejado todo lo necesario para nosotros y los demás, bajo la forma de directivas. Nos toca a nosotros y a los demás aplicar lo justo en el momento apropiado y de forma adecuada. Algunos pueden pensar que esto es desalentador, muchos buscan "órdenes e instrucciones" de los Maestros acerca de los modos y los métodos. Esto no sería positivo, aun cuando fuera posible; ya que, si nos *dirigieran* en todo, ¿cómo podríamos desarrollar nuestro discernimiento, juicio y crecimiento? Seríamos simples autómatas y jamás llenaríamos el lugar necesario. Sin duda los Maestros ayudan a todos los seres sinceros, ajustándolos más bien que dirigiéndolos; por ende: no deberíamos buscar ser dirigidos, sino, usando nuestro mejor juicio Teosófico, deberíamos seguir adelante con la seguridad de que, si nuestro entendimiento de la naturaleza de la tarea es bueno y nuestro motivo puro, se nos presentará la justa manera de actuar. Esta será la guía adecuada, la que lleva al crecimiento. Mientras tanto, vivimos y aprendemos sin olvidar que los Maestros y nosotros estamos trabajando en el presente para el futuro y para la misma gran meta. Estamos recorriendo un camino "escabroso", porque el Karma de nuestra raza ha construido este tipo de senda; no hay otra manera para ayudar a la raza que viajar a lo largo de dicho sendero, lo mejor posible.

Los Maestros no dirigen, ajustan. Han habido y hay quienes piensan y dicen: "en efecto, los Maestros harán todo." Dichas personas están destinadas a equivocarse por no considerar que es lo justo, el modo apropiado de actuar y por no usar todos sus poderes a fin de determinar el procedimiento y la conducta apropiados. Confiamos en la gran Logia y en la Ley; pero usamos los poderes que tenemos, lo mejor posible. Lo que no podemos hacer, sabemos que los Maestros lo harán cuando sea necesario. Debemos presentar esta idea para la mejor guía de todos.

Robert Crosbie

Carta Ocho

Por supuesto, muchos miembros de las varias sociedades teosóficas impugnarán nuestras conclusiones y conducta, mientras apoyarán nuestra determinación de adherirnos rigurosamente a la Teosofía, como se transmitió originalmente. Los demás: los "veteranos" que desempeñan el papel de guía en estas sociedades, nos contrastarán con vigor; mientras que ellos mismos afirmarán "respetar" a H.P.B. Esto es inevitable si queremos ser leales a nuestros propósitos declarados; ya que estos últimos necesitan un cambio radical por parte de los guías y los estudiantes de las diferentes sociedades. Sin embargo, quienes no están tan profundamente comprometidos y por lo tanto no consideran ni osan considerar la filosofía, la lógica y los hechos por sus méritos, y quienes son o pueden llegar a ser, hasta cierto punto, de mentalidad abierta investigarán, obteniendo una óptica proporcionalmente mejor, una mejor apreciación de la necesidad para la Unidad en una base *filosófica*. Cuando los eventos dentro de su esfera de interés obliguen a estos teósofos a reconsiderar el asunto, recordarán tales impresiones. Entonces, confiemos en los hechos grabados en la filosofía registrada y el ejemplo coherente que los verdaderos Maestros, H.P.B. y W.Q.J. han establecido.

Era natural que participaras en una Exhibición de Arte, sin embargo es lamentable que tu ausencia redujera la fuerza de la reunión. Donde hay un número tan pequeño, todos sienten incluso cuando una persona está ausente. Debilita, momentáneamente, la corriente a causa de la dispersión de interés; además: la tendencia de repetirse se establece con facilidad. Esto parece hacer de la Teosofía un "dios celoso"; sin embargo es fruto de la experiencia que comparto contigo y tú decidirás si tiene algún valor. No debería interpretarse como una limitación sobre alguna cosa o persona particular, sino como principio guía general. Sé que no eres un Teósofo tibio, pero estoy pensando en el ejemplo dado a los estudiantes más recientes. Es muy fácil, especialmente en los primeros estadios, desentusiasmarse con el Trabajo mismo, disipando energía en diversiones inocuas en sí. Es mejor relajarse o participar en los asuntos "sociales" en otros momentos que no sean los de las reuniones, si nuestra intención es realmente el "sacrificio de lo mutable por lo Permanente."

Hace un año que todo lo hecho y lo que está por hacerse, parecía algo muy distante. La L.U.T. ha dado un gran paso desde su formación y ya está parada finalmente en sus pies y su voz empieza a tener un eco en la tierra. La devoción permitió que se cumpliera y se ha fortificado a través de los esfuerzos; esto es muy alentador. Unos pocos ya han entendido algo del espíritu de este movimiento; más vendrán en el tiempo y algunos de ellos crecerán en verdaderos guerreros. Si entregamos nuestros corazones a la Causa, todo el resto seguirá.

Muchos oyen el Mensaje, pero son pocos los que le prestan atención y entre ellos, sólo unos cuantos toman en serio las advertencias de los Maestros. Es evidente que, según algunos, toda advertencia es simplemente una especie de espanta-pájaros para poner a prueba su valor. Se olvidan o ignoran que la verdadera prueba no es la de nuestro valor; sino de nuestro discernimiento. Si la filosofía es verdadera y los Maestros están detrás de ella, entonces, lo que dicen es una realidad. Han expresado otras cosas además de las advertencias las cuales son tan verdaderas como las advertencias.

La Teosofía no pugna contra alguna forma de religión, sociedad, ser humano ni opinión, a pesar de cuanto éstas se opongan a la Teosofía. Eso del cual la Teosofía se ocupa, mediante los que creen en ella, como nosotros, sin reserva mental, es una batalla por su *reconocimiento*. La Teosofía sirve para explicar el lado oculto de las cosas, su sentido real e interno; ya que es una amiga del entendimiento y una ayuda para el conocimiento. Mediante la Teosofía un ser humano puede llegar a conocerse más y más. La comprensión errónea del verdadero Ser es la fuente de todas estas religiones, sectas, partidos y dogmas, con todos sus intereses y personas que los apoyan. Es el Karma de la raza que se nos presenta; entonces: no gritaremos ni lo esquivaremos cuando nos confronte. Lo que podríamos considerar como lo peor que nos sucedió, es lo mejor que pudo ocurrir, si lo encaramos con el justo espíritu, aclarando nuestro Karma mientras seguimos adelante, convirtiéndonos en mejores instrumentos para los Maestros. No estamos trabajando por nuestro interés personal en los resultados; sino para los Maestros y la Humanidad. Entonces, podemos tomar alegremente lo que sucede, "gozando o sufriendo lo que el Ser Superior nos depara por medio de la experiencia o la disciplina." Nos toca a nosotros seguir adelante sin duda ni ansia; siendo ambas obstáculos que emergen de la naturaleza inferior y no de la Superior. Sufrimos y debemos seguir sufriendo por las debilidades físicas y mentales de la raza. Podemos sobrellevar alegremente todo esto cuando estamos trabajando a favor de un tiempo, unas mentes, unos cuerpos mejores y una mejor comprensión para toda la humanidad.

En el desarrollo de cada individuo llega el momento en que el trabajo parece inútil y fastidioso. Pienso que la molestia del trabajo es el proceso de limpiar el Karma y aclarar "las vestiduras del Alma." Lo que irrita y duele son nuestros deseos personales no realizados o el temor que sean irrealizables. Podemos experimentar y soportar cualquier cosa si pensamos en el Ser de todos. Al abandonar el ser para el Ser, el Adepto Blanco se convierte en lo que es. "Sabemos" todo esto muy bien, sin embargo nos falta tomar *plena conciencia* de ello; por lo tanto a menudo encontramos que la presión es dura. Debemos seguir adelante, *concentrándonos,* lo más posible, en el Ser y sobre el Ser; cada esfuerzo hace avecinar, más y más, el tiempo de la plena toma de conciencia de esto.

Si nos enfocamos en nuestra perfectibilidad inherente, nos liberamos de las imperfecciones. La última cosa a dudar es la perfectibilidad humana inherente. He aquí una declaración interesante de H.P.B.:

"Todo Ego tiene el Karma de Manvantaras pasados detrás de sí. El Ego empieza con la Conciencia Divina; no hay pasado, futuro, ni separación. Tarda mucho en darse cuenta de que es sí mismo. Sólo después de numerosos nacimientos empieza a discernir, por medio de esta colectividad de experiencias, que es individual. Al término de su ciclo de reencarnaciones es aún la misma Conciencia Divina; pero ahora se ha convertido en Auto-Conciencia individualizada."

Sin este sentido de perfección inherente, no valdría la pena vivir, es decir, unos pocos años de "placer y dolor" y luego todo desaparece ¿y qué se ha ganado? Hagamos lo que queramos, no podemos sustraernos a la Vida, porque *somos* Vida, siempre. La mayoría de nosotros sólo se da cuenta de una porción de sus posibilidades. Algún día aprenderemos lo que la Vida significa de verdad. Trabajamos hacia este fin por los demás y para nosotros, ahora, especialmente para los demás "que saben aun menos que nosotros"; mas al mismo tiempo estamos siempre aprendiendo. ¿No vale la pen todo esto su costo? Los seres humanos hacen sacrificios más grandes de los que se nos piden y para infinitamente menos: unos años de felicidad cuestionable y luego el olvido, hasta donde sepan o puedan ver. El hecho de que podemos ver incluso un fragmento del propósito de la vida es mucho; sentirlo es aún más grande; darse cuenta de ello plenamente es Vivir. Si la doctrina de Nietzsche es justa, hemos cometido un gran error. Bueno, ¿lo hemos cometido? No hay "si", acerca de esto. Tenemos la más profunda certeza de que estamos en lo correcto en seguir el Sendero de los Maestros, las líneas marcadas por H.P.B. Por lo tanto: ¿qué importa si sufrimos heridas durante la batalla a favor de Ellos y la humanidad? Hemos realizado algo, por pequeño que sea. Hemos hecho todo lo posible y la lucha aun persiste. Es una Escuela de Vida y todo lo que se nos presenta en algún momento contiene lo necesario, a pesar de que parezca duro, problemático o placentero.

El Trabajo compensa el sacrificio. "Nada se gana sin sacrificio." Tomemos en serio las palabras de Judge: "En cada momento, en cada hora de cada día, los Maestros están dispuestos y ansiosos de encontrar a los que tienen una visión suficientemente clara para discernir su verdadero destino y un corazón noble para trabajar a favor de la 'gran huérfana, la Humanidad.'"

Robert Crosbie

Carta Nueve

Existen muchas "almas buenas" que no conocen sus mentes y entonces no tienen una base sólida en Teosofía; mientras la aceptan como lo único que vale la pena conocer. No pueden "permanecer fijas" en *algún lugar.* No hay que buscarlas; pues nos llegan sin problema. Si tuviéramos que buscarlas, *podríamos* pasarlas inadvertidas por no ser del tipo justo, debido a alguna otra razón ostensible. Hay centenares que han emprendido una senda errónea u otra. Tales almas tienen algunos buenos aspectos, que son sus herencias Kármicas; sin embargo estos no imparten Sabiduría ni Voluntad. Dichas personas necesitan guía y no liderazgo. El estudio y el trabajo son su única salvación y nosotros podemos ayudarles a todos al grado que nuestro Karma y el de ellos nos lo permita, aun cuando sea sólo mediante el ejemplo. Nuestro trabajo es con *todos* los teósofos. Hasta donde pueda ver, la "L.U.T." es la única "rama de olivo" en el Movimiento; por significar paz con todos en la unión de meta, propósito y enseñanza.

Si los teósofos se hubiesen mantenido juntos en esta base, los desacuerdos jamás hubieran ocurrido y los numerosos asuntos secundarios no hubieran tenido terreno fértil. ¡Qué Karma para los responsables y el mundo! Los ignorantes son receptivos a las pretensiones y a las promesas; mientras algunos se quedarán ignorantes, un número, no muy pequeño, desarrollará la hechicería de la peor especie. Los inocentes en todos estos grupos, incapaces de discernir, esconden lo que está detrás; no dándose cuenta de que se les está usando con fines egoístas. Lo anterior es muy lamentable. La gran mayoría se burla de la idea de que alguien posee los poderes ocultos para dañar.

Este es el misterio de la mente humana; siendo creativa, dota, a toda su forma de pensamiento, de vida y ser; crea, para ella, ídolos a su imagen y luego trata de exigir obediencia ajena. ¡Los ídolos que crea son monstruos o vampiros! No es placentero contemplar estas cosas, sin embargo existen. No podemos cerrar nuestros ojos ante ellas y debemos advertir a todos los que podamos, indicando que el refugio es el SER. Si los teósofos quieren seguir el camino único, seguro, verdadero y real, deben olvidar a las personas, los líderes, deben atenerse a los Principios y ser leales a quienes los divulgaron. A fin de ser fieles a H.P.B. y a W.Q.J., deben seguir las líneas asentadas por los Maestros. Si somos leales a H.P.B., a Judge y a lo que ellos representan, no estaremos corriendo detrás de líderes que gritan aquí o allá. Muchos están "unidos a sus ídolos: déjenlos en paz." Sin embargo, es siempre oportuno advertir a los que manifiestan algún interés; y donde vemos que hay peligro para los demás, es nuestro deber avisarles sin antagonismo, excepto en el caso de estos errores y prácticas equivocadas que desembocan en resultados nocivos. Los teósofos deben indicar el error haciendo la comparación con la teosofía. Los métodos deben variar con el tiempo, los lugares y las condiciones. Pocas mentes, en especial las que se sienten atraídas por la "fascinación de lo Oculto", son capaces de hacer aplicaciones en cualquier sentido amplio. Se les debe señalar las distinciones. Hay que aprender que el modo de presentar la verdad consiste en examinar las varias creencias a la luz de esta verdad y no tratando de "acorralar" a una persona. Hasta un animal opone resistencia cuando se siente sin salida. Entonces, la justa manera para que se consideren las ideas que tenemos que presentar, implica un sentido completo de libertad por parte de quien escucha y también del orador. En estos días de proselitismo y propaganda a favor de cualquier "ismo", es más necesario ser tolerantes si queremos encontrar, en las mentes ajenas, estas aberturas mediante las cuales se pueden despertar, posiblemente, las preguntas. Podemos establecer el ejemplo de examinar cualquier cosa por sus méritos y luego presentar, como cotejo, el punto de vista teosófico, el cual está en armonía con la naturaleza en su totalidad.

La *Declaración* de la "L.U.T." debería llamar la atención de todo teósofo abierto de mente sobre los principios y no las formas. Provee una verdadera base para el estudio y el trabajo. Su racionalidad debería inducir a muchos a empezar a trabajar en sí mismos. La puerta está abierta a todos, mas no podemos ayudar a quienes no quieren escuchar ni pensar. Se me hizo divertida la declaración publicada en el panfleto (…), según la cual la "L.U.T." es una "secesión de Point Loma." Me pregunto: ¿cómo llegaron a esta deducción? Puesto que consta, ampliamente, de teósofos de todas las diferentes organizaciones, se podría mejor llamar una "secesión" de todas. El hecho de que la "L.U.T." no profesa adherencia a organización teosófica alguna y carece de organización propia, parece no grabarse en la mente de quienes quieren estereotipar tanto a nosotros como a ellos mismos. Dejaremos que el tiempo reivindique la verdad. Con el pasar de los años, la "L.U.T." se conocerá más por sus frutos, entonces, a los que buscan pretextos para pelear, se les dificultará etiquetarnos, excepto como teósofos de la línea original, que rechazamos, con resolución, cualquier conexión con alguna organización teosófica; sin embargo, siempre en plena simpatía con nuestros compañeros teósofos de todas las organizaciones o de ninguna. Debemos estar alerta para corregir la impresión, dondequiera que exista, según la cual la "L.U.T." es una secesión o una sucesión o alguna cosa, excepto una Asociación para estudiar y aplicar la teosofía pura y simple. ¿Puede, algún estudiante sincero, observar lo que se enseña y se hace en nombre de la Teosofía y no lograr ver la necesidad impelente para una Asociación como la "L.U.T."?

Algunos teósofos que podríamos definir leales, piensan que el Movimiento ha fracasado en este ciclo, debido a los desacuerdos y a las doctrinas falsas tan evidentes. Deberían tener presente que los Maestros nunca cesan de trabajar y es siempre posible, hasta para el teósofo más humilde, que tiene una vista clara y ama a la humanidad, ayudar a los Maestros en su esfuerzo. La manera para saber la verdad es volver a lo que los Maestros mismos dieron en el binomio de filosofía y trabajo correcto. Si se hace esto constataremos que en la "L.U.T." no hay "volubilidad ni la sombra de alejarnos" de las líneas asentadas por estos Maestros. Una y otra vez debemos llevar a la atención de todos los teósofos desalentados o perplejos, lo que H.P.B. escribió a Judge en 1888:

"Anteayer se me mostró una visión panorámica de las Sociedades Teosóficas. He visto unos pocos teósofos sinceros, sin embargo confiables, en una lucha mortal contra el mundo en general y contra otros teósofos nominales y ambiciosos. Los sinceros y confiables son más de lo que puedes pensar y *prevalecieron*; así como vosotros, *en América, prevaleceréis*, si sólo permanecéis fieles al programa del Maestro y sinceros con vosotros mismos."

Además: "Sólo cuando se ha formado el Núcleo *es posible empezar* a acumular, lo cual, en los años futuros, *sin embargo lejos,* desembocará en la formación de ese cuerpo *que tenemos en perspectiva.*"

Los estudiantes no han notado muchas cosas debido a una lectura desatenta. Si este es un Movimiento inspirado por los Maestros y si H.P.B. y Judge fueron sus portavoces, es necesario escudriñar el sentido detrás de las palabras que usaron. Pensar que el *esfuerzo* ha fracasado y que es inútil seguir tratando, mostraría una ausencia de fe en los Maestros y una comprensión errónea de las grandes leyes ocultas que gobiernan a un Movimiento como éste. "La rueda de la Buena Ley sigue adelante con rapidez. Tritura de *día* y de noche, separando las cizañas inútiles del grano dorado, la escoria de la harina." Esto se debe aplicar al Movimiento como a cualquier otra cosa, siendo Universal en su alcance. No creo que los Maestros hayan usado palabras vanas, nos corresponde a nosotros y a todos los demás que quieren servirlos, aplicar, aplicar y aplicar sus enseñanzas. No hay límite de tiempo para el esfuerzo.

Robert Crosbie

Carta Diez

Si esperáramos hasta ser santos, ¿empezaríamos? El "Bhagavad Gita" dice: "Coloca *todas* tus acciones, buenas y malas, en mí." Debemos entregarnos como *somos* y no como nos gustaría ser, de otro modo, nunca podríamos convertirnos como los Maestros. El hecho de reconocer que algunas de nuestras acciones son malas; significa, a la larga, su abandono. Esto debe ser así si nos esforzamos por ser sinceros con los Maestros. Entonces: mientras hacemos todo lo posible para que el camino sea seguro y claro, según nuestro entendimiento, podemos salir adelante con fuerza e intrepidez; siendo el sendero tanto de los

Maestros como de nosotros. A veces podemos dudar, pero esto nace de la incertidumbre personal, el miedo de una u otra consecuencia. Debemos tomar en consideración que todo lo que suceda es una posición necesaria para nosotros a fin de llevar a cabo un trabajo ulterior y mejor para Ellos.

Se nos ayuda de la manera *correcta*: la que nuestra naturaleza necesita y no necesariamente según lo que, para nosotros, es la forma adecuada. Si tuviéramos la certidumbre de que los Maestros nos respaldaran para sacarnos de los apuros en los cuales caemos por descuido o hemos hecho posible por la incuria pasada, ¿cómo podríamos aprender el justo discernimiento y la acción correcta? "La ingratitud no es uno de nuestros vicios", han dicho los Maestros, quienes respetan estas palabras. Podemos estar seguros de que, en todo momento se hace y se está haciendo lo mejor para nosotros. Debemos encontrar la senda hacia los Maestros por medio del *servicio*. Las críticas ajenas pueden o no pueden ser válidas. Debemos juzgar por los resultados obtenidos más bien que por la opinión de alguien, siguiendo los métodos que producen resultados deseables. Es natural que los "estudiantes más rígidos" critiquen, porque, en muchos casos, han perdido el espíritu del trabajo. Por lo general se encuentran a obscuras tanto con respecto a la Teosofía como en lo referente a las organizaciones teosóficas; entonces, se les dificulta entender la simple lealtad y devoción al Mensaje y al Mensajero. Nos contentaremos con su apoyo moral, si no pueden ofrecer algo más; y sus críticas contribuirán a evitar la repetición de errores pasados. Los "estudiantes rígidos" no se percatan de que necesitan más ajuste que los nuevos en Teosofía. La mejor forma de ayudar a ambas clases de mentes y también a nosotros, es atenerse a los principios, dejando que cada uno los ponga en práctica independientemente. Las "cosas" divulgadas por todas estas organizaciones y líderes, incluyendo sus pretensiones, sólo sacan a relucir cuán necesario y vital sea indicar, de manera firme y segura, los verdaderos Maestros y la verdadera Enseñanza.

Ahora hay una ola de psiquismo y se necesitará mucho esfuerzo por mantener cualquier movimiento en la real dirección. Hasta donde nos concierne, esto contribuirá a una emisión de energía que incrementará la fuerza. Si no fuese por estos obstáculos y oportunidades, podríamos depositar nuestra confianza en las simples adquisiciones actuales y en los resultados alcanzados, sin ir más allá. En cada instante debemos pensar en los demás y en el futuro. Si no ayudamos y entrenamos a los demás para que entiendan y compartan el trabajo con sus responsabilidades, si algo nos sucediera el Trabajo sufriría. Sólo el estudio y la preparación por parte de los principiantes los volverá propagandistas eficientes. Al esforzarnos por ayudarles, es esencial alentar su iniciativa lo más posible, sugiriendo y ajustando donde y cuando sea necesario.

Al principio, en medio y al final, en nuestro trabajo público deberíamos adherirnos a las Tres Proposiciones Fundamentales de "La Doctrina Secreta"; siendo, éste, el eje de toda la filosofía y, a menos que tengamos un conocimiento profundo de éstas, no es posible adelantar de verdad. Cuando se expone la Teosofía, primero se debe declarar que la concepción ordinaria de un Dios personal o separado es *imposible* y luego enfatizar la importancia de la plena toma de conciencia del SER, como todo, en el todo. Entonces, hay la Ley de Periodicidad, los Ciclos o Karma, en todas sus aplicaciones como: "los modos eternos del mundo." Esto muestra, por analogía, la Reencarnación y también la reincorporación sucesiva de sistemas solares, planetas y toda forma de materia, lo cual nos lleva, naturalmente, a la consideración de la "Gran-Alma Universal": la inteligencia colectiva en cualquier sistema solar y en todos, estando, cada uno, ligado, "hasta el átomo más diminuto"; por ende afecta a uno, afecta a todos; tanto a los Egos pequeños y grandes como a aquellos en estado embrionario. Lo anterior implica Unidad en todo, interacción entre todo y responsabilidad individual.

Sería bueno si en cada clase enunciáramos cuál es el propósito de la reunión, y si algunos voluntarios, usando sus palabras, presentaran su entendimiento de las Tres Ideas Fundamentales. Se deberían invitar libremente las preguntas para que los estudiantes, incluso los principiantes, las formularan por sí solos. Esta es la única manera para desarrollar un buen entendimiento, colocándose, entonces, en la posición de poder ayudar mejor a los demás, así como ellos mismos fueron auxiliados anteriormente. En la clase dedicada a "El Océano De La Teosofía", las Tres Ideas Fundamentales son el trasfondo de todo el trabajo. Capítulo tras capítulo, mediante las preguntas y las respuestas, es posible sacar a relucir las aplicaciones, haciendo clara la coherencia de toda la filosofía. Los estudiantes individuales que quieren aprender, deberían preguntar y contestar las interrogantes en términos de la filosofía misma. Será difícil que todos entiendan la importancia de esta repetición continua; sin embargo es esencial para todo progreso verdadero.

Es inevitable que atraigamos la atención de quienes son hostiles a toda nuestra tentativa en el trabajo teosófico y también la de quienes desean aprender lo que es la Teosofía pura. Bueno, se necesita tiempo para superar todo esto; sin embargo, el tiempo ingiere a los seres humanos, a los siglos, a los mundos y también a ciertas actitudes mentales. Sabemos que un esfuerzo como el nuestro es necesario; además sabemos que lo que presentamos es la Verdad eterna misma, cuyos efectos fluirán para siempre. Nos agrada que las personas "firmen la tarjeta", estamos contentos por ellas y el mundo en general, pero no como un favor para *nosotros*. Podemos regocijarnos de que los individuos interesados puedan ver su verdadero interés, uniéndose a los que ayudan a la humanidad. Hay una gran cantidad de disparates, ideas erróneas y debemos poder reconocerlos donde los hallemos, aprendiendo la lección que nos dan y evitando los escollos donde muchos se han atorado. No nos debe interesar lo que dirán de nosotros personalmente, aunque deberemos encararlo de manera tal que la "L.U.T." no quede afectada por ello. Todos los ataques contra la Teosofía y el trabajo Teosófico no se han dirigido a la filosofía ni a los Objetivos del trabajo Teosófico, sino a quienes estaban en la primera línea, considerándolos como los directores del Movimiento. Evitaremos esto lo más posible manteniéndonos tras bambalinas, de manera que, en caso de acometidas, las cuales no son improbables, su influencia en el trabajo será limitada. El camino que hemos delineado para nosotros nos escuda de eso que puede interponerse al trabajo. H.P.B. y Judge fueron pioneros y muchos de los *iluminados* teosóficos han tratado de minimizarlos. Toda la constelación de "sucesores" denigra a los Maestros o dirige la atención a Ellos, en cuyo caso los "sucesores" son quienes pierden; lo que han hecho y están haciendo es explícito. Ahora bien, las personas pueden escoger entre nuestro trabajo, que dirige la atención a los Mensajeros y a su Mensaje y el de quienes llaman la atención a sí mismos, usando lo que los Mensajeros han dejado para el mundo con el fin de ponerse en muestra. Si el mundo tuviese que depender de estos "estudiantes rígidos" para recibir la Teosofía pura y simple, ¿qué oportunidad tendría?

El Movimiento que H.P.B. y Judge empezaron; ha pasado por muchos cambios inevitables en un periodo de transición y entre personas cuya herencia y preparación obstruyen la justa apreciación y aplicación. Sin embargo, de toda esta confusión debe proceder el núcleo de ese gran cuerpo, cuya formación, los Maestros tuvieron en perspectiva desde el principio. Trabajamos sólo para acelerar esta gran meta y objetivo.

¿Quién o qué puede impedir, a pesar de lo mucho que traten de obstruir?

Es extraño que muchos de los que han estudiado Teosofía no logren entenderla ni aplicarla; sin embargo nunca se abstienen de criticar y juzgar. Su interés se limita a la adoración o a la condenación de las personas.

Robert Crosbie

Carta Once

La Teosofía muestra la manera correcta de considerar las cosas. Cada uno tiene que aprender, conocer y controlar su naturaleza, si quiere adquirir el discernimiento: la habilidad de ayudar a los demás. Cada uno tiene que tomar la filosofía y *aplicarla*, ante todos los errores y actos que, mientras hacen la tarea más difícil, han sido los medios para despertar el discernimiento necesario. Como nuestra expiación por medio de terceros nos ha mostrado el camino, nuestros errores pueden convertirse en algo positivo. Hay que tomar tiempo para pensar en lo que diremos y como lo expresaremos. Se puede superar la volubilidad y la indecisión si se toma tiempo para pensar bien en los asuntos de modo integral, antes de actuar o dar una promesa. Entonces, una persona se concentrará sobre como poder realizar lo que dijo que haría. Esta actitud atenta incrementará la verdadera confianza en uno mismo y la que los demás pondrán en él. Sólo cuando se obtiene una plena confianza es posible ayudar a los seres humanos que luego se auxiliarán mutuamente. Los Maestros deben y pueden trabajar con quienes están dispuestos a hacerlo y esto es válido para todos. Algunos culpan a H.P.B. y a Judge por los errores cometidos por los que han desempeñado papeles importantes en el Movimiento; así como los estudiantes atribuyen al maestro sus propios fracasos. Todo lo anterior procede de una falta de discernimiento, el malogramiento, por parte de los líderes y los seguidores, de *poner en práctica* lo que H.P.B. y W.Q.J. enseñaron. Las cartas que se te han escrito son el resultado de la observación, la experiencia, el estudio y la aplicación de la filosofía de la Teosofía y, como tales, deben ser útiles a los demás como lo han sido para ti. Lo mismo debe ocurrir en el caso de los resultados de tus esfuerzos y los de todos los demás estudiantes sinceros.

La mente occidental está inclinada a considerar la simple forma literaria y las oraciones hermosas como un parámetro de juicio. Por lo general, las personas no entienden el *significado* de lo escrito; así como no extraen el *valor* de sus experiencias. Sólo elaboran deducciones y aplicaciones superficiales; motivo por el cual tienen poca habilidad en practicar la filosofía en la vida diaria, no pudiendo ver su valor práctico. Se les debe ayudar a asimilar los principios fundamentales si es que queremos que deduzcan valoraciones y aplicaciones correctas. Cada uno tiene que desarraigar sus fallas y no las ajenas, tanto en esta dirección como en otras. Hasta que los estudiantes decidan trabajar seriamente a lo largo de estas líneas, no podrán encontrar certidumbre ni felicidad. La Teosofía y su aplicación son una unidad si queremos que haya un progreso real. No nos corresponde a nosotros decir: "Haz esto" o: "No hagas aquello." Pero sí es nuestro deber presentar el argumento: la Teosofía y su aplicación individual, dejando que cada estudiante e investigador tome su decisión. Al seguir consejos, sin ejercer el propio discernimiento, las personas pueden encontrarse en situaciones difíciles e, invariablemente, culpan al "consejero" cuando los asuntos no resultan como esperaban.

¿No es extraño que no se comprendan las declaraciones nítidas? ¿No es extraño que se interpreten los sentidos superficiales como aplicaciones verdaderas? La mayoría de los seres humanos piensa que cuando oye una declaración, ya la sabe. Todo esto es reconducible a nuestros métodos educativos, según los cuales el alma y la mente son simples registradores. "Entre millares de mortales, quizá uno se esfuerce por alcanzar la perfección." Entonces, entre los muchos que pueden estar interesados en la Teosofía, la filosofía de la perfectibilidad del Hombre, aquí y allá habrá uno capaz de despertar, esto es fuente de esperanza. Aun aquellos que están interesados en escuchar o en leer con atención, captarán algo en la forma de inclinación, que algún día podrá desarrollarse. Si seguimos tratando en todos los modos y medios adecuados a nuestro alcance, algo nacerá de tales esfuerzos mutuos.

Las declaraciones fundamentales de los Maestros son axiomas a aplicar, tejidos, al mismo tiempo, por una manera de razonar tal, que puede afectar a la forma de pensar ordinaria. La ciencia, la psicología y todos los esfuerzos basados en éstas fracasan por la única razón de que no suponen o admiten que el conocimiento pleno y verdadero existe. Si la ciencia occidental y la psicología siguieran adelante en sus esfuerzos meticulosos a la luz de la Teosofía, muy pronto la oscuridad espiritual e intelectual del mundo quedarían disipadas y nacería una civilización capaz de expresar mejor una verdadera vida física. ¿Cuál es la piedra de tropiezo? El orgullo intelectual acompañado por los efectos inhibitorios de las falsas concepciones religiosas. Si asumimos la idea de que ésta es la única vida que tenemos en la tierra, entonces, todo el aprendizaje humano y de la era se limita a un campo de acción estrecho y pequeño. Mientras si uno capta la idea de vidas sucesivas sobre la tierra, todas sujetas al Karma, el aprendizaje adquiriráa un alcance más amplio, llevando al ser humano a la concepción de que todos los poderes, de cualquier clase, proceden de lo Supremo: el Ser de todas las criaturas y que el mismo individuo es, en realidad, un ser espiritual por ende, debe pensar y actuar como tal.

Es posible no poder aplicar de manera tan completa todos los axiomas y los razonamientos de la filosofía como tanto nosotros y los demás deseamos; ¿y qué? Podemos aplicar lo posible y todo lo factible para nosotros y en tal aplicación brota un entendimiento y una habilidad mayores. Cada uno tiene que encontrar *su* senda. Las palabras no pueden proporcionarla; sin embargo *hay* un camino para cada uno. Gran parte del problema yace en tratar de verlo, oírlo y elaborarlo todo, en lugar de poner en práctica lo que vemos. Cada clase de habilidad procede muy paulatinamente, de forma imperceptible, es algo que se siente, se ase y se toma conciencia de él, en lugar de percibirlo en el sentido ordinario. Aquí, aún no se ha desarrollado una familiaridad suficiente con la filosofía misma para que muchos de los estudiantes se sientan bastante seguros para establecerse en el trabajo, llevándolo adelante. Cuando he aludido a una simple partida, esto ha sido fuente de angustia; ya que se imaginan que la Teosofía morirá si me voy. Deberían de haber aprendido que nadie es la Teosofía e incluso los mejores son simples transmisores. Los estudiantes, al haber recibido, deberían dedicarse a hacer mucho para los demás, convirtiéndose, a su turno, en transmisores.

¡41 asociados de la "L.U.T."! Si 25 de ellos resultan ser "buen material", ¿acaso no valió la pena el esfuerzo hecho y todo lo que costó? "Buen material" quiere decir muchos Guerreros para restablecer el Movimiento Teosófico en sus líneas originales. Se necesitan muchos millares, sin embargo, mientras el cuerpo crece, se cuida por sí solo. La batalla será cruenta, mientras la encaramos; sin saber como terminará; pero la lucha es para nosotros, sino no tuviéramos que enfrentarla. Tomaremos lo que se nos presenta y daremos todo lo que somos y tenemos a la causa común, sabiendo que no estamos luchando a favor de la personalidad sino que a favor de todos. No podemos hacer más; ni menos, bajo la Ley de Hermandad. Hoy hace un año que empezamos esta lucha, por eso es natural hacer una retrospección. Las cosas pasadas son siempre más faciles que las presentes o las desconocidas, que aún no han llegado. El pasado puede juzgarse con importancia relativa; ya que ahora es el hueco de la ola del progreso; mientras el presente y el futuro simbolizan la cresta y la resistencia sentida o temida. Sin embargo, si recordamos el pasado cuando era presente y futuro, éste produjo los mismos estorbos, aunque ahora constatamos que fueron una pérdida de energía. En los escritos de los Maestros hay sólo aliento. El profundo sentido de la laguna que se extiende entre nuestros ideales y su alcance, angustia a la concepción personal. Si *nos* involucramos en ésta, nos sentiremos deprimidos, como *Arjuna.* En realidad, deberíamos sentirnos más alentados que nunca; pues el año pasado ha sido un éxito superior a lo que pudimos u osamos esperar en las circunstancias del momento.

Somos todos eslabones en la gran cadena del Movimiento Teosófico. Lo que afecta a uno afecta a todos de manera gradual. Cada quien que se esfuerza por ayudar a los demás de manera real, se coloca en la posición en que debe recibir las reacciones. El Karma de la sociedad teosófica Madre es el de H.P.B. y Judge, los cuales lo conocían, con anticipación, de forma general. Es también nuestro Karma y el de todos los otros Teósofos. El esfuerzo de H.P.B. y Judge fue el primero en derramar la Teosofía; sin embargo, desde entonces, se ha hecho mucho en esta vertiente y gracias a numerosos estudiantes. Mas la aplicación de la Teosofía no ha sido tan general como pudiera haber sido. Las reacciones procedentes de la divulgación de la Teosofía y de su aplicación errónea o falta de la misma por parte de los estudiantes, se arreglarán cuando ellos vuelvan. Nosotros y todos los otros estudiantes verdaderos estamos ligados a la Gran Logia por medio de la aspiración, el servicio y el seguimiento del programa de los Maestros lo más posible. A todos los estudiantes sinceros les rodea una "escolta invisible", siempre que sus caras se dirijan hacia la Meta, permaneciendo leales al programa de los Maestros, quienes no empujan, no jalan ni obstruyen la acción voluntaria. Si lo hiciesen impedirían la verdadera confianza en el Ser, motivo por el cual algunos pueden pensar que los Maestros los han abandonado al no verlos ni al tener noticias de Ellos; sin embargo ésta es la peor concepción posible porque los minimiza, implicando que son ignorantes e ingratos. Han hablado claramente de su cercanía a todos los que "tratan y siempre siguen tratando."

Robert Crosbie

Carta Doce

"Los MAESTROS nunca cesan de trabajar; sin embargo, a veces, se retiran de tales esfuerzos públicos como los que se hicieron al instituir la Sociedad Teosófica. Antes de ésta, trabajaban con los individuos." Judge lo declaró en un momento crucial, repitiendo eso que el Maestro había escrito, años atrás, a Sinnett; y lo que H.P.B. más de una vez afirmó por escrito.

Si tenemos presente sus palabras, parecería significar que los Maestros ahora no están trabajando, directamente, con algún grupo teosófico en sí, como lo hicieron en un tiempo con la sociedad madre; sino que siguen trabajando con los individuos. Aquellos que pensaban o piensan que alguna organización tiene implícita la influencia de los Maestros, han tomado la sombra por la sustancia, confundiendo el utensilio por el Trabajador. Si estos líderes teosóficos equivocados fuesen Iniciados reales, o estuviesen bajo la guía de los Maestros, no se sacarían a relucir tantas personalidades y pretensiones como sucede por todas partes. Incluso los Iniciados menores no actuarían así.

Puede ser que el esfuerzo público y las enseñanzas transcritas de los Maestros se hicieron a fin de encontrar hombres y mujeres dispuestos, con una visión clara de las cosas y un corazón noble, capaces de ver su verdadero destino y ansiosos de servir a la humanidad. Si tal tentativa no los encontró ni los encuentra, la misión de H.P.B. y de Judge fue ampliamente fútil; puesto que a la Teosofía se le puede usar tanto egoísta como correctamente. Lo bueno procede del hecho de que las ideas teosóficas allanan el camino de los que aún no tienen una visión clara. Entonces, incluso aquellos que usan de manera egoísta las ideas teosóficas, dan una ayuda inconsciente, manteniéndolas ante el mundo. La Teosofía *es,* y hasta una idea errónea al respecto puede conducir a un entendimiento correcto. Atengámonos a la comprensión justa, abstengámonos de criticar y el éxito debe proceder en algún grado. Si nos preparamos y nos hacemos idóneos, manteniéndonos así, se nos usará según la ocasión y la aptitud. Estamos tratando con las *mentes* y no las personas. El Alma, conformándose a la mente, reacciona sobre toda la naturaleza. Si, como personas, todos pudiéramos mirar así el mundo de las ideas, aprenderíamos más, adquiriríamos más discernimiento y seríamos más útiles a los otros seres, mereciendo, entonces, la influencia guía de los Maestros. Es *Karma*, todo esto es Karma; los estudiantes deberían percatarse de ello y beneficiarse de tal conocimiento. El justo comienzo es todo. Si se adquiere y se mantiene, entonces: todo lo que cada uno hace conducirá, tanto a él como a los demás, a la dirección justa. En este Trabajo las naturalezas se intensifican, lo bueno y lo malo afloran. El proceso de "limpieza" es gradual y cada uno debe llevar a cabo su trabajo de eliminación donde se considere que es necesario. Las barreras que obstruyen la ayuda de los Maestros están en nosotros y en ninguna otra parte.

O la Teosofía pura y prístina es la cosa más real en el mundo o todos estamos perdiendo nuestro tiempo y desperdiciando el esfuerzo. Si podemos concebir su realidad con toda seriedad, entonces, nunca deberíamos cesar de tratar de entender y aplicar lo que la Mensajera de los Maestros grabó para nuestra guía e instrucción. ¿Qué distingue a la Teosofía de cualquier otra cosa? Diría sus Principios Fundamentales. Nada hay que pueda proporcionar una visión de la existencia tan integral. Cada clase de esfuerzo sincero ayuda, todos los sistemas contienen alguna verdad, sin embargo, resultan ser incompletos porque excluyen o ignoran alguna parte de la naturaleza. Los teósofos de todos los grados deberían percatarse de que, bajo el Karma, se exige mucho de las personas a quienes se les ha otorgado mucho en la forma de oportunidad y conocimiento. Podemos usar nuestras oportunidades y conocimiento sólo para el mejor beneficio posible y seguir haciéndolo, si nosotros mismos no queremos dejar inconcluso lo que la "la Ley de las Leyes, la Compasión absoluta", requiere de nosotros. Lo que se ha hecho ha sido de beneficio real y duradero para muchos; hay otros que aún no han nacido y que aún deben llegar. Este es el momento en que se desea ser como Brahma: "con ojos, cabezas, bocas y orejas por todas partes." Lean el artículo "La Marejada"[1] en la revista "Lucifer", volumen V., pag. 173., si quieren saber lo que H.P.B. pensaba y piensa al respecto. El verdadero punto de la cuestión es la *naturaleza divina en el ser humano*. La verdadera base del trabajo consiste en imprimir esto en las mentes de la posteridad. En Teosofía tenemos esta base. El mundo está necesitando, desesperadamente, una filosofía correcta,

1 Disponible también en español en el panfleto: "La Teosofía y H.P.B."

sin la cual, la fuerza y las facultades especiales son inútiles porque se usarán erróneamente. La Teosofía no es sólo hablar; es Vida y esto engloba a todas las cosas en la vida y todos los planos de existencia. A fin de desrrollar la Hermandad entre los muchos, es necesario, primero, realizar la hermandad entre los pocos y la base de la hermandad es la divinidad inherente en todos los seres humanos.

Todas las impresiones verdaderas proceden desde el *interior*, desde el Principio más elevado en nosotros: Atma, o la Divinidad que es una y la misma en todos. Si en el cerebro se albergan sólo impresiones de los principios inferiores de nuestro ser, nada que conecte al Pensador con los planos más elevados, él vacilará únicamente entre estos estados inferiores. Si el pensamiento se eleva ulteriormente, debe ser *pensamiento sin un cerebro.* La Naturaleza trabaja por procesos ordenados a los cuales damos el nombre de ley. En el individuo se le llama Voluntad. Por medio de un acto de voluntad se pueden detener todos los procesos mentales ordinarios; entonces: el centro habitual de la acción mental puede ser trascendido, facilitando el ascenso al próximo plano, sin perder el poder de percibir en éste. En todas las tentativas mencionadas debemos tener en perspectiva, *en mente,* las ideas Fundamentales. El Espíritu en el ser humano, el Percibidor, "es impermeable a los problemas, los trabajos, los frutos de estos o los deseos." A mi entender, la comprensión, si no el entendimiento más claro de todo esto, procede de nuestro enfoque en la idea del Percibidor mientras observa una que otra "vestidura", encontrando en todas y en cada una de ellas el archivo de las acciones.

Todo depende de lo que uno tiene en mente, sus concepciones *fundamentales* de la Deidad, la Naturaleza y el Hombre, cuando considera o trata de practicar la "concentración." La idea general sobre este tema y otros sujetos y objetos es puramente personal. No hay un auto-examen de las intenciones ni altruismo ni esfuerzo por realizar, en el diario vivir, el objeto asumido: prepararse para poder ayudar y enseñar mejor a los demás. No se pone atención a los efectos negativos resultantes de nuestro apuro hacia un "desarrollo psíquico". H.P.B. dijo: "se debe tener una fe *inquebrantable* en la Deidad interna, una creencia ilimitada en el propio poder de aprender; de otra manera estamos destinados a caer bajo la ilusión y la mediumnidad irresponsable." Aquí está la señal de advertencia contra todas las tentativas de desarrollarse psíquicamente antes de haber aprendido a dominar y a guiar al ser inferior personal. Lo indispensable es una filosofía correcta y su aplicación en el diario vivir. A causa de una actitud errónea en esta vertiente y en otras, muchos teósofos bien intencionados fracasan, dañando a sí mismos y a los demás. El significado está claro. Dejen el psiquismo en paz. En primer lugar: trabajen sobre la naturaleza inferior desde el lado espiritual, la naturaleza visible e invisible, psíquica y física, mediante el análisis y la comprensión de los principios de nuestro ser, según enseña la Teosofía; luego: trabajen valiéndose de la guía del conocimiento como se despierte en uno mismo. A diario pasamos de un plano al otro; sin embargo, relacionamos todo con el círculo de la necesidad del cerebro, perdiendo, entonces, el verdadero sentido. La concentración real es el enfocarse en las ideas Fundamentales y el esfuerzo por ayudar a los demás. Una vez Judge escribió: "Así, la Voluntad se libera del dominio del deseo y al final avasalla la mente misma."

Debemos adquirir, cada uno independientemente, la fe inquebrantable de que "la mano del Maestro *está* sobre todos": los Teósofos sinceros, incluyendo al más humilde y al más adelantado. En el verdadero trabajo para la Causa de los Maestros no hay rivalidad. Nuestro lugar en este Trabajo está claro para nosotros y su claridad puede mostrarse a quien se esmere en la búsqueda como hicimos nosotros. Conservamos dicho lugar para quienes tienen el buen Karma de entrar en contacto con éste, antes de encontrar otras fases del Movimiento y también para aquellos que, no obstante hayan encontrado las otras fases, se han enmarañado en ellas o tratan de salirse. No podemos evitar el daño producido por los aspectos oscuros; sin embargo podemos dejar que la luz verdadera brille "tan amplia y rápidamente posible." Me gustaría que cada Teósofo y cada buscador de la Verdad conociera la *Declaración* de la "L.U.T."

Robert Crosbie

Carta Trece

Desdichadamente, la tendencia entre los seres humanos de aceptar las palabras y los nombres como realidades es muy común. Un artículo publicado por una de las organizaciones teosóficas expone la cuestión: "La Teosofía o la Ortodoxia, ¿cuál de las dos?" que evidentemente presenta a sus lectores la necesidad de elegir.

Un momento de consideración hubiera debido demostrar que la

Ortodoxia no tiene existencia inherente; sino que se le puede considerar en relación con algún sistema de pensamiento formulado, entonces, el título del artículo presenta una situación imposible.

Este hubiera sido un asunto pequeño que se hubiera podido ignorar si la misma tendencia desafortunada no se hubiese aplicado al campo del pensamiento, donde la exactitud del entendimiento es vital. Puesto que, si se considera la Teosofía como alguna abstracción o un simple punto de partida del cual la búsqueda individual debe desarrollar un sistema, entonces: la idea completa de los Maestros como custodios de la sabiduría acumulada de las eras y su Mensaje al mundo humano, debe abandonarse. Esta es, prácticamente, la posición asumida por el artículo bajo examen; ya que, si bien hay referencias ocasionales tanto a la Mensajera y al Mensaje, estos parecen usarse como nombres y no como realidades.

Por lo tanto, la pregunta que cada estudiante debería hacerse para encontrar la solución: no es la ortodoxia ni la heterodoxia; sino: "¿Existe alguien que haya presentado al mundo un sistema formulado de filosofía, religión y ciencia? ¿Ha dado, este personaje, un nombre al sistema? ¿Quién era?" La respuesta no se obtiene consultando las opiniones de una o muchas personas. Son cuestiones de hecho y sólo los hechos pueden responder.

Todo estudiante que se merece este nombre sabe que H.P.Blavatsky dio al mundo un cuerpo de conocimiento, nominando lo que presentó: Teosofía y declarando, explícitamente, que procedía de los Maestros de Sabiduría.

A fin de hacer justicia al Mensaje, a la Mensajera que lo trajo y al ideal de los Maestros, nada debería llamarse Teosofía, excepto el Mensaje homólogo. Quienquiera que tome otra posición, viola la primera ley de ocultismo, denigrando el binomio Mensaje y Mensajero y por ende: no puede esperar beneficiarse de éste.

Los que aceptan el Mensaje y denigran al Mensajero, son igualmente desdichados puesto que, al denigrar uno, denigran a ambos. A estas personas les deberíamos decir que es una locura pensar que los Maestros de Sabiduría no tenían un conocimiento suficiente para seleccionar un Mensajero que entregara su Mensaje correcta e íntegramente. Si ponemos en tela de juicio la sabiduría de los maestros, todo el edificio se derrumba.

Por supuesto, los materiales constituyentes del edificio pueden ser usados por quienes desean erigir estructuras según sus ideas y es triste decirlo, pero esto es exactamente lo que ha ocurrido entre las varias organizaciones teosóficas. Cada una ha tomado, más o menos, del material que el Mensaje de la Teosofía proporcionó y ha construido un edificio según sus ideas, dándole el adjetivo "teosófico". Cada edificio, así erigido, difiere del otro.

Sin embargo, aquí estaba un edificio conocido como "Teosofía", completo en diseño y estructura; cada componente separado encajaba, exactamente, con toda otra parte y con el todo.

El misterio de todo esto es el siguiente: dichos constructores de los últimos días debieran de haber reconocido la belleza y la simetría de las porciones que seleccionaron, sin lograr percibir la existencia de un edificio perfecto, un Arquitecto y un plan.

Es la misma historia antigua: "Han dividido su ropa entre ellos y para su vestuario han echado suertes." La raíz de todo fracaso pasado está en no haber logrado aceptar la enseñanza como se dio y la falta de respeto para aquellos cuyo sacrificio hizo la presentación posible. La responsabilidad de todo fracaso la tienen quienes se interpusieron entre el Mensaje y los que querían aprenderlo. Estas clases de personas han intensificado el sufrimiento del mundo y, seguramente, acarrean una responsabilidad tremenda. No es una trivialidad obstruir el trabajo de la Logia de los Maestros, por ende, cada estudiante, que cubra un lugar de prominencia entre sus compañeros o no, debería prestar atención si no quiere caer, arrastrando consigo a millares de personas.

Existe un único curso seguro. Se debe entender que la Teosofía es un regalo que seres más adelantados que nosotros dieron a la humanidad. Debemos aprender y *aplicar* los principios fundamentales que están a la base de esta gran filosofía y entender la operación de la ley según se revela allí. Entonces y sólo entonces, podremos hacer de la Teosofía un poder viviente en nuestras vidas. Deberíamos estar siempre dispuestos a dar y a recibir instrucción; seguros, en cada caso, de que tal instrucción está en exacta armonía con los principios y las leyes de la filosofía teosófica.

Si cada estudiante hiciera esto, todos tendrían una meta, un propósito, una enseñanza y una base segura para un esfuerzo unido. Las diferencias de opinión personal que podrían surgir se resolverían, ajustándolas, atentamente, con la filosofía. Así todos estarían unidos, todos preservarían la máxima libertad de pensamiento; todos adelantarían más rápidamente por medio de esfuerzos auto-inducidos y auto-planeados. Nadie cometería el disparate fatal de imaginar que la Teosofía es algo que puede desarrollarse; sino cada uno dedicaría su pensamiento y esfuerzo por crecer a lo largo de las líneas que la Teosofía indica, adquiriendo más capacidad para ayudar y enseñar a los demás.

Si los maestros existen y nos han entregado un Mensaje, éste es su Ortodoxia o entendimiento correcto. Lo deberíamos preferir al de todos los demás, a pesar de lo elevado que los estimemos o sean estimados por sus compañeros.

Robert Crosbie

Carta Catorce

"¿La ortodoxia de los Maestros o la de los seres humanos?" Esta es la pregunta de alguien que firma como: "un Estudiante." A nosotros no nos interesa la identidad de nuestro corresponsal, sin embargo, respetamos una opinión expresada honradamente y nos agrada contestarle. No es que deseamos cambiar la opinión de "un Estudiante", sin embargo nos gustaría que él o ella y otros que comparten concepciones similares, entiendan algo de las causas y las razones de los métodos que siguen los Asociados de la Logia Unida de Teósofos. He aquí un pasaje de la comunicación:

"Mientras que tengamos presente que la Teosofía no es una presentación dogmática de la Religión-Sabiduría, un sistema entregado por una vez a los Santos, sino un sistema progresivo de Religión."

Tal declaración es algo confusa, puesto que, si existe un conocimiento tal como la Religión-Sabiduría, éste es el resultado de la observación y experiencia de los Maestros de sabiduría y, como tal, es independiente: los estudiantes no pueden ampliarlo ni mejorarlo. Además, lo que Madame Blavatsky nombró "Teosofía" es esta misma Religión-Sabiduría, siendo lo que la Maestra promulgó. Con respecto a lo dicho, la misma H.P.B. escribió:

"La Doctrina Secreta o la (Religión-Sabiduría) no es una serie de teorías o tratados vagos; sino todo lo divulgable en este siglo. Pasarán siglos antes de que se promulgue mucho más."

W.Q.J. expresó algo por el estilo:

"La Teosofía no es una creencia ni un dogma formulado o inventado por el ser humano; sino el conocimiento de las leyes que gobiernan la evolución de los constituyentes físicos, astrales, psíquicos e intelectuales de la naturaleza y del ser humano."

Al considerar estas declaraciones y otras similares, expresadas por los que nos trajeron la Teosofía, la suposición según la cual es un sistema progresivo de religión, puede proceder sólo de la ignorancia de los hechos y una concepción falsa que puede llevar a cualquier "estudiante" a la confusión. La Teosofía no es una religión, sino la Religión misma en su sentido más verídico; incluso el empleo del término "religión", sin calificarlo, es extraviante; puesto que la Teosofía no es una "creencia" como lo son, por lo general, las religiones; sino que es una Ciencia Religiosa, una Religión Científica y una Filosofía omniabarcante.

Con respecto a una "presentación dogmática", la Teosofía nunca se ha presentado como un Dogma; sino como una relación de hechos que se han reunido a través de la observación y la experiencia y todos pueden aceptarlos o rechazarlos sin condenación ni alabanza. Al mismo tiempo, se podría llamar dogmática o un dogma a las Matemáticas, la única ciencia exacta que usamos, porque se presenta como un conjunto de hechos que el estudiante puede estudiar, aplicar y probar por sí mismo. La Teosofía se encuentra, exactamente, en la misma posición: una presentación del Conocimiento ganado a través de eones de tiempo. No se le debe confundir con las especulaciones de *cualquiera* de sus estudiantes quienes, en la mejor de las hipótesis, están sujetos a sus prejuicios personales, ideas favoritas y debilidades. Además: debería quedar claro que *todos* los escritores o guías teosóficos, excepto los que trajeron la Teosofía al mundo, son estudiantes más o menos versados en dicha Ciencia y por ende están predispuestos a ideas y aplicaciones erróneas. La única posibilidad de discernir tales errores estriba en una *comparación con la Ciencia tal como se presentó originalmente.*

En la misma comunicación se nos reprocha de la forma siguiente: "ustedes no están haciendo nada bueno: 'ladrando contra los malos', como diría Emerson, acerca de lo que está sucediendo en el mundo teosófico. Creo que ustedes están enfatizando excesivamente el mal que está siendo perpetrado y minimizan lo bueno."

Entonces, se admite que se ha cometido el mal. ¿Puede ser equivocado indicar dónde y cómo se produce este mal? ¿De qué otra forma, un estudiante sincero, que sólo desea alertar contra los peligros, puede ayudar a sus compañeros?

En lo referente a "lo bueno", en cualquier manera que se presente, tiene una existencia independiente y es la única razón por la cual el error o el mal tiene alguna posibilidad de ser aceptado. La mezcla de Verdad y Error confunde y descarría al ignorante y al incauto. Quita el error y su secuencia, el mal, y la Verdad resplandecerá aun más claramente. En este curso no se trata de "minimizar el bien."

Es una desdicha ver más ideas y aplicaciones erróneas de la Teosofía que un entendimiento real entre sus presuntos estudiantes. Gran parte de esto depende de los líderes de las sociedades que se han proclamado tales y que son muy prominentes entre el público, los cuales declaran y presentan sus ideas, interpretaciones y especulaciones como si fueran Teosofía pura y simple. Uno esperaría de tales exponentes la idea falsa y extraviante según la cual la "Teosofía es un sistema progresivo de religión", ya que tal declaración obnubila los hechos y sirve para atraer la atención sobre sus lucubraciones disfrazadas de Teosofía "adelantada" y hacia ellos mismos, por haber progresado más allá que los Maestros originales, sabiendo, entonces, más que Ellos.

Nadie tendría una palabra que decir si estos exponentes escogieran algún otro nombre bajo el cual promulgar sus ideas, sin embargo, presentarlas *como Teosofía, el Mensaje entregado al mundo por los Maestros,* es, para nosotros, el más grande crimen imaginable contra la humanidad. Toda presentación de la Verdad dada al mundo en el pasado ha sido mistificada de forma similar, por haber filtrado a través de las mentes de los discípulos originales, llegando a los de estos últimos y así sucesivamente, durante generciones hasta que quedó muy poco del espíritu del mensaje y los sistemas de concepciones materialistas bajo el nombre de religión, opacaron incluso este poco. En las condiciones de los tiempos pasados, esto era inevitable no pudiendo duplicar la palabra escrita para colocarla al alcance de todo ser humano que la deseara. Sin embargo, el momento presente ha hecho posible, para todo investigador, obtener o estudiar el Mensaje de los Maestros como fue escrito por quien estaba calificado en hacerlo. Esto se efectuó para que no se necesitara de intermediarios entre los que querían saber y el conocimiento mismo. Es triste decir que, muchos de aquellos por los cuales el Mensaje entregado fue fuente de inspiración e ideas y que tuvieron la gran oportunidad kármica de presentarlo y promulgarlo puro e incontaminado al mundo entero, dirigieron los ojos de los seres humanos a sus personalidades como "sucesores" y "maestros". Entonces: no sólo han extraviado a millares de adherentes sino que han contribuido a que el nombre Teosofía representara todo lo indeseable en las mentes humanas. H.P.B. y W.Q.J. conocían bien la probabilidad y el peligro de tal eventualidad, sin embargo, sólo podían avisarnos. El último mensaje de H.P.B. a los Teósofos reunidos en la Convención contenía las siguientes palabras: "En ningún momento hay más peligro que cuando la vanidad, la ambición y el deseo de conducir, se disfrazan con las plumas altruístas de pavo real."

¿Qué se halla en la base de los cismas que han dividido la Sociedad Teosófica que H.P.B. dejó? Las personalidades, siempre y en cada ocasión.

¿Qué es lo opuesto y el remedio contra la Personalidad? Nada menos que la Impersonalidad, la cual nada busca para sí misma y todo para la Causa de la Teosofía pura y simple. En este curso no hay fama mundana, gloria ni provecho; sin embargo esto y sólo esto quita todo obstáculo que puede interponerse entre el Mensaje de la Teosofía y los que desean estudiar y aplicarlo según sus méritos. Esta y sólo ésta es la razón por la cual la revista "Theosophy" y la "Logia Unida de Teósofos" se guían de modo anónimo. La mente de la raza está obsesionada con la idea que es importante y esencial saber *quienes son los agentes activos*; mientras lo importante es *el mérito de lo efectuado*. El precepto del Hombre de Nazareth: "que la mano derecha no sepa lo que hace la izquierda", es tan importante como cualquier otro que impartió; sin embargo, ¿lo siguen los cristianos o lo consideran importante? ¿Acaso los exponentes teósoficos respetan esta enseñanza o la otra aun más explícita que conocen muy bien: "el poder que el discípulo debería codiciar es esto que lo hace aparecer como nada ante los ojos humanos?" Que ellos respondan. Si encuentran excusas, se basarán en el hecho de que la humanidad no escucha a menos que la personalidad del orador se someta a íntima inspección. ¿Lo han probado? La verdad no depende del que la pronuncia; sino de su naturaleza evidente y a pesar de que la profiera una persona mala o una considerada recta, la verdad no queda degradada por el primero ni ensalzada por el otro.

Si los teósofos o los cristianos reconocen que el mundo se ha enloquecido por las personalidades, ¿acaso se le puede sanar ignorando la locura o usar como pretexto lo práctico? Ellos saben que no pueden; sin embargo, son las criaturas de su generación y no tienen el valor de hacer lo que minimiza la personalidad en sus casos, estableciendo el ejemplo de esfuerzos más verdaderos y menos egoístas. Si queremos que el cambio se verifique, alguien tiene que empezar. El primer paso es el que da comienzo a la cuenta y si la meta es justa y verdadera, podemos dejar los resultados al tiempo y al Karma. He dicho.

Robert Crosbie

[Robert Crosbie recopiló el siguiente memorándum preliminar, anticipando la formación de "La Logia Unida de Teósofos". Fue enviado a muchos teósofos individuales el 17 de Noviembre de 1908.]

A TODOS LOS TEOSOFOS DE MENTE ABIERTA

Cuando los Mensajeros abandonaron esta escena, todo lo que se dejó aquí fue el *Mensaje* (exotérico y esotérico) y sus estudiantes más o menos versados en la asimilación del Mensaje.

Con el ejemplo altruista de los Mensajeros y la inspiración del Mensaje, la *Sociedad Teosófica debiera haber podido quedar firme y unida.*

Desdichadamente la historia nos relata otro cuento. La desintegración empezó de inmediato y está continuando; así, al descuidar lo esencial y al buscar lo inesencial, se ha perdido una gran oportunidad para permear el mundo con el espíritu y la vida del Mensaje.

Se ha perdido de vista el Primer Objetivo como eje directo en todos los cambios y las diferencias que han ocurrido. Este Primer Objetivo es el más importante y los otros son secundarios. "Formar un núcleo de Hermandad Universal sin distinción alguna" *fue y es* la clave de la situación. Quiero citar unas oraciones de H.P.B. en el *último mensaje* a los Teósofos Americanos en Abril de 1891:

"Las fuerzas antagónicas y favorables conocen muy bien la naturaleza crítica del estado en que hemos entrado. No se perderá una oportunidad para diseminar el desacuerdo, tomar ventaja de las acciones equivocadas y falsas, inocular la duda, intensificar las dificultades y susurran las sospechas para romper la unidad de la Sociedad recurriendo a cualquier medio, reduciendo, así, las filas de nuestros Miembros, ahogándolas en el caos. Nunca ha sido más necesario que ahora, para los miembros de la S.T., tomar en serio la parábola del conjunto de palos: *divididos se romperán, inevitablemente, uno a uno*; unidos, no existe fuerza en el mundo capaz de destruir nuestra Hermandad. *** Después de todo, cada deseo y pensamiento que puedo elaborar, se resume en esta frase, el anhelo siempre vivo de mi corazón: 'SEAN TEOSOFOS, TRABAJEN PARA LA TEOSOFIA.'"

Estas son palabras proféticas, mas la advertencia fue ignorada. Ahora toca a quienes pueden tomar, como tónica del presente y del futuro, las palabras que expresan el deseo siempre vivo de su corazón: "sean Teósofos, trabajen para la Teosofía", reuniéndose en esta base, siendo esto lo esencial.

La base inexpugnable de unión entre los Teósofos, cualquiera y doquiera que sea su situación, es SIMILITUD DE OBJETIVOS, PROPOSITOS Y ENSEÑANZAS. Si todos los teósofos aceptaran tal principio, esto quitaría, de inmediato, todas las barreras. Aquellos *cuyas mentes se han vuelto maleables por los golpes de la experiencia,* deben dar el primer paso. Un acuerdo entre ellos es necesario; reuniéndose en este espíritu.

Para dar una expresión a este espíritu, hace falta una declaración y un nombre mediante el cual se conozcan a los que hacen tal declaración.

Llamarla Sociedad Teosófica sería tomar el nombre ahora en uso por al menos dos oragnizaciones opuestas. Incluso llamarla Sociedad la tiñe de "organización", una de las tantas y actuaría como barrera. La frase usada por uno de los Mensajeros es significativa y evita todo conflicto con las organizaciones, pudiendo incluirlas a todas sin dañar a ninguna. Esta frase es:

LA LOGIA UNIDA DE TEOSOFOS

Los miembros de cualquiera organización o los que no pertenecen a alguna, los estudiantes antiguos y nuevos, pueden formar parte de ella sin perturbar sus afiliaciones previas; ya que la única condición necesaria sería aceptar el principio de *similitud de objetivos, propósitos y enseñanza.* La fuerza espiritual vinculante de este principio de hermandad no necesita ayuda adventicia como Constitución, Estatutos u Oficiales para administrarlos. Con la *fuerza espiritual homóloga* como base de unión, no puede surgir alguna causa posible de diferencia. Aquí no hay espacio para los líderes y las autoridades, el dogma o la superstición; sin embargo, como existe un caudal de saber dejado para todos, el justo espíritu debe estimular toda la asistencia necesaria por parte de "Quienes nunca fallan." La puerta parece estar abierta para los que *quieren* el camino pero no pueden verlo. Un número considerable de personas que *viva, piense y actúe en conformidad con esta base,* debe formar un foco espiritual del cual todo es posible.

Se podrían constituir Logias locales usando este nombre y promulgando la base de unión, reconociendo a los Teósofos como tales, no obstante la organización. Tener reuniones abiertas, realizar el trabajo público, manteniendo el enfoque en la Teosofía y la Hermandad; la intercomunicación libre y frecuente entre las Logias; comparar los métodos de trabajo de las Logias locales; la asistencia mutua; el adelanto del *Gran Movimiento* en todas las direcciones posibles; el refrán: "Sean Teósofos; trabajen para la Teosofía."

LA MANERA DE UNIR ES UNIENDO, NADA PUEDE IMPEDIRLO SI ESTO ES LO QUE SE DESEA.

[*La siguiente declaración explicativa que Robert Crosbie recopiló como información para todos los teósofos, se divulgó públicamente con la fundación de "La Logia Unida De Teósofos" y la adopción de su DECLARACION por parte de Crosbie y siete Asociados originales, el 18 de Febrero de 1909.*]

La Logia Unida de Teósofos es parte integral del Movimiento Teosófico empezado en Nueva York en 1875. El nombre mismo implica que es una Asociación de Teósofos, a pesar de la organización, cuyo vínculo de unión es el objetivo el propósito y la enseñanza comunes en la causa de la Teosofía.

La Teosofía es el origen, la base y el alma vivificante de toda organización teosófica, formando, en sí, un terreno común de interés y esfuerzo que trascienden todas las diferencias de opinión referentes a las personas o los métodos. Al ser la filosofía de la Unidad, requiere la unión esencial de quienes la profesan y promulgan.

Tal unión no significa una igualdad de organización o método; sino un reconocimiento amistoso, una asistencia mutua y aliento entre todos los que están involucrados en la diseminación de la Teosofía.

La Maestra, H. P. Blavatsky, declaró que: "La falta de Unión es la primera condición para fracasar" y en su último mensaje en la Convención Americana en 1891, dijo: "En ningún otro momento más que ahora, ha sido necesario para los miembros de la Sociedad Teosófica tomar en serio la parábola del conjunto de palos: divididos, es inevitable que se quebrarán uno a uno ; unidos, no existe fuerza en la tierra capaz de destruir nuestra Hermandad [...] He constatado con dolor [...] una tendencia, entre ustedes, a permitir que su devoción a la causa de la Teosofía los conduzca a la desunión [...] No faltarán las oportunidades para diseminar el desacuerdo, tomar ventaja de pasos equivocados y falsos, inocular la duda, aumentar las dificultades, susurrar las sospechas a fin de que, a través de todo medio se pueda desgarrar la unidad de la Sociedad, reduciendo la cantidad de nuestros Miembros y lanzándolos en el caos."

Existen varias organizaciones teosóficas que traen su inspiración y existencia de la Teosofía; sin embargo quedan desunidas. La naturaleza de cada organización es tal que no es posible alcanzar la unidad valiéndose de la base de cada una de ellas; por lo tanto, debemos tomar una base común si queremos alcanzar el éxito propuesto originalmente.

La necesidad de tal base, con una visión más amplia del Movimiento, ha conducido a la Asociación presente: la Logia Unida de Teósofos, compuesta por Teósofos de diferentes organizaciones y también por los que no pertenecen a alguna. Como esta Logia no tiene constitución, estatutos, oficiales ni líderes, en su Declaración proporciona una base común de Unidad para todos los que captan su gran necesidad y ella busca su cooperación.

La Logia Unida de Teósofos, ateniéndose al lema: "No hay religión más elevada que la Verdad", busca la verdad en todo, y, empezando con la historia del Movimiento Teosófico, presenta algunos hechos con sus deducciones inevitables para la información y la consideración generales.

Nadie duda sobre quien trajo el mensaje de la Teosofía al mundo occidental, tampoco hay alguna razón de creer que la Mensajera, H.P.Blavatsky, no logró entregar todo lo divulgable hasta el 1975, el momento en que ella misma declaró el advenimiento del próximo

Mensajero.

Mientras que H.P.B. vivió hubo una sola Sociedad. Después de su partida surgieron los desacuerdos que desembocaron en varias organizaciones separadas. La causa básica de estas divisiones es econtrable en las diferencias de opinión acerca del "sucesor", aun donde otras causas eran patentes. Tal cuestión nunca debiera haber surgido; estando abundantemente claro de que H.P.Blavatsky no podía pasar a otro su conocimiento y alcances así como no pudieron hacerlo Shakespeare, Milton o Beethoven.

Los que sintieron atracción hacia la filosofía que ella presentó o que ella misma les enseñó, eran simpatizantes o estudiantes más o menos versados en el entendimiento y la asimilación de la Teosofía.

Una vez que se elimina la idea del "sucesor" es posible obtener una perspectiva mejor del Movimiento, de la filosofía y de las personas principales, pasadas y presentes, involucradas en su promulgación.

Tenemos la declaración de los Maestros de H.P.B., según los cuales ella era el único instrumento posible para realizar el trabajo que la enviaron a cumplir y por lo general, aprobaban todo lo que hizo. Este trabajo no sólo abarca la filosofía que ella divulgó; sino su obra en relación con otros en el Movimiento. Y donde una relación se define de forma particular, como en el caso de William Q. Judge, la cordura dicta que se preste atención plena a lo que ella dice.

H. P. Blavatsky y William Q. Judge fueron los co-Fundadores de la Sociedad Teosófica en 1875. Fueron colegas desde el principio y por siempre. Cuando H. P. Blavatsky zarpó de América, para nunca volver, dejó a William Q. Judge allí para que estableciera y siguiera llevando a cabo el trabajo del Movimiento Teosófico en América. Hasta que punto este trabajo fue bueno, es una cuestión de historia.

H.P.Blavatsky dejó el cuerpo en 1891; William Q. Judge cinco años después. El nunca afirmó ser su sucesor, al contrario, cuando alguien se lo preguntaba, él contestaba: "Ella es *sui generis*, no puede tener sucesor." El hecho es que ambos fueron contemporáneos en el trabajo y él se quedó cinco años más para terminar la obra que tenía que hacer.

El trabajo de estos dos no puede separarse si queremos entender el Movimiento. La prueba de la grandeza y de la idoneidad de William Q. Judge, como Maestro, se puede encontrar en sus escritos, gran parte de los cuales han caído en el olvido a causa de los desacuerdos organizativos mencionados anteriormente. Deberíamos buscar y estudiar estos escritos en unión con los de H.P.Blavatsky. Tal estudio llevará a la convicción de que ambos eran grandes Maestros, cada uno con una misión particular. Aun cuando los dos eran especiales en su género, el trabajo de ambos era complementario y ninguno de los dos tuvo ni podía tener, sucesor alguno.

LA LOGIA UNIDA DE TEOSOFOS

DECLARACION:

El curso y plan de esta Logia es la devoción independiente a la causa de la Teosofía, sin profesar adherencia a organización Teosófica alguna. Es leal a los grandes Fundadores del Movimiento Teosófico, pero no participa en desacuerdos o diferencias de opinión personal.

La obra que tiene a mano y el fin que tiene en perspectiva son demasiado absorbentes y elevados para dejarle tiempo o inclinación de participar en cosas secundarias. Esa obra y ese fin son la diseminación de los Principios Fundamentales de la filosofía de la Teosofía y la ejemplificación en la práctica de esos principios, a través de una más creciente y verdadera realización del SER UNIVERSAL; una convicción más profunda de la Hermandad Universal.

La Logia sostiene que la inexpugnable *base de unión* entre los Teósofos, cualquiera y doquiera que sea su situación, es *"similitud de objetivos, propósito y enseñanza"*, y por lo tanto no tiene Constitución, Estatutos ni Oficiales, siendo esa *base* el sólo lazo entre sus asociados. Y tiene como objetivo el diseminar esta idea entre los Teósofos a fin de fomentar la Unión.

Ella considera como Teósofos a todos aquellos que están comprometidos en el verdadero servicio a la Humanidad, sin distinción de raza, creencia, sexo u organización,

Y todos los que están de acuerdo con sus declarados propósitos y desean prepararse, por el estudio u otros medios, para poder ayudar y enseñar mejor a los demás, son libres de asociarse.

"El verdadero Teósofo no pertenece a algún culto o secta
y sin embargo pertenece a todos y a cada uno de ellos."

————————

Estando en simpatía con los fines de esta logia, como aparecen en la "Declaración", hago aquí presente mi deseo de suscribirme como un asociado, dejando por entendido que tal asociación no conlleva alguna otra obligación de mi parte excepto aquellas que yo mismo determine."